# 十天突破IELTS写作完整真题库与6–9分范文全解

剑12版

慎小嶷 / 著

*A well-structured argument*
*can help to overcome misconceptions.*

Pat's Ten-Day Series:
The Spectrum of IELTS Writing Questions and Responses

机械工业出版社
CHINA MACHINE PRESS

本书是著名畅销书《十天突破雅思写作》的姐妹篇。

书中收录了在亚太、欧洲和北美三大考区历年来所使用的雅思写作完整真题库，根据不同分数段的范文特点对范文的写作手法和语言特色进行透彻的比较与鉴别，并且紧密地结合了剑桥官方的最新评分细则。

本书分册里还提供了详尽的雅思地图题（Map）写作指南，而且全书解释例句均取自剑桥官方出版的 *Cambridge Advanced Learner's Dictionary*。

本书还附赠由两位资深英籍播音员朗读的高分范文音频，方便读者随时随地学习实战范文。

**图书在版编目（CIP）数据**

慎小嶷十天突破 IELTS 写作完整真题库与 6～9 分范文全解：剑 12 版／慎小嶷著. —6 版. —北京：机械工业出版社，2017. 6（2017.10重印）

ISBN 978－7－111－57107－0

Ⅰ. ①慎…　Ⅱ. ①慎…　Ⅲ. ①IELTS－写作－自学参考资料　Ⅳ. ①H315

中国版本图书馆 CIP 数据核字（2017）第 117397 号

机械工业出版社（北京市百万庄大街 22 号　邮政编码 100037）
策划编辑：孟玉琴　　　责任编辑：裴春明　田　旭
版式设计：张文贵　　　责任校对：于　雷
责任印制：孙　炜
保定市中画美凯印刷有限公司印刷

2017 年 10 月第 6 版 · 第 2 次印刷
184mm × 260mm · 42 印张 · 1 插页 · 978 千字
标准书号：ISBN 978－7－111－57107－0
定价：76. 90 元

凡购本书，如有缺页、倒页、脱页，由本社发行部调换

电话服务
服务咨询热线：（010）88361066
读者购书热线：（010）68326294
（010）88379203

网络服务
机 工 官 网：www. cmpbook. com
机 工 官 博：weibo. com/cmp1952
教育服务网：www. cmpedu. com
金 书 网：www. golden-book. com

*First they ignore you.*

*Then they ridicule you.*

*Then they attack you.*

*Then you win.*

*— M. Gandhi*

# Essays Without Rigid Templates
# 榜样的作用

Pat一直都希望自己能写一本让读者能够从头看到尾（keeps the readers engaged from cover to cover），每一页都不浪费读者时间的范文书。具体来说，在这本书的创作过程里我在如下方面进行了重点努力：

## ☆ Main Features of This Book

（1）努力确保真题库的完整性与有效性。由于社会背景与题目难度都已发生了实质性的变化，2003 年之前的雅思作文题库目前已经被 Cambridge English Language Assessment 明确废止不用，然而却依然可以看到有些范文书拿无效的旧题库瞒天过海忽悠读者。本书里的每一道真题都来自全球三大考区（亚太、欧洲与北美）目前使用的官方真题库。同时，备考时间特别紧张的读者还可以结合 Pat 在博客 blog. sina. com. cn/ieltsguru 上公布的当月写作预测和本书最后的“IELTS 写作全真题速查指南”进行更高效的准备。

（2）切实解决审题过程中的难点。对于英语基础比较薄弱的同学来说，作文审题一直都是构成通向所需分数的严重障碍，这已经是一个不争的事实。同学们往往担心考题里有生词会导致题目看不懂，本书将为您彻底扫除考题里面的生词障碍。可问题在于：即使当题目里并没有生词时，依然会有很多中国同学由于审题能力薄弱而出现“文不对题”或者对题目里的不同部分“厚此薄彼”的错误倾向。

例如，这道在亚太区出现的看起来平淡无奇的考题：

***University students should pay the full cost of their education because university education benefits individuals more than it benefits society as a whole. To what extent do you agree or disagree with this opinion?***

本题的字面意思多数国内考生都能看懂：大学生应该承担全部的学习费用，因为大学教育对于个人比对于全社会更加有益。多大程度上你同意或者不同意这种观点？可十个工作日之后出分时，相当多的考生却发现写作“杯具”了。原因很简单：一些考生在写本题的时候只讨论了大学生是否应该负担全额学费，但却没有能够充分认识到本题的真正要求是结合题中 because 后面所给的原因来进行讨论，从而导致了严重偏题（对本题的详细分析请看 Day 1：Part I）。产生这类失误的原因并不是英语实力差距，而是缺乏良好的审题习惯。

形成良好的审题习惯，我们应该从三个方面努力：

❶ 不论英语水平如何，在考场审题时都应该**把题目逐字逐句地认真读 3 遍**（请让这条规律深入骨髓：考试时把作文考题细读 3 遍绝不是“阅读障碍症”的表现。恰恰相反，只有聪明的考生才会这么做，因为这样做将会为实际动笔之后节省下远远更多的时间）；

❷ 在审题时**对题目里的各个部分应该一视同仁**。除了必须要看清名词（也包括名词短语）、动词（也包括动词的过去式、过去分词或者动名词）、形容词（也包括形容词的比较级或最高级）等实词之外，对考题里出现的 **and**，**but**，**because**，**while**，**however**，**if**，**such as**，**rather than**，**in spite of** 等“虚词”也必须确保看清楚、看准确。有一些英语基础并不差的同学出现局部跑题（partially off-topic）的原因就是“把虚词当透明”。而且，对于自己觉得重要的词您还完全可以用下划线标注出来，以确保开始动笔后不会忘记。IELTS 写作考试里的试题纸和答题纸是分开的，对于试题里的关键词划线并不会影响答题纸的清晰美观；

❸ 审题并不只是审清题干，也包括**审清题目结尾的提问方式**。例如，下面这道在亚太区多次出现的考题：

***Some people think that museums should be enjoyable places to entertain people, while others believe that the purpose of museums is to educate. Discuss both views and give you own opinion.***

这道题里的 enjoyable，entertain，purpose，educate 等实词都不难，虚词 while 表示的对比关系也很明确。但是很多同学却无视题目结尾处的 **Discuss both views** 这样“斗大的字”，毅然只选择了其中的一种看法并给出自己的观点就“完事儿”了。类似的常见错误还有：题目里的提问形式明明是“**Do you agree or disagree?**”，一些同学始终在作文里讨论 some people 和 other people 两派之间出现了什么分歧，自己却迟迟不肯出场，真能把考官给急死。像这样致命的审题错误都是因为没看清题目最后一句话的提问方式就匆忙动笔所致。

官方的写作评分细则对于 6 分及 6 分以上的各个分数段全都非常明确地要求 **addresses all parts of the task**（官方写作评分细则的英文版和中文译文请您参阅本书分册 p. 193）。漏看或者误看考题里的任何一个部分都将导致作文很难上 6、绝难上 7。令人痛心的是：每次考试却仍有相当多的中国考生由于审题不清而写出

partially off-topic（甚至 completely off-topic）的作文，把应该是针对作文考题的题意与题目要求进行有效回应的过程变成了不尊重题意、脱离题目的具体提问方式、凭直觉天马行空、甚至纯粹“只为自己带盐”的无效写作过程。同学们从小学开始就明白了中文作文必须扣题，但是到了大学甚至大学毕业写英语作文时却连扣题这个基本的要求都做不到了。本书着力剖析了历年全球各考区题库里每一道考题的审题难点，督促您认真对待**审题**这个写好英语作文必不可少的关键环节。

（3）**真正理解雅思作文的评分标准**。这句话里面的关键词是**真正**两个字。有不少老师喜欢在第一节作文课上就让孩子们背诵 Task Response，Coherence and Cohesion，Lexical Resource，Grammatical Range and Accuracy 这些专业术语，但却不愿意花时间为孩子们深入讲解这些专业术语在 IELTS 作文里的具体含义，结果这些术语就变成了学生们在考场里其实永远也想不到的抽象符号。

Pat 并不反对在从事雅思专业研究时使用术语。恰恰相反，长期以来我一直在坚持跟踪剑桥官方发表的学术论文中所体现出来的考试动态与评分依据。例如，这篇论文就是由剑桥官方公布的关于雅思写作语言评分标准的一篇极为系统的研究报告：**www.ielts.org/pdf/Vol7_Report5.pdf**。下面这篇论文则深入揭示了 examiners 到底是如何评阅让国内同学们普遍感到困难的评分项 Coherence and Cohesion（行文连贯性与衔接效果）：**www.ielts.org/pdf/Vol12_Report6.pdf**。对于剑桥发布的这些学术“碎碎念”，每一个有责任心的雅思教师都应该去踏踏实实地研究。但如果只是在上课的时候把评分标准机械地一条条念给学生们听，或者只是抄写在 whiteboard 上却不进行深入的讲解，那么老师的作用和一台复读机或者投影仪又有什么区别呢？事实上，密集地使用抽象的术语来“蹂躏”懵懂的学生们远没有让学生们理解下面这个表格的效果好：

## IELTS 写作四项评分标准 “草根” 版

◆ **扣题与充实**

作为语言能力测试的雅思作文并不要求考生思维深邃，“振聋发聩”，但是明确要求观点清楚（a clear position），思路扣题（relevant），并且能够对各论点进行适当的展开论证（extends and supports ideas）。

*Common mistake*

有很多国内同学把“充实”完全等同于“字多”，这其实并不全面。如果只是用和文章所写话题联系并不紧密的空话、套话去“凑字”，反而会有局部跑题（partially off-topic）的嫌疑。IELTS 考试对于作文的字数要求其实并不高：《剑 9》～《剑 12》里面的 7 分以上范文的平均长度只有 291 words，论证过程的扣题度和清晰度要远比单纯的字数更加重要。是否真正有效地回应了考题里含有的各个部分，是否给出了清晰的观点、并且对其进行了有效的展开论证，对于考生在这个评分项上夺取高分更为关键。

◆ **连贯与流畅**

在受过严格训练的 certificated examiners 眼里，连贯和流畅并不是一回事儿：连贯是指“逻辑顺”，即每句话之间的逻辑顺序安排合理而且段落划分清晰。而流畅则是指“语言顺”，即句子内部、句子之间和段落之间的语言衔接效果读起来比较自然，尽可能少地出现“卡壳儿感”。

*Common mistake*

这项评分标准是四项评分标准里最容易成为中国考生写作备考“盲点”（blind spot）的一项。很多同学的作文里都存在着分段不清、在句子内部与句子之间刻意追求甚至过度堆砌“偏、难、怪”的连接词（unusual linking words），而无视上下文之间实际存在的逻辑关系（linking seems forced）的倾向。

事实上，在 IELTS 写作考试里真正取得好成绩的高分达人们不仅会适度使用一些常见连接词（但是坚决不用生僻、怪异的连接词），还会使用指示代词、人称代词、物主代词、转述前文里的关键词等衔接方法来建立自然的衔接效果※。在本书里，我们将通过各分数段范文的比较最清晰地看到行文逻辑从无序变得有序，衔接效果从机械走向自然的逐层演进过程。

◆ **词汇量和准确度**

中国考生一贯重视词汇“量”，很多同学“不是在背单词，就是在去自习室背单词的路上”。

Vocabulary is power. 作为表意的基本单位，针对各写作话题的单词（words），短语（phrases）和搭配（collocations）无疑是我们应该储备的。但同

※注：对高分作文行文衔接效果的深入讲解请看本书 p. 94。

时必须指出：剑桥官方的评分标准对于6～7分作文的词汇要求只是表意有效（use a sufficient range of vocabulary）并且提高用词的准确度，对于7.5分及以上的作文用词要求才是丰富多样（use a wide range of vocabulary）。

***Common mistake***

由于受传统的国内英语教学体系影响，很多考生只看重“词汇量”，却忽视了由用词准确度所体现出的“词汇质”。Pat经常看到连environment，knowledge甚至modern都会拼错，连affect和effect都会混淆的作文里却充满了“韦式难词”，效果就像郭德纲穿Givenchy和Fendi一样的劲爆，本书里的多篇范文都将展示用词过猛所带来的“双刃效应”。

◆ **语法多样性和准确度**

对于6～6.5分档的作文，官方评分标准的要求是努力控制基础语法错误（例如单复数不一致、句子成分丢失等）的发生率；而对于7分及以上的作文，除了要求进一步减少语法错误的数量之外，同时还要求考生具备使用多样的语法结构（use a wide range of structures）的意识。

***Common mistake***

不少中国同学认为高分语法就等于“长难句”。但事实却是：《剑4》～《剑12》的考官满分范文里几乎全都含有简单句。真实的IELTS高分范文里通常都会对简单句、并列句和复杂句配合使用，而不是一味地追求“长难句”。

（4）**用剑桥官方认可的实例解决各种“悬案”**。当老师们在教学当中出现意见分歧的时候，争吵或者骂战只会让夹在各方中间的学生们感到无所适从，真正成熟的解决方式是冷静地说明自己的道理，并从IELTS Writing Test的出题者 —— Cambridge English Language Assessment提供的官方评分实例里找出直接相关的证据。

比如，关于在论证过程当中是否应该“举栗子”，有的老师认为必须举例，否则扣分；有的老师认为不能举例，否则扣分；还有的老师认为有例子总比没例子好。当争论进入白热化甚至“互掐”的阶段时，我们就应该虚心地向出题者 —— Cambridge English Language Assessment学习了：

- Cambridge English Language Assessment在每一道IELTS写作task 2考题的下方全都注明了**Give reasons for your answer and include any relevant examples from your own knowledge or experience.** 所以，“有例子就扣分”的说法显然是缺乏根据的。《剑11》p.136考生7分范文里的“for example, in many countries people have a distinctive national style of wear",《剑10》p. 172 考官范文里的"Interesting things to play with stimulate many positives in the young boy or girl, such as brain development, hand-eye coordination and colour recognition …", 《剑 9》p. 167 考官范文里的"Physical activity could be encouraged relatively cheaply, for example by installing exercise equipment in parks …", 《剑 8》p. 167 考官范文里的"For example, if sufficient sky trains and underground train systems were built and effectively maintained in our major cities, then traffic on the roads would be dramatically reduced …",《剑 7》p. 167 考官范文里的"Secondly, when someone feels they are improving or developing their skills through training opportunities, for example, then there is a sense of progression and purpose that rewards a worker.",以及《剑 6》p. 172 考官范文里出现的"Even when children use a computer for other purposes, such as getting information or emailing friends, it is no substitute for human interaction."这些官方范文里的例子都有力地说明：只要举例扣题、合理，就能够起到拿分的作用；

- 另一方面，确实也有一些剑桥提供的官方高分范文并没有举例（例如：《剑 9》p. 163 的官方范文），而是通过因果、对比、假设、让步等其它逻辑关系进行论证，同样也写出了扣题而且充实的效果。因此，"如果不举例子就会被扣分"的说法也是过于武断的。如果并没有想到真正扣题的例子，还非要用和考题无关的例子去"凑字儿"，结果只能是被考官判为 partially off-topic（局部偏题）。

类似的很多教学纷争都可以通过虚心学习剑桥官方给出的高分范例来得到解决，就雅思备考而言，我们，甚至也包括阅卷考官们，其实都是 Cambridge English Language Assessment 的学生。

（5）本书中的范文全都没有使用模板，并且展示出了议论文开头段、主体段和结尾段的各种不同写法。基础好、有实力原创的同学们不应"死磕"套路，而是应该把宝贵的备考时间用在研究真题和范文的思路、结构和语言上面。对于基础较为薄弱的同学，则不必熟悉全部范文，只要从大量范例里选取 1 ~ 2 种自己觉得比较容易"上手"的写法对其逻辑结构了然于心就可以了，毕竟不是每只"烤鸭"都必须要考到 7 分或者 8 分熟才算"好鸭"。

（6）此外，Pat 还邀请两位有经验的英国播音员对书中的 **6.5 ~ 9** 分范文进行了交替录音（您可以在随本书附赠的音频卡上看到音频下载方式），今后只要在能听 MP3 和 iPod 的地方就都可以适合学雅思范文了。由于 6 分作文里普遍存在着较多的语法或用词错误，但英语基础不够好的读者在听录音时往往会难以分辨正误，容易学到错误的英文，所以决定不提供 6 分作文的音频，请读者理解 Pat 的苦心。

无须讳言，每位考生此刻的最大心愿都是“尽快和雅思分手”，但既然已经选择了出国留学或者移民海外，您未来的岁月就将不可避免地和使用英语紧密相连（是的，即使你要去的是法国或者德国）。Pat 自己长期战斗在资本主义社会，本书无意去改变中国同学们的“三观”，但在全书创作过程中，Pat 还是力求把每道真题的讲解都设计成帮助中国读者了解英语国家社会和文化的一扇窗口。无论您是通读本书，还是按照本书结尾处的真题库索引和 Pat 博客上的当月预测速查本书，相信您将收获的都不仅仅是写作应试能力的提高。

☆ **致谢**

本书其他参与协助编写工作的人员有：李丹、朱燕林、杨津英、张俊兰、樊顺玲、张淑琴、苏惠英、于辉、张洪霞、朱卡亚、孟建章、冉继华、宋琪、李玉亚、宋笑颜、孔庆桐、李广荣、王福利、苗春瑞、刘礼、兰印玲、孟玉敏、苏琴英、王玉丰、王军、朱瑾瑾、苏锡武、张会分、李佩香、袁毅、朱达斌、朱露西、孟平珍、崔文勤、卢朝臣、杨荣莲、陈杰学、孙国庆、智月仙、王丽沙、杨振国、孙晓荣、张智萍、王洪玲、徐建英、余团林、刘国强、董维川、孙三伶、史凤华、林淑芬、冷江豫、赵焱、李玉凤、刘昭文、宋文顺、白淑平、孙国栋、杨兴普、田桂祥、李正其、苏汉寿、朱文辉、李坤煌、李雄伟、林君凤、毛千斌、刘宝钗、李杰、刘建龙、李云香、苏惠心、尚纯义。

***I am particularly obliged to Ms Meng Yu-qin, for believing in the value of a compilation of sample and model IELTS essays and for at times being as much of a co-author as an editor.***

***Finally, special kudos goes out to my students and readers, whose good-humored perplexity about IELTS essay questions provided much of the impetus for this material, and whose passion for finding out “why” made all my endeavor worthwhile.***

小嶷

谨识于新泽西州

英文自序

# Preface

Precisely four years had gone by since the initial publication of the well-received *Pat's Ten-Day Series: A Step-by-Step Guide to the IELTS Writing Test.* During this past winter, I finally summoned up enough energy for yet another attempt to unravel the myths about the test.

*Pat's Ten-Day Series: The Spectrum of IELTS Writing Questions and Responses* is not a mere extension or expansion of the *Step-by-Step Guide*, which was primarily concerned with "quick-fix solutions", i. e. , getting its readers acquainted in short order with the essential vocabulary, key sentence patterns, core grammar principles and easy-to-follow techniques needed to score high on the IELTS Writing Test. Rather, the book in your hands is a fresh endeavor to dispel the myths shrouding the official IELTS essay topic pool, which has not been officially publicized so far. This volume is also intended as a stand-alone resource that provides you with both substantive and organizational insights into composing IELTS essays, and demonstrates to you an appropriately mature writing style. Accordingly, it is more concerned with drills and drudgery.

On the other hand, although readers may find rote memorization of the sample essays in this tome highly useful, it should be noted that IELTS Writing examiners do value spontaneity. You would be well-advised to concentrate on how to incorporate the ideas and lines of reasoning that you will find in this book into your own essays, instead of getting bogged down in word-for-word memorization. Do not be too concerned if you find your essays not as polished or thoughtful as the ones you will start reading through shortly. Be realistic about what you can achieve under the time constraints of a testing environment.

My kudos goes out to the amazing people who created the IELTS essay topics which I combed through, pored over, and compared and contrasted. I hope that the production of this book, although much delayed, will serve the purpose for which it is intended.

***Pat*,**

***New Jersey***

# Contents 目录

致读者：榜样的作用
英文自序

**Day 1　学而时习之：教育类真题库与各分数段范文剖析**

解读 Education 类真题库 / 2
Education 类各分数段范文剖析 / 36
教育类范文一　到底什么是 6 分？一只 6 分烤鸭的辛酸血泪史 / 36
教育类范文二　到底什么是 7 分？对两篇 7 分范文的比较研究 / 40
教育类范文三　新生下乡应该缓行 / 46
教育类范文四　因材施教还是搞一刀切 / 49
教育类范文五　学知识 vs. 学明辨是非 / 52
教育类范文六　只学理合理么 / 54
教育类范文七　压力山大好不好 / 56
教育类范文八　让学生决定自己学什么是否靠谱 / 58
教育类范文九　请勿曲解男女平等 / 61
教育类范文十　高等教育对城乡学生的公平性 / 63
教育类范文十一　缺乏外语天赋是否还要知难而上 / 65
教育类范文十二　学外语的目的到底是什么 / 68
教育类范文十三　研究生经费何去何从 / 70
教育类范文十四　拒绝做书虫儿 / 72
教育类范文十五　学龄之辩 / 75
教育类范文十六　成功所需要的素质是否来自大学 / 77
教育类范文十七　爱拼未必会赢 / 80
教育类范文十八　真正的三好生 / 82
教育类范文十九　教学的受益者应该是社会还是个人 / 85
教育类范文二十　苦孩子翻身记 / 87
教育类范文二十一　一位平淡是真的考官关于教育类话题的发言：电脑给儿童带来的影响 / 91
教育类范文二十二　无偿的社区服务是否应成为必修内容 / 101

教育类范文二十三　一位文风自由的考官关于教育话题的思考：是否一定要寓教于乐？/ 109
教育类范文二十四　男校女校 or 男女合校 / 112
教育类范文二十五　Pat 对教育类话题的诠释 A：大学到底应该传授什么 / 116
教育类范文二十六　Pat 对教育类话题的诠释 B：死记硬背真的一无是处吗 / 119
学有余力者 / 121

## Day 2　第一生产力：科技类真题库与各分数段范文深入讲解

解读 Technology 类真题库 / 124
Technology 类各分数段范文深入讲解 / 139
科技类范文一　打折机票该不该买 / 139
科技类范文二　民以食为天 / 141
科技类范文三　e 时代的书信 / 144
科技类范文四　怎样写好科技类 Report / 149
科技类范文五　科技与人际 / 154
科技类范文六　机器人是敌还是友 / 157
科技类范文七　科技不能均贫富 / 160
科技类范文八　早期科技 vs. 现代科技 / 162
科技类范文九　太空研究是否浪费资金 / 165
科技类范文十　一位知识面很宽的考官对于科技问题的表态：科技是不是让生活变得复杂的罪魁祸首？/ 168
科技类范文十一　Pat 对科技类话题的诠释：远程教育是否将让学校成为历史 / 171
学有余力者 / 173

## Day 3　真相与谎言间的永恒博弈：媒体类真题库与各分数段范文剖析

解读 Media 类真题库 / 176
Media 类各分数段范文剖析 / 189
媒体类范文一　新闻媒体为什么举足轻重 / 189
媒体类范文二　广告是否少儿不宜 / 191
媒体类范文三　开卷有益还是开机有益 / 194
媒体类范文四　公共图书馆是否应该与时俱进 / 198

媒体类范文五　新闻媒体应该聚焦于何方 / 200
媒体类范文六　产品卖得好是广告的作用还是因为消费者存在需求 / 202
媒体类范文七　电视广告（TV commercials）的利与弊 / 206
媒体类范文八　一位富有社会良知的考官关于媒体问题的表态：大腕儿拿高薪是否受之有愧 / 209
媒体类范文九　一位具有全球化视野的考官关于媒体类话题的发言：电视与文化发展之间的辩证关系 / 213
媒体类范文十　Pat 对 Media 类问题的诠释 A：要发展儿童技能，3D 网游是否一定就不如捉迷藏 / 215
媒体类范文十一　Pat 对 Media 类问题的诠释 B：报道犯罪细节是否应被叫停 / 218
学有余力者 / 220

## Day 4　领导的艺术：政府类真题库与各分数段范文剖析

解读 Government 类真题库 / 222
Government 类各分数段范文剖析 / 233
政府类范文一　不可小视的人口问题 / 233
政府类范文二　医疗是否应该私有化 / 235
政府类范文三　一堆“大词”引发的血案(Big Words Can Hurt)：搞艺术是否就可以为所欲为 / 237
政府类范文四　纳税是每个公民应尽的义务 / 244
政府类范文五　纳税并不是每个公民唯一应尽的义务 / 246
政府类范文六　政府是否应该为医疗和教育买单 / 248
政府类范文七　国防建设的必要性 / 250
政府类范文八　科学研究是否应由政府包办 / 253
政府类范文九　政府是否应该停止资助艺术 / 255
政府类范文十　援助本国的穷人还是跨国援助 / 260
政府类范文十一　法律与规定是否必不可少 / 263
政府类范文十二　一位为民请命的考官关于政府话题的思索：医改应该怎样施行 / 265
学有余力者 / 268

## Day 5　不是我不明白：发展类真题库与各分数段范文剖析

解读 Development 类真题库 / 270
Development 类各分数段范文剖析 / 304

发展类范文一　审题不清的后果到底会有多严重：DIY 为什么不像过去那么流行 / 304
发展类范文二　陷入危机的美德 / 306
发展类范文三　人均寿命上升之困 / 309
发展类范文四　远亲不如近邻 / 311
发展类范文五　通过搬迁来解决城市病是否可行 / 313
发展类范文六　交通量增加的原因与解决办法 / 315
发展类范文七　人人都拥有汽车与家电是否会让世界变得更美好 / 317
发展类范文八　修高铁还是改善现有的公共交通 / 320
发展类范文九　变还是不变，这是个问题 / 322
发展类范文十　人口老龄化的危与机 / 324
发展类范文十一　食品也旅行 / 326
发展类范文十二　城市病了 / 329
发展类范文十三　为未来做计划是否浪费时间 / 332
发展类范文十四　致我们还未逝去或已经逝去的青春 / 334
发展类范文十五　体育获胜之道 / 338
发展类范文十六　一位擅长“套模板”的考官关于发展话题的表态：传说中的工作满意度 / 341
发展类范文十七　一位健康意识很强的考官关于儿童平均体重上升的吐槽 / 343
发展类范文十八　医疗预算应该主要用于治病还是防病 / 345
发展类范文十九　体育赛事是否可以给国际关系带来正能量 / 347
发展类范文二十　运动设施增加了人民是不是就更会健康 / 349
发展类范文二十一　一位敢于把哲学问题平民化的考官的追问：捉摸不定的幸福 / 356
发展类范文二十二　自然资源的消耗与消费之辨 / 358
发展类范文二十三　对一只“板鸭”的救赎：新建筑是否应该仿古 / 360
发展类范文二十四　Pat 对发展类话题的诠释：老房子未必一定是发展的绊脚石 / 364
学有余力者 / 366

## Day 6　明朝那些事儿：文化类真题库与各分数段范文深入讲解

解读 Culture 类真题库 / 368
Culture 类各分数段范文深入讲解 / 380
文化类范文一　Internet 是否能代替博物馆和美术馆 / 380
文化类范文二　为什么不能让传统艺术自生自灭 / 382
文化类范文三　拯救濒临灭绝的语言 / 385
文化类范文四　多元文化社会的利弊 / 387

文化类范文五　语言、文化不分家 / 390
文化类范文六　学史明智 / 392
文化类范文七　建筑的外观是否比功能更加重要 / 394
文化类范文八　着装应该跟风还是追求个性 / 397
文化类范文九　一位喜欢罗列事实的考官关于文化类话题的看法：国际通用语言是否威胁文化认同感 / 400
文化类范文十　一位文艺青年考官的慷慨陈词：国家之间的相似度越来越高是喜还是忧 / 403
学有余力者 / 406

## Day 7　Going Green：环境类真题库与各分数段范文剖析

解读 Environment 类真题库 / 408
Environment 类各分数段范文剖析 / 415
环境类范文一　各国是否应该携手解决环境问题 / 415
环境类范文二　政府和个人是否都该对保护环境负责 / 418
环境类范文三　谁该为清洁环境买单 / 420
环境类范文四　正视水短缺 / 422
环境类范文五　一位环保主义者兼考官关于环境问题的表态 / 425
环境类范文六　7，8，9：关于能源话题的等差数列（之一）/ 427
环境类范文七　7，8，9：关于能源话题的等差数列（之二）/ 431
环境类范文八　7，8，9：关于能源话题的等差数列（之三）/ 432
学有余力者 / 436

**IELTS 写作全真题速查指南** / 437

# 分　册

## Day 8　法制进行时：犯罪类真题库与各分数段范文剖析

解读 Crime 类真题库 / 分册 2
Crime 类各分数段范文剖析 / 分册 10
犯罪类范文一　对不断上升的犯罪率是否已经无计可施 / 分册 10
犯罪类范文二　教育 vs. 监狱 / 分册 13
犯罪类范文三　更长刑期是否是减少犯罪的最好方法 / 分册 16
犯罪类范文四　固定量刑人道么 / 分册 20
犯罪类范文五　更多安全措施是否利大于弊 / 分册 25
犯罪类范文六　警力配枪是否导致更多暴力 / 分册 28

犯罪类范文七　关于违章驾驶的感性告白 / 分册 31
犯罪类范文八　一位平易近人的考官关于先天基因和后天环境相互作用的朴素思考 / 分册 33
犯罪类范文九　体罚≠虐待 / 分册 36
学有余力者 / 分册 38

## Day 9　走路去纽约：全球化类真题库与各分数段范文剖析

解读 Globalisation 类真题库 / 分册 40
Globalisation 类各分数段范文剖析 / 分册 47
全球化类范文一　一屋不扫，何以扫天下？谈国际援助的利与弊 / 分册 47
全球化类范文二　国际援助应该是提供实用援助和建议还是以金钱形式 / 分册 50
全球化类范文三　环保和国际商业哪一个从国际合作当中获益更多 / 分册 53
全球化类范文四　跨国公司不是活雷锋 / 分册 56
全球化类范文五　科技是否会导致单一的世界文化 / 分册 59
学有余力者 / 分册 62

## Day 10　没有方向感的人也能够写好雅思地图题

IELTS 地图题的惯例与特例 / 分册 64
IELTS 地图题的实质 / 分册 64
雅思地图题分为两大类 / 分册 65
雅思 Map 中对于方向的确定 / 分册 67
写好 IELTS 地图题所需的词汇与句型全集 / 分册 67
两类地图题都常用的词汇与句型 / 分册 67
选址比较题所特有的词汇与句型 / 分册 73
历史变迁题所特有的词汇与句型 / 分册 74
剑桥真题剖析 / 分册 76
考生的 Map 作文和考官的 Map 范文之间到底有何不同？/ 分册 78
真题实战 / 分册 87
学有余力者 / 分册 90

附录 A　动植物类真题 / 分册 91
附录 B　旅游类真题 / 分册 113
附录 C　家庭类真题 / 分册 135
附录 D　女性类真题 / 分册 167
附录 E　物品类真题 / 分册 185

官方评分细则 / 分册 193

# DAY 1

## 学而时习之

教育类真题库与各分数段范文剖析

To Learn with Constant Perseverance and Application

在最近的十年里，Education 一直都是 IELTS 写作考试中出现频率最高的话题。甚至还出现过两个月之内连考 6 次教育题的极品情况，把那些坚信“同一话题肯定不会连续出现”的烤鸭雷得外焦里嫩。

好在多数雅思考生是在校学生，或者已经工作了但时间也还不算很长，总体而言教育类是官方题库中最接近考生真实生活的一类话题，思路也比较好想，所以每次考到教育类题时通常是波澜不惊的（除非 back to back 地连着考 N 次）。

## 解读 Education 类真题库

### A 教育当中的机会平等与学生权利

**1** ***Some people think that it is better to educate boys and girls in separate schools. Others, however, believe that boys and girls benefit more from attending mixed schools. Discuss both these views and give your own opinion.***

一些人认为把男孩和女孩分在不同的学校教育更好。而另一些人则认为男孩和女孩可以从男女合校中获得更多益处。讨论两种观点并且给出你自己的看法。

#### 关键词透析

- **attend** 是英式写作里的一个常用动词，指上学、上课或参加会议，常考搭配还有 **attend classes / attend lectures / attend meetings**。
- **mixed schools** 是男女生在一起上学的学校，近义短语是 **co-educational schools**。而单一性别的学校除了概括地写成 separate schools 之外，为了减少重复感也可以更加具体地写成 **single-sex schools** 或者 **boys' schools / girls' schools**。

#### 剑桥在本题中设置的陷阱

请注意对于题目结尾含有 ***Discuss both these views and give your own opinion.***（业内行话简称为“**D & G 型**”）的考题，按照剑桥官方评分标准的要求必须对**两方**都进行论证，并提出自己的看法，否则将会是被判为 **This essay does not address all parts of the question.** 的悲壮结果（本题具体写法请看今天的范文 24）。

## 同类型真题

（a） ***Universities should accept equal numbers of male and female students in every subject. To what extent do you agree or disagree?*** 大学应该在各科均招收相同数量的男生和女生。你在多大程度上同意或不同意这种观点？

### 关键词透析

◆ 本题涉及三个关键词：**gender** 性别，**equality** 平等和 **discrimination** 歧视。请注意有不少国内同学喜欢把 discrimination 的动词形式 **discriminate** 当作及物动词来使用，这其实是错误的 ╳，在地道英文里 **discriminate** 表示歧视的意思时只能作不及物动词。

【剑桥例句】*Under the law, the state must administer its programs in ways that do not **discriminate against** anyone on the basis of race, age or gender.*

本题具体写法请看今天的第 9 篇范文。

（b） ***In many schools, girls tend to choose art subjects while boys tend to choose science subjects. What are the causes of this situation? Do you think it should be changed?*** 在很多学校里，女孩倾向于学习艺术科目而男孩则倾向于学习科学科目。这种现象的原因是什么？你认为它是否应该被改变？

### 思路指导 ※

这种现象并不仅限于中国，在英语国家里同样也有很多家长和老师认为女孩儿更擅长学语言（girls are better at language learning），而男孩儿天生就适合学科学（science is the natural domain for boys）。

本题所给现象的产生原因有：ⓐ 很多家长和教师都持有不同性别擅长不同学科的思维定势（Many parents and teachers **hold the stereotype that** girls are naturally better at arts while boys tend to be stronger in maths and science.）；ⓑ 学生们在选课时也很容易受到来自于同辈的压力影响（**Peer pressure** is also likely to influence children's **course selection**.）；ⓒ 成年人的职业选择也存在着类似的性别差异（Similar gender differences can be found in adults' **career choices**.）。例如，女性当中选择科学或工程相关事业的比例远远低于男性（The

※注：在思路指导里，Pat 会把与本题相关的各种 relevant ideas 都写出来，并紧密结合二十一世纪西方社会里的真实情况，以确保考官看到 ideas 时不会惨遭“文化休克”，同时用英文句子体现出关键词和短语、短句式的用法。写作时选择您自己感到容易发挥的 ideas 展开即可，不必面面俱到，否则将会导致文章过长。并请认真研读本书中的大量范文论证实例。
诚如剑桥考官们所说，“**Good writing is not an exact science.**” IELTS essays 的思路并没有唯一的“正解”，只要是扣题、符合生活常理的思路，都可以用来写出优秀的 IELTS 作文。

proportion of women who choose science or engineering careers is much lower than that of men.)，成年人选择职业的性别差异对孩子们选择学习科目同样也会有影响。

这种情况可能带来的问题有：ⓘ导致学校里选择艺术课程和科学课程的学生性别失衡（**cause gender imbalance** in art classes and science classes）；ⓘⓘ儿童们可能会难以充分发挥出自己的潜力（cannot **achieve their potential**）。

因此，家长和教师应该鼓励孩子们更加广泛地尝试不同课程（encourage children to explore a wider range of courses）。

**2** ***Students from rural areas often find it difficult to access university education. Some people think that universities should make higher education more accessible to those students. To what extent do you agree or disagree?***

农村地区的学生往往难以获得大学教育的机会。一些人认为大学应该让这些学生更容易受到高等教育。多大程度上你同意或者不同意？

### 关键词透析

- 请注意 rural area 和 countryside 之间的细微区别：**rural area** 在地道英文中有暗示发展滞后的负面含义，而 **countryside** 在地道英文里则往往是指令人向往、有田园风光的乡村。

### 写好本题需要突破的瓶颈

与含有 Discuss both these views and give your own opinion. 的题型必须讨论两方看法的要求不同，剑桥官方评分标准对于以 ***To what extent do you agree or disagree?*** 这个问题结尾的考题在考生写作态度上的选择要求更加灵活：ⓐ既可以写成完全支持或者完全反对的“一边倒”；ⓑ也可以写成主要支持略带反对或者主要反对略带支持的“折中式”，只要你确实是紧扣题目里给出的看法来展开论证即可（本题具体写法请看今天的第 10 篇范文）。

**3** ***The amount of money for postgraduate research is limited. Some people think that financial support from the government should only be provided for postgraduate scientific research rather than postgraduate research on less useful subjects. Do you agree or disagree?***

研究生的研究经费是有限的。因此，一些人认为政府的财政资助只应提供给由研究生从事的科学研究，而不是提供给研究生从事的用处较小的研究。你是否同意这个观点？

## 关键词透析

- **financial** 财务的，金融的，**financial support** 是资助，类似的表达还有 **financial aid** 和 **grant**（在这里作名词）。
- **rather than** 是雅思作文中极为关键的一个连接词组（可惜却常被考生忽视甚至无视），它经常用来在一句话里表示是前面一种情况，而非后面一种情况的取舍关系。

  【剑桥例句】*The company has decided to take the risk*（风险）*rather than give up the project*（项目）.
- 从事（某项研究）在地道英文里的写法有 **conduct**，**perform**，**carry out** 和 **go about**（最后的这个表达偏口语化）等。

## 写好本题需要突破的瓶颈

对于含有 Do you agree or disagree? 的考题，有些同学误认为用这个问题结尾的考题只能绝对地写一边倒，而不能两边都讨论。可惜这种说法本身就太绝对了。事实上，在剑桥官方评分标准里，对于以 ***Do you agree or disagree?*** 这种提问形式结尾的考题同样是允许考生根据实际情况自行选择写一边倒或者写折中式的，这是多篇剑桥官方 Do you agree or disagree? 型考题范文明确体现出的标准，而且也是 IELTS 考试的主办机构之一 IDP 在墨尔本为当地考生答疑时给出的明确答复。

## 思路指导

本题的“题眼”是 **only**。请您牢记这个审题规律：一旦题目里出现了 **only**，**all**，**never**，**always**，形容词最高级，**stop altogether** / **ban**（完全禁止）这些语气过于绝对的词，就将很难从逻辑上严格地证明题目里的观点完全正确，但通过举反例来证明题目里的观点存在逻辑漏洞则会好写很多。

这道题的本质是问研究生是不是只有搞科研才应该得到政府的资助，而从事其它研究都不该拿资助。很明显，这种说法过于绝对了。难道关于传统文化，比如京剧（Beijing Opera，对应的在英国则有莎士比亚戏剧 Shakespeare's plays / Shakespearean drama），或者原住民文化（indigenous culture）的学术研究就不值得政府去资助么？此外，还有文学研究（literary research）、历史研究（historical research）、视觉艺术的研究项目（visual arts research projects）等也都急需政府的 funding，无论如何也不应该只对科学研究进行资助。说到底，就是题目里的 **only**（只有）这个绝对词惹的祸……

本题具体写法请看今天的第 13 篇范文。

## 变形题

***Scientists contribute more to the development of our society than other people. Therefore, science student should get more financial support from the government than other***

***students. Do you agree or disagree?*** 科学家们比其他人对社会发展作出了更多的贡献，因此，理科生应比其他学生获得更多的政府资助。你同意还是不同意？

**4** ***Some parents choose to send their children to private schools. Do the advantages of private schools outweigh the disadvantages?***

一些家长选择送他们的孩子去私立学校。你是否认为私立学校的利大于弊？

## 思路指导

在英美，私立学校的类型其实很多。但从总体来看，多数私校的优势包括：ⓐ 经费自主，并来自于学费、私人资助以及向家长募集捐款等多种形式（Their funding comes from a wide range of private sources, such as tuition fees, private grants and fundraising from parents.），而公立学校却只能依赖于政府的经费（rely on government funding）；ⓑ 私校能够为教师提供更高的薪水和更好的工作环境（can offer higher salaries and a better working environment），所以教师们更有努力工作的动力（are more motivated to work hard）；ⓒ 私立学校的班级规模更小（the class sizes at private schools are smaller），教师可以为每一个学生投入更多的时间（teachers can spend more time on each student）；ⓓ 私立学校还可以调整自己的课程来适应学生们的需求（can adjust their curriculum to suit students' needs），而公立学校的课程则是由政府统一决定的（public schools follow a standard curriculum set by the government）。

但在英美，私立学校的弊端则是：ⓘ 学费高（high tuition costs），而且 ⓘⓘ 进入私校的入学竞争更加激烈（Admissions to private schools are more competitive.）。

因此，学生是否上私校的决定应该取决于家庭收入水平以及学生是否能达到或者超过录取要求（The decision should be based on the level of the student's household income and on whether the student can meet the admissions requirements set by the school.）。

**5** ***Some people think that in order to improve the quality of education, high-school students should be encouraged to evaluate their teachers. Others, however, think that will result in loss of respect and discipline in the classroom. Discuss both these views and give your own opinion.***

有些人认为为了改善教育质量，应鼓励中学生对老师进行评估。但是其他人认为这会破坏对老师的尊重和课堂纪律。请讨论这两种观点并给出你的意见。

### 关键词透析

- **evaluate** 是动词：评价，它的近义词为 **assess**。
- 名词反馈是 **feedback**，国内同学要特别注意它是**不可数名词**，后面不能加-s。
- **discipline** 是名词：纪律，教育类考题中还常会用到加分词 **self-discipline** 自我约束，自制力。

### 思路指导

允许学生们评价老师的好处在于：ⓐ 给教师改进授课的动力（motivate teachers to improve their instruction）；ⓑ 是识别表现不佳的教师的有效方法（is an effective way to identify low-performing teachers）；ⓒ 可以让学生们感到教师确实关心自己的需求（make students feel that their teachers really care about them as individuals with different needs）。

负面的影响则是：ⅰ 一些学生可能会给出不负责任的评价（irresponsible evaluations）；ⅱ 甚至可能导致教师与一些学生的关系紧张（may cause tension between the teacher and some students）等。

从整体来看，学生反馈可以提高教学的效果（improve teaching effectiveness），但学生们应该被鼓励进行负责任的评价（evaluate their teachers' performance responsibly）。

**6** ***University students should pay all the costs of their studies because university education benefits individuals more than it benefits society as a whole. To what extent do you agree or disagree with this opinion?***

大学生应该承担全部学习费用，因为大学教育对于个人比对全社会更加有益。多大程度上你同意或不同意这种观点？

### 关键词透析

- 写这道题时有些同学可能会不断重复地使用 **university education**，其实相近的意思还可以用 **higher education** 来替换。

### 思路指导

本题的关键在于必须要结合 because 后面的原因来进行讨论，否则至少会部分跑题。而且本题里还含有 all 这个语气很绝对的词，真是“剪不断，理还乱”。但其实想写清楚也不难，踏踏实实写就好了。

可以先承认大学生应该负担一部分学费，理由是：ⓐ有大学学位可以增加个人的就业机会和薪酬潜力（Having a university degree increases an individual's job opportunities and earning potential.）；ⓑ 高等教育为学生提供广泛的课程与研究机会，还可以提高学生的专业技能与知识储备（University education provides students with a wide range of subject areas and research opportunities, which can help them to improve their skill sets and strengthen their knowledge base.）；ⓒ大学还能够为学生们提供建立人际网络的机会（Universities also provide students with important networking opportunities.）。

然后指出大学教育对社会的发展同样很重要，原因是：ⅰ 高等教育可以显著促进经济的生产率和竞争力的提高（Higher education contributes significantly to the productivity and competitiveness of the economy.）；ⅱ大学可以培养出受到良好教育并且善于独立思考的公民（Universities can produce well-educated and independently-thinking citizens.）。

因此，大学生和政府都应该承担一部分高等教育的费用。政府应该为表现优异的大学生提供奖学金（provide merit-based scholarships for students who excel in their studies and social activities），而且为没有能力支付教育费用的大学生提供助学金和学生贷款等资助（provide financial assistance, such as bursaries and loans, for students who cannot afford the costs of higher education）。

## 同类型真题

(a) ***Higher education can be funded in several ways, including the following three ways:***

***1. All costs are paid by the government.***

***2. All costs are paid by the student.***

***3. All costs are paid by the student using loans from the government which must be repaid after graduation.***

***Discuss the benefits of each choice. Which do you think is the best one?*** 高等教育可以用多种形式资助，比如政府全额支付、学生完全自费、学生使用毕业后需要偿还的政府贷款进行支付。讨论三种选择各自的优点并且说明你认为哪种选择最好。

(b) ***Some people think that the government should make university education free for all students, regardless of their financial background. To what extent do you agree or disagree?*** 一些人认为不论学生的经济背景如何，政府应该让高等教育对于每个学生都是免费的。多大程度上你同意或不同意？

*7 Many young people leave school with a negative attitude. Why does this happen? What do you think can help young people to have a positive attitude?*

许多年轻人带着消极的态度选择离开学校。这是出于什么原因？你认为应如何鼓励年轻人拥有积极的态度？

### 关键词透析

◆ **attitude** 是名词：态度，英式写作里这个词后面经常搭配 **towards sth.** 或者 **to sth.** 。

### 思路指导

学生们离开学校时态度消极的原因包括：ⓐ学校教学过于枯燥（Students spend too much time listening to lectures or being tested. They do not have opportunities to learn through interactions with their teachers or through exploration into subjects that they are really interested in.）；ⓑ学生们的社交和心理需求经常被忽视（Many teachers lack a clear understanding of their students' social and emotional needs.）；ⓒ校园欺凌也可能导致一些学生带着消极的态度离开学校（Some students have been victims of bullying and do not feel safe at school.）。

相应的，解决办法可以有：ⅰ教师应该努力让学习的过程变得有趣，并且鼓励学生们独立地思考（Teachers should try to make learning fun and interesting for their students, and encourage them to think independently.）；ⅱ 学校应该为学生们提供丰富多样的课余活动（Schools should provide a wide range of extra-curricular activities.）；ⅲ 学校应该采取措施来预防校园欺凌（Schools should take measures to prevent bullying, which can help to make students feel safer and more confident at school.）。

## B 教育应该培养的能力

*8 Some people think that children should be made to obey rules, while others argue that children who are controlled too much will not be well-prepared for their adult life. Discuss both these views and give your own opinion.*

一些人认为儿童应该遵守规则，而其他人则认为过多地控制儿童将不利于他们面对成年后的生活。请讨论这两种观点并给出你的意见。

## 思路指导

儿童应该遵守规则，因为：ⓐ 在儿童形成社会习惯的时期，行为规则可以帮助儿童懂得什么是适当的行为，比如餐桌礼仪和礼貌的课堂举止（In their socially formative years, children need rules to help them to learn appropriate behaviour, such as table manners and polite behaviour in the classroom.）；ⓑ 安全规则可以保障儿童的安全（Safety rules can protect children from dangers.）；ⓒ 规则还可以让儿童意识到他们需要为自己的行为负责（Rules can make children understand that they are accountable for their own actions.）

但是：ⓘ 过于严格的环境可能会制约儿童的创造力和自由思维（An overly strict environment may restrict children's creativity and free thinking）；ⓘⓘ 规定有可能减少儿童发展独立性的机会（Rules may reduce the opportunities for children to develop independence.）。

因此，家长与教师应该努力在规定与孩子们的自由之间争取合理的平衡（Teachers and parents should try to provide children with a reasonable balance between rules and freedom.）。一方面教育孩子们对自己的行为负责（teach them to act responsibly），另一方面也允许儿童犯错，而且鼓励他们从自己的错误当中学到教训（allow children to make mistakes and encourage them to learn from their mistakes）。

**9** ***Some teachers think that students should be organised into groups to study. Other teachers argue that students should study alone. What is your opinion?***

一些教师认为学生应分组进行学习而其他教师认为学生应独自学习。对此你的观点是什么？

## 写好本题需要突破的瓶颈

对于以*What is your opinion? / What is your view?* 这两种提问形式结尾的考题，如果题目里有两种观点，则应该对两种观点都进行讨论。但如果题目里只有一种观点，官方评分标准则允许考生在一边倒和折中式之间选择一种适合自己的态度来写。

## 思路指导

本题的题意不难理解。

分组集体学习的好处包括：ⓐ 提高学生的沟通能力（Students can improve their communication skills by discussing ideas, sharing thoughts and exchanging opinions with their groupmates.）；ⓑ 可以培养团队精神（can foster team spirit among students），并让学生们学会接受他人的不同看法（increase the students' level of tolerance and acceptance of other people's viewpoints)；ⓒ 让学习经历变得更有趣、更给学生以学习的动力（make the learning experience more stimulating and motivating）。

单独学习的好处则是：ⅰ 能够减少干扰（reduce distractions），学生可以更专心地学习（the student can concentrate on his or her studies）；ⅱ 相应的学习效率也可能更高些（makes the learning process more efficient）。

## 变形题和同类型真题

(a) ***Team activities can teach children more life skills than activities that are done alone. To what extent do you agree or disagree?*** 集体活动可以比个人活动教给孩子更多的生活技能。多大程度上你同意或者不同意？

### 思路指导

在从事集体活动时孩子们需要与同龄人进行相互沟通与交流（communicate and interact with their peers），建立共同的目标并且一致努力（establish common goals and coordinate their efforts）。这可以培养他们的沟通能力与团队合作能力（develop their communication skills and teamwork skills），克制愤怒的能力（anger management skills）和协调冲突的能力（conflict resolution skills）等重要的社会和情感技能（essential social and emotional skills），并且让他们懂得尊重别人和容忍差异的重要性（help children to understand the importance of respect for others and tolerance of differences）。

(b) ***Some people think that schools should select students according to their academic abilities, while others believe that students with different abilities should be educated together. Discuss both these views and give your own opinion.*** 一些人认为，学校应根据学生的学术能力来选拔学生。其他人认为，应把不同能力的学生放在一起进行教学。讨论这两种观点并给出你的意见。

### 思路指导

把学生按照学术能力分开的做法（它在英美中小学里有多种叫法，例如 streaming / tracking / grouping students by ability 等都可以）的好处是：ⓐ 让学生按照适合自己能力程度的进度来学习（allow students to study at a pace that matches their own abilities）；ⓑ 减少来自于同班同学的同辈压力（can reduce negative peer pressure because students in the same class have similar academic abilities）。

把学生按能力分班的负面影响则可能是：ⅰ 程度较低班级里的学生可能会缺乏自信，或者对学习丧失兴趣（Students in low-level classes may lack confidence or lose interests in their studies. )；ⓘⓘ 更有经验、更称职的老师很可能会被分配到程度高的班级去，从而导致受教育机会不平等（More experienced and qualified teachers are likely to be assigned to high-level classes, which may result in inequalities in learning opportunities. ）。

结论是混合上课可以帮助不同程度的学生发挥自己的潜力（Mixed-ability classes help a wide range of students to achieve their potential. ）。另一方面，教师应该鼓励成绩好的学生学习更有挑战性的选修课（Academically-stronger students should be encouraged to take more challenging elective courses. ）。

**10** ***Participation in sports should not be encouraged at school because it leads to competition rather than cooperation. To what extent do you agree or disagree?***

在学校参加体育运动不应被鼓励，因为它导致竞争而不是合作。多大程度上你同意或不同意？

### 思路指导

在运动中获胜的强烈愿望确实有可能在学生们之间产生激烈的竞争与紧张关系（The desire to win in sports may cause stiff competition and tension among students. ）。

但另一方面，ⓐ 组织良好的体育运动可以带来健康、良性的竞争（Well-organised sports activities can encourage healthy and constructive competition among students）。而且 ⓑ 集体运动也正是基于队友们之间的信任与协作（Team sports are based on the trust and cooperation among team members. ）。事实上，让学生参加体育运动是培养公平竞争精神和团队精神的重要方法之一（Active participation in sports not only fosters strong minds and bodies, but also builds a fair play attitude and team spirit. ）。

因此，问题的关键在于体育活动的组织者们是否能够更强调团队合作，并且更重视学生们付出的努力，而不是体育竞争的结果（The key is whether school sport organisers emphasise young participants' effort and teamwork over the outcome of competition. ）。

## 同类型真题

（a）***Competitiveness is a positive quality for people to have in most societies. How does competitiveness affect individuals? What problems may it cause?*** 竞争性在很多社会里是人们应该拥有的积极的素质。竞争性怎样影响个人？它可能带来哪些问题？

### 思路指导

竞争性 ⓐ 可以让个人去积极努力并争取更高的目标（motivate individuals to strive for

higher goals)；ⓑ 可以促进创造、创新与高效率（foster greater creativity, innovation and efficiency)。

但它可能带来的负面影响则是：ⓘ 导致个人忽视共同目标（cause individuals to ignore their common goals)；ⓘⓘ 减少对于一些美德例如公平竞争和诚实的重视（may make individuals neglect some important human virtues such as fair play and honesty)。

(b) ***How important is ambition to people who want to achieve success? Is ambition a positive or a negative characteristic?*** 志向对于希望获得成功的人们有多重要？有志向是积极还是消极的特点？

## 思路指导

除了上一题里的思路都可以用之外，志向的积极作用还包括：ⓐ 让人生活、工作得更有热情、目标与奉献感（live and work with more enthusiasm, purpose and dedication)，ⓑ 让人更具有自尊（help people to develop strong self-esteem)，而且 ⓒ 有志向的人也更有可能充分地发挥个人潜力（Ambitious people are more likely to achieve their full potential.)。

而负面影响则除了上题里的思路之外，还可以有：ⓘ 有可能让人变得贪婪、无情（make a person greedy and ruthless)；ⓘⓘ 让一些人难以和亲友、同事保持良好的关系（Some ambitious people may find it hard to maintain positive relationships with their family, friends and coworkers.)。

11 ***It is generally believed that education is of vital importance to individual development and well-being of society. What should education consist of to fulfill both these functions?***

人们普遍认为教育对个人发展与社会的良好运行都起着至关重要的作用。教育应由哪些内容组成以便实现这两种功能呢？

## 关键词透析

- **be of vital importance** 是英语中常见的特殊句式（请注意这里的 **of** 是不能省略的），表示它前面的主语具有某种属性。类似句式还有 **be of high historical value**, **be of great significance**, **be of interest to sb.**, **be of little or no use** 等等。
- **consist of** 是动词短语，指由……组成，要注意它不能使用被动形式。它的近义词组有 **be composed of / be made up of** 等。
- 请注意 **individual** 这个词有两种词性，当名词时指个人，而当形容词时，比如在本题中它意为个人的。

## 思路指导

这道题的话题宏大，很容易沦落成假大空的“史诗型”作文，因此对话题进行细化“贼”重要。

紧密围绕题目里给出的两方面，可以在第一个主体段里论述为实现个人发展（individual development）教育应该包含的内容：ⓐ 向学生提供获得职业成功所需的知识与技能的课程（courses that help students to gain the knowledge and skills needed to succeed in their careers）；ⓑ 增强学生的分析能力与批判思维（improve students' analytical skills and critical thinking abilities）；ⓒ 帮助学生提高艺术才能与审美水平（develop artistic skills and aesthetic appreciation）等等。

在第二个主体段里论述为了促进社会的良好运行（the well-being of society），教育应该：ⓘ 有助于为未来储备有竞争力的劳动力（help to prepare a competitive workforce for the future）；ⓘⓘ 培养有社会责任感的公民（produce socially responsible citizens）；ⓘⓘⓘ 向年轻一代传递该社会的文化遗产与价值观（help society to transmit its cultural heritage and social values to the younger generation）。

本题如果想在主体段里举出科目的具体实例，下面这些课程是英语国家考官们更熟悉的（咱就别在 IELTS essays 里写思想品德课了）：可以帮助学生学习与科学技术相关知识的 computer studies，physics，chemistry，以及很多英语国家学校开设的 technological education 等课程；可以培养学生分析能力的代数（algebra），微积分（calculus），几何学（geometry）与分析写作（analytical writing）等课程；能够提高学生环境意识（raise students' environmental awareness）的 biology 生物课和 geography 地理课；在英语国家中学里专门讲解公民的权利和责任的 civics and citizenship education；与就业直接相关的 career education 和 business studies；帮学生了解基本的经济学术语、概念和一些个人与国家经济问题（help students to understand basic economic terms，concepts as well as some personal and national economic issues）的 economics 经济学；让学生了解文化、艺术知识的 literature 文学，history，music，painting 和英语国家里的学生们超级喜欢的 drama 戏剧，creative writing 创意写作等；以及帮助学生提高健康意识、形成健康生活方式（raise students' health awareness and help them to adopt healthy lifestyles）的 health education 和 P. E.（physical education）等课程。

## 同类型真题

***Schools offer a wide range of subjects today. In your opinion, which subject is the most important to young people and which one is the least important?***

*literature* *sports* *mathematics* *economics*
*physics* *history* *music* *geography*

学校提供广泛的科目。你认为哪一项科目最重要？哪一项科目最不重要？（文学、体育、数学、经济学、物理、历史、音乐、地理）

### 思路指导

对这道题目每个人都会有不同的选择，只要言之成理即可。

最重要的科目可以选择你认为好处最多的来论述，但对于“最不重要的科目”，却并不需要强调某一门课“没用”（因为事实上学这些科目肯定都有好处）。可以从：ⓐ 有可能带来的就业机会（the job opportunities that the subject may lead to），ⓑ 学习的难度（the level of difficulty）和 ⓒ 是否多数学生都对它有兴趣（whether the majority of students are interested in it）等方面来讨论就很有说服力了。

## C 教育与就业

12 ***Some people think that universities should provide graduates with the knowledge and skills needed in the workplace. Others think that the true function of a university should be to give access to theoretical knowledge for its own sake, regardless of whether the course is useful to an employer. What, in your opinion, should be the main function of a university?***

一些人认为大学应该为毕业生提供工作中所需要的知识和技能。另一些人则认为大学的主要功能是让学生获得理论知识，而不必考虑课程所教内容是否是雇主所需要的。你认为大学的主要功能应该是什么？

这是一道在亚太区与欧洲区屡次出现的考题。本题具体写法请看今天的第 25 篇范文。

### 关键词透析

◆ **acquire** 是雅思写作的必备动词：获取（知识或技能）的意思。请注意国内同学们爱写的 **learn knowledge** ✗ 其实是错误的中式英语，在地道英文里 **learn** 和 **knowledge** 这两个单词是绝不可以搭配的，应改为 **acquire knowledge**（或者 **gain knowledge**）。

### 变形题和同类型真题

(a) ***Universities should not provide theory for its own sake, but give practical training to***

***students. To what extent do you agree or disagree?*** 大学不应该只为了教理论而教理论，而应该向学生提供实用的培训。多大程度上你同意或者不同意？

(b) ***Schools should teach children the academic subjects which will be beneficial to their future career while other subjects such as music and sports are not important. To what extent do you agree or disagree with this opinion?*** 学校应该教育学生学习对未来职业发展有用的学科，而其他诸如音乐和体育这些学科则不重要。多大程度上你同意或者不同意这种观点？

(c) ***Today, more and more university students choose to study practical subjects, such as marketing and computer programming, rather than theoretical subjects, such as economics, mathematics and chemistry. What are the advantages and disadvantages of this trend?*** 当今，越来越多的大学生选择学习实用科目比如市场营销与计算机编程，而不选择经济学、数学和化学等理论科目。这种趋势的利与弊是什么？

**13** ***Some people think that students should attend university to further their education. Others, however, think that students should go to university to learn skills such as fixing cars or construction. Discuss both these views and give your own opinion.***

一些人认为学生上大学应该是为了寻求更高层次的教育。另一些人则认为，学生上大学的目的应该是学习修车或者建造房子等技能。请讨论这两种观点并给出你的意见。

## 关键词透析

- **fix** 在这里不是固定，而是修理的意思，与 **repair** 接近。**construction** 是名词：建造的意思，它的及物动词形式是 **construct**。
- 本题中又出现了 **such as**，因此需要注意论证时虽然也可以适当讨论一些其他的技能（如 gardening 园艺，knitting 编织，welding 焊接，carpentry 木工等），但仍注意不要过远地偏离 **such as** 后面所列举的情况。
- 汽车修理师的英文叫做 **mechanic**（请注意它是名词，与形容词 **mechanical** 机械的拼写和含义都不同），建筑工人则是 **construction worker**。国内同学们普遍很熟悉 blue-collar jobs（蓝领工作）和 white-collar jobs（白领工作）这样的说法。不过在地道英文里对于经常涉及体力操作的工作还有个很棒的说法叫 **manual jobs**，办公室工作则经常被统称为 **office jobs**。

◆ 在英国职业技术教育叫做 **vocational education and training**，特别需要注意英语中获得职业技术教育的学生们在毕业时获得的证书通常是 **certificate** 或者 **diploma** 而不是 degree ╳。

### 思路指导

前者的教学重点是学术课程（academic subjects），目的是讲授理论知识和发展学生的研究能力（teach theoretical knowledge and develop students' research skills）。

而职业技术教育的教学重点则是非学术课程（non-academic subjects）。它的目标是帮助学生准备就业（The purpose of vocational education and training is to provide students with practical skills which prepare them for employment.）。课程的重点是发展学生完成特定工作任务的技能（A vocational curriculum focuses on developing students' abilities to perform specific job tasks.），并且为学生们提供更多的实践训练（provides students with more hands-on training）。

因此，职业技术教育应该主要由社区学院（community colleges）或者职业技术学校（vocational schools）来提供。这样才能让大学继续保持很高的学术与研究标准（can help universities to maintain high academic and research standards），也才能让中学阶段后的教育机构更好地满足未来经济增长对于劳动力的需求（help post-secondary institutions to better meet the labour demands of future economic growth）。

## 同类型真题

***Some people think that studying in university is the best way for students to prepare for their future careers. Others, however, think that students should leave school as early as possible and develop their careers through work experience. Discuss both these views and give your own opinion.*** 一些人认为上大学是学生为今后的事业做准备的最好方法。另一些人则认为学生应该尽早离开学校，通过工作经验来发展自己的事业。讨论两种观点并且给出你自己的观点。

### 思路指导

大学可以为学生们提供：❶ 今后发展事业所需要的知识基础（provide a solid knowledge base for their future careers）与研究技能（research skills），❷ 帮助学生们发展分析能力（analytical abilities）和辩证思维能力（critical thinking abilities）。

而工作则可以：ⓐ 提供应用理论知识和专业技能的实践机会（provide people with opportunities to apply and practise their theoretical knowledge and technical skills）；ⓑ 增加人们对于自己的职业竞争力的信心（help people to gain confidence in their professional competence)；ⓒ 提高沟通能力与团队合作能力等社会技能（improve their social skills such as communication skills and teamwork skills)；ⓓ 磨练人们管理时间的技能和同时处理多项任务的能力（hone people's time-management skills and multitasking skills，其中 multitasking skills 是最近几年来开始在英美企业文化里备受重视的技能，尽管大学里的学习对学生的 time-management skills 和 multitasking skills 也会有提高，但是在工作中人们管理时间和同时处理多项任务的能力提高得通常都会更加显著)。

因此，上大学可以帮助学生们学习理论知识并且提高分析能力，帮助他们为未来的事业做准备。同时，应该鼓励大学生从事兼职工作以获取工作经验。

*14* ***The unemployment rate is very high in many countries. Some people think that in these countries, most students only need to receive primary education. Secondary education should not be offered to those who have little hope of finding a job. To what extent do you agree or disagree?***

很多国家的失业率很高。一些人认为在这些国家，绝大多数学生只需要接受小学教育就可以了。中学教育对于很少有机会找到工作的人是不必要的。你在何种程度上同意或不同意这个观点？

## 关键词透析

◆ **primary education** 是小学教育，**secondary education** 是指中学教育，而 **tertiary education / post-secondary education** 则是指中学后教育，在英美包括大学教育和高中毕业后参加的职业教育。

## 思路指导

前面说过作文题中只要出现绝对词一般就可以举反例，这道题也不例外（only)。比如可以先承认：

ⓐ 小学毕业就离开学校的学生也许能够比同龄人获得更多的工作经验（may be able to gain more work experience than their peers)；ⓑ 他们能够很早就在经济上独立于家长（They can become financially independent from their parents at a young age.)。

但接下来就可以写如果不为多数学生提供中学教育，这些人将很有可能：ⓘ 工作机会比受到过更好教育的同龄人更少，而且工资也会较低（They tend to have fewer job opportunities than their better-educated peers and are likely to earn less.)；ⓘⓘ 他们比接受过更好教育的同龄人知识量少，这也会让他们缺乏自尊心和自信心（They tend to suffer from low self-esteem and low self-confidence because they lack much of the knowledge that their better-educated peers possess.）；ⓘⓘⓘ 很难确定到底哪些学生今后将会难以找到工作（It is hard to determine who will be able to find a job and who will not.）。

结论是可以鼓励中学生们做兼职工作（part-time jobs），但是为他们提供接受中学教育的机会仍然是很重要的。

## 同类型真题

（a）***Everybody should stay in school until 18. To what extent do you agree or disagree?*** 每个人都应该在学校里学习到18岁。多大程度上你同意或者不同意？

（b）***In many countries, a large number of young people are leaving school but are unable to find jobs. What problems do you think youth unemployment causes for individuals and society as a whole? What measures should be taken to solve these problems?*** 在很多国家，大量年轻人毕业却无法找到工作。你认为年轻人失业对个人和社会带来哪些问题？这些问题应该用怎样的措施来解决？

### 思路指导

“毕业即失业”的现象对于个人带来的问题有：ⓐ 让年轻人产生压力、焦虑甚至抑郁（cause stress, anxiety or even depression in young people）；ⓑ 导致反社会行为或者青少年犯罪（may lead to anti-social behaviour or youth crime）；ⓒ 给他们的家长带来沉重的经济负担（place a heavy financial burden on their parents）。

给全社会带来的问题则是：ⓐ 整体失业率上升（cause the overall unemployment rate to rise）；ⓑ 增加贫困与社会不安定（increase poverty and social instability）。

对这种现象的解决方法是：ⓘ 学校应该努力教给学生们针对就业的技能和与就业相关的社会技能（provide students with courses that focus on job-specific skills and occupational social skills），以及 ⓘⓘ 政府促进发展经济，创造就业机会（stimulate economic growth and create jobs）。

（c）***Some people believe that a country benefits greatly when a high percentage of young people go to university, while others argue that leads to graduate unemployment. Discuss both these views and give your own opinion.*** 一些人认为当很高比例的年轻人去上大学时国家可以显著受益。另一些人则认为那会导致年轻人失业。讨论两种观点并给出你自己的观点。

### 思路指导

大学致力于为学生提供在日益以知识为主导的经济中确保竞争力所需的知识和技能

(Universities aim to equip students with the knowledge and skills necessary to be competitive in an increasingly knowledge-based economy.)。因此，从整体来看，更多的年轻人上大学可以提高劳动力的生产率和竞争力（improve labour force productivity and competitiveness），推动以知识为基础的经济发展（contribute to the growth of the knowledge-based economy）。

另一方面，如果上大学的年轻人过多，确实有可能导致申请高端专业职位或者管理职位的申请者（applicants for professional, managerial or administrative positions）人数过多，从而导致大学毕业生的失业率上升（leads to a higher graduate unemployment rate）。同时也可能导致从事体力工作的工人（workers who perform manual labor）数量过少，从而阻碍经济的发展（hinder economic growth）。

因此，政府应该为年轻人提供多种受教育的机会（provide young people with a wide range of educational and training opportunities），而不仅是发展大学教育。

15 ***In some countries young people are encouraged to work or travel for a year between finishing high school and starting university studies. Discuss the advantages and disadvantages for young people to do this.***

一些国家鼓励年轻人在中学毕业后出去工作或者旅游一年，然后再去上大学。请讨论这种做法的利弊。

您可以在剑 5 p. 165 看到本题的真实考官范文，同时请思考：考官范文的用词风格是“充斥着大词”还是力求平实、准确？

16 ***It is right that university graduates should earn higher salaries than their less well-educated peers. To what extent do you agree or disagree?***

大学毕业生确实应该比那些受教育程度较低的同龄人获得更高的薪水。你在何种程度上同意或者不同意这种观点？

## 思路指导

其实在英美清洁女工（cleaning ladies）不见得就比 office ladies 拿钱少，只不过上班时穿的差点而已，下班之后谁更爽还真不好说。

但是写作文要求有理有据。支持大学毕业生工资更高的理由可以是：ⓐ 知识经济的发展主要依靠知识和有创新性的想法而不是体力（The development of the knowledge-based economy relies primarily on the use of knowledge and innovative ideas rather than physical abilities.）；ⓑ 大学毕业生的学习能力更强，更容易适应不断变化的工作要求（University graduates are better at learning on their own and therefore better at keeping their knowledge and skills up to date.)；Ⓒ 在教育上进行的投资理应获得回报（Their educational investment should be rewarded with higher salaries.）。

论证反方看法则可以从以下两点展开：ⅰ 实际的工作经验可以提高人们在工作环境中运用知识和技能的能力（Work experience improves people's ability to apply their knowledge and skills in a workplace environment.）；ⅱ 社会技能，比如沟通、合作以及协调冲突的能力对于工作表现与职业成就同样很重要（Social skills, such as communication, cooperation and conflict-resolution skills, are also essential to job performance and professional achievements.）。

因此，academic qualifications 并不应该是影响收入水平的唯一因素，工作经验与社会技能对于一个人的工作表现同样很重要。

### 同类型真题

***Some employers think that academic qualifications are more important than life experience and personal qualities when they look for an employee. Why is it the case? Is it a positive or negative development?*** 一些雇主在寻找员工时认为学术资格证书比人生经历和个人素质更加重要。为什么会这样？这是一种积极的还是消极的发展？

## D 学习科目的选择

**17** ***Some people believe that students should take a wide range of courses. However, others believe that students should focus on the subject that they are good at or they are interested in. Discuss both these views and give your own opinion.***

一些人认为学生应广泛地学习各种不同的课程。可是其他人则认为学生应集中学习他们擅长或者感兴趣的课程。请讨论这两种观点并给出你的意见。

### 关键词透析

- **a wide range of** 的意思是广泛的，近义词组有 **a wide array of** 和 **a wide variety of** 等。
- **focus on** 是全力集中于某事上的意思，它在写作和口语考试里的近义词组都是 **concentrate on**。
- 在英美学校中必修课被称为 **required courses**（这个词组在书面和谈话中都很常用）或者 **compulsory / mandatory courses**（这两个词组在生活谈话里用得则比较少）。而选修课则被称为 **electives** 或者 **optional courses**。学科有趣味性，给人以动力的除了写 interesting 之外，**stimulating** 和 **motivating** 也是加分的选择。

### 思路指导

集中精力学习自己感兴趣或者擅长的科目的好处在于：ⓐ 提高学习知识与技能的效率（Concentrating on certain subjects allows students to gain specialised knowledge and skills more efficiently.）；ⓑ 对少数科目的掌握更牢固（Focusing on specific subjects enables them to develop a more solid grasp of these subjects.）。

广泛学习各种科目的好处则有：ⓘ 开阔学生们的学识和思维视野（Studying a wide range of subjects gives students the opportunity to expand their knowledge base and broaden their skills.）；ⓘⓘ 对多学科的深入了解能让学生们在毕业后更容易找到工作（A sound understanding of a wide variety of subjects helps students find jobs more easily after graduation.）；ⓘⓘⓘ 学习音乐与绘画等科目可以加深学生们对文化与艺术的理解（Studying subjects such as music and painting deepens students' understanding of the culture and the arts.）等等。因此，学校应该在规定学生们学习必修课程的同时，鼓励学生们选修自己喜欢的课程。

**18** ***In many countries, school subjects and course contents are decided by the authorities such as the government. Some people think that students should decide these for themselves. To what extent do you agree or disagree with this opinion?***

在很多国家，学校里的科目和课程内容是由像政府这样的行政当局决定的。一些人认为学生应自己来决定这些内容。你在何种程度上同意或者不同意这种观点？

对本题的深入分析请看今天的第8篇范文。

## 同类型真题

***In some countries, school subjects and course contents are decided by the authorities such as the government. Some people think that teachers should make the choices. To what extent do you agree or disagree?*** 在一些国家，学校的教学科目与课程内容是由像政府这样的行政当局决定的。一些人认为应该由教师来进行选择。你多大程度上同意或者不同意？

### 思路指导

政府来确定的优势同上题，而教师决定科目和授课内容的优势则是：ⓐ 更加了解学生们的学习需求与困难（have a better understanding of their students' learning needs and difficulties）；ⓑ 更熟悉教学过程和方法（are more familiar with the teaching process and methods）。

*19* ***Some students find subjects such as mathematics and philosophy too hard to learn. They think that these subjects should be optional rather than compulsory. To what extent do you agree or disagree?***

一些学生感到有些课程，比如数学与哲学，过于难学。他们认为这些课程应被设为选修课而不是必修课。多大程度上你同意或不同意？

## 关键词透析

- **optional** 是可选择的，它的名词形式 **option** 在写作和口语中经常被用来代替 choice，在地道英文里还有一个名词 **elective courses**，也是选修课的意思。
- **compulsory** 是指强制性的，英美学校里的必修课也常被称为 **required courses** 或 **mandatory courses**。
- 在英美学校里对于课程的选择叫 **course selection**，如果放弃一门课则是 **drop a course**，看起来有点口语化，但在多数大学的选课单上也是赫然写着 **add/drop a course**。

## 思路指导

多数学生确实可能会更加偏爱简单或者难度适中的课程（The majority of the students tend to prefer courses that are easy or moderate and avoid the difficult ones.），但是在决定一门课程应该是选修课还是必修课的时候，学校需要考虑的因素（considerations）除了该课程的难度与学生们的学业兴趣（the difficulty level of the course and students' academic interests），还应该考虑：ⓐ 该课程对学生们的思维能力发展的作用（the role of the course in students' intellectual development）；ⓑ 社会对于该课程所传授的技能的就业需求（the hiring demand for the skill set that the course teaches），以及 ⓒ 学校的自身定位（the school's vision and mission）。

*20* ***Some people think that students should study international news as a subject. Do you agree or disagree?***

一些人认为学生应将国际新闻作为一门科目进行学习。你是否同意？

## 思路指导

本题里肯定没生词。中学生们生活在一个日益全球化的世界里（they live in an increasingly globalised world）。学习国际新闻可以：ⓐ 为学生们提供对于国际事务和时事的广泛了解（can provide students with a broad understanding of international affairs and current events），增加学生们关于别国和其他文化的知识（expand their knowledge of other countries and cultures），开阔他们的思维（broaden their minds）；ⓑ 提高学生的分析能力与辩证思维（develop students' analytical skills and critical thinking abilities）；ⓒ 让学生们更加

关心时事（foster the habit of keeping up with current affairs among students）。

如果打算讨论反方则可以写一些虚假或者不全面的国际新闻报道有可能会误导学生（Some international news reports contain false or incomplete information and thus may be misleading to students.），这对他们今后的学习和事业都会有益。

**21** ***Some people believe that unpaid community service should be a compulsory part of high school programmes (for example working for a charity, improving the neighbourhood or teaching sports to younger children). To what extent do you agree or disagree?***

一些人认为无偿社区服务应该成为高中课程里的一个必选部分（例如为慈善机构工作，改善社区、教较小的孩子运动等）。在多大程度上你同意或者不同意？

### 关键词透析

◆ **unpaid community service** 是指无偿的社区服务，**a compulsory part of** 在本题里是指按照规定必修的部分

本文的具体写法请看今天的第22篇范文。

**22** ***Secondary school students should be taught how to manage money because it is an important life skill. Do you agree or disagree?***

中学生应该被教育如何理财，因为它是重要的生活技能。你是否同意？

### 思路指导

在英美，有越来越多的中学开设了个人财务课程（personal finance courses / financial literacy courses）。

中学生的常用理财技能（money-management skills）包括熟悉自己日常花费的去向（keep track of their spending），了解自己在哪些方面可以减少开支（know where they can reduce spending），懂得及早开始为长期目标进行储蓄的重要性（understand the importance of starting to save early for long-term goals），做好日常开支的预算（create a sensible daily budget），合理使用打工所挣到的钱（use their incomes from part-time jobs properly），了解常见的财务管理工具（common money-management tools），以至于操作个人财务管理软件（operate personal money-management software）等等。

这类课程可以帮中学生们建立对财务的责任感（build a sense of financial responsibility），避免过度开支（teach them to stay financially organised and budget wisely），而且能发展中学生的独立性（develop a healthy sense of independence among secondary-school students）。而且通过这类课程学到的知识在他们成年之后也仍然有助于他们做出正确的财务决定（make good financial decisions）和保持良好的个人财务状况（keep their finances on solid ground）。

因此，这类课程对中学生现在和将来的生活都非常重要。

另一方面，应该注意避免的（其实这一点目前在英美社会做得并不好）是不要让中学生认为完成所有责任都应该得到金钱的回报（not all responsibilities should be rewarded with money）。事实上，良好的责任感本身就是一种回报（A strong sense of responsibility is a reward in itself.）。

## 同类型真题

***Some think that giving a weekly allowance to children will help them to avoid many problems when they become adults. Do you agree or disagree?*** 一些人认为每周给孩子一些零花钱可以帮助他们在成年后避免很多问题。你是否同意？

### 关键词透析

- **allowance** 在这里并不是允许 ╳，而是指零用钱，在英式英语里也叫作 **pocket money**。

### 思路指导

除了可以参考上题里给出的 ideas 之外，Pat 还注意到中国家长们与英美家长们关于给孩子零花钱的态度有明显的区别。在英美，零花钱被多数家长认为是帮助孩子理解钱的价值并且教他们管理财务的重要工具（an important tool for helping children to understand the value of money and teaching them how to manage money），能够教孩子们如何为自己想要的物品存钱（can teach them how to save up for items that they want），帮他们学会去理智地消费（teach them to make thoughtful and responsible spending decisions）。而且在英美还有相当多的家长对孩子所做的家务事付钱（give their children an allowance for doing housework），这样能够帮助孩子们懂得工作与报酬之间的关系（help their children to learn the relationship between work and money）。这些 ideas 也许在一些中国家长看起来是不合理的，但它们确实是符合多数英美成年人的教育观念的（也包括很多考官在内）。

## E 教育的道德和社会意义

**23** ***Children's behaviour is often influenced by other children of the same age. This is called "peer pressure". Do the disadvantages of peer pressure outweigh the advantages?***

儿童的行为经常受到同龄人的影响。这被称为"同辈压力"。同辈压力的负面影响是否大于正面影响？

### 思路指导

同辈压力是英美中小学里非常重要的概念，而且在英美社会里它还经常被区分成

positive peer pressure 和 negative peer pressure 两种。

positive peer pressure 可以：ⓐ 帮助儿童改掉坏习惯和坏行为（help children to change bad habits and unacceptable behaviour）；ⓑ 让儿童们在学习、文艺、体育等方面努力让自身变得更加优秀（make children strive for academic, artistic and athletic excellence）。

而 negative peer pressure 则会：ⓘ 导致缺乏自信心（result in a lack of self-confidence）；ⓘⓘ 让儿童感到被同龄人疏远（make children feel isolated from their peers）。

结论是通过经常与儿童进行开放的、尊重对方的沟通（by communicating with the children openly, respectfully and frequently），鼓励孩子们与同龄人合作（encourage children to cooperate with their peers），并且教给儿童分辨是非的能力（teaching them right from wrong），家长与教师是可以帮助孩子们让同辈压力利大于弊的。

## 同类型真题

(a) ***Some people think that today, children live under more pressure than children did in the past. To what extent do you agree or disagree with this opinion?*** 一些人认为，当今孩子们比过去的孩子们承受着更多的压力。多大程度你同意或者不同意这种观点？

### 思路指导

这种现象确实存在。具体体现为：ⓐ 孩子们需要为获得学术、艺术和体育的荣誉与奖项更激烈地竞争（compete more fiercely for academic, artistic and athletic honours and awards）；ⓑ 孩子们受到同辈压力的影响更大（Children today are under more peer pressure.）；ⓒ 家庭之间的收入差距增加（the growing income gap between rich and poor families）也导致贫困家庭的孩子压力更大。

(b) ***Children are under more educational, social and financial stress. Some people think this is a positive development. To what extent do you agree or disagree?*** 孩子们承受更大的教育、社会与经济压力。一些人认为这是一种积极的进展。多大程度上你同意或不同意？

## F 学习外语与出国

*24* ***More students choose to go to another country for higher education. Do you think that the benefits outweigh the problems associated with it?***

更多的学生选择出国接受高等教育。你认为其利是否大于弊？

## 擦亮眼睛

出国上大学的益处可以从扩展他们的思维视野（broaden their intellectual horizons）、提高他们的文化意识和对于文化差异的敏感度（increase their cultural awareness and sensitivity）、提高外语能力（improve their foreign language skills）、增加就业机会、让人变得更加独立（become more independent）等方面论述，弊端则可以从学费与生活费（tuition fees and living costs）高、适应新的学习环境与另一种生活方式有可能是一种挑战（Adjusting to a new academic environment and a different lifestyle can be challenging.）等角度都不难写。需要提醒国内同学们注意的是只要考题里出现了 **outweigh** 超过这个及物动词，就一定要对两方都进行论述，因为只有这样才能从逻辑上真正有效地证明某一方的重要程度"超过"了另一方，否则 outweigh 也就无从谈起了。

**25** ***Some people believe that children are better at learning a foreign language while others think adults are better at that. Discuss both these views and give your own opinion.***

一些人认为儿童更擅长学外语，而另一些人则认为成年人更擅长。讨论两种观点并给出你自己的看法。

## 思路指导

与成年学习者不同，儿童更多的是依靠模仿而不是依靠分析来学习外语（Unlike adult foreign-language learners, young foreign-language learners depend more on imitation than on analysis.），而且儿童受第一语言的影响较小（Young learners are less influenced by their first language.）。因此：ⓐ 儿童更容易学会地道的发音（Children are more likely to achieve near-native pronunciation.）；ⓑ 儿童说外语的流利度通常会更好（Children have a better chance of becoming fluent in a foreign language.）

但成年人学习外语也有自己的优势：ⓘ 对语法进行分析的能力更强（more skilled at grammatical analysis）；ⓘⓘ 更善于把握规律（are better at recognising patterns）；ⓘⓘⓘ 集中注意力的持续时间也更长（have the ability to concentrate for longer periods of time）。因此，成年人对外语进行语法分析与阅读的能力通常比儿童更好。

## 同类型真题

***Some experts believe that it is better for children to begin learning a foreign language at primary school rather than secondary school. Do the advantages of this outweigh the disadvantages?*** 一些人认为儿童应该从小学而不是从中学开始学习外语。这样做是否会利大于弊？（《剑 9》Test 1 真题，对应的范文在《剑 9》p. 163）

## G 科技发展对教育的影响

26 ***Some people think that distance learning has more advantages than classroom learning so the traditional classroom will disappear from our lives. To what extent do you agree or disagree?***

一些人认为远程学习的好处比在课堂学习的好处更多，因此传统的教室将从我们的生活里消失。你在何种程度上同意或者不同意？

本题具体写法请看 Day 2 的范文 11。

### 变形题和同类型真题

(a) ***Some people think that learning on computers and the Internet is more important to children than going to school. However, others believe that schools and teachers are essential if children wish to learn effectively. Discuss both these views and give your own opinion.*** 一些人认为相比学校来说，利用电脑和互联网学习对孩子们更为重要。但是其他人认为如果孩子想进行高效的学习，学校和教师就是至关重要的。请讨论这两种观点并给出你的意见。

本题是“变脸儿”的结果。

#### 关键词透析

◆ **essential** 的意思是至关重要的，请注意在写作中 essential 的语气比 important 更 important。地道英文中这三个单词的重要性是依次递增的：

**important < essential < crucial**

(b) ***Lectures were used in the past as a good way to teach a large number of students. As new technology is now available for education, some people suggest that there is no justification for lectures. To what extent do you agree or disagree?*** 公开授课是一种在过去需要面向大量学生时的传统教学方式。如今由于新技术已被应用于教学，一些人建议没有理由再使用公开授课的方式来教学了。你在何种程度上同意或者不同意？

一口气换用了这么多大词仍然是在变形。

(c) ***Some people believe that the method of a teacher teaching many students in a classroom will disappear by the year*** 2050. ***To what extent do you agree or disagree?*** 一些人认为一名教师在教室里教很多学生的方式在 2050 年前会消失。你多大程度上同意或者不同意？

（d） ***Students at schools and universities learn more from lessons with teachers than from others sources (such as the Internet or television). To what extent do you agree or disagree?*** 相比其他途径（比如网络和电视），在学校或大学的学生们会从教师的课程中学习到更多东西。多大程度上你同意或者不同意？

### 关键词透析

◆ 本题中出现了 **such as**。在剑桥官方评分标准中，对于含有用 **for example**, **for instance**, **such as**, **e. g.** 等词语列举出了实例的考题，虽然也允许考生适当涉及其他实例（比如这道题中也允许涉及 multimedia equipment in libraries 等其他情况），但仍要注意在论证中不能过多地偏离题目里 such as 的后面所给出的情况。

**27** ***Traditionally, three subjects have been included in education — maths, reading and writing. Some people argue that computer skills should be added so that every child can benefit. To what extent do you agree or agree?***

在传统上教育包含三类科目——数学、阅读与写作。一些人认为计算机技能应该被加入以便让每个孩子受益。多大程度上你同意或者不同意？

### 关键词透析

◆ 本题的思路不难想，但是在实际写作时你会发现下面这些较为专门的词汇和词组很有用：（1）**computer literacy**（对于基本计算机技能的了解，对比：**computer proficiency** 对于计算机技能的熟练掌握，相关句型：**become proficient in computer skills** 熟练地掌握计算机技能），（2）**basic knowledge about computer operations**（关于计算机操作的基础知识），（3）**operating system**（操作系统），（4）**application software**（应用程序），（5）**word documents**（word 文档，相关：**word processor** 文字处理程序，**spreadsheet software** 制表软件），（6）**PDF files**（PDF 文件），（7）**graphics software / image editing software**（图形处理软件，例如 **Adobe Photoshop**），（8）**browser**（名词，浏览器，相关：**search engine** 搜索引擎），（9）**write forum posts**（写论坛的帖子），（10）**typing speed**（打字速度），（11）**touch typing skills**（盲打技能），（12）**be essential to many daily activities**（对于很多日常活动至关重要），（13）**have access to a wealth of information**（获取丰富的信息），（14）**programming languages**（编程语言，相关：**computer programming** 电脑编程），（15）**computer viruses**（计算机病毒）（16）**Trojan horse**（木马程序），（17）**media players**（媒体播放器），（18）**entertaining**（形容词，富于娱乐性的），（19）**the IT industry**（信息技术产业），（20）**mathematical skills**（数学技能），（21）**calculator**（名词，计算器，计算机和手机等设备所含有的计算器也叫作 calculator），（22）**multiplication table**（乘法表，相关：**addition** 加法，**subtraction** 减法，**division** 除法，**calculation** 泛指各类计算），（23）**spelling skills**

（拼写能力），（24）**spelling error / misspelling**（拼写错误），（25）**accuracy**（名词，准确度），（26）**spell checker**（查拼写错误的软件），（27）**Internet slang**（网络上的特有语言，相关：**flout language conventions** 违反语言的传统规范），（28）**be integrated into the curriculum**（被纳入教学内容里），（29）**core skills**（核心技能）等等。

### 思路指导

本题可以一方面论述 computer skills 对今后就业与社会生活的重要性，再论述如果在课堂上用过多的时间提高学生的计算机技能则有可能对传统的数学、阅读和写作等技能造成一些负面影响。最后做出结论：对于计算机技能的教学应该被加入学校课程中，但同时应该保持对四类能力教学的合理平衡，以确保学生的数学、阅读和写作能力不会因此受到负面的影响。词汇请参考关键词透析部分。

## H 家庭、学校、社区和政府在教育过程中的相互关系

28 ***Childcare is an important task for nations. It is suggested that all mothers and fathers should be required to take parent training courses. To what extent do you agree or disagree?***

育儿问题是各国的重要任务。有人建议所有家长都需要接受关于子女教育的培训课程。你在何种程度上赞同或者不赞同？

### 思路指导

又看到了绝对词 **all**，本题就可以先承认父母们参加 parent training courses / parenting classes 会有好处，比如，家长可以学到关于儿童的：ⓐ 身体与智力发育（physical and mental growth）和 ⓑ 心理发展（psychological development）以及 ⓒ 社会角色（social roles）等方面的知识，这可以帮助他们充分地理解孩子的情感与行为（help parents to fully understand their children's feelings and behaviour），并且更好地满足孩子的需求（help them to better meet their children's needs）。

接下来，可以通过举反例指出所有家长都必须参加太绝对了，比如有可能：ⅰ 一些父母的工作实在太忙没有精力上培训课（Some parents work long hours and lack the time and energy for parent training courses.）；ⅱ 有些父母的工作和生活地点距离上课地点太远，来听课很不方便；以及 ⅲ 有些育儿培训项目的主要目的是为某些公司推销产品或服务（The main purpose of some parent training programmes is to promote products or services for certain companies.）等反例来有力地证明 parent training courses 应该是允许父母们有选择地参加的（should be optional），而不应该要求 all parents 都必须参加（should not be mandatory）。

**29** ***Some people think that students should go to boarding schools instead of living at home. Do you agree or disagree?***

一些人认为学生应上寄宿学校而不是住在家里。你是否同意？

### 关键词透析

- **boarding school** 是寄宿学校。
- **instead of** 意思与 **rather than** 接近，也是议论文写作中的常用短语，表示取前面一种情况而舍后面一种情况的取舍关系。

### 思路指导

寄宿学校和在家住各自的利弊其实只要用生活常理来想就可以了，比如：ⓐ 寄宿的学习干扰少，学生们的精力会更集中一些（With fewer distractions, students of boarding schools can concentrate on their studies and are more likely to achieve their academic potential.）；ⓑ 寄宿学校的学生会更积极地参加学校组织的课外活动（Students of boarding schools tend to participate in more extracurricular activities.）；ⓒ 寄宿学校的学生们与同龄人的交往机会更多，社会适应能力也更强（Boarding schools provide students with more opportunities to socialise with their peers and help them to become socially well-adjusted individuals.）。

而学生在家住则：ⓘ 孩子与父母沟通的机会更多（have more opportunities to bond with their parents）；ⓘⓘ 孩子的身体也更健康，至少可以比在学校食堂 cafeteria / canteen 吃得好……（more nutritious meals）。

## 同类型真题

(a) ***Sending children to boarding schools is becoming increasingly popular. What are the causes of this trend? Do you think it is a positive or negative trend?*** 把孩子送到寄宿学校变得越来越流行。这种趋势的原因是什么？你认为这是一种积极还是消极的趋势？

(b) ***Some people think that students should live at home. Others think that they should live on campus. Discuss both these views and give your own opinion.*** 一些人认为学生应住在家里，其他人认为学生应住校。请讨论这两种观点并给出你的意见。

**30** ***Some people think that parents should spend time reading or telling stories to their children, while others think that children should read by themselves through a variety of other sources, such as books, TV and the Internet. Discuss both these views and give your own opinion.***

一些人认为家长应该花时间为孩子读故事或者讲故事。而另一些人则认为孩子们可以通过其他的来源，比如图书、电视和互联网，自己进行阅读。讨论这两种观点并给出你自己的观点。

## 思路指导

家长为孩子读故事的好处在于：ⓐ 发展孩子的早期语言能力（develop their children's early language skills）；ⓑ 为孩子进行独立阅读打好基础（lay the foundation for children's independent reading）；ⓒ 家长对孩子一对一的关注能够加强亲子关系（The one-on-one attention from parents during story-reading strengthens the bond between parents and their children.）。

而孩子自己通过其他来源阅读的好处则是：ⅰ 发展独立阅读的能力（develop children's independent reading skills）；ⅱ 让孩子接触到更广泛的阅读内容（give children access to a wider variety of reading materials）。

家长为孩子读故事可以满足孩子的早期学习需要（satisfy their children's early childhood learning needs），但孩子 4 到 5 岁后家长则应该鼓励他们多进行独立的阅读。

***31*** ***Some people think that parents should teach children how to be good members of society. Others, however, believe that school is the place to learn this. Discuss both these views and give your own opinion.***

一些人认为家长应该教育孩子如何成为社会中的有用成员。而另外一些人认为学校才是对孩子进行这方面教育的地方。讨论这两种观点并给出你自己的观点。

本题是剑 8 提供的真题，您可以在剑 8 第 163 页上找到本题的范文。这篇范文写得不难，但是"Once **a child** goes to school, **they are** entering a wider **community** where teachers and peers will have just as much influence as **their** parents do at home."这句话里有两个语言点让非常多的国内同学感到困惑。Pat 在这里为您解答一下：

**问题 A** 在这句话里，为什么前面使用 a child 单数形式，而后面却使用复数代词 they 和复数所有格 their 呢？这不是明显的语法错误么？

**解惑**

首先，按照剑桥的语法评分标准，这个考官确实并没有错。事实上，在当代英美生活里，对于表示**泛指某类人的单数名词**使用复数代词进行指代的做法其实已经开始逐渐被人们所接受，只是同学们读到的多数语法书还没有对这一习惯用法及时"跟进"而已。

在剑桥官方范文里这一惯用法的实例也比比皆是，例如：

**A person** needs to feel that **they** are doing valued and valuable work, so positive feedback from superiors is very important in this respect. （《剑 7》第 167 页，用复数代词来指表示泛指的单数名词）

**A growing child**'s concentration span may suffer if **they** are surrounded by too many tempting objects. （《剑 10》第 172 页，也是用复数单词来指表示泛指的单数名词）

当然，从国内同学们的英语学习实际来看，也没必要非去赶这种“时髦”。如果您觉得心里实在没底，那么下一次当需要用代词或者所有格形式来指示像 a child 或者 an athlete 这样表示泛指的名词的时候，您也可以用 he or she 或者 his or her 这样的均衡形式来进行指代，同样绝不会丢分。

问题 *B* | 在这句话里为什么考官还要把孩子教育扯到 community 社区上面去呢？题目里只要求讨论家庭和学校，再把社区扯进来不是 off-topic 了么？

**解惑**

如果 community 在这里真的是指儿童所在的社区，那么在本文里讨论社区确实是欠妥甚至是应该“一枪毙毙”的。然而，其实 community 一词在地道英文里还有一种相当常用的意思。请您认真看剑桥官方对 community 这个词的精确定义：the people living in one particular area or people who are considered as a unit because of their common interests, social group or nationality。这个定义的前半段就是国内考生们更加熟悉的“社区”，接近 neighbourhood。而 or 之后的定义所指的则是“有共同的兴趣和社会属性的一个群体”。类似地，我们也可以写：The progress of science depends on interactions（相互交流）within **the scientific community**. 这句话里的 the scientific community 也不是指“科技园区”，而是指从事科学研究的人士这一群体。

## 变形题和同类型真题

（a）***Is children's education chiefly the responsibility of the parents or the teachers? What is your opinion about this?*** 儿童教育主要是家长的责任还是教师的责任？你的观点是什么？

### 关键词透析

◆ **chiefly** 是副词：首要地，主要地，近义词还有 **mainly**，**primarily** 和 **principally** 等。

### 思路指导

本题 ideas 可以用《十天突破雅思写作》Day 5 里的思路提示线索快速搞定：写孩子的教育应该由家长负责的理由可以从 **Responsibility**，**Fun**，**Money** 等方面来写。写教育孩子应该主要由教师负责的方面则可以从 **Mind**（academic knowledge），**Soul**（encourage children to cooperate with their peers 鼓励孩子与同龄人合作；teach students to compete fairly 对孩子公平竞争意识的培养等), **Culture**（music, painting, history, literature）等角度快速找到思路。

(b) ***Once children start school, teachers have more influence than parents on their intellectual and social development. To what extent do you agree or disagree?*** 一旦儿童开始上学，教师对他们的学术与社会能力发展的影响就超过了家长。在何种程度上你同意或者不同意？

32 ***Young people are important resources for their country. However, the government may ignore some problems faced by young people in running the country. What are these problems and what should the government do to help young people?***

青少年是国家的重要资源，但是政府在治理国家时有可能忽视青少年所面对的问题。这些问题是什么？政府应该怎样做来帮助青少年？

## 关键词透析

◆ 注意本题中的 **run** 并非跑步，而是管理、治理的意思。

## 思路指导

本题属于**Report 分析解释类**考题，可以写两个主体段，在每一个主体段里分别写题目里所要求分析解释的该现象的某一方面内容（例如产生原因、解决办法、应对措施、存在的问题、导致的问题、影响因素或者带来的影响等）。具体来说，本题要求分析解释存在哪些问题和它们的解决办法，可以在两个主体段里分别进行分析解释。

英美考官最熟悉的青少年普遍面对的问题包括校园暴力（school violence / campus violence，例如 bullying 欺凌，fist-fights 打架，甚至 school shootings 校园枪击案，在英美这个短语比 campus shooting 更加常用），沉重的同辈压力（intense peer pressure），滥用毒品（drug abuse，名词短语），由不恰当的生活方式所导致的健康问题例如肥胖症和心血管疾病（lifestyle-induced health problems such as obesity and cardiovascular disease），青少年的高失业率（the high youth unemployment rate）等，从中选择几类问题分析解释即可。

相应地，政府可以通过与教育机构（educational institutions）和媒体合作，提高青少年处理社会关系和进行心理调节的能力（enhance their social-emotional skills），促进学生之间积极的沟通（promote positive interactions among students）、提高青少年的健康意识（raise young people's health awareness）、改善经济、创造更多的就业机会（improve the economy and create more jobs），为青少年提供职业与技术培训（provide young people with vocational and technical training），减少社会不公正并且降低犯罪率（reduce social inequality and lower the crime rate）等，从中选择几个与第一个主体段里的问题相对应进行分析即可。

## 变形题和同类型真题

(a) ***The best way for society to prepare for the future is to invest more resources in its young people. What is your opinion?*** 社会为将来做准备的最好方式是在青少年身上投入更多的资源。你的看法如何？

### 擦亮眼睛

写本题很容易陷入的误区是仅仅谈教育的重要性，但事实上联合国儿童基金会（UNICEF）的 motto 却是多方面的 For every child: **Health**, **Education**, **Equality**, **Protection**, **Advance Humanity**。因此，本题可以从 physical and psychological health（身体与心理健康）, academic education（学术知识的教育）, vocational and technical training（职业技术培训）, promote social well-being of young people（促进青少年的良好社会关系）, prevention of youth crime and anti-social behaviour（对青少年犯罪和反社会行为的预防）, reduce inequalities in educational opportunity（减少受教育机会的不平等）等多方面来选择论述社会帮助对青少年成长投入更多资源的重要性。

(b) ***Although life has become richer, safer and healthier today, young people feel less happy than in the past. What are the causes of this situation? What do you think are the solutions to it?*** 尽管生活变得更加富裕、安全和健康，青少年们却不如过去快乐了。这种情况的原因是什么？你认为解决方法是什么？

### 思路指导

在不同文化里对 young people 的年龄范围理解并不完全一致。在英美生活里，**young people** 通常指处在儿童阶段与成年人阶段之间的青少年们，也就是大约从十二三岁到二十岁出头的这个阶段。按照联合国教科文组织（UNESCO）的国际普遍适用定义，**young people** 则是指从 15 到 24 岁的青少年。

明确了讨论对象之后本题的思路就不难了。生活水平提高但青少年却没有过去快乐的原因可以从：ⓐ 现代社会里的竞争比过去更激烈，导致学习和找工作的压力增加；ⓑ 生活节奏更快，而且有很多青少年对电视和电子游戏上瘾，导致他们和家人的沟通减少；ⓒ 年轻人可以轻易地获取含有暴力内容的电子游戏与书籍（the easy availability of violent video games and books to young people）导致更多的青少年产生暴力倾向（has led to a rise in violent and aggressive tendencies among young people）甚至犯罪。

相应的解决办法可以从：ⅰ 家长和老师应重视与青少年的沟通，并且鼓励他们在业余时间多参加团体运动（participate in team sports），并经常从事社区服务（community service）等社会活动（social activities），以帮助他们发展社会与情感沟通能力（help them to develop their social and emotional skills）；ⅱ 学校应为青少年提供职业培训（vocational training）和职业指导（career counselling）；ⅲ 家长与政府都应该努力让青少年免受媒体里的暴力与色情内容的影响（protect young people from violent or sexual content in the media）等。

# Education 类各分数段范文剖析

## 教育类范文一 到底什么是6分？一只6分烤鸭的辛酸血泪史

***Some people think that a sense of competition in children should be encouraged. Others believe that children who are taught to cooperate become more useful adults. Discuss both these views and give your own opinion.***

一些人认为应该鼓励孩子的竞争意识。另一些人则认为，教孩子学会合作能使他们成长为更有用的人。请讨论这两种观点并给出你的看法。

**【说明】**

下面这篇作文是剑桥官方提供的一篇“原生态”6分essay。之所以把本文当成全书第一篇“范文”，是因为它实实在在地让我想起了自己批改过的大量中国同学的文章，无论是文风还是犯的错误简直都是一样儿一样儿的 ☺。

如果本文能让您初步了解自己的写作水平目前正处在何种位置上，这将是一个好的开始。

Nowadays, **purpose** of education being changed (谓语动词无端地被丢失，在being的前面需要加上is才对). There are some people who think that competition in children should be made (在本句里be made的含义过于general，如果改用含义更具体的be encouraged被鼓励，be promoted被促进，或者be fostered被培养，则能让论证变得更实际). Others believe that children who **are taught to cooperate as well as** become more useful adults. There are advantages and disadvantages for both of the arguements (很生硬的套句，而且还犯了低级拼写错误，arguements应该改为arguments，哥连背模板都背错了).

这里的purpose是特指教育的目的，所以前面应该加上the

as well as确实是个写作中很有用的词组，但它放在这里却属于“无中生well”，应该去掉或者改用will

※注：(1) 本书各范文中黑色加粗的单词和短语均为该话题的**关键词汇、短语与实用搭配**。

To begin with, what is good if a sense of competition in children is made? They can devalope (初二单词也拼错，真该打手板) themselves more and more as they learn and study a lot to win from the competition. To prove this, in my country it is popular and common to have a tutor who come to students' house to teach extra pieces of study with paying a lot of money（不恰当地使用 with 结构，导致本句后部的逻辑相当凌乱）. They learn faster than what they learn at school.

come是由who引导的定语从句中的动词，所以它应该跟前面的名词a tutor的单数形式一致，需要加上"单三"的-s才对

Furthermore, during the **vacation**, students study abroad to learn English for a month. If they have **experiments** such as study abroad（这里用 such as 举出的例子可不太像话：study abroad 出国读书怎么能当成 have experiments "实验"的例子呢？难道是真的把孩子们都当"烤鸭"了？）, it is one of the greatest **plus point** to go to the famous well-known（famous 和 well-known 两个词词义重复，堆砌词汇的意图明显）high school. Moreover, there are four big school exam (four exam… 汗，哥已经彻底不管单复数了) to **test students' level of** studies. Generally, only the highest 40% can go to the good quality high schools and colleges. Children learn as much as they can, to win the competition to **obtain** good quality schools.

plus point是典型的口语说法，其实这里就朴实地用benefits 就是最准确的词，相应地把后面的to go 改为of going。而且在地道英语里，one of 后面跟的名词其实应该是复数才对

obtain "获取"是一个含义比较具体的及物动词，不由得让人眼前一亮，却紧接着发现它后面跟的竟然是意义完全无法与之搭配的schools。对哥的最后一点希望也破灭了，已经基本可以认定就是一"打酱油"的。

On the other hand, as they are busy to enter the schools and study with their own tutors, there are problems. They become **selfish**（这个 selfish 用得是比较准的，但整个句子加起来才三个单词，语气更像是在控诉地主婆儿）. They become careless and don't help others a lot if it is about studies. There will be no cooperation for them. Then, why are there companies for many people to work in? Each of them are clever, however, there are weak parts and strong parts (这两个词组都比较口语化，英文写作中指一个人的长项与弱项时通常会使用短语 strengths and weaknesses 来代替) for each person. To cooperate is to **improve** this part. People talk and listen to what others thinking of (由 what 引导的从句里面的谓语应该用动词形式，所以要把 thinking of 改

为 think of 才对) and learn. **That** can also be a great opportunity to learn **instead of** learning alone with one teacher.

当That单独作全句的主语时不妨换为which，并将主语That之前的句号改成逗号，就轻松地多了一个由which引导的定语从句

In conclusion, I strongly agree with (agree with 本身是一个正确的搭配，但是在地道英语里当 agree 的后面是一个 that 从句时，则应该省略 with) that children should be taught to cooperate rather than compete. Nobody is perfect. People learn together, work together to help each other. I want parents and teachers to (提出建议时惯用 want 是雅思考生中经典的用词不当，只有校长或者教育局长等这类人才能 want teachers to...) educate children **concentrating on** cooperation, not compete and ranking them (在最后一刻拼尽全力甩出了几个不错的短语，但语法形式已经彻底混乱，毫无 rules 可言).

又是三个词写完一句话，IELTS作文确实并不需要写“长难句”，但如果总是三个单词一句话就有耍酷之嫌了

## 剑桥对这篇 6 分考生作文的官方评语

### 论证扣题度和充实度

Although the answer considers the main issues in the question, it deals much more with the aspect of “competition” than it does with “cooperation”. Some of the supporting examples are overdeveloped and divert the reader away from the argument. However, the main points are relevant and the writer’s point of view is generally clear.

本文考虑了题目所涉及到的主要问题，论点是与题目相关的，而且考生的态度整体上较为清晰。但本题是一道 Discuss both views and give your own opinion. （D & G 类型）的考题，考官相应指出：文章里的绝大多数论证都是围绕 competition 展开的，甚至在讨论 cooperation 的一段里仍然有近半内容是在讨论 competition，而且一些展开的例子局部偏离了讨论话题，因此降低了在论证扣题度与充实度部分获得的分数。

### 行文连贯性与衔接效果

The argument has a logical progression and there is some good use of linking expressions, though the use of rhetorical questions to signal topic changes is not very skilful. There are also examples of overusing markers, and of errors in referencing.

文章的论证过程整体上符合逻辑，也较好地应用了一些连接词和连接短语。但文章里用反诘提问（rhetorical questions）过渡话题的形式显得较为稚嫩，局部还存在过度堆砌连接标志词的倾向，并且含有指代不清的错误。

### › 词汇多样性与准确度

The candidate tries to use a range of language, but there are regular errors in word choice and word form, and this occasionally causes problems for the reader.

可以看出该考生很希望让用词多样化，但是在用词选择与词形等方面却频频出错，导致考官在阅卷时遇到了一些理解上的困难。

### › 语法多样性和准确度

Similarly, a range of structures is attempted, but not always with good control of punctuation or grammar. However, the meaning is generally clear.

该考生也尝试使用了一些语法结构，意义比较明确，但是在语法与标点等方面的准确度还有待提高。

## Pat 评析

客观来说，这篇文章写得并不好，有很多低级错误，给阅卷人以步步惊心的感觉，甚至已经到了只要遇到略长一点的句子就一定能发现用词或语法错误的地步。

（也许）全文唯一的亮点是哥在主体段里勇敢地深入挖掘了几个生活实例。但可惜的是，正如官方评语里指出的：The supporting examples are overdeveloped and divert（转向）the reader away from the argument. 也就是说：例证虽好，但本文中的例子发掘得“过于”深入了，而且还出现了局部跑题，从而导致考官发飙。

本文里可能会引起争议的一点是文中所出现的一些结构连接表达（linking expressions）到底是否应该用。值得我们注意的是：剑桥官方评语中明显并不认为本文里的这些表达是扣分点（考官评语里明确指出：There is some **good use of linking expressions** in this essay.）。在考官眼中，正是一些准确应用的 linking expressions 才帮助这位基础薄弱的考生避免了论证完全失控的局面，在一定程度上扭转了滑向更低分数档的败局。在由剑桥官方给出的6～7分范文评语里都强调了正确使用连接词／连接短语对行文衔接所起的作用。而在剑桥给出的7分以上范文里，官方评分标准则更重视对于“明连接”（直接用连接词来连接上下文）和“暗承接”（不直接使用连接词、而是依靠上下文语义之间的自然承接关系来承接上下文）这两类行文衔接方法的配合使用，而不是仅仅依靠“明连接”或者只用“暗承接”。这也正是为什么7分以上的范文读起来会感觉行文更流畅、而且句子之间的关系更加多样的重要原因之一※。

※注：对于“明连接”和“暗承接”这两类行文衔接方法进行配合的深入分析请看今天的第**21**篇范文。

本文的对比范文请看今天的第 17 篇范文。

## 语法多样性分析

地道英语中特殊句式涉及的理论知识与术语解释请参阅本书的姐妹篇《十天突破雅思写作》Day 4

◆ **To** cooperate is **to** improve this part. People talk and listen to **what** others thinking of and learn. That can also be a great opportunity to learn **instead of** learning alone with one teacher. 在这篇不算出色的文章里，这 3 句话逆天地打出了一个“小高潮”。虽然没能逃脱存在语法错误的命运（例如 what others thinking of 应该改为 what others think of），但这位考生还是尽力写出了用 what 引导的宾语从句、在 instead of 后接动名词短语等比较有特色的语法结构。6 分档作文的明显特点就是全文始终在语言和表意之间激烈地挣扎，努力想表达更复杂的意思，但却力不从心，一下笔就出现众多失误。同时，这三句话还采用了长短句结合的形式，构成了有变化的节奏感。但是考虑到本文的其他句子普遍都比较生硬，因此这种多变的长短句配合效果很可能是“一不小心”写出来的。

**本文量化评分**

| | | | |
|---|---|---|---|
| 论证扣题度与充实度 | ★★★★☆ | 行文连贯性与衔接效果 | ★★★☆☆ |
| 词汇量和用词准确度 | ★★★☆☆ | 语法准确度和多样性 | ★★☆☆☆ |

## 教育类范文二 到底什么是 7 分？对两篇 7 分范文的比较研究（A Comparative Study of Two Band-7 Sample Essays）

***Some people believe that children are given too much free time. They feel that this time should be used to do more schoolwork. How do you think children should spend their free time?***

一些人认为孩子们有太多的空闲时间了，他们应将这些时间用于从事更多的学业。你认为孩子们应该怎样使用空闲时间？

**【说明】**

长期批改国内同学的作文，Pat 有一个深刻的体会，就是“低分作文的弱点都是一样一样的，高分作文的优点却各有各的不同”。7 分是 LSE 和 Warwick 等牛校的多数专业所要求的分数。我们来对比两篇分数相同、但却写法迥异的范文。

### （A）强势的考生甲（剑桥官方提供的本题 7 分范文）

To a large extent, I believe that children are given too much free time.

Free time, in my opinion, refers to time that is not spent **under the direct supervision of** a parent, teacher or a person **entrusted with the responsibility of** bringing up the child. Such time is often spent on several things such as watching television, playing with friends, going to parties, doing homework and playing games on their own among others.

Among all of the above activities, a child could either be influenced by his or her **peer group** especially when left without attention or be influenced by what he or she watches on TV, most of which are those not meant to be viewed by the child's age group.

In my opinion, most of **the formative years of a child** should be spent doing schoolwork or **engaging in recreational activities** that would develop the child **emotionally and mentally**. I believe this strongly because at a young age, a child **is quick to grasp** most of what is seen or heard.

## 词汇和短语

（标★的是本类话题的高频词汇或短语）

**refer to ...** （固定短语）是指某类人或者某类事物 【剑桥例句】*The sales figures refer to UK sales only.*

★ **under the direct supervision of ...** 本文里指在某人的直接监护下

★ **be entrusted with the responsibility of ...** 被寄予某种责任

★ **peer** *n.* 同龄人

**age group** 本文里指某个年龄段的人们

★ **the formative years of a child** 一个孩子在各方面逐渐成形的阶段

**engage in** 【动词短语】参与 【近义】participate in

★ **recreational activity** 【名词短语】休闲活动 【近义】leisure activity（请注意在地道英文中通常是写 leisure activity 而较少写 leisurely activity）

★ **emotionally and mentally** 在情感与心智方面

★ **is quick to grasp ...** 可以很快地领会、把握某事物

## 本文思路与结构剖析

本文的开头段极为直白，旗帜鲜明地提出孩子们确实是被给予了过多的空闲时间。在主体段里，这名考生首先对 free time 下了定义：即孩子没有受到家长、老师或其他监护人监督的时间。然后提出孩子的这类时间多被花在了看电视、与朋友们一起玩儿、参加 parties 等事情上面，并没有得到充分地利用。接下来，该考生提出在空闲的时间里，孩子们要么就是受自己的同龄人影响，要么就是看那些他们/她们本不应该看的电视节目。而

在结束部分，这名考生则提出由于孩子们处在情感和智力成型期，对于接触到的新东西吸收得很快，因此他们/她们应该花更多时间在学业或者对自己的心智有益的休闲活动上。

## 剑桥对这篇7分考生作文的官方评语

### 论证扣题度和充实度

The candidate's point of view is clearly stated throughout. He presents relevant main ideas and draws appropriate conclusions from these. However, the response is unfinished and this means that some of the ideas are rather generalised and would need more support. The opening sentence is copied and the whole answer is underlength, so it loses marks for this.

本文的观点很明确，思路扣题，并且在论证的基础上得出了合理的结论。但是本文没有达到250 words的最低字数要求，而且有一部分素材并没有得到足够的展开支持，给人泛泛而谈的感觉，这些属于在论证扣题度和充实度这一项评分上的硬伤，因此导致了失分。

### 行文连贯性与衔接效果

The writing has clear organisation and some sophisticated use of link words and referencing. However, paragraphing is not always logical as it is organised by sentences rather than topics.

分段不够严谨，但是在整体布局上仍保持了清晰的秩序感，而且对于连接词和指代的运用较为娴熟。

### 词汇多样性与准确度 & 语法多样性和准确度

The range of vocabulary and structures is very good with a high level of control and precision. Complex ideas are expressed in a sophisticated way and most sentences are accurate. There are only rare errors, e. g. in spelling and subject/verb agreement.

词汇和语法结构的多样性与准确度都很好，只有偶尔出现的小错误。

## Pat 评析

这篇7分作文的优点很明显：行文衔接自然、连贯，展现出了令人满意的词汇量（关键是用词的准确度也很高）与多样、准确的语法句式结构。因此，Cambridge ESOL 在评语里毫不吝惜地使用了"very good"这一有感情色彩的评价（在剑桥官方评语里这个评价通常均是留给9分范文的）。

但本文的缺点也同样明显：文章长度竟然没有能够达到 task 2 写够250 words 的最低要求，而且对主体段里的一些 ideas 缺少足够的展开论证，在论证充实度这一项评分上无法真正说服阅卷人。因此，尽管本文在行文连贯性和整体感以及词汇、语法等方面已经明显超过了官方评分标准里对 7 分作文的要求，但是四项评分累计之后的得分仍然是 7 分。这与 Pat 在北京环雅工作期间与一些中国区考官进行交流得到的结论一致：考官们对于四项评分标准的重视程度是完全平等的，并没有厚此薄彼的倾向。很多国内同学对于“好文章”的认识误区就在于过度看重词汇和句子，却无视论证扣题度与充实度和行文连贯性和整体感这两项在考官们心目当中同样极为关键的评分标准。

## 语法多样性分析

◆ **Among all of the above**, a child **could** either be influenced by his or her peer group especially **when** left without attention or be influenced by **what** he or she watches on TV, **most of which** are those not meant to be viewed by the child's age group.

本句中相当密集地使用了状语前置、虚拟语气、由 when 引导的过去分词短语、由 what 引导的宾语从句和由 which 引导的定语从句等多种丰富句式的手法，而且准确度也较好。在 IELTS 作文里其实并没有必要写这么“炫技”的句子，但很显然这名考生的语言基本功相当扎实。如果字数能写够而且展开论证过程能写得再充实一些的话完全可以冲击更高的分数，可惜了

◆ In my opinion, most of the formative years of a child should **be spent** doing schoolwork, engaging in recreational activities **that would** develop the child **emotionally and mentally**.

本句里也接连使用了主被动交替、that 引导的定语从句、虚拟语气和副词在句尾叠用等句式多样化手法，但是该考生因为过度雕琢语言而最终导致没有足够的时间进行深入论证甚至达不到最低字数要求其实是失策之举

## 行文连贯性分析

（适合需要写作单项7分的同学学习）

◆ Free time, in my opinion, refers to **time** that is not spent under the direct supervision of a parent, teacher or a person entrusted with the responsibility of bringing up the child. **Such time** is often spent on several things such as watching television, playing with friends, going to parties, doing homework and playing games on their own among others.

这两句话之间并没有直接出现连接词，而是在第二句话里用 Such time 来指代前一句话里面所说的儿童不受家长、老师或者其他看护人看护的时间，从而在这两句话之间建立起了很明确的逻辑关系。而且，在第二句话的后部，这名考生又用 such as 这个表示例证的连接词给出了这些时间被用于的具体活动，实现了行文衔接“**明暗结合**”（即一些内容之间直接使用连接词，但其他内容之间则不直接使用连接词、而是通过上下文之间的语义关系自然承接）的多样化衔接效果。

对于高分范文在行文衔接方面“明暗结合”这一显著特点更深入的分析请看今天的第 **21** 篇范文。

**本文量化评分**

| 论证扣题度与充实度 | ★★★☆☆ | 行文连贯性与衔接效果 | ★★★★☆ |
|---|---|---|---|
| 词汇量和用词准确度 | ★★★★☆ | 语法准确度和多样性 | ★★★★☆ |

## ■ 译文

我在很大程度上认为孩子们的确被给予了过多的空闲时间。

在我看来，空闲时间就是指不处于家长、教师或者监护人的直接监管之下的时间。而孩子们通常把这类时间花费在如看电视、和朋友一起玩、参加聚会、做家庭作业、自己玩游戏等事情上。

在上述活动中，孩子既可能受同龄人影响（特别是在缺乏关注的情况下），又可能受电视节目影响，而这些电视节目大部分并不适合孩子们所在的年龄段。

在我看来，孩子的成长岁月最应该花在功课和对心智发展有益的休闲活动上。我之所以非常认同这一点，因为孩子在小时候能够快速地理解所看到或听到的大部分事物。

## 【比较研究】（B）朴实的考生 乙

下面这篇文章是海淀国图高分班的许宗毓同学关于这道考题的习作。坦白地说，许同学的英语基础明显不如前面那个语言很彪悍的大牛，也没有像一些“土豪”那样去刻意生硬地堆砌难词或者拼凑难句，但她仍然凭借并不华丽但却更加充实的论证拿到了写作单项7分的成绩。下面是她在考试结束后根据自己的回忆发给Pat的文章，文笔虽略显稚嫩，但已经初步体现出使用英语来深入地展开论证观点的能力，而且论证过程也已经具备了一定的说服力，属于典型的7分范文（原文里有少量的拼写和语法错误已纠正）：

I agree that the time children spend on school work offers them more meaningful activities than their idle free time does. However, I also believe that children should be able to decide for themselves how to spend their free time.

Children are at the best stage in life to **gain knowledge**, develop skills and **form good learning and social habits**. If this precious period is mainly spent on **idle activities** such as watching TV and playing video games, which are many children's favorite hobbies, they will have to do much more to compete with **their peers** when they become adults.

What can be more worrying about giving children too much free time is the increase in children's **behaviour problems**. Nowadays it is common for parents to **work long hours**. The children who often spend time alone after school are more likely to **suffer from loneliness and boredom**, and develop anti-social behavior. By contrast, not only does school work include listening to lectures and writing reports, it also offers a wide range of **interactive activities**, such as group discussions and team presentations. These activities can improve children's **social and cooperative skills**.

On the other hand, I believe that children should be given enough freedom in deciding how to use their free time. The skill of managing time properly is as important as doing academic exercises. Providing children with the right to choose what they do after school will also develop their **sense of responsibility**. With advice from parents and teachers, children can choose meaningful activities for their free time, including art projects, sports and **volunteer work**.

In conclusion, I think that students should be encouraged to spend more time on school work. At the same time, they should be given guidance about how to use their free time properly.

## 词汇和短语

（标★的是本类话题的高频词汇或短语）

**precious** *adj.* 珍贵的
【近义】valuable

★ **idle activities** 闲散的活动

**their peers** 他们的同龄人

**work long hours** 工作很长的时间

**suffer from loneliness and boredom** 受到孤独与无聊的困扰

★ **develop anti-social behaviour** 形成反社会行为

**interactive activities** 互动的活动

★ **social and cooperative skills** （名词短语）社会交往与合作技能
【相关短语】teamwork skills 团队合作的技能

**art projects** 本文里指儿童的艺术作品制作项目

**foundation** *n.* 基础

**volunteer work** （名词短语）义工

**manage time properly** 合理地管理时间

**their sense of responsibility** 他们的责任感

**guidance** *n.* 指导

## 本文思路与结构评析

本文的开头段明确提出自己的看法：用于学业的时间确实能为孩子们提供更多有意义的活动，但仍应允许孩子们自己决定如何使用空闲时间。

主体部分里的第1、2段分别论证了适当控制孩子自由时间的两个必要性：❶ 让孩子们充分利用宝贵的青少年阶段；❷ 减少未成年人出现反社会行为的可能。主体部分里的第

3 段则提出学生支配自由时间的权利应该被尊重，因为学会合理地安排时间本身就是一种重要的社会技能，而且，如果有家长和老师的建议，孩子们通常也会为自由时间选择很有意义的活动。

许同学的结论是：应该鼓励孩子们更多地学习，同时应该指导他们如何去正确地利用自由支配的时间。

**本文量化评分**

| | | | |
|---|---|---|---|
| 论证扣题度与充实度 | ★★★★☆ | 行文连贯性与衔接效果 | ★★★★☆ |
| 词汇量和用词准确度 | ★★★★☆ | 语法准确度和多样性 | ★★★☆☆ |

## ■ 译文

我同意孩子们花在学业上的时间要比闲散时间能为他们提供更多有意义的活动。但我也认为孩子们应该可以自己去决定如何支配自由时间。

儿童正处在获取知识、发展技能和形成良好的学习与社会生活习惯的最佳人生阶段。如果这个宝贵的阶段主要是被用在很多孩子业余时间最喜欢的看电视和打电子游戏等闲散活动上面，他们在成年之后将必须做远远更多的事情才能和自己的同龄人竞争。

更令人担心的是，给孩子们过多的空余时间可能会导致孩子们的行为问题增加。当今，家长们往往要工作很长时间。放学后经常自己一个人的孩子们更容易感到孤独与无聊，并形成反社会的行为。相比之下，学业不仅包括听讲和写研究报告，也提供各种互动的活动，比如小组讨论或团队演示等，这些活动能增进孩子们的社会与合作技能。

另一方面，我认为学生应有充分的自由来决定如何利用业余时间。学习合理管理时间的技能与做课业练习同样重要。给予学生权利去选择课外活动也将促进他们的责任感。来自家长与教师的建议能帮助孩子们为自己的空闲时间选择有意义的活动，包括艺术品制作、运动和义工等。

总之，我认为孩子们应该被鼓励在学业上花更多的时间。同时，他们应该被给予关于如何恰当使用自由支配时间的引导。

## 教育类范文三 新生下乡应该缓行

***In many countries, good schools and medical facilities are available only in cities. Some people think that university graduates who become new teachers and doctors should work in rural areas for a few years. To what extent do you agree or disagree?***

在很多国家，只有在城市里才能找到好的学校和医疗设施。一些人认为那些刚从大学毕业的新医生和新教师应该在乡村先工作几年。多大程度上你同意或不同意？

【说明】

目前我们已经看到了官方标准中的6分与7分作文，对考官的期望值有了一定的“感性认识”。那么分数夹在它们之间的作文又应该是什么样儿呢？

下面我们来深入研究一篇6.5分范文，6.5也正是多数二三线英联邦大学对研究生入学要求的分数。不妨把您自己的作文与这篇文章来做一个对照的评判，并请认真体会：**What does it take to get a band 6.5**？

### ▶ 6.5分范文

There is still a wide gap between the **educational and medical facilities** in urban and rural areas. Having seen this, some people suggest that new teachers and doctors work in the rural area for some time. I think this may lead to some practical problems.

I agree that sending new teachers and doctors to the rural area may help them to develop **a strong sense of responsibility**. They will feel it is a pity that the **rural residents** suffer from poor teaching and **medical services**, and they have the responsibility to change the situation. Their knowledge and skills gained through higher education can help them to contribute to improvements in local education and health care.

However, sending university graduates to rural areas can also cause significant problems. Many of them will **feel frustrated** if they are forced to work in areas where they may have difficulty **adapting to** the local lifestyles. Even if they can finally get used to the **underdeveloped facilities** there, they will find it difficult to **readapt to** the life in cities when they come back. Much pressure will also be felt if they return to cities but have problems operating the teaching tools or medical equipment in cities, which are more advanced and harder to use. These teachers and doctors may even think of themselves as complete failures because they may be unable to keep up with **their colleagues** after spending some time in rural areas.

To conclude, I tend to believe that new teachers' and new doctors' own choices should be respected when they are asked to work in rural areas.

## 词汇和短语

（标★的是本类话题的高频词汇或短语）

★ **educational and medical facilities** 教育和医疗设施

★ **underdeveloped facilities** 不发达的、落后的设施

**practical** *adj.* 实际的

★ **rural resident** 农村居民

**medical services** 医疗服务

★ **frustrated** *adj.* 沮丧的，有挫败感的

**adapt（to sth.）** *v.* 适应

**a strong sense of responsibility** 强烈的责任感

★ **readapt（to sth.）** *v.* 重新适应

**colleague** *n.* 同事

## Pat 评析

一篇十分中规中矩的文章，没有很强的表现欲，ideas 也并不算新颖，但说理还是清楚的（本文不算长，但好处是基本没有废话，ideas 读起来还是比较充实的），行文过程整体也比较连贯，没有6分作文那样时常出现的“磕磕绊绊”感。

文中先承认了新老师和医生下乡的好处：培养责任感和利用自己的知识与技能为当地发展做贡献，但接着给出了更多的坏处，包括：❶ 年轻人离开城市后可能难以适应，❷ 今后回城再适应也会有困难，❸ 事业的发展不连续等。

该考生的最后结论是：是否让新老师和医生下乡应该尊重他们/她们自己的选择，这一结论并不深刻，但也还是有说服力的。

## 语法多样性分析

◆ Many of them will feel frustrated if they are forced to work in areas where they may have difficulty adapting to the local lifestyles. Even if they can finally get used to the underdeveloped facilities there, they will find it difficult to readapt to the life in cities when they come back. 这两句话里分别用到了 if 和 even if，请注意它们在逻辑含义上的细节差异：if 表示“如果”，而 even if 则是表示“即使”

【剑桥例句】***Even if*** *you take a taxi, you will still miss the train.*

**本文量化评分**

| | | | |
|---|---|---|---|
| 论证扣题度与充实度 | ★★★★☆ | 行文连贯性与衔接效果 | ★★★★☆ |
| 词汇量和用词准确度 | ★★★☆☆ | 语法准确度和多样性 | ★★★☆☆ |

## ■ 译文

在教育和医疗设施方面，城乡之间仍然存在着较大差距。因此，有些人建议让新教师和新医生在农村工作一段时间。我认为这可能会导致一些实际的问题。

我承认，把新老师和新医生送到农村，可能会帮助他们培养强烈的责任感。他们中的一些人会为农村居民落后的教学和医疗服务感到遗憾，并认为自己有责任去改变这种状况。他们通过高等教育学到的知识和技能可以帮助他们为农村教育和医疗的改善做出贡献。

但是，将大学毕业生送到农村也可能会产生显著的问题。假如他们被迫在其很难适应当地生活方式的贫困地区工作，他们中的许多人都会感到受挫。即使他们最终习惯了那里的落后设施，当回到城市时，他们也会发现几乎不可能重新适应那里的生活了。如果他们回到城市却在操作城市里的教学工具或医疗设备时遇到困难，因为那些设备更先进，使用难度更大，他们**也**会感到很大的压力。这些教师和医生**甚至**可能认为自己完全是个失败者，因为在农村待了一段时间后，他们可能已无法跟上同行。

总之，我倾向于认为在要求新教师和新医生到农村工作时，应尊重其个人的选择。

## 教育类范文四 因材施教还是搞一刀切

***Some people think that intelligent students should be educated together with other students. Others, however, think that they should be educated separately. Discuss both these views and give your own opinion.***

一些人认为聪明的学生应该与其他孩子在一起接受教育。而另一些人则认为他们应该被分开教育。讨论两种观点并且给出你自己的观点。

### 思路透析

在英美，到底是否应该把聪明儿童与普通儿童放在一起接受教育是连教育领域的专家们（educationalists）都还没有达成意见一致的学术难题。现在英美公立中小学里最常见的做法是由教育主管部门在所属的一些公立学校里开设 gifted programmes，并对各学校的学生进行认知能力测试（cognitive tests），从中选出得分最高的（各地区的选择比例不同，从 top 1% 到 top 5% 都有）学生们推荐去参加 gifted programme。但是在英美对目前这种做法的公平性和科学性提出质疑的教育界人士也不少。但好在写 IELTS 作文并不是作学术报告，只要能够在 40 分钟里比较准确地表达自己的观点并且适当进行论证就已经相当不错了。

给高智商学生“开小灶”具有其合理性：他们/她们可以接受更多的挑战，而且智力水平接近的孩子在一起学习沟通起来也更容易。

另一方面，对聪明儿童进行单独教育，普通孩子很可能会感觉不公平，而且聪明儿童本来能起到的榜样（role model）作用也就没有了。

仔细想想这种两难的困境其实挺好解决的：把聪明儿童放在普通班上课，但同时为他们/她们提供更具有挑战性的选修课（electives）不就结了吗。

下面这篇考生作文里的少数论证理由过于绝对，缺乏严格意义上的说服力，但本文在四项评分标准上都没有出现明显的失误，是一篇典型的 7 分档作文。

### ▶ 7 分范文

Many intelligent students today attend **gifted programmes** and are educated separately from their peers.

Some people think that providing intelligent students with special courses makes practical sense. Students of high intelligence need **a more challenging curriculum** because they are fast learners and their learning process **requires little repetition** of the information taught by their teachers. If they find the curriculum too easy, they will end up learning little or nothing at all. In fact, many students who **are inattentive in class** are intelligent ones. Regular courses simply fail to attract their attention. Some of them even feel that their school time is wasted. From a psychological perspective, intelligent students also feel more comfortable if there are special classes for them. Many of them not only have **unique learning styles** but also have **academic and personal interests** that are very different from those of less intelligent students. Spending all their school time with their average peers would make them **feel isolated** and **become oversensitive**.

Many educationalists, however, argue that the disadvantages of placing intelligent students in separate classes are obvious. Regular classes will be drained of academic **role models**. Separating students according to their IQ levels may even send a message to those who take regular courses that their work is not valued by the school, which is very likely to **reduce their self-confidence** and **damage their self-esteem**.

Personally, I would suggest that intelligent students spend most of their school time with their peers. But in addition to regular courses, they should also be encouraged to **take electives** that can challenge them mentally.

## 词汇和短语

（标★的是本类话题的高频词汇或短语）

gifted programme 在一些英美中小学里专门为有天赋的学生开设的授课项目

their peers 他们的同龄人们

students of high intelligence 高智商的学生

★ curriculum *n.* 课程的总称

★ require little repetition 只需要很少的重复，其中 repetition 是 repeat 的名词形式

★ are inattentive in class 上课时不专心，走神儿

★ regular courses 常规的课程

from a psychological perspective 从心理的角度来看

unique learning styles 独特的学习方式

academic and personal interests （名词短语）学习和个人的兴趣

separate students according to their IQ levels 根据学生的智力水平把他们分开

★ feel isolated 感到孤立的

★ become oversensitive 变得过于敏感的

★ segregate *vt.* （将两类不同的人们）人为地隔离开 【名词形式】segregation

drain *v.* 吸干（这里指丧失某种重要的资源）

role model 榜样

reduce their self-confidence 减少他们的自信

★ damage their self-esteem 伤害他们的自尊

★ take electives 上选修课

【对比】required courses （名词短语）必修课

★ challenge them mentally 在智力上对他们形成挑战

### 本文量化评分

| 论证扣题度与充实度 | ★★★★☆ | 行文连贯性与衔接效果 | ★★★☆☆ |
|---|---|---|---|
| 词汇量和用词准确度 | ★★★★☆ | 语法准确度和多样性 | ★★★★☆ |

## ■ 译文

如今很多聪明的学生就读于“天才班”而且被与他们的同龄人分开教育。

一些人认为让这些学生学习特殊课程，在一定程度上是件有实际意义的事。高智商的学生学习速度更快，也不需要在学习过程中一再地重复老师所教授的知识，因此他们需要一个更具挑战性的课程设置。假如课程太容易，这些聪明的孩子将会觉得所学有限甚至根本学不到东西。事实上，许多在课上不积极的学生其实是非常聪明的。常规的课程根本吸引不了他们的注意力。有些聪明的孩子甚至会觉得在校时间被浪费了。**而且**从心理学角度来看，为聪明的学生开设单独的课程，也会令他们感到更适应。他们当中的很多人不仅学习方式很独特，而且学习

与个人兴趣也与不如他们聪明的学生的学习和个人兴趣差异很大。把所有的在校时间都花在与普通同龄人一起可能会让聪明的学生感到被孤立或者变得过于敏感。

很多教育专家则认为，将聪明的学生分在单独班级里的缺点很明显。普通的班级会因此缺乏学习方面的榜样。根据学生们的智商水平把学生分开甚至可能会向那些学习普通课程的学生传递出这样的信息：他们的学习不像聪明学生的学习那样受到学校重视，这很可能会削弱普通学生们的自信并且伤害他们的自尊心。

我个人建议聪明的学生应该多数在校时间都和同龄人一起度过。但除了常规课程之外，也应鼓励他们选修更具有挑战性的课程。

## 教育类范文五 学知识 vs. 学明辨是非

***Some people think that schools should only teach students academic knowledge. Others, however, think that they should also teach students to judge what is right and wrong. Discuss both these views and give your own opinion.***

一些人认为学校只应该教给学生学术知识。其他人则认为学校也应教给学生判断对与错的方法。讨论这两种看法并且给出你自己的观点。

**【说明】**

本文对两方的观点都举出了恰当的实例。对不是特别善于长篇“说理”的同学而言，“说例”是让论证变得充实的好方法，而且剑桥考官们喜欢看到有说服力的实例。但前提是：❶ 举例一定要与论证过程确实有实质性的关联（relevant），否则宁可不举；❷ 例子不要写得过长，否则会让考官产生自己在读 narrative（叙事）而不是在读议论文的错觉。

**▶ 7 分范文**

People have different views about the main purpose of schools.

Some teachers and parents believe that schools should only focus on providing students with academic knowledge. They argue that academic knowledge **provides an important foundation for** a wide range of job skills. For example, students who know more about algebra and calculus would have a better chance of finding a job in the fields of statistics and accounting because it is easier for them to master the advanced skills required. Also, many teachers see teaching academic knowledge as their main goal because **assessment of** students' academic knowledge is often considered **more objective** than assessment of other abilities and skills. The popularity of **school rankings** based on **standardised test results** shows many parents agree with the teachers on that.

However, some other people argue that apart from academic knowledge, schools should also teach students how to **distinguish between right and wrong** and behave well. Students **are still immature** emotionally and socially. If schools do not teach moral values such as **respect**, **responsibility and self-discipline**, students may end up using their knowledge for morally wrong purposes. For example, increasing numbers of **young hackers** use their computer knowledge to invade other people's computers. The fact that many of them describe their acts as "unintentional" is good proof of the importance of teaching students to **tell right from wrong**.

My own opinion is that teaching academic knowledge should be **the priority of schools** because they are the main institutions where children can gain it. At the same time, students should be provided with moral and character education programmes to ensure that apart from benefiting themselves, the knowledge that they gain will also benefit others.

## 词汇和短语

（标★的是本类话题的高频词汇或短语）

**provide an important foundation for ...** 为某事物提供重要的基础

**algebra** *n.* 代数

**calculus** *n.* 微积分

**statistics** *n.* 统计学

**accounting** *n.* 会计学

**assessment of ...** 对某种能力或表现的评估

★ **objective** *adj.* 客观的
【近义】unbiased

**school ranking** 学校的排名

★ **standardised test** 标准化考试

★ **distinguish between right and wrong** 在是非之间进行区分
【近义】tell right from wrong

★ **are still immature emotionally and socially** 在情感与社会经验方面都还不成熟的

★ **self-discipline** 自制力

**hacker** *n.* 黑客

**invade other people's computers** 入侵别人的计算机

★ **unintentional** *adj.* 无意的

★ **priority** *n.* 首要任务

**institution** *n.* 机构

**moral and character education programmes** 培养儿童的道德观与健康个性发展的项目

**本文量化评分**

| | | | |
|---|---|---|---|
| 论证扣题度与充实度 | ★★★★☆ | 行文连贯性与衔接效果 | ★★★★☆ |
| 词汇量和用词准确度 | ★★★★☆ | 语法准确度和多样性 | ★★★☆☆ |

## ■ 译文

关于学校的主要目的，人们持有不同的看法。

一些教师和家长认为学校应该只将重点放到传授学生学术知识上。他们认为理论知识为多种就业技能提供了重要的基础。例如，一名熟练掌握代数和微积分的学生会更容易得到涉及统计学或会计学的工作，因为他们良好的基础可以帮助他们很快掌握该领域所需的高级技能。而且许多老师将传授学生学术知识视为主要任务还因为考量学生的考试成绩比评估其他品质更方便、客观。如今各种基于标准考试成绩的学校排名非常流行，这显示出很多家长们认可这些老师们的这一看法。

但是，另一些人则认为学校除了教授学术知识还要教会学生分辨对错的能力。学生在情感和社会经验上还不成熟，如果学校不能帮助他们树立正确的道德价值观，他们有可能会把学到的知识应用到错误的目的中。例如年轻黑客的数量激增，他们利用自己的电脑知识去入侵他人的计算机。而他们往往把自己的行为描述成是“无意识的”，这有效证明了对学生进行是非观的教育非常重要。

在我看来，传授学术知识应该是学校的首要任务，因为学校是主要向孩子传授这些知识的地方。与此同时，学生们应该学习伦理方面的课程，以确保他们学习知识不仅仅是为了自己，也为了他人。

## 教育类范文六 / 只学理合理么？

***Some people think that students should only study science subjects. Other subjects are not important to them. To what extent do you agree or disagree?***

一些人认为学生应该只学科学科目。其他科目对他们来说并不重要。多大程度上你同意或不同意？

### ▶ 7分范文

Some people suggest that students only study science subjects. Although I agree that science subjects are important, I think that students should also study a variety of other subjects.

On the one hand, science subject, such as physics, chemistry and biology, should be **core**

**subjects** on the **school curriculum**. These subjects help students to better understand the natural world and how it can be improved. For example, science teachers can teach students about the causes of **global warming** and what they can do to reduce global warming. The knowledge gained through science subjects also prepares students for a wide range of careers such as careers in science, technology, engineering or medicine.

On the other hand, science subjects should not be the only subjects that students study. Many other subjects can also help students to gain knowledge and develop important skills. For example, history lessons can help students to **gain a better understanding of** their own nation as well as other nations, and help them to improve their **critical-thinking skills**. Also, art lessons **encourage students' imagination** and teach them to **solve problems creatively**.

Furthermore, science subjects would not serve their purpose well without the help of other subjects on the school curriculum. For example, it is hard to imagine that students can report the results of their **scientific experiments** clearly in their papers if they have not learned academic writing in language classes.

In conclusion, I would argue that a good curriculum should be **balanced** and cover a wide range of areas, including natural sciences, social studies, languages and arts.

## 词汇和短语

（标★的是本类话题的高频词汇或短语）

★ **core subjects** 核心课程

★ **school curriculum** 对于学校课程设置的统称

**global warming** （名词短语）全球变暖

**gain a better understanding of...** 形成对……更深入的理解

**critical-thinking skills** 辩证思维能力，思辨能力

★ **encourage students' imagination** 激发学生们的想象力

【近义短语】stimulate students' imagination

★ **solve problems creatively** 有创造性地解决问题

**balanced** *adj.* 均衡的

**the results of their scientific experiments** 他们科学试验的结果

### 本文量化评分

| | | | |
|---|---|---|---|
| 论证扣题度与充实度 | ★★★★☆ | 行文连贯性与衔接效果 | ★★★★☆ |
| 词汇量和用词准确度 | ★★★★☆ | 语法准确度和多样性 | ★★★☆☆ |

## ■ 译文

有些人建议学生只学习科学科目。尽管我同意科学科目很重要，我认为学生们也应该学习多种其它科目。

一方面来讲，物理、化学和生物等科学科目应该是学校课程设置里的核心课程。这些课程可以帮助学生们更好的了解自然世界以及怎样去改进它。例如，科学课老师可以教给学生们全球变暖的原因以及学生们可以怎样做去减缓全球变暖。通过科学科目获取的知识还可以帮助学生们为多种职业做准备，比如在科学技术、工程、医药等领域的职业。

另一方面，学生们不应该只学习科学科目。很多其它科目也同样可以帮助学生们获取知识并发展重要的技能。例如，历史课可以帮助学生们形成对于本国以及其它国家更深入的理解，并帮助他们提高辩证思维技能。**而且**，艺术课程激发学生们的想象力，并且教学生们有创造力地解决问题。

**再者**，如果没有学校课程设置里的其它科目帮助，科学科目将会很难实现自身的教学目标。例如，很难想象如果学生们没有在语言课上学过学术写作，他们能在论文里清晰地报告科学试验的结果。

总之，我认为好的学校课程设置应该是均衡的而且覆盖多个领域，包括自然科学、社会科学、语言和艺术等。

## 教育类范文七 压力山大好不好

***Pressure on students is increasing and they are pushed to hard work in their studies at a young age. Do you think this is a positive or a negative development?***

学生承受的压力增加，而且他们必须从很小就开始努力学习。你认为这是积极还是消极的变化？

### ▶ 7分范文

Students today experience more stress at school and have to start working hard at a young age. I think that overall, this is a positive trend.

Young students have better memories than adult students. They can gain a large amount of basic knowledge if they concentrate on their studies. The **knowledge base** that they build during this period can help them with gaining more advanced knowledge and developing more complex skills later in life.

Schools are also places where young students **form study habits**. Studying hard and trying to achieve good marks in examinations will help them to **become more organised**, manage their time more efficiently and **handle stress better**. These will be essential habits and skills for their future academic achievements, professional successes and even a lifetime of continuous learning.

Admittedly, high levels of stress **are counterproductive to learning**. Young students may find it hard for them to concentrate on their studies or to think clearly if they are under too much stress. However, by frequently communicating with their children about their problems and difficulties at school and cooperating with teachers closely in educating their children, parents can help their children to **relieve stress** and **reduce stress to a healthy level.**

For the reasons mentioned above, it seems to me that a reasonable level of stress can help young students to achieve their academic potential. Parents and teachers should communicate with children regularly to help them to cope with stress. Also, schools should provide students with interesting **extra-curricular activities** to help them to **reduce stress and anxiety**.

## 词汇和短语

（标★的是本类话题的高频词汇或短语）

**knowledge base** （名词短语）知识基础

**form study habits** （动宾短语）形成学习习惯

**become more organised** 变得更有条理

**handle stress better** 更好地应对压力

**gain more advanced knowledge** 获取更高端的知识

**developing more complex skills** 发展更复杂的技能

**a lifetime of continuous learning** （名词短语）终生的学习过程，有一点像中文里的“活到老，学到老”

**counterproductive to learning** 不利于学习的

★ **relieve** *vt.* 减轻（压力）
【搭配】relieve stress

**regularly** *adv.* 定期地

**extra-curricular activities** 课外活动

★ **cope with** 应对
【动宾搭配】cope with stress

★ **reduce stress and anxiety** 减少压力与焦虑

**本文量化评分**

| 论证扣题度与充实度 | ★★★★☆ | 行文连贯性与衔接效果 | ★★★★☆ |
|---|---|---|---|
| 词汇量和用词准确度 | ★★★★☆ | 语法准确度和多样性 | ★★★☆☆ |

## ■ 译文

由于学习竞争日益激烈，年轻学生在学校经受更大的压力而且从小就必须努力学习。总体而言，我认为这是一种积极现象。

年轻学生比成年学生的记忆力要好得多。如果他们能够安下心来学习就能获得大量的基础知识。他们在这段时间所打下的知识基础能为将来学习更高端的知识以及学习更复杂的技术提供帮助。

另外，学校还是学生养成良好学习习惯的地方。努力学习并争取良好的考试成绩让他们变得做事更有条理，能更好地管理时间及控制压力。这些重要品质和技能对他们未来的学术成就、职业生涯甚至终生学习的过程起着重要的作用。

诚然，过大的压力会使效果适得其反。学生在承受过大压力的时候很难集中精力学习或冷静地思考。**但是**家长可以通过经常与他们的孩子交流那些在学校发生的问题和困难，并与老师竭诚合作，一起帮助学生减压并将压力控制在健康能够承受的范围内。

基于以上的理由，我认为适度的压力能帮助年轻学生更好地开发学习的潜能。家长和老师应该定期与学生交流并帮助他们应对压力。此外，学校也应该向学生提供有趣的课外活动来帮助他们缓解压力与焦虑。

## 教育类范文八 让学生决定自己学什么是否靠谱

***Some people think that school subjects and course contents should be decided by the authorities, such as the central government. However, others think that students should decide these for themselves. Discuss both these views and give your own opinion.***

一些人认为学校里的科目和课程内容应该由像中央政府这样的行政当局决定。另一些人则认为学生应自己来决定这些内容。讨论两方观点并且给出你自己的看法。

**【说明】**

本文对双方的观点分别进行了分析，并且在结尾段给出了比较新颖的结论。

文章先写由政府确定课程可以帮助学生打好基础，并更好地满足未来国家发展对于劳动力就业的需求。再写如果学生们自己确定课程则可以更好地满足学生们的兴趣并充分地发挥个人潜力。结尾段的结论对不同阶段的学生进行了区分，提出小学生的课程应该主要由政府确定。而对于中学生，由于已经具备了一定的判断力，则应该被鼓励参与课程安排。

这种“具体问题具体分析”（其实也并不需要区分得十分缜密）的能力是很多剑桥官方 7 分或以上作文里体现出的一种思维素养。

### ▶ 7 分范文

Education has been viewed as an essential part of individual and social development. An educational issue that has been under debate is who should make the decisions on what students study.

Some people think that students can gain benefits from **a standard curriculum set by the government**. Learners need **a common foundation** before they acquire more advanced knowledge. Without the opportunity to gain basic knowledge through courses selected by the government, students would find it difficult to further their education. Subjects and course contents decided by the government also help schools to better **prepare a competitive workforce for the future**. Students' own selections of courses may be **random and purely interest-based**. By contrast, the government can collect statistics on the labour market and hire experts to design curricula that help to **prepare students for the labour market**.

Other people, however, argue that an official curriculum is not always **more productive**. Individual students have different characters and abilities, and students in different schools may have varied needs. If all the students in the same grade in a region or country are required to take the same courses and study the same contents, their potential **is unlikely to** be fully achieved. Students may even **feel frustrated** with learning because many of the required courses do not interest or challenge them.

My own view is that primary school students should take courses that governments choose for them because they tend to lack the ability to find out courses that will best serve their needs. On the secondary level, however, schools should encourage students to **participate in** the decision-making process of designing the curriculum. Only in this way can secondary schools provide their students with curricula that can help them to **achieve their academic potential**.

## 词汇和短语

（标★的是本类话题的高频词汇或短语）

★ **view… as…** 把……看做是……

★ **a standard curriculum** 标准的课程设置，其中 curriculum 是课程的统称，请注意：它的常用复数形式是 curricula

★ **a common foundation** 共同的基础

**further** *vt.* 推进，在本文里 further 是动词：推进的意思，教育类作文中还经常会用到动宾短语 further their education，很像中文里的“深造”

**prepare a competitive workforce for the future** 为未来准备好有效的劳动力

**collect statistics** （动宾短语）收集统计数据

**prepare students for the labour market** 让学生们能够满足劳动力市场的需求

★ **random and purely interest-based** 随意的而且完全从兴趣出发的

★ **productive** *adj.* 高效的

**have varied needs** 有多样化的需求

**in a region or country** 在一个区域或国家里

**is / are unlikely to …** 不太可能会……

★ **frustrated** *adj.* 沮丧的

★ **capacity** *n.* 能力

★ **participate in** 参与

**achieve their academic potential** 充分发挥出他们的学习潜力

## 语法多样性分析

◆ **On the secondary level**, however, schools should encourage students to participate in the decision-making process of designing the curriculum. **Only** in this way **can** secondary schools provide their students with curricula **that** help them to achieve their academic potential. 本句里使用了状语前置、倒装句和由 that 引导的定语从句

**本文量化评分**

| | | | |
|---|---|---|---|
| 论证扣题度与充实度 | ★★★★★ | 行文连贯性与衔接效果 | ★★★★☆ |
| 词汇量和用词准确度 | ★★★★☆ | 语法准确度和多样性 | ★★★☆☆ |

## ■ 译文

教育被视为是个人和社会发展的核心部分之一。一个有争议的教育话题是，谁应该决定学生的学习内容。

一些人认为学生能够从由政府决定的标准课程设置当中获益。学习者们在掌握更高级的知识之前，需要具备共有的基础知识。学生如果没有机会通过政府选择的课程学习基础知识，就将很难继续深入学习。由政府来决定的课程与授课内容也将帮助学校更好地为未来准备具有竞

争力的劳动力。学生自主选课的结果可能是随机的而且仅仅从兴趣出发。相比之下，政府可以收集关于劳动力市场的统计数据，并且聘请专家来设计出能帮助学生们满足劳动力市场需求的课程设置。

另一些人则认为官方课程并不总是富有成效的。每个学生个体都有着不同的性格特点和能力。假如一个区域或国家里同年级的所有学生都被要求接受同样的课程，就将造成他们的潜力很难充分得到发挥。学生们甚至可能会对学习产生挫败感，因为有的必修课并不能让他们产生兴趣或对他们构成挑战。

我个人的看法是，小学的学生应学习政府指定的课程，因为他们往往缺乏找出能最好地满足自身需求的课程的能力。但在中学阶段，学校应该鼓励学生参与课程设计的决策过程，因为只有这样，中学才能为学生们提供能让他们的学习潜力得到充分发挥的课程设置。

## 教育类范文九 请勿曲解男女平等

***Universities should accept equal numbers of male and female students in every subject. To what extent do you agree or disagree?***

大学应该在每个科目都招收相同数量的男女学生。你多大程度上同意或者不同意？

**【说明】**

男生和女生当然应该拥有平等的受教育权利（should have equal educational opportunities），但每个科目都招收完全均等数量的男女生只能是一种愿望，既缺乏实际操作的可行性（impractical），而且也违背了“择优录取”的公平准则（It would be unfair to change to a selection procedure that is based on gender rather than merit.）。

**▶ 7分范文**

I am opposed to the idea that universities should accept the same number of male and female students for all subjects.

The reasons why some universities do this are clear — to show respect for **gender equality** and to **encourage interaction** between men and women in the classroom. These aims are worthwhile, and having the same number of men and women can ensure they are achieved.

However, I believe **this approach** overlooks two important aspects of higher education. Firstly, it is rather unlikely that an equal number of men and women will **want to enrol on** each subject. Although the old belief that boys and girls are naturally better in different subjects may be unfounded, it is almost always true that a higher proportion of male students are attracted to **math-intensive subjects** such as computer programming, statistics and civil engineering, while a higher proportion of female students are interested in **caregiving-related subjects** such as special education and nursing. As a result, making sure that each subject accepts equal numbers of male and female students would be difficult.

Secondly, encouraging interaction between men and women in classes does not mean there must be equal numbers of each for every subject. If a class has many female students feeling that it is hard for them to compete with their male classmates, or vice versa, such feelings will only serve to reduce interaction and result in even more **gender prejudice**. **The course withdrawal rate** is also likely to be higher than that of subjects on which students are free to enrol.

For these reasons, I believe that to achieve gender equality, universities should allow students to choose subjects freely so that they can enrol on subjects in which they are really interested.

## 词汇和短语

（标★的是本类话题的高频词汇或短语）

**be opposed to** 反对

★ **gender equality** 性别平等

【对比】gender prejudice 性别歧视

★ **interaction** *n.* 相互交流，互动

**is/are worthwhile** *adj.* 是值得的

**approach** *n.* 去做某事的方法或途径

★ **overlook** *vt.* 忽视

★ **enrol on (a course)** 正式登记学习（某一课程）

**is unfounded** 是毫无根据的

**math-intensive subjects** 涉及数学内容很多的科目

**caregiving-related subjects** 与照顾或护理有关的科目

**special education** 特殊教育学，在英美通常和对存在学习障碍的学生教育有关

**vice versa** （固定短语）反之亦然

★ **course withdrawal rate** 学生放弃继续学习某一课程的比率，课程的弃修率

【近义】course drop rate

**本文量化评分**

| | | | |
|---|---|---|---|
| 论证扣题度与充实度 | ★★★★☆ | 行文连贯性与衔接效果 | ★★★☆☆ |
| 词汇量和用词准确度 | ★★★★☆ | 语法准确度和多样性 | ★★★★☆ |

## ■ 译文

我反对大学应在每一学科招收同等数量男女生这一看法。

有些大学采取这种做法的原因是显而易见的，是为了展示对性别平等的尊重以及鼓励男女生在课堂更好地互动。这些想法当然是好的，而在每一学科招收同等数量的男女生也确实能实现这些想法。

然而，我认为这一做法忽视了高等教育中两个重要的方面。第一，很少有可能会有同等数量的男女学生恰好选读同一学科。尽管男女天生擅长不同学科的老观点未必有据可依，但事实几乎总能证明更高比例的男生会选择需要大量数学知识的学科，像电脑编程、统计学及市政工程等理工学科，而有更多的女生对与照看、护理相关的学习领域，例如特殊教育学和护理学有兴趣。所以，要确保每一学科都能招收到同样数量的男女学生将是困难的。

第二，鼓励男女生之间的课堂互动也并非只有在每科招收同样数量的男女生这一种办法。相反地，当班里大多数女生感觉她们没法和同班男生竞争的时候，或者反之亦然，这种感受会减少男女间的相互交流，并会进一步增加性别偏见。学生们对这类课程的弃修率也很可能会比能够自由选课的科目要高。

基于这些理由，我认为为了实现性别平等，大学应该让每一个学生能自由选择学科，这样他们就能够学到自己真正感兴趣的学科。

## 教育类范文十 / 高等教育对城乡学生的公平性

***Students from rural areas often find it difficult to access university education. Some people think that universities should make higher education easier for them to access. To what extent do you agree or disagree?***

农村来的学生常常感到难以获得大学教育。一些人认为大学应该让农村孩子更容易获得高等教育。多大程度上你同意或者不同意？

**【说明】**

中国的城乡差距给 Pat 留下了深刻印象，能够放下全部工作去希望小学当半年甚至一年的志愿者也是 Pat 的人生愿望之一。英美的农村与城市之间也存在着差距，但是差距明显要小很多。这也许就是为什么李克强先生一再地提出：“城镇化是扩大内需的最大潜力所在（Urbanisation has the greatest potential for boosting domestic demand.）。”

下面这篇范文从财务和教育背景两方面比较有力地论述了农村孩子在获得大学教育方面所面临的挑战以及大学的责任。近年来英美大学帮助农村孩子获得高等教育的另一个常用方法则是提供远程教育课程（provide a wide selection of distance learning courses at undergraduate and postgraduate levels）。

这篇考生范文采用了只含有两个主体段的一边倒（完全支持）写法，但是因为本文里每个主体段里面的展开支持理由都写得很充实，因此仍然实现了比较强的论证说服力。

▶ **7分范文**

Some people think that universities should try to make higher education more easily accessible to students from rural areas. I completely agree with their view.

Rural students are more likely to face **financial challenges** in pursuing higher education than urban students. The average income of rural families is significantly lower than that of urban families. This means that many rural parents are not able to provide their children with enough money to cover university **tuition costs**. Universities should therefore provide more money as **need-based aid** to students from rural areas to **ease their financial burden** and help them to **concentrate on their studies**.

Primary and secondary schools in rural areas are also at a disadvantage in terms of equipment and teaching staff. As the gap between the standards of living in urban and rural areas has been growing over the past few decades, it is now harder for rural schools to get enough funding for advanced teaching equipment or to recruit competent teachers. Students do not have the opportunities to achieve their academic potential at these schools. Thus, in the university admission process, universities should have **admission requirements** that take the **rural-origin students'** educational background into consideration to ensure that a fair number of rural-origin students can be admitted. Universities should also provide students from rural areas with special academic **orientation programmes**, and help them to become familiar with the teaching technology and methods that urban students have been exposed to.

In conclusion, although all students should be treated as equals, I believe that universities should introduce special financial and academic policies to ensure that students from rural areas can have the opportunities to **achieve their academic potential** through higher education.

## 词汇和短语

（标★的是本类话题的高频词汇或短语）

★ **more easily accessible to ...** （某种资源）更便于让某一类人使用的

**financial challenges** 财务方面的挑战

**pursue** *vt.* 追寻（某个目标），寻求

★ **tuition costs** （名词短语）学费的开支

★ **ease sb's burden** （动宾短语）减轻某人的负担

**need-based aid** 按需分配的财务帮助（对比：merit based aid 按照申请者的能力和成就来分配的财务帮助）

**concentrate on their studies** 集中精力在他们的学习上面

**recruit** *vt.* 雇佣

★ **competent** *adj.* 称职的，合格的

★ **admission requirements** （名词短语）录取要求

**take... into consideration** 将某种因素纳入考虑

**rural-origin students** 来自农村的学生

★ **orientation** *n.* 本文里指新生对新环境的适应过程

【搭配】orientation programme 帮助学生适应校园学习与生活的项目

**be exposed to** 接触到（某种影响或媒体）

★ **achieve their academic potential** 充分发挥他们的学术潜力

**本文量化评分**

| | | | |
|---|---|---|---|
| 论证扣题度与充实度 | ★★★★☆ | 行文连贯性与衔接效果 | ★★★★☆ |
| 词汇量和用词准确度 | ★★★★☆ | 语法准确度和多样性 | ★★★☆☆ |

## ■ 译文

有人认为大学应该让那些来自于农村地区的孩子更容易获得高等教育。我完全同意这一观点。

农村地区的学生在寻求获得高等教育方面要比城市学生面临着更大的挑战。农村家庭的平均收入要比城市家庭低得多。这就意味着许多农村父母没有足够的钱去支付孩子的大学学费。因此，大学应该提供更多的资金向来自农村地区而且有资助需要的学生们发放，以减轻他们的财政负担并帮他们将精力集中到学习上来。

农村地区的中小学同样在教学设备和师资力量上处于劣势。由于城市和农村在生活水平上的差距在过去的几十年中不断加大，农村学校就更难获得足够的资金来购买先进的教学仪器和招募合格的教师。许多农村学生在这些学校中不能发挥他们的学术潜力。所以在大学录取阶段，大学应在设定录取要求时将来自农村的学生的教育背景计入考虑，由此来保证一个公平的农村学生录取人数。大学还应该向来自农村的学生提供特殊的学术适应指导项目，来使他们了解那些一直在影响着城市学生们的教学技术和方法。

总之，尽管对所有的学生都应该一视同仁，但我认为大学应引入特殊的财务和学术政策来保证农村学生有机会通过高等教育真正发挥自己的潜力。

## 教育类范文十一 缺乏外语天赋是否还要知难而上

***Students who are not talented in foreign language learning should not be required to study a foreign language. Do you agree or disagree?***

不应该要求那些没有学习外语天赋的学生学习外语。对此你是否同意？

【说明】

talented 是指有天赋的，地道英文中还有近义词 gifted，因为在西方人眼中天赋并不是父母给的，而是神赐的礼物。

没有语言天赋的孩子也必须学外语可能会导致他们缺乏学习动力（make them feel unmotivated or frustrated），而且还没自信（lack confidence），甚至有可能对学习完全丧失兴趣（lose interest in learning altogether）。如果打算对另一方也进行讨论，则可以写：即使没天赋也总还是可以学到一些关于外语的基础知识（gain basic knowledge about a foreign language），而且外语知识已经成为工作当中的必备技能之一（Knowledge about a foreign language has become an essential skill in the workplace.）等等。

### ▶ 7分范文

Learning a foreign language is not an easy task. However, I disagree with the idea that students who do not have a talent for foreign language learning should not be required to study foreign languages.

Learning a foreign language **makes students more intelligent**. When they study a foreign language, they need to **memorise new words and phrases**, and analyse a wide range of sentence structures. This helps to improve their memory and **develop their analytical skills**.

Also, as international business and trade is increasingly important to the economy of most countries, **bilingual people** are **in high demand** in many professions. All students, regardless of whether they have talent for foreign language learning, should take foreign language courses, which can **prepare them for employment** in the global economy.

It is true that some students may find studying a foreign language **difficult and frustrating**. The difficulties and frustration that they experience may even affect their study of other academic subjects. However, I would argue that many of them find foreign language learning difficult because their teachers fail to **stimulate their interest in** the foreign language. A child's talent for foreign language learning may also be hard to accurately assess at such an early age. If all students who are considered **untalented** at learning a foreign language were allowed to drop the foreign language class freely, much **latent talent** for foreign language learning would be wasted.

In conclusion, I believe that all students should be required to take foreign language courses. At the same time, students who find it difficult to learn foreign languages should be given more help so that they can also **achieve their potential** in foreign language learning.

## 词汇和短语

（标★的是本类话题的高频词汇或短语）

**make students more intelligent** 让学生们变得更聪明

★ **memorise** *vt.* 记忆，很多国内同学误以为 memorise 和 recite 是同义词，其实它们是正好相反的行为。memorise 是把信息记忆到头脑里面去的过程，而 recite 则是把头脑里已经记住的内容背出来给别人听的过程。如果要想 recite a poem，你必须要先花时间去 memorise the poem

**new words and phrases** 新的单词和短语

★ **develop their analytical skills** 发展他们的分析能力

★ **bilingual people** 会双语的人们

【相关】**multilingual** 多语种的

★ **is / are in high demand** 需求量很大的

**prepare them for employment** 帮助他们为就业做准备

**the global economy** （名词短语）全球化的经济

【剑桥例句】*The international business programme prepares students for employment in* ***the global economy****.*

★ **frustrating** *adj.* 令人沮丧的

**stimulate their interest in ...** 激发他们对于……的兴趣

**accurately assess** 准确地评估

**are considered untalented** 被认为是没有天赋的（反义：are considered talented）

★ **latent talent** （名词短语）潜在的、还未显露出来的天赋

**achieve their potential** 充分发挥出他们的潜力

**Bonus:**

**a required course / a compulsory course / a mandatory course** 必修课

**personal and professional development** （名词短语）个人与职业的发展

### 本文量化评分

| | | | |
|---|---|---|---|
| 论证扣题度与充实度 | ★★★★☆ | 行文连贯性与衔接效果 | ★★★★☆ |
| 词汇量和用词准确度 | ★★★★☆ | 语法准确度和多样性 | ★★★☆☆ |

## ■ 译文

学习外语不是一项轻松的任务。但我并不同意没有学外语天赋的学生就不应该被要求学习外语的想法。

学外语会让学生们变得更聪明。他们在学习外语的时候，需要记忆新单词和短语，并且分析多种多样的句子结构。这可以提高他们的记忆力并且锻炼他们的分析能力。

**而且**，由于在多数国家，国际商务和贸易正变得日益重要，多种行业对双语人才的需求都非常大。无论学生对学习外语有没有天赋都应该学习外语课程，这可以帮助他们为在全球化的经济当中就业做好准备。

确实有些学生会觉得学习一门外语是困难而且令人沮丧的。这些困难与挫折感甚至会给其他科目的学习带来影响。**然而**，我认为这些学生之所以认为外语难学是因为他们的老师没有激发他们对外语的兴趣。**而且**，对于外语的学习天赋在早期是很难被准确评估的。如果被认为没有外语学习天赋的学生被允许任意放弃外语课程，那么很多尚未开发的外语学习天赋就会被浪费掉。

总之，我认为所有学生都应该被要求学习外语课程。同时，那些对学外语感到困难的学生们应该得到更多的帮助，以便让他们也能充分发挥出自己在学外语方面的潜力。

## 教育类范文十二 学外语的目的到底是什么

***Some people say that the only reason for learning a foreign language is in order to travel to or work in a foreign country. Others say that these are not the only reasons why someone should learn a foreign language. Discuss both these views and give your own opinion.***

有些人说学外语的唯一原因是为了去外国旅行或者工作。另一些人则说这并非学习外语的唯一原因。讨论这两种观点并给出你自己的看法。

【说明】

每一位“烤鸭”同时也是 an English learner，对学外语的动机都感同身受，所以这道题的 ideas 应该并不难想。

学外语对于去国外旅行或者工作当然会有积极作用，比如可以更高效地和当地人沟通，能够更快地适应当地的生活，而且拥有良好外语技能的人也会拥有更多去国外工作的机会。

但如果要说去国外旅行或者工作是学外语的“唯一原因”（the **only** reason），从严格的逻辑角度看可就过于绝对了。即使不想去国外旅行或者工作，外语技能也可以帮助人们开阔思维（broaden their minds），了解外国文化，结识外国朋友，并且给人们带来更多的娱乐，例如看外国原版电影（watch foreign films without the subtitles），读外语小说（read novels in a foreign language）等等。

当然，对于 IELTS 作文这样的 short essays 来说，没必要把这么多的 ideas 全都写出来，挑出几点自己最“有感觉”的适当进行论证就已经很好了。

### ▶ 7 分范文

Many may say, and I agree, that today's society has almost **erased all its boarders** and soon will **become limitless** in what concerns travelling for both work and pleasure. Therefore, if this is to happen, then learning a new language is necessary.

Nowadays, learning a new language for the purpose of working in other countries seems to become more and more popular. Adults in need of money or recognition are trying to **pursue their happiness** far away from home. Also, the days of employers looking only for capable people have gone. It seems that today's employers are looking not only for **multi-skilled employees**, but they also want people who know more than their **mother tongue**. Sooner or later, those who omitted learning more are prone to **become jobless**.

However, to my mind, a new language should not be learned just for travelling or working in a foreign country. A foreign language should help learners **broaden their minds**. By this I mean that the new language should and will allow learners to understand more about the world itself, and maybe their ancestors' **ways of thinking and acting**. Needless to say, knowing another language will help us when it comes to understanding the human race, because language is the first poem of a country.

All of this being said, I believe that learning a different language should be not only for satisfying our **physical needs**, like money, but also our **moral needs**, because never before had such a big thirst for knowledge been displayed.

## 词汇和短语

（标★的是本类话题的高频词汇或短语）

**erase all its borders** 消除了它的所有边界

**become limitless** 变得无限

**recognition** *n.* 认可（动词形式：recognise）

★ **pursue their happiness** （动宾短语）追求他们的幸福

**capable people** （名词短语）有能力的、称职的人们

★ **multi-skilled employees** （名词短语）拥有多种技能的员工

★ **mother tongue** （名词短语）母语

**become jobless** 失业

【近义短语】**lose their jobs**

★ **broaden their minds** （动宾短语）开阔他们的思维

【近义短语】expand their minds

**their ancestors** （名词短语）他们的祖先

**ways of thinking and acting** （名词短语）思维和行为的方式

**the human race** （名词短语）泛指全人类

**physical needs** （名词短语）物理上的需求，物质方面的需求

【反义短语】moral needs 道德情怀方面的需求

**the thirst for knowledge** （名词短语）对于知识的渴望

**display** *vt.* 展现，展示

**本文量化评分**

| 论证扣题度与充实度 | ★★★★☆ | 行文连贯性与衔接效果 | ★★★☆☆ |
|---|---|---|---|
| 词汇量和用词准确度 | ★★★★☆ | 语法准确度和多样性 | ★★★★☆ |

## ■ 译文

很多人会说，而且我也同意，当代社会几乎已经消除了所有边界，而且为工作和休闲目的所进行的旅行将很快会变得畅通无阻。**因此**，如果这种情况成为现实，那么就有必要学习新的语言。

为了到其它国家工作而学习新的语言在当代变得越来越流行。需要挣钱或者获得社会认可的成年人远离家乡，努力去追求自己的幸福。**而且**，雇主只是寻找能胜任职位的员工的时代已经过去。当代的雇主们所寻找的并不只是拥有多种技能的员工，他们还需要不仅只会说母语的人们。那些忽视学习更多语言的人们迟早会失业。

**但是**，在我看来，学习一种新的语言并不应该只是为了在外国旅行或者工作。外语应该帮助学习者们开阔他们的思维。我这样论述的意思是新的语言应该，而且也将会，让学习者们能够了解世界自身，或许还可以了解他们的祖先的思维和行为方式。毋庸讳言，通晓另一种语言可以帮助我们加深对全人类的了解，因为语言是一个国家最早的诗歌形式。

综上所述，我确信学习一种不同的语言不应该仅仅是为了满足我们的物质需求，例如金钱等，而且也是出于道德情怀的需要，因为人们对知识的渴望从来没有像现在这样表现得如此强烈。

## 教育类范文十三 研究生经费何去何从

***The amount of money for postgraduate research is limited. Some people think that financial support from the government should only be provided for postgraduate scientific research rather than postgraduate research on less useful subjects. Do you agree or disagree?***

研究生的研究经费是有限的。因此，一些人认为政府的财政资助只应提供给由研究生从事的科学研究，而不是提供给研究生从事的用处较小的研究。你是否同意这个观点？

### ▶ 7分范文

In recent years, most of the government funding for postgraduate research has been provided to students who study natural sciences or engineering, while postgraduate research in other fields, such as the arts and humanities, has been seriously underfunded. I believe that postgraduate funding should **be distributed more fairly across different fields**.

I agree that **the funding needs of** scientific research conducted by postgraduate students should be met. Without plenty of **hands-on research experience**, science and engineering students would never become truly familiar with scientific experiments and methods, which means there would not be enough qualified scientists or engineers in the future. The results of postgraduate scientific research can also **be published in scientific journals** and directly contribute to **new discoveries and inventions**. Another factor that should be considered is that scientific research is often conducted in laboratories. As a result, scientific research generally costs more than research in other fields which can often be performed without expensive equipment.

At the same time, I would argue that the funding needs of postgraduate research in other fields should not be neglected by **government granting agencies**. Doing postgraduate research helps humanities and arts students to find the answers to difficult research questions in **their areas of interest**. Their **research findings** increase our knowledge about society, history and culture. Postgraduate research in these fields also **trains the next generation of** experts on the arts and humanities, such as historians, museum curators, philosophers and professors in these fields. In the future, they will continue to help their nation **appreciate and explore** the arts and humanities.

For the reasons mentioned above, I believe that financial support from the government should **ensure equal research opportunities** for postgraduate students who study natural sciences or engineering and postgraduate students who study the arts or humanities.

## 词汇和短语

（标★的是本类话题的高频词汇或短语）

**has been seriously underfunded** 一直严重资金不足

**be distributed more fairly across different fields** 应该在不同领域间被更公平地分配

★ **humanities** *n.*（复数形式）人文学科
【相关】social sciences 社会科学（请注意如果是单数形式 humanity 则是泛指人类）

**the funding needs of ...** 某个领域对资助的需求

**research conducted by postgraduate students** 由研究生从事的研究

**hands-on research experience** 第一手的研究经验

**be published in scientific journals** 在科学刊物被发表

new discoveries and inventions 新的发现与发明

government granting agency 政府里负责经费资助拨款的机构

museum curator 博物馆的管理者

area of interest 研究兴趣所在的领域

research findings （名词短语）研究的发现

train the next generation of… 训练下一代的……

appreciate and explore …（两个及物动词）欣赏并且探索……

ensure equal research opportunities 确保公平的研究机会

本文量化评分

| | | | |
|---|---|---|---|
| 论证扣题度与充实度 | ★★★★☆ | 行文连贯性与衔接效果 | ★★★★☆ |
| 词汇量和用词准确度 | ★★★★☆ | 语法准确度和多样性 | ★★★☆☆ |

## 译文

近几年，多数由政府支付给研究生项目的资金被用于自然科学和工程学上，而其他学科诸如艺术和人文学科则存在着资金严重缺乏的情况。我个人认为，这些研究资金应该被更公平地分配到不同领域中。

我认同由研究生从事的科学研究对研究经费的需求应该被满足。如果没有亲自操作的研究经验，理工科的学生就无法真正熟悉科学实验及方法，这意味着合格的科学家与工程师数量在未来将会出现匮乏。**另外**，研究生的科学研究项目成果可以发布在科学刊物上，并直接为新的发现与发明作出贡献。**另**一个需要考虑的重要因素就是科学研究经常需要在实验室进行。因此，科学研究要比其他学科的研究花费更多的资金，因为其他学科的研究通常并不需要使用昂贵的仪器。

与此同时，我并不认为研究生在其他领域的研究对于经费的需求应被政府资助机构忽视。进行研究能帮助文科学生找到他们的研究兴趣所在的领域里难以解答的问题的答案。他们的研究成果能够增加我们关于社会、历史与文化的知识。这些领域里的研究生研究**也**有助于培养下一代的文科专家，例如历史学家、博物馆管理者、哲学家和这些领域里的教授。在将来，他们将继续帮助他们的国家去欣赏并且探索艺术和人文领域。

总之，我认为政府拨款应保证理工科研究生和文科研究生享有平等的研究机会。

## 教育类范文十四 拒绝做书虫儿

***University students should not only spend time studying but also take part in other activities. To what extent do you agree or disagree?***

> 大学生不仅应该花时间学习，而且应该参加其他的活动。你在多大程度上同意或者不同意？

**【说明】**

与国内的大学招生主要看成绩不同，英美大学非常重视申请人的社会活动经历及由这些社会活动经历体现出来的 leadership skills（领导才能）。在大学校园里，最受欢迎的从来都不是只会读书的尖子生，而是校队里面的体育明星。只做“书虫儿”（说轻了是 bookworm，说重了就是 nerd）在二十一世纪其实已经难以适应社会对大学毕业生们提出的综合要求了。这名考生通过扣题的实例较好地论证了这一看法。

在写本题时很可能会遇到两个短语：❶ non-academic activity — 指非学术相关的活动。它包含的活动在校内校外进行均可，比如 volunteer work / community service 等都可以算；❷ extra-curricular activity：课外活动。它所指的范围则比前一个短语要窄一些，主要是学生在校园里参加的或者虽然是在校外进行但是由学校组织的课外活动。在英美大学里最常见的 extra-curricular activities 包括：参加 drama club（戏剧社），debate（或者 debating）club（辩论社），board game club（棋类社），photography club（摄影兴趣小组），choir（合唱团），band（乐队）以及各种 sports teams。

### ▶ 7.5 分范文

In my country, many university students **strive for high academic performance** but do not spend much time on non-academic activities. However, I personally think that they should be encouraged to **achieve a good balance between** academic studies **and** other activities.

**Participation in** non-academic activities has several benefits for university students. Firstly, the experience gained in social activities, including **community service**, marketing surveys and volunteer work, can help students to better understand society and their relationships with it. These activities also improve their **communication skills** and **teamwork skills**. Secondly, unlike academic activities which are generally stressful, extra-curricular activities such as sports and artistic activities are usually fun and enjoyable. Participation in these activities can help students to **reduce stress and anxiety**. Thirdly, some extra-curricular activities can help to **boost students' academic performance**. For example, playing chess improves students' **logical and critical thinking abilities**, while writing for the university newspaper helps students' to develop their **writing and analytical skills**, which are also important skills for academic success.

On the other hand, academic study should still be the top priority of university students. A solid academic **knowledge base** is important for them to **meet the challenges** presented by the **knowledge-based economy**. It also prepares them for employment and career success. The opportunity to use a wide variety of educational resources at university is invaluable — a fact that many university students may appreciate only after they graduate.

I would argue, therefore, that university students should be encouraged to explore a wide range of academic and non-academic activities, not only because this makes them happier and healthier but also because these activities together form **a truly productive learning process**.

## 词汇和短语

（标★的是本类话题的高频词汇或短语）

**strive for** 努力争取某个目标

**academic performance** （名词短语）学业的表现

**achieve a good balance between ... and ...** 在……与……之间获得好的平衡

★ **participation in ...** 参与某事物

**community service** （名词短语）社区服务

**marketing survey** （名词短语）市场营销调查

**volunteer work** （名词短语）志愿者工作（在英国也经常写成 voluntary work）

**communication skills** 沟通技能

**teamwork skills** 团队合作技能

**fun and enjoyable** 有趣而且令人愉快的

**reduce stress and anxiety**（动宾短语）减轻压力和焦虑

**boost students' academic performance** （动宾短语）提升学生们的学业表现

★ **logical and critical thinking** 逻辑与辩证思维

★ **develop sb.'s writing and analytical skills** 发展某人的写作和分析能力

**solid** *adj.* 扎实的

【搭配】 a solid academic knowledge base 扎实的学术知识基础

**knowledge-based economy** （名词短语）以知识为基础的经济，"知识经济"

**a wide variety of** 多种多样的

★ **a truly productive learning process** 一个真正富有成效的学习过程

### 本文量化评分

| | | | |
|---|---|---|---|
| 论证扣题度与充实度 | ★★★★☆ | 行文连贯性与衔接效果 | ★★★★☆ |
| 词汇量和用词准确度 | ★★★★☆ | 语法准确度和多样性 | ★★★☆☆ |

## ■ 译文

在我所在的国家，很多大学生努力争取好的学业表现，但对与学习无关的活动则很少花费时间。但是，我个人认为他们应该被鼓励在学术活动和其他活动间实现一种良好的平衡。

参加非学术活动对于大学生有**几点益处**。**首先**，通过社区服务、市场调查以及志愿者工作等社会活动获得的经验能帮助学生们更好地了解社会以及自身与社会的关系。这些活动还会增强他们的沟通能力和团队合作能力。**其次**，与通常压力较大的学术活动不同，课余活动往往是有趣而且令人愉快的。参加这些活动有助于学生们减轻压力和焦虑。**第三**，一些课余活动还有助于提升学生们的学业表现。**例如**，下象棋提高学生们的逻辑与辩证思维能力，而为校报写文章则帮助学生们发展他们的写作和分析能力，这些能力对于学业方面的成功同样也很重要。

另一方面，学术学习仍应是大学生的首要任务。一个扎实的知识基础对于迎接知识经济所提出的挑战至关重要。它也帮助大学生为就业和事业上的成功做好准备。大学里能够使用广泛的教育资源的机会是无价的，但这一事实很多大学生往往要毕业之后才会真正感受到。

我因此认为大学生应该被鼓励去广泛地探索学术与非学术活动，那样不仅会让学生们更快乐、更健康，而且这些活动共同形成了一个真正富有成效的学习过程。

## 教育类范文十五 学龄之辩

***Some people think that children should start school at the age of six or seven while others think that children should start school as young as possible. Discuss both these views and give your own opinion.***

有些人认为孩子应该在六七岁的时候开始上学，而另一些人则认为孩子应该越早上学越好。请对两种观点进行讨论并给出自己的见解。

### ▶ 7.5 分范文

In many countries today, children start primary school at the age of six. However, people have different views about the best age for them to start school.

Some people believe that children should stay at home until they are six or seven years old. This idea is based on the belief that parents are children's best early teachers. Parents' **interaction with** them can **build their confidence**, **stimulate their language development** and encourage them to solve problems creatively. It can also be argued that some children are not mature enough for school before the age of six of seven. If they attend school too early, they may **develop behaviour problems** such as **being easily distracted** and breaking school rules.

Other people, including many parents, believe that an earlier school starting age is beneficial to children's later development. They argue that children's need for social relationships is no less than that of adults. Human beings are by nature social. Children should begin to **develop their social skills** through the communication with their peers and their teachers as early as possible. After the age of three when young children can generally understand adults' instructions, they should go to school and **become socialised**. Also, it is reasonable that children start receiving **systematically-planned education** earlier in an age of information explosion when people need to gain much more knowledge than people did in the past.

My own view is that with a more relaxed and understanding classroom atmosphere, school life should start as early as possible, which makes children better prepared for future competition in many areas. At the age of three or four, children can begin to attend **half-day school sessions**. Then at the age of five, they should become full-time students.

## 词汇和短语

（标★的是本类话题的高频词汇或短语）

**interaction with sb.** 与某人的相互交流和互动

**build their confidence** 树立他们的信心

★ **stimulate their language development** 促进他们的语言能力发展

**develop behaviour problems** 形成行为问题

★ **is / are easily distracted** 注意力很容易受到干扰

**is / are by nature ...** （固定短语）天性就是如何的

【剑桥实例】*Layla* ***is by nature*** *a gentle soul.*

**become socialised** （固定短语）学会成为一个社会成员所应具有的行为和社会技能

**systematically-planned education** 被系统安排的教育

**information explosion** （名词短语）信息爆炸

**a more relaxed and understanding classroom atmosphere** 更加放松而且了解学生需求的课堂氛围

**classroom atmosphere** 课堂的氛围

**half-day school sessions** 指小朋友的半日制学习

本文量化评分

| | | | |
|---|---|---|---|
| 论证扣题度与充实度 | ★★★★☆ | 行文连贯性与衔接效果 | ★★★★☆ |
| 词汇量和用词准确度 | ★★★★☆ | 语法准确度和多样性 | ★★★★☆ |

## ■ 译文

在当代的很多国家里，儿童从六岁开始上小学。但人们对于儿童开始上学的最佳时间却存在不同的意见。

有些人认为孩子应该在六或七岁的时候才去上学。这一看法是基于父母是孩子早期教育最好的老师这一信念。父母与孩子在玩游戏时的互动可以增进孩子的自信，提高孩子的语言表达能力以及创造性解决问题的能力。**同样**，这种看法认为孩子在六七岁前还不够成熟到去上学。如果他们过早上学，可能会出现一些行为问题，例如容易分心或违反学校规定等。

另一些人，包括很多家长，则认为早些上学有利于孩子随后的成长。他们认为孩子对于社交的需求并不少于成人。人类本身就是具有社会性的。孩子应该尽早上学与同龄人及老师沟通，锻炼社交能力。在孩子三岁左右可以听懂大人指令的时候，他们就应该被送到学校成为社会的一员。**另外**，在这个信息爆炸的年代里，人们需要比过去学习更多的知识，让孩子在早期就接受系统化教育是合情合理的。

我个人认为，只要课堂气氛轻松并且理解孩子们的需求，孩子应该越早上学越好，这样能让孩子们更好地为将来在诸多领域的竞争做好准备。孩子在三岁或者四岁的时候就应该开始半日制课程，在五岁的时候他们就应该接受全日制的课程了。

## 教育类范文十六 成功所需要的素质是否来自大学

***The qualities that a person needs to become successful cannot be learned at university or in a similar academic institution. To what extent do you agree or disagree?***

一个人获得成功所需要的品质是无法在大学或类似的教育机构里学到的。多大程度上你同意或不同意？

**【说明】**

本题让 Pat 想起了美国最著名的辍学者（a dropout of Reed College）Steve Jobs 当年在 Stanford University 演讲时连续重复三遍的名言，“Stay hungry. Stay foolish.”。当然，它也让我想到了 Bill Gates（He dropped out of Harvard University and became a co-founder of Microsoft.），Larry Ellison（Oracle 甲骨文公司的创立者之一），Elon Musk（“特斯拉” Tesla 的 CEO，他在斯坦福大学只上了两天，是的，I'm not kidding — just two days 的 PhD 课程就辍学“下海”了），Ralph Lauren（您肯定听说过或者穿过 Polo 的休闲服），Dean Kamen（国内的“烤鸭”们可能并不太熟悉此人，但他作为 an inventor 一个发明家在美国可是家喻户晓），Michael Dell（也许在您的大学寝室里就能找到 Dell 的标识）……这些成功的辍学者们。成功所需要的很多素质，例如创造力（creativity），工作的主动性（initiative），强烈的责任感（a strong sense of responsibility），顽强的意志（perseverance），人际交往能力（interpersonal skills），发展关系网的能力（networking skills），面对挫折时良好的心态（resilience）以及创业精神（entrepreneurial spirit）等等，在家庭、社区和工

作中都能够得到有效的培养，大学教育真的未必就是培养这些素质的最佳方法。

但这名考生却一边倒地认为在当代大学里的学习经历就是发展成功所需素质的重要途径。剑桥官方评分标准对于**论证的扣题度与充实度**这一评分项的要求是fully addresses all parts of the task & presents a fully developed position in answer to the question with relevant, fully extended and well supported ideas，而不是具体持何种看法。不能否认，本文里的论证是扣题的，而且该考生的确对自己的观点进行了充分、深入的支持论证。因此，尽管与Pat关于这一话题的看法相左，它仍是一篇优秀的IELTS议论文。

### ▶ 7.5分范文

Success in different areas may require different qualities. However, I would argue that for most people, universities and similar educational institutions can provide the learning experiences necessary for developing the qualities that they need to succeed.

Universities offer a wide variety of learning opportunities. Academic activities such as **listening to lectures**, **taking notes**, doing assignments and preparing for examinations not only provide students with important specialised knowledge but also encourage hard work, **self-discipline**, focus and **enthusiasm for learning**. These qualities help students to continue gaining new knowledge and skills even after leaving university, thus making them more successful in their future careers.

Studying at university also helps students to **think more independently and critically**. For example, **research projects** encourage students to explore research questions, **form their own ideas** and develop their own explanations and solutions. Independent thinking developed over the process is important to success because inventions and innovations today require **the courage to challenge old ideas** and the desire to find new and better answers to problems.

Another benefit of higher education is that it makes students more socially competent. **Class discussions and seminars** allow students to **exchange ideas and viewpoints**, while group assignments provide them with opportunities to cooperate and work as teams. Students also become more **open-minded and tolerant** towards opinions different from their own. These are essential qualities for success in the increasingly **teamwork-oriented and multicultural workplace**.

In conclusion, higher education today develops the desire for lifelong learning, independent thinking and team spirit. These are the most important qualities for success in a knowledge-based, fast-changing and **culturally-diverse** society.

## 词汇和短语

（标★的是本类话题的高频词汇或短语）

★ **a wide variety of** 多种多样的

**listen to lectures** （大学生）听讲

**take notes** 记笔记

**do assignments** 本文里指完成教授布置的作业

★ **specialised knowledge** 专门化的知识

★ **think more independently and critically** 更加独立而且辩证地思考问题

**research projects** 本文里指大学生从事的研究课题

**encourage hard work, self-discipline, focus and enthusiasm for learning** 促进学生发展勤奋工作、自律、集中精力做事以及对于学习的热情等素质（请注意在地道英文里当 encourage 前面的主语不是人物而是事物时，它是指促进某种特征或倾向的发展）

★ **make them more successful in their future careers** 让他们在未来的事业中更成功

**explore research questions** 探索研究过程中所提出的问题

**form their own ideas** 形成他们自己的看法

**explanations and solutions** （名词短语）解释和解决方案

★ **inventions and innovations** （名词短语）发明与创新

★ **the courage to challenge old ideas** 向旧观念提出挑战的勇气

★ **make students more socially competent** 让学生们有更强的社会能力（近义比较：competent 是指能达到某种要求的，表现很良好的；而 competitive 则是指具备很强竞争力的）

★ **exchange ideas and viewpoints** 交换想法和观点

**class discussions and seminars** 前者指常规的课堂讨论，后者在英美大学里则是大学生们针对某一专题进行的研讨，有些 seminars 本身也是课程的一部分并且有教授参与主持

**open-minded and tolerant towards opinions different from their own** 对于和自己意见相左的观点更加开明与宽容

**the increasingly teamwork-oriented and multicultural workplace** 越来越以集体合作为导向而且文化多元的工作场所

**develop the desire for lifelong learning** （动宾短语）形成终生学习的愿望

★ **team spirit** 团队精神

★ **knowledge-based** *adj.* 以知识为基础的

**culturally-diverse** *adj.* 文化多元的

本文量化评分

| 论证扣题度与充实度 | ★★★★☆ | 行文连贯性与衔接效果 | ★★★★★ |
|---|---|---|---|
| 词汇量和用词准确度 | ★★★★☆ | 语法准确度和多样性 | ★★★☆☆ |

## ■ 译文

在不同的领域里获得成功所需要的品质也许不尽相同。但是我认为对于大多数人来说，在大学和与其类似的教育机构中人们都可以通过学习来获得那些成功所必需的素质。

大学向学生提供了广泛的学习机会。学生通过听讲座、记笔记、完成布置的课业以及准备考试等活动不但可以学到重要的专业知识，还可以培养刻苦认真、自我约束、精神集中的态度以及对学习的热情。这些良好的素质能促使学生即使在离开校园以后，仍会继续学习知识和技能，并使他们在以后的事业中更成功。

大学学习的经历同样对培养学生独立、客观的思考能力很有帮助。例如，学生通过实验项目可以研究实验课题、形成自己的见解以及提供个人对课题的解释和解决方法。而在这一过程中所形成的独立的思考能力对于成功是至关重要的，因为当今的发明创新需要的是挑战传统观念的勇气，以及对找到更优答案的渴望。

高等教育的另一大优点就是它会让学生更加习惯社交交往。学生们可以在课堂讨论和论坛上交换彼此的思想和看法，还可以在小组作业中锻炼合作及团队协作能力。学生们在面对不同思想的时候也能表现得更加开放和包容。这些品质在当今愈来愈团队化、文化多元化的职场是很关键的。

总而言之，当今的高等教育能培养学生终生学习的愿望，独立的思考能力和团队精神。在以知识为基础、变化迅速和文化多元的社会中，这些都是成功所需的最重要的素质。

## 教育类范文十七 爱拼未必会赢

***Some people think that a sense of competition in children should be encouraged. Others believe that children who are taught to cooperate become more useful adults. Discuss both these views and give your own opinion.***

一些人认为应该鼓励孩子的竞争意识。另一些人则认为，教孩子学会合作能使他们成长为更有用的人。请讨论这两种观点并给出你的看法。

### ▶ 7.5 分范文

In this essay, I will discuss whether the education system should encourage cooperative or competitive learning among students.

Some people argue that competition should be stressed in schools. They think that being competitive is human nature and focuses students on **the pursuit of their own goals**. Students **strive to excel** at competition in studies, sports or other **extracurricular activities** such as art contests and debates. This can help them to achieve their academic, athletic and artistic potential. However, a highly competitive learning environment may **cause mistrust** and **unhealthy competition** among students. For example, academic competition may lead to **long hours of cramming**, cheating or even a nervous breakdown as the competition makes students feel that they are not in control of their own lives.

Others are in favour of **building a cooperative environment** at schools. They believe that cooperation develops goodwill and **a sense of community and belonging** among students. This helps them to **discover their common goals** and appreciate the value of these goals. A cooperative environment also encourages students to exchange information and ideas freely. In such an environment, students tend to participate fully in group activities, such as **group presentations** and team sports. These activities require students to work as a team towards common goals. As a result, students who are educated in a cooperative environment are more likely to **become contributing members of their community and society**.

I personally believe although competition may lead to higher students' achievement, cooperation should always remain at the core of education because it helps schools to **produce open-minded and responsible individuals**.

## 词汇和短语

（标★的是本类话题的高频词汇或短语）

**be stressed** 本文里指被重视，被强调
【近义】be emphasised

★ **the pursuit of their own goals** 对他们自己的目标的追求

**strive to excel** （动词短语）力争表现优异

★ **extracurricular activities** 课余活动

**art contests** 艺术比赛

★ **a sense of community and belonging** 社区感与归属感

★ **achieve sb.'s potential** 充分发挥某人的潜力

**athletic** *adj.* 与运动有关的

**cause mistrust** （动宾短语）导致不信任

**long hours of cramming** （名词短语）密集的突击备考

**a nervous breakdown** （名词短语）精神崩溃

★ **build a cooperative environment** 建设一个合作的环境

★ **develop goodwill and a sense of community and belonging** （动宾短语）发展友好的态度、社区感与归属感

★ discover their common goals 发现他们的共同目标

★ exchange information and ideas 交换信息与想法

participate fully in group activities 充分地参与集体活动

group presentations （名词短语）团队演示

★ become contributing members of their community and society 成为对他们的社区与社会做出贡献的成员

open-minded and responsible individuals （名词短语）思想开明而且有责任感的个人

**Bonus:**

school choir （名词短语）学校里的合唱团

★ coordinate their efforts （动宾短语）协调他们的努力

the fostering of cooperation （名词短语）对于合作的培养

## ■ 译文

在本文里，我将探讨教育制度究竟应该鼓励学生间的合作还是竞争的问题。

有些人认为在学校里应该强调竞争。他们认为竞争是人类的天性，而且可以让学生们专注于对自己目标的追求。为了在学习、体育等竞争或其他诸如艺术比赛与辩论赛等当中脱颖而出，学生们会付出很大的努力。这使得他们充分发掘自身在学习、运动和艺术上的潜力。然而，竞争压力过大的环境会在学生们之间导致缺乏信任与恶性竞争。例如，学习竞争可能会让学生感觉他们无法掌控自己的生活，从而导致考试前持续突击、作弊行为甚至精神崩溃。

另一些人认为学校应该培养合作环境。他们认为合作能够培养友好的态度、社区感与归属感，从而帮助学生们去发现共同的目标，并且充分地认可这些目标的价值。而且合作的环境也鼓励学生自由地交换信息和看法。在这种环境下，学生能更充分地参与到各种小组活动中，例如小组演示和团队运动等。这些活动要求学生作为团队向着共同的目标努力，因此在合作环境中成长的学生们将来更有可能成为对他们的社区与社会做出贡献的成员。

虽然竞争也许能带来更高的学习成就，我个人认为合作总是应该处在教育的核心位置，因为它帮助学校培养思想开明而且有责任感的个人。

## 教育类范文十八 真正的三好生

***Some people think that physical education should be a compulsory subject at schools. Do you agree or disagree?***

一些人认为学校里的体育课应该是必修课程。你同意还是不同意？

**【说明】**

中文里说孩子某门课没学好有时会说，“肯定是一体育老师教的。”Pat 第一次听到这种说法时还觉得挺困惑的，因为在北美的中学里 coaches 是特别受学生们尊敬的人，大学里运动队教练们的工资更是经常比校长还要高。下面这篇范文比较有力地论述了体育课对于学生的身体健康、性格培养乃至对学业的益处，而且也给出了相关的例子，是一篇典型的7.5分档作文。

### ▶ 7.5分范文

Some people believe that physical education should be a mandatory school subject. I completely agree with this view.

**Participation in sports** helps students to improve their fitness. Students today increasingly depend on **electronic devices** for entertainment, which has caused their rates of **obesity and high blood pressure** to rise. PE class helps them to improve their health, increase their energy, and most importantly, help them to achieve a better-balanced, **more active lifestyle** that will **continue into adulthood**.

Another benefit of physical education is the positive **character traits** developed by it. Team sports, including basketball, volleyball and soccer, require children to think of their team as a whole and **coordinate their efforts** to win the game. This effectively develops their **interpersonal and teamwork skills**. Also, participation in individual sports such as tennis and gymnastics helps students to develop the spirit of fair play and respect for their competitors.

Some people are concerned that physical education may **distract students from** their studies. I would argue that a proper amount of physical activity is, in fact, beneficial to the **academic performance** of students. Sitting for several hours on end works against learning because it makes the learner physically and mentally tired. By contrast, playing sports after **a long study session** gives the brain **the recharging time that it needs**, thus improving students' learning efficiency.

For the reasons mentioned above, I believe that physical education should be a mandatory subject at schools, even for students who are involved in after-school physical activities **on a regular basis**.

## 词汇和短语

（标★的是本类话题的高频词汇或短语）

★ **mandatory** *adj.* **必须的，硬性规定的**
【近义】compulsory 必修的

★ **participation in sports** （名词短语）
**对体育活动的参与**

**electronic device** 电子设备

★ **character traits** （名词短语）性格特点

【近义】personality traits

**obesity and high blood pressure** 肥胖症与高血压

**continue into adulthood** 一直延续到成年后

**coordinate their efforts** 协调他们的努力

**interpersonal and teamwork skills** 处理人际关系和团队合作的能力

**gymnastics** *n.* 体操

★ **distract** *vt.* 打扰 【剑桥例句】*Don't distract her from her studies.*

**academic performance** （名词短语）学业表现

★ **physical activity** 身体活动，身体运动

**for several hours on end** 连续几个小时

**session** *n.* 专门用于某一用途的时段

**gives the brain the recharging time that it needs** 给大脑它所需要的"充电"时间

★ **on a regular basis** 定期地

**Bonus:**

**win with humility and lose with grace**

这个固定表达有点像中文里的"胜不骄、败不馁"，但它的准确含义是"胜不骄，败不失风度"

### 本文量化评分

| | | | |
|---|---|---|---|
| 论证扣题度与充实度 | ★★★★☆ | 行文连贯性与衔接效果 | ★★★★☆ |
| 词汇量和用词准确度 | ★★★★☆ | 语法准确度和多样性 | ★★★★☆ |

## ■ 译文

有些人认为体育应该成为学校的必修课。对这种看法我完全同意。

参加体育运动能让学生的体魄变得更强健。如今孩子们对电子娱乐的依赖程度不断加重，导致了他们肥胖率和高血压发病率的不断攀升。体育课可以帮助他们提高健康水平，增进活力，最重要的是，帮助他们形成能够一直延续到成年之后的更平衡、积极的生活方式。

将体育设为必修课的另一个好处是能够发展积极的性格。特别是像篮球、排球和足球等团队项目，能让孩子们将团队看成一个整体并通过共同努力赢得胜利。这能有效地培养他们的人际交往和团队合作能力。**同时**，参加像网球、体操等个人项目等能够塑造孩子公平竞争和尊重对手的意识。

有人担心体育教育会让学生们在学业上分散注意力。我觉得事实上适当的体育锻炼对学习是有益的。连续坐着学习几小时会使学习者产生生理和心理上的疲倦感，影响学习效率。对比起来，在长时间学习后进行体育活动能让头脑重新充电，并提高学生们的学习效率。

由于以上的原因，我相信体育应该在学校被列为必修课，甚至对于在课后经常参与体育锻炼的学生来说也是这样。

## 教育类范文十九 教学的受益者应该是社会还是个人

***Some people think that the main purpose of schools is to turn children into good citizens and workers rather than to benefit them as individuals. To what extent do you agree or disagree?***

有些人认为学校的主要目的是将孩子教育成合格的市民和劳动者，而并非为学生的个人成长提供帮助。多大程度上你同意或者不同意？

**【说明】**

在当代多数国家，教育体系（education system）都在变得越来越市场化（increasingly marketised）。如果仅仅强调学校的社会作用（social roles），却忽视家长与学生个人作为消费者对学校的需求或期望（ignore the needs and expectations of consumers of education），明显是不合理的（unreasonable），也无法提供真正扎实的、全面的教育（solid, well-rounded education）。

### ▶ 7.5 分范文

Some people think that schools should focus on preparing students for their future responsibilities as citizens and workers rather than on benefiting students as individuals. However, I would argue that both these goals are important to the success of schools.

On the one hand, the effort to turn students into good citizens and workers helps schools to **fulfil their social responsibility**. Most schools are funded with **tax money paid by citizens and businesses**. Schools, therefore, should help students to develop a strong sense of social responsibility and **social skills** that will **contribute back to** the development of their community and their country. For example, in **civics class**, students can be taught about the rights and duties of citizens, while team sports in PE class help them to improve their skills to work with others. Schools should also provide training courses that **prepare students for the labour market**. In this way, schools help to prepare **a competitive workforce** for their country's future **economic growth**.

On the other hand, it is important that schools try to benefit their students as individuals. If schools only focus on their social responsibility and ignore students' own interests and **career goals**, they may fail to provide courses and training opportunities that students are really interested in. This can lead to **inefficient and unproductive learning**, and **defeat the social**

**purpose of** schools. Students may even **find** education that ignores their needs **frustrating**, and leave school with negative attitudes.

In conclusion, schools should not only aim to produce **responsible citizens** and **competent workers** but also try to ensure that students are treated as valued individuals and can have their individual needs met.

## 词汇和短语

(标★的是本类话题的高频词汇或短语)

**fulfil their social responsibility** (学校)尽到它们的社会责任

**a strong sense of social responsibility** 很强的社会责任

★ **social skills** 社会交往技能

★ **civics class** 公民课

**prepare students for the labour market** 让学生能够满足劳动力市场的需求

**defeat the purpose of ...** 导致某事物的目的难以实现

★ **find... frustrating** 感到某事物令人沮丧的

**a competitive workforce** (国家、地区或者企业拥有的)有竞争力的劳动力

**career goals** (名词短语)事业目标

**inefficient and unproductive learning** (名词短语)低效率并且效果不佳的学习

★ **produce responsible citizens** 培养有责任感的公民

**competent** *adj.* 能力符合要求的，称职的

**Bonus:**

**teamwork skills** (名词短语)团队合作能力

**improve students' social judgement and involvement** 提高学生们的社会判断力和对社会活动的参与度

## 语法多样性分析

◆ Students may even **find** education that ignores their individual needs **frustrating**. 本句里find + 宾语 + frustrating 构成了 find + 宾语 +宾语补足语的宾补结构

**本文量化评分**

| | | | |
|---|---|---|---|
| 论证扣题度与充实度 | ★★★★☆ | 行文连贯性与衔接效果 | ★★★★☆ |
| 词汇量和用词准确度 | ★★★★☆ | 语法准确度和多样性 | ★★★★☆ |

## ■ 译文

有些人认为学校应该注重帮助学生为将来作为公民和劳动者所需要承担的责任做好准备，而不是注重让学生个人获益。但我认为这两个目标对于学校的成功都很重要。

一方面，将孩子们教育成合格公民和工人的努力有助于学校完成它们的社会义务。大多数

学校都是由公民与企业交纳的税金来资助的。因此学校应该帮助学生们发展能够回馈社区与国家发展的强烈的社会责任感和社会技能。例如，学生在公民课上可以被教授关于公民的权利与义务的知识，而体育课上的团队运动则让学生发展与其他人合作的技能。**而且**学校应该提供能帮助学生们满足劳动力市场需求的课程。这样学校就可以为国家未来的经济发展培养有竞争力的劳动力。

另一方面，学校使学生个人从教育中获益也很重要。如果学校只是将重心放在社会任务上面而忽视了学生自己的兴趣和事业发展目标，那么学校的课程和培训机会就可能不会真正引起学生们的兴趣，这会造成导致学习效率和效果下降，并导致学校的社会作用难以实现。学生们甚至可能会因为教育忽视了他们的个人需要而感到沮丧，带着负面的情绪离开学校。

总之，学校不仅应该致力于培养有责任感的公民和合格的工人，也同样应该把学生当成值得重视的个人，并且确保他们的个人需求能得到满足。

## 教育类范文二十 苦孩子翻身记

***Children who are brought up in families that do not have large amounts of money are better prepared to deal with the problems of adult life than children brought up by wealthy parents. To what extent do you agree or disagree with this opinion?***

在并不富有的家庭里长大的孩子比在富有家庭里长大的孩子对于成年之后的问题准备得更充分。对此观点你同意还是不同意？

**【说明】**

在美国有本著名的书叫 *Rich Dad Poor Dad*，是讲怎样实现财务自由（financial freedom）的，在几年前的次贷危机（subprime mortgage crisis）以及目前仍然可能发生的美国经济“二次探底”（double-dip recession）中，这本书更是火得一塌糊涂（It’s all the rage.）。

有些人相信“宁愿坐在宝马里哭，也不愿坐在自行车上笑”。但是这篇 8 分范文却选择了力挺苦孩子，而且写出了比较强的说服力。但在这里必须指出的是：本文用 Bill Gates 作为“苦孩子”的典型例子，而且说 Bill Gates 的童年背景是 impoverished（贫穷的）明显是在欺负考官对于美国社会知识的缺乏。全美国人民都知道 Bill Gates 出生于富裕家庭，老爸是知名 lawyer，而且比尔·盖茨读中学时还上过西雅图“灰肠”著名的私校 Lakeside School。如果要是连这样的背景也算是 impoverished，那郭美美“炫富”就是“炫贫”了。

总体来说，IELTS 作文对于举名人或者著名事件等“实例”的要求确实并不高，剑桥官方提供的满分范文里绝大多数都没有举像这样的“实例”。本文的论证扣题、充实，语言都不错，而且举出了一些比较贴切的“泛例”，对于重在测试英语能力而非考查思维深度的 IELTS 作文来说依然是一篇值得认真体会的范例。

▶ **8分范文**

I do agree with the statement that children brought up in poor families are better prepared to deal with the problems of adult life than children brought up by wealthy parents.

Children of poor parents **are prematurely exposed to** the problems of adult life, e. g. learning to **survive on a low family income** and **sacrificing luxuries** for **essential items**. These children begin to see **the realities of life** in their home or social environment. Their parents' **own struggles** serve as an example to them.

These children are taught necessary skills for survival as an adult from a very early age. Many children e. g. work at weekends or on holidays to either collect some pocket money or even contribute to their family income. A good example is the children who **accompany their parents** to **sell produce** at the market. They make a direct contribution to their families in terms of labour and income.

Children of poor families also **are highly motivated**. They tend to **set high goals** to improve their economic and social situation. A relevant example would be Mr Bill Gates (founder of Microsoft Corporation). He had **an impoverished background** but he used his **talent and motivation** to set up the world's largest computer organisation.

However, there are some problems that children from poor backgrounds do **encounter**. Many of these children who are "robbed" of their childhood, e. g. while working, may feel cheated. They often turn to crime. This, however, is a small group.

In summary, children with impoverished backgrounds are able to deal with problems of adult life because of early exposure, family **role models** and **sheer motivation**.

## 词汇和短语

(标★的是本类话题的高频词汇或短语)

**wealthy parents** 富有的家长

**deal with ...** 处理某些问题

★ **are prematurely exposed to ...** 在按常规应接触到某种影响的年龄之前就已经接触到了某种影响

【剑桥例句】*His stressful job made him go prematurely grey ( = made his hair turn grey at a young age).*

**e. g.** 例如，for example

【剑桥例句】*You should eat more food that contains a lot of fibre, e. g. fruit, vegetables, and bread.*

★ **survive on a low family income** 只依靠很低的家庭收入生活

**sacrifice luxuries** （动宾短语）本文里指放弃非必要的享受

★ **essential items** （名词短语）用来满足基本需求的物品

★ **the realities of life** （名词短语）生活真实的一面

**their parents' own struggles** （名词短语）他们的家长自己与生活的抗争

★ **pocket money** （名词短语）儿童的零花钱，在美式英语里经常叫 allowance

**accompany** *vt.* 伴随，跟着去

**sell produce** （动宾短语）出售蔬菜水果等农产品，注意：这里的 produce 不是动词"制造"，而是一个不可数名词，表示蔬菜水果等农产品，比如英语国家的很多超市里都有 produce section（蔬果部）

★ **is / are highly motivated** （做某事）是有很强的动力的

**set high goals** （动宾短语）制定很高的目标

**A relevant example would be ...** 一个相关的例子是……（省略号里填入名词或名词词组）

**tend to** 往往，通常会怎样做

**founder of Microsoft Corporation** 微软公司的创始人，其实 Bill Gates 在美国一般都是被称为微软的 co-founder（合作创始人），因为他是和 Paul Allen 合作一起创立了 Microsoft Corporation

★ **an impoverished background** 贫穷的背景，用 Bill Gates 的童年作为贫穷孩子能力强的这个例子很"欢乐"

★ **talent and motivation** （名词短语）天赋与动力

**encounter** *vt.* 本文里指经历某种负面的体验

【剑桥例句】*They first* ***encountered*** *these difficulties in the 1990s.*

★ **role model** （名词短语）榜样

**sheer motivation** （名词短语）非常强的动力，sheer 是一个语气较强的形容词，用来强化某种性质的语气

**Bonus:**

**strong self-discipline** （名词短语）很强的自制力，很强的自我约束力

**a key quality for success** （名词短语）成功所需的一种关键品质

**independent** *adj.* 独立的

**achieve career success** （动宾短语）实现事业上的成功

## 剑桥对这篇8分考生作文的官方评语

### 论证扣题度和充实度

The topic is very well addressed and the position is clear throughout. Main ideas are presented and well supported, apart from some over-generalisation in the penultimate paragraph. The rubric is copied in the opening paragraph, but when this is deducted from the overall word count, the response is not underlength.

文章扣题而且考生的观点始终非常清晰。除在倒数第二段里有少数论证过于笼统、缺乏论证之外，全文的论点都得到了有效的论证。本文在开头段后部重复了题目后部的表述形式，但即使扣除这部分文字后全文长度也超过了 250 words 的字数要求。

### 行文连贯性与衔接效果

The ideas and information are very well organised and paragraphing is used appropriately throughout. The answer can be read with ease due to the sophisticated handling of cohesive devices — only the lack of an appropriate introduction and the minor error in the second use of "eg" mars this aspect of the response.

论点与信息组织良好，而且全文分段恰当。对行文衔接手段使用娴熟，综合使用了 because, in terms of 等"明连接"方式和 this, these, they, their 等"暗承接"方式（关于"明连接"和"暗承接"的详细讲解请看下一篇范文）。除了开头段和对 e. g. 第二次使用的效果不够理想之外，全文读起来都非常流畅。

### 词汇多样性与准确度

The writer uses a wide and very natural range of vocabulary with full flexibility. There are many examples of appropriate modification, collocation and precise vocabulary choice.

用词广泛而且自然、灵活，全文有多处修饰、搭配和选词均恰当得体。

### 语法多样性和准确度

Syntax is equally varied and sophisticated. There are only occasional errors in an otherwise very accurate answer. Overall this performance is a good example of Band 8.

对句法的掌握也很多样、纯熟。除了偶有失误，本文在语法方面的准确度很好。整体上来说，这是一篇很典型的 8 分作文。

## 语法多样性分析

- Children with impoverished backgrounds are able to deal with problems of adult life because of **early exposure**, **family role models** and **sheer motivation**. 本句里的 because of 后面连续使用了三个名词短语，构成工整的平行结构

## 译文

我同意在穷人家庭里被抚养大的孩子比在富裕家庭里被抚养大的孩子对成年后所面对的问题准备得更充分的意见。

贫穷父母的孩子们早于常人就接触到成年生活的种种问题，例如要学会依靠很低的家庭收入去生存，为了基本的生活需求而放弃非必要的享受等。这些孩子们在家中和社会环境下目睹生活的真实一面。他们的家长自身与生活的抗争对他们来说就是范例。

这些孩子从很小就被传授作为成年人所需的生存技能。例如，很多儿童在周末或者假期去工作以获取零花钱，甚至要为家庭的收入尽自己的一份力。一个很有说服力的例子是那些跟随家长去市场卖蔬果的孩子们。就劳动力和收入而言，他们都为家庭做出直接的贡献。

贫穷家庭的孩子们也有更强的动力。他们往往为改善自己的经济与社会状况设定很高的目标。一个相关的例子是比尔·盖茨先生（微软公司的创始人）。他出身贫寒，但他利用自己的天赋和动力建立了世界上最大的计算机机构。

然而，出身贫困的孩子们也会遇到一些问题。他们中的很多人在工作时被“剥夺”了童年，也许会感到被欺骗，并常常走上犯罪的道路。但这只是一个小群体。

总之，出身贫寒的孩子们能够更好地解决成年生活中的问题，因为他们在少年时代就接触到这些问题，有家长作为榜样，而且有很强的动力。

## 教育类范文二十一　一位平淡是真的考官关于教育类话题的发言：电脑给儿童带来的影响

***Using a computer every day can have more negative than positive effects on children. Do you agree or disagree?***

对儿童来说，每天都使用电脑所产生的负作用要大于积极作用。你是否同意这个观点？

这道题的 ideas 不难想：

使用计算机可能影响孩子的视力和身体姿态（physical posture），一些电脑游戏可能导致孩子产生暴力倾向（violent tendencies），长期过度使用电脑还可能使孩子缺乏社会交往（social interaction），这些都是负面的结果。而孩子使用电脑积极的方面则是可以培养计算机操作技能和快速获取信息的能力等。

平心而论，这篇考官满分范文使用的**素材**扣题但却“平淡无奇”，**词句**并没有达到让人“拍案叫好”的程度，**连接词**都是最“不稀罕”的，有些句子只有短短的十三四个单词，并没有处心积虑地追求“用长难句密集轰炸”的效果。但正是通过对这些平淡内容的准确使用，考官仍然交出了一份充实、有整体感并且有说服力的满分答卷。

作为英语语言水平考试，IELTS Writing 真的并不需要独出心裁，能够体现出相对扎实的写作基本功才是夺取高分的“王道”。

▶**9 分范文**　　考题类型：agree or disagree 型　　结构选择：带有明显倾向性的五段式

| | |
|---|---|
| I tend to agree that young children **can be negatively affected by** too much time spent on the computer every day. This is partly because sitting in front of a screen for too long can **be damaging to** both the eyes and the **physical posture** of a young child, regardless of what they are using the computer for. | 开头段亮明观点：同意儿童过度使用电脑有负面影响的看法，并指出长时间地使用电脑会对儿童的身体（包括视力和坐姿）有害。 |
| The main concern is about the type of computer activities that attract children. These are often electronic games that tend to be **very intense and rather violent**. The player is usually the "hero" of the game and **too much exposure** can encourage children to be **self-centred and insensitive to others**. | 本段提出"负面影响"一方的第2个分论点并且进行了展开论证：用电脑打游戏对于儿童的心理也有负面作用，比如有可能让孩子们变得过于自我，无视他人。<br>本段的前两句话相当简短。即使您的目标是9分也没有必要追求句子过于长难的效果。对于IELTS这个等级（英语作为非母语）的作文考试来说，写句子的**准确度**远比写句子的难度更重要。 |
| Even when children use a computer for other purposes, such as getting information or emailing friends, it **is no substitute for human interaction**. Spending time with other children and sharing non-virtual experiences is an important part of a child's development that cannot be provided by a computer. | 本段提出"负面影响"一方的第3个分论点并进行了展开论证：即使把电脑用于查找资料或发邮件等用途，它也仍然难以代替人类之间的交流。和其他孩子一起活动并且分享经历的机会是电脑所无法提供的。 |
| In spite of this, the obvious benefits of computer skills for young children **cannot be denied**. Their adult world will be **changing constantly** in terms of technology and the Internet is the key to all the knowledge and information available in the world today. Therefore, it is important that children learn at an early age to use the equipment with confidence | 本段则是论述"积极影响"的一方：让孩子们跟上科技的发展，从小就熟练地掌握用计算机获取信息和知识的技能，这对于他们今后的学习和工作都很关键。<br>本段里提到的"the Internet is the key to all the knowledge and information available in the world today"其实是不够严谨的。即使 |

（续表）

| | |
|---|---|
| as they will need these skills **throughout their studies and working lives**. | 在当代很多关于传统文化和语言的知识和信息也并非存在于互联网上，而需要用其他方式才能获取。但是对于IELTS写作这样的英语语言能力测试来说，逻辑不必过于“较真儿”，只要做到通顺、充实就已经可以达到高分IELTS作文的标准了。 |
| **I think the main point is to make sure that** young children do not **overuse computers**. Parents must ensure that their children learn to enjoy other kinds of activity and not simply sit at home, learning to **live in a virtual world**. | 本文的结论也并不出人意料：应该避免孩子们过度地使用电脑，让他们/她们摆脱仅仅是生活在虚拟世界里的生活方式。<br>作为语言能力测试，IELTS写作对于观点和论证的要求是扣题而且充实，并不要求追求“标新立异”。 |

## 词汇和短语
（标★的是本类话题的高频词汇或短语）

★ **partly because** 部分地因为

**be damaging to ...** 有害的

★ **physical posture** 身体的姿势

**regardless of** （逻辑连接用的固定短语）不论，不考虑

【剑桥例句】*This job is open to all, **regardless of** previous experience.*

★ **very intense and rather violent** 非常激烈的而且很暴力的

★ **exposure (to)** *n.* 受到（某种媒体）的影响

★ **self-centered and insensitive to others** 以自我为中心的、无视他人需求的

★ **is no substitute for ...** 是难以代替某事物的

★ **interaction** *n.* 相互的交流、互动

**non-virtual experiences** （名词短语）非虚拟的生活，在真实世界里的生活

**deny** *vt.* 否定

**is changing constantly** 在持续不断地变化

**throughout their studies and working lives** 在他们学习和工作的全过程里

★ **overuse computers** 过度地使用电脑

**live in a virtual world** 生活在虚拟的世界里

## 语法多样性分析

◆ These are often electronic games **that** tend to be very intense and rather violent. 本句里使用

了由 that 引导的定语从句，而且 very intense 和 rather violent 之间构成了工整的平行结构

◆ **Spending time with other children** and **sharing non-virtual experiences** is an important part of a child's development that cannot be provided by a computer. 本句里的 spending time with other children 和 sharing non-virtual experiences 这两个动名词短语之间也构成了严谨的平行结构

## 高分范文为什么读起来更流畅？

### —— 对这篇官方满分范文行文衔接特点的深入分析

（推荐给需要写作单项 7 分的同学）

这篇考官范文的思路扣题，并且对各分论点都进行了较为深入的展开论证，确实达到了官方评分标准对于论证充实度的要求，在词汇和语法的多样性与准确度方面也做得不错。但本文更加突出的一个特点则是在**行文连贯性与衔接效果**这项评分上的出色表现。

中国考生对于上下文行文衔接的一个最常见误区就是把“衔接”完全等同于“连接”。可事实上，剑桥官方评分标准里所说的衔接（cohesion）其实是含有两种方式的：

（1）连接（也就是明确地使用连接词来连接上下文，简称“**明连接**”）；

（2）承接（也就是不使用明确的连接词、而是借助上下文之间的语义承接关系来自然地承接上下文，由于这种衔接方式比较隐晦，我们可以形象地把它称为“**暗承接**”）。其中，剑桥官方提供的 6 ~ 7 分档范文评语里全都明确地强调了连接词对行文衔接的重要作用（“明连接”）。但是在 7 分以上的剑桥官方评语里，却更加**重视对“明连接”和“暗承接”这两种衔接方法的综合使用**。

在这篇满分范文里，这两类逻辑衔接方法都得到了充分、有效的应用。

### 》》本文里的“明连接”（也就是直接使用连接词来连接上下文）实例

连接词在英语学术写作的术语里是 discourse markers（国内的同学们更熟悉的称呼是 linking words and linking phrases）。英语学术写作里的连接词从功能角度看可以分为两大类：❶ **句内连接词**（经常被 Pat 调皮的中国学生们戏称为“惧内”连接词），和 ❷**句间连接词**。

*1*. 句内连接词的作用是在同一个句子里的前后两个部分之间建立起明确的连接关系。有些句内连接词只能用在句子中部或句子后部，另一些句内连接词则既可以用在句子中部或后部，也可以用在句首，还有一些句内连接词则更常出现在句首。但不论是出现在句子里的哪个位置，句内连接词的作用总是在同一句话里的两个部分之间建立起逻辑连接关系，而不能跨句去建立逻辑关系。

**句内连接词** 在剑桥官方范文里出现频率最高的是以下这 12 个※：

- **because**（表示“因为”，它的后面必须连接从句，和主句共同形成一个完整的句子，而不能只连接一个名词 ✗。在剑桥官方范文里 because 出现在句子中部的实例很多，而出现在句首的情况虽然也有一些，比如剑 4 p. 165 的第一个主体段开始处，但总数比较少。事实上，because 到底是否可以放在句首在英美本地英语教学界并没有达成一致意见，只是英美的中小学英语老师们一般都不允许把 because 放在句首，进入大学里教授们对于这个问题才开始有意见分歧。因此，从 IELTS 应试的角度来看，除非真的有特别需要，否则最好还是不要把 because 用在句首，以回避不必要的风险）
- **because of**（也表示“因为”，其实它在英文写作里有时也可以连接由 what，how 等引导的名词性从句，但在剑桥范文里它的后面一般是连接名词或名词词组。because of 在官方范文里同样是出现在句子的中后部更多）
- **as**（作为连接词时 as 也是表示“因为”，但在它后面所引出的理由通常都是很明显的事实。as 的后面连接从句，作为连接词时 as 在剑桥范文里出现在句首和句子中部的实例数量接近）
- **while / whereas**（表示对比，它们后面连接从句，与主句进行对比。在官方范文里 while / whereas 出现在句首和出现在句子中部的频率相似）
- **unlike**（也表示对比，但它的后面通常是连接名词或者名词短语而不是连接从句，在剑桥范文里 unlike 出现在句首的情况更常见）
- **if**（表示“如果”，后面连接从句，在官方范文里 if 出现在句首的实例比出现在句子中部的实例多）
- **even if**（它也表示假设，但是要特别注意：它不是 if 的同义词。even if 的准确意思是“即使”，后面也要连接从句，用在句首多一些）
- **such as**（表示列举，后面连接列举出的名词或者名词词组。请牢记：当使用 such as 来列举时，它永远也不能出现在句首）

※ 中国同学们在使用英语连接词方面最大也是最顽固的误区就是误以为连接词必须要“偏、难、怪”才能拿分。然而事实上，**衡量一个英语连接词好不好的唯一标准是它的出现是否合理，而不是它是否怪异**。在剑桥考官们自己写的范文里使用的连接词全都是英语写作里的常用高频连接词，没有任何一个是“生僻”或者“冷门儿”的。

- **although**（表示"尽管"，它的后面连接从句，在 IELTS 作文里 although 用在句首要比用在句中更常见）
- **in terms of**（就……而言，后面连接名词或者名词短语，在官方范文里 in terms of 出现在句子中部或后部要比出现在句首更常见）
- **regardless of**（不论，在 IELTS 作文里它的后面通常连接名词或者由 what 引导的名词性从句，在剑桥范文里 regardless of 也是出现在句子后部比出现在句首要多）。

其他在剑桥官方满分范文里出现过的句内连接词还有：rather than …（而不是……）/ so that …（以便……）/ not only … but also …（不但……而且……）/ apart from …（除了……之外）/ even though …（尽管……）/ as well as …（以及……）等。

请您思考这篇考官范文里出现的下面这 5 个句内连接词分别是怎样连接同一句话里面的前后两个部分的：

(*i*) This is partly **because** sitting in front of a screen for too long can be damaging to both the eyes and the physical posture of a young child.（because 表示因为，后面连接从句，带下划线的动词就是从句的谓语动词）

(*ii*) It is important that children learn at an early age to use the equipment enthusiastically and with confidence **as** they will need these skills throughout their studies and working lives.（as 表示因为，后面接从句，请注意带下划线的从句谓语动词）

(*iii*) Even when children use a computer for other purposes, **such as** getting information or emailing friends, it is no substitute for human interaction.（such as 表示列举，请注意带下划线的两个动名词短语）

(*iv*) Their adult world will be changing constantly **in terms of** technology.（in terms of 表示就……而言，请注意带下划线的名词）

(*v*) Sitting in front of a screen for too long can be damaging to both the eyes and the physical posture of a young child, **regardless of** what they are using the computer for.（regardless of 表示不论，请注意带下划线的由 what 引导的名词性从句）

2. 顾名思义，IELTS 作文里的第二类连接词句间连接词的作用就是在前后的两个句子之间跨句进行"搭桥"。也正因为句间连接词是起"跨句连接"的作用，所以句间连接词大多数时候是出现在一句话的句首或者句子前部，而较少出现在一句话的中部或者后部。

在剑桥范文里使用频率较高的 **句间连接词** 包括（注意：下文里凡是带有逗号的句间连接词均表示在官方范文里它们的后面通常会紧跟一个逗号）：

- **however**, …（然而，……）
- **therefore**
  （因而……，其实在英美学术写作里 therefore 也经常会被当成句内连接词来用，但在剑桥范文里它作为句间连接词的情况更多）

- **as a result**, …
  (因此，……，但是请注意：当 as a result 的后面不是逗号而是介词 of 时，它则是句内连接词)
- **consequently**, …
  (因此，……，有时候它也可以作为句内连接词用在… and are consequently…这个固定结构里，请注意：consequently 在剑桥官方范文里出现在句首的情况并不多)
- **for this reason**, …
  (出于这个原因，……，请注意：它通常作句间连接词，但是偶尔也会出现在… and for this reason …这个固定结构里作为句内连接词)
- **for example**, … (例如，……)
- **for instance**, …
  (比如，……，事实上在英文写作里 for example 和 for instance 有时也可以作为句内连接词，但在剑桥范文里它们主要是作为句间连接词使用的)
- **by contrast**, … (与之形成对比的是，……)※
- **similarly**, … (与之类似地，……，用来在前后两个句子之间形成类比)
- **in fact**, … (事实上，……)
- **in spite of this**, … (尽管如此，……)
- **unfortunately**, …
  (不幸的是，……，官方范文里常用它来引出和前一句话里所论述的理想状态相反的现实情况)
- **nevertheless**, …
  (尽管如此，……，它在官方范文里出现得并不多)
- **in other words**, … (换言之，……) 等。

现在，请您体会这篇考官范文里出现的下面这 3 个句间连接词是怎样连接前后两个不同的句子，实现“跨句连接”甚至“跨段连接”的：

(*i*) The Internet is the key to all the knowledge and information available in the world today. **Therefore** it is important that children learn at an early age to use the equipment enthusiastically and with confidence.

(*ii*) Sitting in front of a screen for too long can be damaging to both the eyes and the physical posture of a young child, regardless of what they are using the computer for.

**However**, the main concern is about the type of computer activities that attract children.

※注：Pat 注意到有很多国内考生频繁地把 on the contrary 与 by contrast 混用，但这是错误的做法。by contrast 表示在它前后的两句话里的内容**都成立**，但是它们之间存在着对比的关系。而 on the contrary 则是表示在它前后的两句话里**后一句话所说的内容成立**。因此，在英语书面写作里 on the contrary 之前的一句话通常都是表示否定含义的，而且 on the contrary 在雅思作文里并不是很常用。

(*iii*) … Spending time with other children and sharing non-virtual experiences is an important part of a child's development that cannot be provided by a computer. **In spite of this**, the obvious benefits of computer skills for young children cannot be denied…

## 》》本文里的“暗承接”（也就是不直接使用连接词，而是通过上下文之间的语义承接关系来自然行文）的实例

在积极使用句内连接词和句间连接词的同时，本文同样积极应用了“暗承接”，从而在行文衔接评分项上面实现了真正多样、丰富的效果。

在剑桥范文里，“暗承接”的最常见应用位置是在一个分论点与它的第一个展开论证句之间，以及在同一个分论点后面的两个展开论证句之间。

英文学术写作理论里进行“暗承接”的方法极为丰富。其中在由剑桥官方明确认可的IELTS 范文里出现频率最高的是以下这 3 种（第 1 种和第 2 种适合句间暗承接，第 3 种适合句内暗承接）：

指代

### 第 1 种“暗承接”方法

（使用指示代词、人称代词、物主代词或者定冠词对前一句话里出现过的内容进行**指代**，从而在前后句之间形成自然的承接关系）

指代的“暗承接”方法常用的标志词有：**this** ※（请注意：如果 this 后面跟表示具体事物的单数名词，那么它就是指代前一句话里提到过的某个事物。但是如果单独使用 this 一个词来指代上文，或者是用 this trend，this development，this tendency，this experience 等抽象名词来指代上文，那么它则是指前一句话的整体所讲的内容），**these**（它的后面加或不加名词都是指代前一句话里面提到过的复数事物），**they**，**their**，**we**，**us**，**ours**，**the + 名词**，**such + 名词**等。

请看这篇范文里出现的以下 3 个实例，认真思考为什么前后两句话之间并没有使用任何连接词但逻辑衔接却仍然“特瓷实”：

(*i*) The main concern is about the type of computer activities that attract children. **These** are often electronic games that tend to be very intense and rather violent.

**说明：** 在后面一句话里使用了 These（这里如果写成 These activities 也是可以的）指代前一句话里面出现的 computer activities that attract children。虽然两句话之间并没有使用句间连接词，但是仍然在这两句话之间形成了明显的“凝聚力”。

(*ii*) … the obvious benefits of computer skills for **young children** cannot be denied.

※注：英美差异：在美式写作里也经常用 that 来指代前一句话里出现过的内容。但在英式写作里用 this 来指代前一句话里出现过的内容则远远更常见，这一点是在剑桥官方范文里体现得极为明显。

**Their** adult world will be changing constantly…

**说明：** 在后面一句话里用 their 来指代前一句话里面的 young children 所拥有的，从而做到了“不用连接词，却胜似连接词”的自然承接效果。

(*iii*) These are often **electronic games** that tend to be very intense and rather violent. **The player** is usually the “hero” of **the game** and too much exposure can encourage children to be self-centred and insensitive to others.

**说明：** 在后面一句话里两次使用定冠词 the 来表明 player 和 game 分别是特指前一句话里面所提到的电子游戏的 player 和 game，而不是泛指任何游戏的 player 或 game。因此尽管两句话之间没有出现句间连接词，但却并没有任何松散感。

思考题：下面第二句话里的 this 是指代前一句话里提到的某个事物还是指代前一句话整体所论述的内容？为什么？

Young children can be negatively affected by too much time spent on the computer every day. This is partly because sitting in front of a screen for too long can be damaging to both the eyes and the physical posture of a young child.

## 转述 | 第 2 种“暗承接”方法

（对前一句话里出现过的关键词进行**转述**）

第 2 种“暗承接”方法的特点是在后面一句话里转述前面一句话里面出现过的关键词或者关键词组，从而不用连接词就在前后两句话之间建立起清晰明确的逻辑承接关系。

请看在本文里出现的第 2 类“暗承接”实例：

… it is no substitute for **human interaction**. **Spending time with other children and sharing non-virtual experiences** is an important part of a child’s development that cannot be provided by a computer.

**说明：** 后一句话里的 Spending time with other children and sharing non-virtual experiences（non-virtual experience 是指非虚拟的经历，也就是存在于真实生活里而不是只存在于虚拟网络空间里的经历）这部分是对前一句话里的关键词组 human interaction（人类之间的沟通、互动）进行的具体化转述。因此，尽管这两句话之间并没有使用任何句间连接词，但它们之间并没有逻辑“断裂感”。

再请看《剑 9》考官范文里的这两句话之间又是怎样进行第 2 类“暗承接”的。

Maturity gives adults greater **confidence in our own judgement**, in all areas of life. **We** are not afraid to **express our opinion when others disagree**.

**说明：** 在后面一句话里既使用人称代词 we 来进行了指代，又使用 not afraid to express our opinion 来转述前面一句话里的关键词组 confidence in our own judgement。通过这样的“双保险”措施，考官确保了虽然不出现句间连接词也依然能实现自然、流畅的跨句承接效果。

并且 | **第3种“暗承接”方法**
（句内暗承接）

无须讳言，有相当多的国内同学误以为行文衔接一定要用很“奇葩”的连接词才有效果。其实英文写作里最不起眼的表示并列关系的 and 就是剑桥官方满分范文里极为常用的衔接手段（cohesive device）。但是必须提醒注意：在学术文体里不能把 and 用在句首。事实上，几乎所有剑桥高分范文里都含有用 and 连接两个主谓结构形成的并列句。严格来说，and 本身其实也是一个连接词，应该属于“明连接”。但是正因为它特别平实、低调，所以使用 and 在两个主谓结构之间进行并列并不会显得刻意，完全符合“暗承接”的要求。

请看用 and 连接的两个主谓结构在本文里的应用实例：

The player is usually the “hero” of the game **and** too much exposure can encourage children to be self-centred and insensitive to others.

**说明：** 请体会 and 在这个并列句里对它前面的主系表结构和它后面的主谓宾结构的自然衔接。在多数剑桥高分范文里通常都会出现 1 ~ 2 句（但是也不会过多）像这样前后两个部分之间用 and 衔接得非常自然的并列句。

> 行文衔接效果是 IELTS 写作评分标准当中至关重要的一项，但它同时也是中国考生普遍表现不佳（在一部分同学的作文里甚至是表现最差）的一个评分项。大量烤鸭刻意追求“难、偏、怪”的连接词，忽视了句子内部与句子之间实际存在的逻辑关系，经常只是“为了用连接词而用”，从而在句子内部和句子之间产生了明显的连接词堆砌感和突兀感。
>
> 同时，Pat 要提醒冲 7 的同学注意的是：在 IELTS 写作评分标准细则里对于 7 分作文在行文衔接方面的准确要求是 uses **a range of** cohesive devices。因此，对于上述的任何一种明连接和暗承接方式都不应过度地沉迷。试想，如果一篇作文完全排斥连接词，而是变成所有句子之间全都是用 this, they, their, the + 名词，such + 名词等来指代的暗承接，那么文章也就走入了另一个极端，变成了另一种单调。高分范文在行文衔接方面的真正共同点是通过对于“明连接”和“暗承接”的综合、准确的使用所获得的丰富、多样的上下文衔接效果。从本书中的各高分范文实例里您将能够最清晰地体会到这一点。

现在，已经有了以上关于 IELTS 写作评分细则对行文衔接效果要求的理论知识储备，Pat 建议您现在再“回访”（revisit）一次范文 21，而且把重点放在本文行文过程当中带有下划线和有椭圆形标识的部分。您将会对本文读起来特别连贯、流畅的原因产生更直观的体会。当然，7分作文在行文连贯性和衔接效果方面并不需要达到9分范文的接近完美的效果，但是“明连接”与“暗承接”相结合、“句内连接词”和“句间连接词”相配合的意识是提高英语写作素养的重要组成部分，而且真正用心掌握的话实际上也并不玄妙。有志于写作单项冲7的同学们应该对剑桥高分范文体现出的**综合运用多种衔接方式**这一共同特点给予足够的注意。

## ■ 译文

我倾向于认为每天在电脑上面花费过多的时间会对少儿有负面影响。这部分地是因为不论他们将电脑用于何种用途，在屏幕前久坐都不仅伤害少儿的视力，而且也影响他们的体态。

更主要的担心则是关于吸引少儿的电脑活动种类的。这些活动往往是很激烈而且相当暴力的电子游戏。打游戏的少儿通常是游戏里的“英雄”，对这些游戏的过度接触会促使少儿变得以自我为中心并且漠视他人。

即使当儿童把电脑用于其他用途的时候，例如获取信息或者给朋友发电子邮件，它也难以代替人类之间的相互沟通与交流。花时间和其他的孩子相处并且分享真实的生活经历是孩子成长的重要组成部分，这是电脑无法提供的。

尽管如此，电脑技能给少儿带来的明显益处也是不可否认的。少儿们今后的成年生活世界将会在科技领域不断地变化，而且互联网也是在当代世界里获取知识与信息的关键。因而孩子们在年幼时就能积极而且自信地使用电脑至关重要，因为他们在学习和职业生活里将持续需要这些技能。

我认为关键在于要确保少儿不过度使用电脑。父母们必须确保他们的孩子能够学会享受其他种类的活动，而不只是坐在家中去学习在一个虚拟的世界里生活。

## 教育类范文二十二 无偿的社区服务是否应成为必修内容

***Some people believe that unpaid community service should be a compulsory part of high school programmes (for example working for a charity, improving the neighbourhood or teaching sports to younger children). To what extent do you agree or disagree?***

一些人认为无偿社区服务应该成为高中※课程里的一个必选部分（例如为慈善机构工作，改善社区、教更小的孩子运动等）。在多大程度上你同意或者不同意？

※注：在美国和加拿大，high school都是指高中。但是在英国的教育体制里，情况却要更多样：对于实行two-tier学制的地区，high school其实相当于小学之后的“中学”，而不仅仅是高中，只有在实行three-tier学制的地区，high school才等于中文里所说的“高中”。因为两种译法对于本题写作来说没有本质上的区别，因此在这里采用国内同学更熟悉的译法——高中。

【说明】

本题是《剑9》Test 2 真题，属于典型的 **agree or disagree** 型考题。按照剑桥官方评分标准的要求，这种题型既可以选择一边倒写法（完全支持或者完全反对），也可以选择折中式写法。这是它与 **D & G** 型考题的重要区别（官方评分标准要求在回应 **Discuss both views and give your own opinion.** 型考题时必须要对题目里所给出的双方观点都进行讨论，否则就会被判为 partially off-topic）。

本文选择了完全支持的一边倒写法。从行文细节中可以看出：这名考生对于 ideas 进行展开论证的能力和英语功底都是不错的。

尽管本文选择了对于论证过程挑战较大的一边倒写法（即只论述一方成立的理由而完全不考虑它的对立方理由），但是本文长度却达到了 299 words（《剑9》~《剑12》里面的考官满分范文平均长度也只有 297 words）。作文长并不能说明论证就一定充实，但难得的是：本文里并没有只为凑字而写的“废话”，每一句话对于论证过程都确实具有实质性的作用。

这名考生对写作语言的驾驭能力同样明显高于一般考生：本文的平均句长达到了 23 words（在第一个主体段里和第二个主体段里甚至各出现了一句长达 35 words 的句子，仅是这两句话加起来就已经达到了 70 words）。像这样的超长句对于一般考生来说已经绝对属于语法错误频发的高风险区域了，但本文的语法却保持了高于一般考生的正确率。而且，该考生在本文里还准确地使用了 organisational skills，charitable organisations，voluntary work，increase their employability，an asset on CV 等在地道英文里很常见、但在国内同学的作文里却较少见到的实用短语※。

同时，这名 8 分选手对英语国家文化的了解也明显优于多数“烤鸭”。例如，本文里很自然地引入了 NHS 所倡导的生活方式，使用 college 来指中学（Pat 注意到国内的同学们普遍只了解用 college 来指大学学院的用法，但其实 college 在英式英语里也经常被用来指中学，尤其是准备考 A-level 的学生们就读的中学。在英国这些学生获取工作经验很常见，但并不是强制参加的，在本文开头段里就明确地提到了这一社会背景），以及 after-school clubs 不像过去那样流行等论据。这些直接涉及到英美社会与文化的内容看似简单（很多同学在看别人作文的时候都是感觉“没什么”，等到自己下笔才懂得了眼高手低的真正含义，其实是因为只有“看范文”和“读范文”，而缺少“比范文”的过程）。事实上，如果这只 8 分“烤鸭”没有在考前厚积薄发的积累，是很难在时间和心态都极为紧张的 IELTS 写作考场里想到这些与英语国家文化密切相关的内容的。

但本文也并非无懈可击，我们在读完文章之后还会再做进一步的探讨。

---

※注：IELTS 作文里的实用短语总结在《十天突破雅思写作》Day 7 里。

▶ **8分范文**　考题类型：agree or disagree 型　结构选择：一边倒（完全支持）的五段式

It has been suggested that high school students should be involved in unpaid community services as **a compulsory part of high school programmes**. Most of the colleges are already providing opportunities to **gain work experience**, however these are not compulsory. In my opinion, sending students to work in community services is a good idea as it can provide them with many valuable skills.

开头段的第1句提出了辩论话题，第2句介绍了背景（多数高中都已经开始为学生提供获得工作经验的机会，但在目前还不是必须都要参加），第3句则是明确地给出了自己的态度（支持）。由剑桥提供的“agree or disagree”型范文多数都是在开头段就明确提出自己对题中所给观点的看法，本文也不例外。

这个开头段写了65 words，相对于多数考官满分范文的开头段来说这个开头段显得有些啰嗦，可以考虑适当压缩背景部分，把更多的时间和精力留给主体段里面进行实质性论证的部分。

本段第3句里面的as后面加从句，是表示“因为”的句内连接词。

**Life skills** are very important and by doing **voluntary work**, students can learn how to communicate with others and work in a team but also how to **manage their time** and **improve their organisational skills**. Nowadays, unfortunately, teenagers do not have many after-school activities. After-school clubs are no longer that popular and students mostly go home and **sit in front of the TV**, **browse the Internet** or **play video games**.

这个主体段里写了3句话。既然决定采用完全支持的一边倒写法，那么就要提出具体的支持理由。第1句话明确提出让学生们做义工能够锻炼沟通能力、团队合作能力、时间管理能力与规划能力等很重要的生活技能。

第2句话开头出现了unfortunately（不幸的是），是常用来引出与理想状态相反的现实情况的句间连接词（明连接），然后指出现在可供青少年参加的课外活动较少。

在本段第3句话的句首则没有再使用任何连接词，而是利用after-school activities和after-school clubs两个短语之间的语义联系直接进行了“暗承接”。这句话里面

（续表）

| | |
|---|---|
| | 虽然没有直接使用 for example 或者 such as 这样的连接词，但是仍然通过三类具体活动的实例例证了现在学生们的课后活动普遍脱离社会生活。 |
| By giving them compulsory work activities with **charitable or community organisations**, they will be encouraged to do something more creative. Skills gained through compulsory work will not only be **an asset on their CV** but also **increase their employability**. Students will also gain more respect towards work and money as they will **realise that** it is not that easy to earn them and hopefully will learn to spend them in a more practical way. | 第2个主体段里也是写了3句话。第1句话指出让学生们参加社区活动能够鼓励他们从事更加有创造性的活动。第2句话指出通过做社区工作而获得的技能不仅将在个人履历上成为亮点，而且也会增加学生们的就业适应性。第3句话说明学生们将会更加尊重劳动，而且懂得钱来之不易，从而学会实际地消费。<br>本段里使用了表示“不但……而且……”的句内连接词 not only ... but also ...，表示“因为”的句内连接词 as 也在本文里第二次现身。 |
| Healthy life balance and exercise are strongly promoted by the NHS and therefore any kind of spare time **charity work** will prevent from sitting and doing nothing. It could also possibly **reduce the crime level** in the **high school age group**. If students have activities to do, they will not be bored and come up with silly ideas which can be dangerous for them or their surroundings. | 第三个主体段仍然是写了3句话。从健康和减少犯罪的角度论述了学生从事社区服务的好处。需要注意的是这名同学对本段中所给出的理由没有进行足够的展开支持论证，从而被目光敏锐的考官抓了“小辫子”，请看文末的剑桥官方评语。 |
| In conclusion, I think this is a very good idea, and I hope this programme will be put into action for high schools/colleges shortly. (299 words) | 结尾段仍然是按剑桥官方范文的常见写法分别用 I think 和 I hope 进行了总结 + 建议，简洁明快。 |

## 词汇和短语

（标★的是本类话题的高频词汇或短语）

**should be involved in …** 应该参与到……当中 【相关】should participate in … 应该参与……

**a compulsory part of …** 本文里是指必选的教学内容

★ **gain work experience** 获得工作经验（国内考生们很喜欢写 gain working experience，虽然不能绝对算错，但事实上在英美生活里 gain work experience 要远比 gain working experience 更加常见）

★ **life skills** 生活技能，在英美社会生活里最受重视的生活技能包括 cooperation skills（合作能力），communication skills（沟通能力），conflict resolution skills（解决人际冲突的能力），team-building skills（建设团队的能力），leadership skills（领导才能），decision-making skills（决策能力），personal financial management skills（个人财务管理能力），time-management skills（安排好时间的能力），cooking skills（厨艺）等，而且近年来 computer skills 也已经开始被越来越多的学校视为 life skills 的一部分来培养

★ **voluntary work** 志愿者的工作，义工，在英美生活里也经常被写成 volunteer work，两个写法都很常用

**manage their time** 管理他们的时间

★ **organisational skills** 需要提醒中国同学的是这个短语其实和中文所说的“组织能力”含义并不一样。Pat 注意到中文里说“组织能力”的时候经常是指安排好别人去做什么，也就是有效管理团队的能力，其实更接近于英文里的 leadership skills。而英文里所说的 organisational skills 则通常是指管理好自己的生活、学习或工作等，让自己的生活、学习、工作能够有规律、有秩序、井井有条的技能

★ **browse the Internet** 浏览网页，在写作和口语考试里经常可以和 surf the Internet 替换使用

★ **charitable organisations** 慈善机构

★ **an asset on their CV** 本文里的 asset 是指履历中或技能中的“闪光点”，CV 则是指个人简历，国内同学们也许更熟悉 CV 的美式写法 résumé

★ **increase their employability** 提升他们的就业适应性

**hopefully** *adv.* 副词，表示自己希望情况会如何

【剑桥例句】*But* ***hopefully*** *times have changed, and both genders of student can have equal chances to study what they want to in whichever type of school they attend.*

**realise that …** 意识到……

**are strongly promoted by the NHS** 受到 NHS 的大力倡导（NHS 是指英国的国家医疗体系）

**charity work** （名词短语）慈善工作

**possibly reduce the crime level** 可能会减轻犯罪率高的情况

**age group** （名词短语）年龄段

**come up with** （固定动词短语）想出某种方法或做法

**surroundings** *n.* 周边的事物

★ **be put into action** （某个想法或建议）被诉诸行动

**shortly** *adv.* 不是“很短地”，而是即将，尽快

## 剑桥对这篇 8 分考生作文的官方评语

### 论证扣题度和充实度

The answer addresses all parts of the prompt sufficiently, focusing on the benefits for students rather than society. A number of relevant, extended and supported ideas are used to produce a well-developed response to the question. However, some ideas, for example the reference to the crime level, are not fully extended.

本文对考题里的各个部分都进行了充分地回应，并集中论述了这样做对于学生的益处（但事实上，本文如果能再适当论述这样做对于产生的社会的益处也仍将是扣题的，而且会进一步增加论证的层次感与说服力）。

本文思路扣题，并给出了展开、支持论证的过程。但是有少数理由没有被充分地展开。考虑到本文的篇幅已经不算短，如果开头段的背景介绍部分能适当简化，而对第三个主体段里所提出的理由能够增加一些展开论证，那么本文在论证扣题度和充实度这个评分项上的分数将达到 8.5 ~9 分的水平。

### 行文连贯性与衔接效果

The ideas are logically ordered and cohesion is consistently well managed. Paragraphing is used appropriately, and progression between paragraphs is managed with some sophistication.

全文的思路安排符合逻辑，整体感较好，而且段落划分合理、段落之间的推进过程较为周密。

同时应该指出：本文里存在少量前后文指代方式的问题。例如，第二个主体段里的第 1 句话 By giving them compulsory work activities with charitable or community organisations, they will be encouraged to do something more creative. 事实上在英美大学论文写作里是不鼓励在一个段落的开始处使用代词去跨段指代在上一个段落里出现的名词的，因为这样做非常容易导致指代含义模糊甚至出现误读。尽管 IELTS 作文还不是严格意义上的学术论文，但是 Pat 建议您从现在开始就避免在段首使用代词去跨段指代上一段里面出现的名词的“违规”行为。

### 词汇多样性与准确度

A wide range of vocabulary is used to articulate meanings precisely, with skilful use of uncommon lexis, and very few inappropriacies.

文章用词广泛，表意精确，并娴熟地使用了一些在普通 IELTS 作文里较少能够看到的词汇和短语（uncommon lexis），用词不当的情况也非常少（very few）。

从官方评语可以明显地看出：剑桥考官对本文的词汇多样性和表意准确度的评价是相当高的。有些同学觉得本文里没有出现很多“韦式字典词汇”，水平一般般，其实是因为没有真正看出这名考生的作文和这些同学自己的作文之间的细节用词区别。

例如，仅仅是一个做义工的含义，这名考生就先后使用了 unpaid community services（para. 1），voluntary work（para. 2），activities with charitable or community organisations（para. 3）和 spare time charity work（para. 4）多达四种的近义方式来表述。更关键的是：本文里的用词多样性是很自然地实现的，并不是刻意为之的“硬换”，明显是在英语学习的过程里长期坚持积累的结果。一些同学对于本文用词的不以为然，和剑桥官方评语里对于本文用词多样性和表意准确度的高度评价之间的强烈反差，体现出的其实是普通考生和剑桥考官在写作用词审美方面的深刻差别。

### ＞语法多样性和准确度

The range of grammatical structures used is also wide, with only occasional minor errors.

本文语法结构多样，而且也只有偶然出现的小错。

## —— 对本文的行文衔接特点分析

（适合需要写作项 7 分的同学）

这篇《剑 9》8 分范文同样体现出了官方高分范文在行文衔接方面“明暗结合”的特点。具体来说，本文里既直接使用了 also，unfortunately，therefore 等连接词来形成上下文之间明确逻辑关系的“明连接”，也应用了一些不直接出现连接词，而通过上下文语义关系来自然衔接的“暗承接”。例如：

**“暗承接”实例 1：**

Nowadays, unfortunately, teenagers **do not have many after-school activities**. **After-school clubs are no longer that popular** and students mostly go home and sit in front of the TV, browse the Internet or play video games.

这两句话之间并没有直接使用连接词，但后一句话里面的 After-school clubs are no longer that popular 和前一句话里面的 do not have many after-school activities 之间的逻辑承接关系很明确，因此上下文之间丝毫也没有产生“断裂”的不良感觉。

**“暗承接”实例 2：**

By giving them **compulsory work** activities with charitable or community organisations, they will be encouraged to do something more creative. Skills gained through **compulsory work** will not only be an asset on their CV but also increase their employability.

第二句里直接重复第一句话里面出现过的重要短语，使得两句话之间虽然没有用连接词也有清晰可辨的逻辑承接关系。

**“暗承接”实例 3：**

Life skills are very important and by doing voluntary work, students can learn how to communicate with others and work in a team but also how to manage their time and improve their organisational skills.

使用 and 连接是地道英文里常见的既能够获得流畅的效果而又不张扬的方法。

## 语法多样性分析

- Skills **gained through compulsory work** will not only **be** an asset on their CV but also **increase** their employability. 这句话里的 gained through compulsory work 是典型的过去分词短语作后置定语，表示通过必选的劳动“被获取的”技能。同时，not only 后面的动词原形 be 和 but also 后面的动词原形 increase 之间又形成了工整的平行结构
- **Sending students to work in community services** is a good idea as it can provide them with many valuable skills. 本句里使用了动名词短语作主语的结构
- Healthy life balance and exercise **are strongly promoted by** the NHS, and therefore any kind of spare time charity work **will prevent** from sitting and doing nothing. 同一句话里既出现了被动语态，又有主动语态，增加了语态的多样化。但同时需要强调的是：不宜在 IELTS 作文里过度地使用被动语态，动词形式仍应以主动语态为主。任何一种实现句式多样化的方法都只应该是点缀而不能成为主流，否则它就变成了另一种单调
- Life skills are very important and by doing voluntary work, students can learn how to communicate with others and work in a team but also how to manage their time and improve their organisational skills. Nowadays, unfortunately, teenagers do not have many after-school activities. 这两句话使用了 IELTS 考官爱用的“长短句结合”的写法，第一句话长达 35 words，而第二句话却只有 9 个单词，形成了句式的丰富多样感

## 本文的缺陷在哪里

作为一篇 8 分范文，本文存在着一些不算太严重但仍然“不够完美”的问题。除在上文里我们已经指出的在**论证充实度与扣题度**和**行文连贯性与衔接效果**两项评分上面存在的问题之外，本文在用词和语法方面也同样存在着一些小失误。例如：

(*i*) After-school clubs are no longer that popular and students mostly go home and sit in front of the TV, browse the Internet or play video games.

that popular 里面的 that 并不是连词或代词，而是一个很口语化的副词，意思是“那么”，接近于 so。请您不要在学术风格的作文里这样去使用 that。

(*ii*) Life skills are very important and by doing voluntary work, students can learn how to communicate with others and work in a team but also how to manage their time and improve their organisational skills.

这名同学的写句子能力显然已经飞越了普通烤鸭的水平，但这句话并非完美无瑕。如

果在 learn 和 how to 之间加上 not only，与下文的 but also how to 之间形成严谨的平行结构，本句话的结构将会清晰很多。对于这个长达 35 words 的句子，即使这位英语基础不错的 8 分考生也还是出现了失误。英语基础不如这位同学的读者更应该引以为戒。写作里好句子的首要标准永远是语法和表意是否正确，如果超出自己的英语实力去追求“飙”长句而导致语法错误或者表意不清是不值得的。

## ■ 译文

有些人建议高中生应参加一些无偿社区服务作为高中学习项目的一个必修内容。多数高中※已经在提供获得工作经验的机会，但它们并非必修。在我看来，让学生们参加社区服务是一个很好的想法，因为这能够为他们提供很多宝贵的技能。

生活技能是非常重要的，而且通过从事义务工作，学生们不仅可以学会与他人沟通和作为团队去集体工作，而且能学会管理他们的时间并且提高规划事务的能力。不幸的是，当今的青少年们并没有许多课后活动。课后的社团不再受欢迎，学生们多数都是回到家去坐到电视机前、上网或是打电子游戏。

通过强制参加慈善与社区组织的活动，他们将被鼓励做一些更有创造力的事情。通过必须从事的工作所获得的技能不仅将成为他们个人简历上的亮点，而且能提高他们的就业适应性。学生们**也**会形成对于工作和收入的尊重，因为他们会意识到挣钱并不容易，而且有望学会更加实际的消费方式。

NHS 大力推动健康的对于生活方式的平衡和身体锻炼，任何种类的业余慈善工作都会防止缺乏运动的久坐。它很可能还会降低高中年龄阶段的犯罪率。如果学生们有活动可以参加，他们就不会感到无聊并想出一些对于他们自己或周围环境构成危险的荒唐主意了。

总之，我认为这是一个很好的想法，而且我希望这一项目将会在高中里很快得到开展。

## 教育类范文二十三 一位文风自由的考官关于教育话题的思考：是否一定要寓教于乐？

***Some people believe that children's leisure activities must be educational, otherwise they are a complete waste of time. Do you agree or disagree?***

一些人认为孩子们的休闲活动必须具有教育意义，否则就是浪费时间。对此你是否同意？

**【解题】**

题目里的这种观点明显太“法西斯”了：难道孩子们就一定不能为了休闲而休闲吗？很多活动貌似并没有直接的教育性，但孩子们却可以从中懂得很多生活的道理，这样的活

※注：本文里 college 一词的特殊用法请参阅本文开始处的说明。

动是必要的。如果什么活动都要求必须有教育意义，最终只能让孩子们彻底丧失对一切休闲活动的兴趣。

▶ **9 分范文**　　**考题类型**：agree or disagree 型　　**结构选择**：带有明显倾向性的 4 段式

Today, education **has become a priority for** many parents seeking to secure a good future for their children in this rapidly changing world. They believe that if their children **apply themselves** and work hard at school, then they will increase their opportunities for going to **higher education** and eventually getting a good job.

本段写现在的家长们为了确保自己的孩子能有一个更好的未来，让孩子们在学校努力学习，希望他们/她们今后能有机会获得高等教育并找到好工作。这个开头段用词很准，但意思上有点啰嗦，这种"迂回"风格与多数剑桥满分范文不同。考官们的个人偏好也并不完全相同，IELTS 写作在论证过程方面唯一不变的"正确"是扣题、充实。

Of course they are right, and as access to the best education and best jobs **is becoming more competitive**, it is true that children have to **make the best of their study time** when they are young.

在本段中考官承认了教育与就业的竞争都越来越激烈，所以学生充分利用时间确实很重要。像 It is true that ... 这样平实的句型在剑桥官方范文里其实很常见，但是由于用词过于简单，反而经常被国内同学们误以为如果自己也用就会"节操碎一地"。

However, the parents who do not **allow their children sufficient free time** for leisure activities outside school hours, **are misguided.** Such activities are far from being **a waste of time** for the children simply because they are not academic. It is important to remember that children need to develop skills other than **intellectual** skills, and the best way to do this is through activities such as sports, games and playing with other kids. If they cannot play make-believe games, how can they develop their imagination? How can they learn **physical coordination** or learn important social lessons about winning and losing if they do not practise

本段明确提出并不是只有学术知识才算是知识，人生也不只是书本。培养想象力、身体协调能力、社交能力、心理承受能力等等都是一个人走向真正成熟的必经之路。

（续表）

| | |
|---|---|
| any sports？Many children **form strong，personal relationships with** the friends they play with，and without the opportunity to do this，they could grow up **emotionally immature**. | |
| Finally，I think it is also important to remember that children need to relax as well as work. If everything they do must have some educational or academic relevance，then they will soon get tired of studying altogether，which is the last thing that parents would want. | 结尾段强调了孩子们也需要休息。如果做任何事情都必须学到知识，他们/她们将会彻底厌倦学习，这将是家长们最不愿意看到的事。 |

## 词汇和短语

（标★的是本类话题的高频词汇或短语）

**has become a priority for ...** 对某人来说已经变成了关键任务

**seek** *v.* 寻求

**secure** *adj.* & *vt.* 本意是“安全的”，本文里是动词：确保

★ **apply themselves** 【固定短语】尽全力

★ **eventually** *adv.* 最终

**higher education** 高等教育

★ **access to ...** 获取、利用某种资源的机会

★ **competitive** *adj.* 竞争非常激烈的

**allow their children sufficient free time** 允许他们的孩子有充分的自由支配时间

**leisure activity** （名词短语）休闲活动

★ **is / are misguided** 被误导的

★ **intellectual skills** 进行复杂的分析思维的能力

★ **make-believe games** 本文里指小朋友们把自己想象成某一角色的游戏

★ **physical coordination** （名词短语）身体的协调

★ **emotionally immature** 情感、心理上不成熟的

**relevance** *n.* 相关性

★ **altogether** *adv.* 完全地，彻底

## 语法多样性分析

◆ Today，education has become a priority for many parents **seeking to secure a good future for their children** in this **rapidly changing** world. 在本句里考官连用了两个现在分词短语作定语，分别修饰 parents 和 world。如果不使用这两个现在分词短语的话，分别改用由 who 引导的定语从句和由 that 引导的定语从句也可以表达出同样的意思，但是必然会显得相当拖沓冗长

## 教育类范文二十四 男校女校 or 男女合校

***Some people think that it is better to educate boys and girls in separate schools. Others, however, believe that boys and girls benefit more from attending mixed schools. Discuss both these views and give your own opinion.***

一些人认为把男孩和女孩分开到不同的学校教育更好。而另外一些人认为男孩和女孩可以从男女合校中获得更多益处。讨论这两种看法并给出你自己的观点。

**【说明】**

又是一道 D&G 型的考题，双方观点都要讨论是没跑儿了。

其实早在数十年前，L. G. Alexander 先生（也就是中国同学们非常熟悉的《新概念英语》的作者）就已经在 *Any Form of Education Other Than Co-education Is Simply Unthinkable* 一文里对这个话题进行过极为彻底的论述了。相对于亚历山大先生那篇近 500 字的长文来说，这篇只有 305 words 的雅思考官范文是平淡的，甚至过于浅易：素材中规中矩，用词也不难，而结构也是典型的四段折中式。

关于男女分校的好处，这名考官写了它可以让学生更专心于学业，而且如果全校都是男孩或者女孩，那么学生肯定也会较少受到性别偏见的影响。而关于男女合校的好处，该考官则谈到了学生不会出现情感发展迟缓的问题，而且男孩女孩之间也可以互相学习对方更擅长的领域。这些其实都只是常识性的 ideas，与亚历山大先生富有文采与哲思的作品实在不能相提并论。

但这就是 IELTS 作文的准确定位：IELTS 写作要考查的不是才华，而是行文、结构、用词和语法的基本功；不是“文采”或者“艺术性”，而是你在 40 分钟左右的时间里有没有能力写出一篇言之成理的短文，而且错误不要太多而已。从这个意义上来讲，本文仍是一篇出色的雅思满分范文。

▶ **9 分范文**　　考题类型：**Discuss both views + your own opinion 型**　　结构选择：比较均衡的四段式

Some countries have single-sex education models, while in others **both single sex and mixed schools co-exist** and it is up to the parents or the children to decide which model is preferable.

开头段采用了经典的背景介绍方式，并没有刻意追求去 impress its readers。

这篇考官范文在开头段里没有提出自己的看法，这在 **D & G 型**的剑桥官方范文里比较常见。

（续表）

| | |
|---|---|
| Some educationalists think that it is more effective to educate boys and girls in single-sex schools because they believe this environment **reduces distractions** and encourages pupils to **concentrate on their studies**. This is probably true to some extent. It also allows **more equality among pupils** and gives more opportunity to all those at the school to choose subjects more freely **without gender prejudice**. For example, a much higher proportion of girls study science to a high level when they attend girls' schools than **their counterparts** in mixed schools do. Similarly, boys in single-sex schools are more likely to **take cookery classes** and to study languages, which are often thought of as traditional subjects for girls. | 主体第1段讨论第一种观点，提出：❶男女分校可以让学生们集中精力去学习（concentrate on their studies），减少干扰（reduce distractions）；❷男女分校还可以让学生在选课时不会受到性别偏见的影响。<br>本段在It also…后面的第2个分论点里举了女生在女校可以选择学习理科而男生在男校则可以更多选择学习厨艺或语言课程的例子。其实这两个例子未必真经得起严格的推敲，但IELTS高分作文本身就是允许考生的观点带有自己的主观性的。只要能够做到言之成理，对IELTS Writing来说就是好文章。 |
| On the other hand, some experts would argue that mixed schools prepare their pupils better for their future lives. Girls and boys learn to live and work together from an early age and are consequently not emotionally underdeveloped in their relations with **the opposite sex**. They are also able to learn from each other, and to experience different types of skill and talent than might be evident in **a single gender environment**. | 主体第2段用On the other hand开头，提出男女合校可以❶让学生更好地准备将来的生活，比如可以了解怎样与异性交往；❷并且学习到异性所擅长的技能与专长。<br>类似的意思，L. G. 亚历山大先生却是这样来表述的：A co-educational school offers students nothing less than a true version of society in miniature… They are put in the position where they can compare themselves with each other in terms of academic ability, athletic achievement and many of the extra-curricular activities which are parts of the school life… Years of living together dispel illusions of this kind … The awkward stage of adolescence brings into sharp focus some of the physical and emotional problems involved in growing up… |

（续表）

| | |
|---|---|
| | 相比之下，本文显然“略输文采”，但是本文的逻辑结构仍然是清晰的，句式也是在努力做到多样化。 |
| Personally, I think that there are advantages to both systems. I went to a mixed school, but feel that I myself missed the opportunity to **specialise in** science because it was seen as **the natural domain and career path for** boys when I was a girl. So because of that, I would have preferred to go to a girls' school. But hopefully times have changed, and both genders of student can **have equal chances to** study what they want to in whichever type of school they attend. | 结尾段提出考官自己的看法：两种模式各有优势，又结合自己由于上男女合校的学校而错过重点学习科学的例子说明自己更偏爱女校的原因。最后一句是中规中矩的提出建议：在今天不管是男女分校还是男女合校都应该变得更公平，让孩子们选择自己喜欢的学习内容。 |

## 词汇和短语

（标★的是本类话题的高频词汇或短语）

★ **single-sex school** 只有男生或女生的学校

★ **mixed school** 男女合校的学校

★ **co-exist** *vi.* 共存，同时存在

**It is up to… to…** 由某人来决定某事

**preferable** *adj.* 更值得选择的，更有优势的（请特别注意在地道英文里这个词的前面不能加比较级 more）

**educationalist** *n.* 教育方面的专家

★ **reduce distractions** 减少分散注意力的事物 【动词】distract sb. from sth.

★ **concentrate on their studies** 集中精力在他们的学业上面

**gender prejudice** 性别偏见

**counterpart** *n.* 两个群体里相互对应的人或事物

**cookery** *n.* 厨艺

★ **the opposite sex** （名词短语）异性

★ **a single gender environment** 单一性别的环境

★ **natural domain** 天生就更加擅长的领域

★ **career path** 事业的发展方向

## 本文里的“明连接”和“暗承接”应用实例

（适合需要写作单项7分的同学）

◆ Some educationalists think it is more effective to educate boys and girls in single-sex schools

**because** they believe this environment reduces distractions and encourages pupils to concentrate on their studies. 本句里使用了句内连接词 because

- Some countries have single-sex education models, **while** in others both single sex and mixed schools co-exist. 这句话里出现了句内连接词 while，由它连接的从句与主句进行对比（提示：while 有时也可以用在句首，但是作为一个“句内连接词”，它的作用只能是在同一句话内部的前后两个部分之间形成逻辑关系，而不能是跨句去形成逻辑关系。如果要在前后两个句子之间建立跨句对比关系，请在两句话之间使用 By contrast，…）

- It also allows more equality among pupils and gives more opportunity to all those at the school to choose subjects more freely without gender prejudice. **For example**, a much higher proportion of girls study science to a high level when they attend girls' schools than their counterparts in mixed schools do. **Similarly**, boys in single-sex schools are more likely to take cookery classes and to study languages, which are often thought of as traditional subjects for girls. 这三句话之间分别使用了句间连接词 For example，（表示进行例证）和 Similarly，（它的意思是“与此相似地”，表示前后两句话之间的类比）。请注意：句间连接词的作用是在前后两个句子之间跨句形成逻辑关系

- **Girls and boys** learn to live and work together from an early age and are not emotionally underdeveloped in their relations with the opposite sex. **They** are also able to learn from each other, **and** to experience different types of skill and talent than might be evident in a single gender environment. 这两句话之间并没有使用句间连接词，而是用 they 来指代前一句话里的 girls and boys，指代关系很明确，因此虽然没有使用句间连接词但仍然在这两句话之间形成了紧密的承接关系。此外，第二句话里的 and 也自然地承接了它前后的内容

- Some educationalists think it is more effective to educate boys and girls in single-sex schools because they believe this environment reduces distractions and encourages pupils to concentrate on their studies. **This** is probably true to some extent. 这两句话之间同样也没有出现句间连接词，而是在第二句话的句首使用 This 来指代前一句话里所论述的内容。请特别注意：单独的一个 this 后面没有单数名词时是指前面句子整体所论述的内容，而不是特指前面句子里的某一个具体单词

## 语法多样性分析

- Similarly, boys in single-sex schools **are** more likely to **take** cookery classes and to **study** languages, **which are often thought of as** traditional subjects for girls. 本句中出现了由 which 引导的定语从句，同时本句里又使用了被动语态（are often thought of as…）和前面的 take，study 等动词主动形式形成了主被动交替的多样化效果

- A much higher proportion of girls study science to a high level **when** they attend girls' schools than their counterparts in mixed schools do. 本句里使用了由 when 引导的状语从句

## 教育类范文二十五 Pat对教育类话题的诠释A：大学到底应该传授什么

***Some people think that universities should provide graduates with the knowledge and skills needed in the workplace. Others think that the true function of a university should be to give access to theoretical knowledge for its own sake, regardless of whether the course is useful to an employer. What, in your opinion, should be the main function of a university?***

一些人认为大学应该为毕业生提供工作中所需要的知识和技能。另一些人则认为大学的主要功能是让学生获得理论知识，而不必考虑课程所教内容是否是雇主所需要的。你认为大学的主要功能应该是什么？

**【说明】**

这是一道雅思写作中的名题，而且长盛不衰，几乎已经成了每年必考的题目之一。

苏紫紫说："大学，我真想上了你。"在二十一世纪，大学的功能设置越来越众口难调（It's hard to please them all.），这已是不争的事实。从素材上来看，毫无疑问，在这种经济充满着变数（highly volatile）的年代里，先找到一个饭碗肯定是最重要的，就业技能可以先确保毕业生们能够生存。而且，虽然经济不好，大学的学费却是毫不留情地一涨再涨（University tuition costs have been climbing relentlessly despite the economic recession.）。因此，大学重视对就业技能的培养其实也可以看作是对高额学费的一种经济回报（return on educational investment）。

另一方面，上述理由的不足之处则是：大学如何能够准确地预期几年之后的就业市场到底需要什么样的技能呢？而且，如果大学过度强调就业技能而轻视理论知识，是否将导致学生缺乏创新能力？毕竟创新（innovation）需要对于相关领域的理论拥有更深层的了解（require a sound grasp of the fundamentals）。

With the current economic instability, it is understandable that university students tend to regard universities primarily as **institutions** where they **can acquire job skills**.

This is especially true when considering that **tuition fees** have risen each year. As a result, **the pursuit of higher education** today has become a **substantial** investment. University students and their parents expect **a reasonable rate of return** which can be, to some degree, **quantified by the job skills** that are gained through higher education.

However, merely equipping students with employment skills may **defeat the very purpose of** universities. As technology expands and evolves **on a daily basis**, it is unrealistic to believe that **university administrators and faculty** are able to determine the technical skill sets that employers will require in three or four years. University graduates will need sound knowledge about the **theoretical frameworks**, **principles and concepts** in their fields of study to **remain competitive** in their future careers. There is also the risk that university graduates will **not be capable of innovation** at work because truly innovative ideas tend to come from a synthesis of the fundamental theories underpinning their fields of work, and the ability to **apply these theories creatively** on the job.

Therefore, the main function of universities should be to build core curricula that stress the fostering of employment skills and, at the same time, **provide students with electives** focusing on the theoretical aspects of **their fields of interest**. Universities performing this function not only help students to gain job skills but also ensure their capacity to apply these skills innovatively.

## 词汇和短语

（标★的是本类话题的高频词汇或短语）

**instability** *n.* 不稳定的状态

**acquire job skills** （动宾短语）获取工作技能 【近义搭配】gain job skills

【剑桥例句】*These tests attempt to judge a person's ability to **acquire new job skills**.*

**regard … primarily as …** 认为某事物的首要作用是……

★ **institution** 机构，地道英文里常见的搭配有 educational institutions 教育机构，financial institutions 金融机构等

★ **tuition fees** 学费

**the pursuit of higher education** （名词短语）为获得受高等教育的机会而做的努力

★ **a substantial investment** 一笔可观的投资

**a reasonable rate of return** 合理的回报率

★ **can be quantified by …** 可以通过……来量化

**merely** *adv.* 仅仅 【剑桥例句】*The medicine **merely** stops the pain.*

★ **equip sb. with sth.** 本文里指为某人储备某种知识或者技能

★ **defeat the very purpose of**

【固定短语】"导致某事物难以实现它应有的作用"，defeat 指击败，使……无效

★ **on a daily basis**

【固定短语】日常，天天

★ **unrealistic** *adj.* 不现实的

★ **administrators and faculty** 英文里的固定短语，指大学的管理者与教师的总称，请注意 faculty 在这个固定短语里通常是用单数形式

**determine** *vt.* 决定，确定

**sound knowledge about** 它并不是指"声音的知识"，而是指关于某事物的"扎实的知识"

**theoretical framework** （名词短语）理论框架，在英美大学里的论文写作过程中有些教授还专门要求学生用一个单独部分解释自己从事的研究的理论框架

**principles and concepts** （名词短语）定律和概念

**remain competitive** 保持有竞争力的

**not be capable of** 不具备某种能力的

**innovation** *n.* 创新（形容词：innovative）

**synthesis** *n.* （两种或以上的事物）有机结合的产物

【剑桥例句】*Their latest album is* ***a synthesis of*** *African and Latin rhythms.*

**underpin** *vt.* 构成某事物的基础

【剑桥例句】*Mason presented the figures to* ***underpin*** *his argument.*

【搭配】fundamental theories underpinning their fields of work 他们所从事的领域的基础理论

★ **foster** *vt.* 培养（某种技能或者素质）

★ **elective** *n.* 选修课

【反义】required courses

**apply the theories creatively** 富有创造性地应用这些理论

【近义】apply the skills innovatively 带有创新性地应用这些技能

**sb.'s field of interest** 本文里指学生的学习或研究兴趣所在的领域

## ■ 译文

由于经济不稳定，很容易理解大学生们倾向于将大学看做主要是传授工作所需技能的机构。

尤其是考虑到由于每一年学费的飞涨，对于许多人来说追求高等教育已经变成了一种可观的投资，这种"上学为求职"的理念就显得愈发自然了。出于对投资收益的期待，学生和家长们都希望他们在大学中所学到的工作技能在今后能够为他们的付出带来合理的回报，而这种回报在一定程度上可以用学生所学到的就业技能来进行量化。

但是，大学如果仅仅只传授给学生工作技能的话，那么就违背了大学的初衷。从现实角度来讲，大学的管理层很难对未来三四年后雇主对各种技术的需求作出准确判断，因为技术是在以天为单位不停地扩张、发展的。拥有与所学领域的理论框架、原理及概念相关的坚实知识，毕业生才能在未来职业生涯中持续保持竞争力。只传授给学生就业技能还可能会损害到大学毕业生的工作创新能力，因为真正的创新想法既需要对专业内的基础理论进行综合，又需要能够有创新性地应用这些理论。

所以，大学的真正作用应该体现于在设立注重培养工作技能的核心课程的同时，还要向学生提供那些介绍他们感兴趣的专业内理论知识的选修课程，这样就能帮助学生在掌握工作技能的同时，将来还有能力对这些技能进行创新。

## 教育类范文二十六 Pat 对教育类话题的诠释 B：死记硬背真的一无是处吗

***Some people think that memorisation of information by frequent repetition (rote learning) plays a negative role in most education systems. To what extent do you agree or disagree with this opinion?***

一些人认为死记硬背（即通过频繁重复来记忆）在大多数教育体系里起负面作用。多大程度上你同意或者不同意？

**【说明】**

Pat 发现在写本题时多数中国同学都会强调重复记忆对于创造力的负面影响。但是 Pat 在本文里却反其道而行之，坚定地认为重复记忆依然是教育过程中具有特殊意义的环节。事实上，如果重复记忆不是被当成学习的最终目的，而是作为学习抽象概念和发展辩证思维的基础准备时，仍然不失为一种有效的学习方法。

| | |
|---|---|
| For years, many educators have complained about the adverse effects of the traditional technique of rote memorisation on schooling. I do not believe that their complaints are fully justified. | 开头段在引出讨论话题的同时融入社会现实。 |
| It is true that **an overemphasis on** rote memorisation may **inhibit the learning process** because **this approach** discourages students from **critically understanding and analysing** the information delivered by their teachers. Essentially, education that overemphasises rote learning makes students worship taught "facts", just as the European clergy in medieval times did with the Holy Scriptures and the Chinese test-takers in the Ming and Qing Dynasties did with the Confucian classics. | 本段指出过度强调死记硬背的本质是鼓励学生去盲目相信教师讲授的"真理"，其实与欧洲中世纪的神职人员和中国明清时代的科举考生的学习方法没有实质性的区别。 |
| However, I believe that rote learning still has some practical advantages, especially for young children. Children in daycare and kindergarten, as well as students at **the lower-elementary level of education**, remember data far better than they understand | 本段提出从实用性的角度来看，通过记忆来学习也并非一无是处。对于托儿所和学前班与小学低年级学生来说，重复记忆要比侧重对于抽象概念的理解更现实。 |

（续表）

| | |
|---|---|
| **abstract concepts and theories**. As a learning process, **committing information to memory** through repetition is more realistic and efficient for children in this age group than **comprehending abstractions**. | |
| There are benefits to rote learning even for **upper-elementary**, **secondary and university students** whose main task is to develop more independent minds. For example, **geometric axioms**, **geographic facts** and **chemical equations** all require a certain amount of rote memorisation before they can be actively applied by the students. | 甚至到了小学高年级、中学和大学，尽管培养思维独立性变得更加重要，但是在几何、地理、化学等科目的学习中，对于一些固定法则的重复记忆仍然是去灵活使用这些规则的必要前提。 |
| In conclusion, I believe that rote learning can be beneficial **as a means of** laying the groundwork for the acquisition of conceptual knowledge and for the development of **critical thinking skills**, rather than as **an end** in itself. | 结尾段指出如果重复记忆不是被当成最终的学习目的，而是作为在学习抽象概念与发展辩证思维之前的基础时，则不失为一种有效的学习方法。 |

## 词汇和短语

（标★的是本类话题的高频词汇或短语）

**adverse effect** （名词短语）负面的影响

**schooling** *n.* 它不是指具体的学校，而是泛指学校提供的教育

**technique** *n.* 做某事的方法、技巧，请注意它与 technology（科技）不同

**justified** *adj.* 合理的，有根据的

★ **overemphasis** *n.* 过度的强调（它的动词形式为 overemphasise）

★ **inhibit the learning process** （固定短语）阻碍学习的进程

**approach** *n.* 做某事的途径

**discourage students from** ... 让学生不愿去做某事

**critically understand and analyse sth.** 辩证地理解与分析某事物

**essentially** *adv.* 从本质上来看

【剑桥例句】***Essentially***, *it is a dictionary but it differs in one or two respects.*

**worship** *vt.* 极度崇拜，"膜拜"

**clergy** *n.* 神职人员

**the Holy Scriptures** 这里指圣经 *the Bible*

**medieval times** 特指欧洲中世纪

**Confucian classics** 儒家的经典

★ **abstract concepts and theories** 抽象的概念和理论

★ **lower-elementary** *adj.* 小学低年级的

**commit ... to memory** 努力去准确地记忆某事物

**realistic** *adj.* 现实的

**comprehend abstractions** （动宾短语）理解抽象的概念

★ **upper-elementary** *adj.* 小学高年级的

★ **secondary** *adj.* 中学的

**geometric axioms** 几何公理

**geographic facts** 地理事实

**chemical** *adj.* 化学的

**equation** *n.* 等式，方程式

★ **apply** *vt.* 应用

**means** *n.* 作名词时 means 是指做某事的方法

★ **end** *n.* 请注意在这里 end 不是“结束”，而是指“目的”，类似于 aim / purpose，地道英文里经常会把 means（方式）和 end（目的）对比使用

【剑桥例句】*We see good design **not just as a means of** increasing profits, **but as an end in itself**.*

★ **lay the groundwork for...** 为（将来的某种发展）打下基础

**conceptual knowledge** 概念性的知识

★ **critical thinking skills** 辩证思维能力

## ■ 译文

多年来，教育学家们一直都在抱怨传统的死记硬背式的教育方法在实际教学中所产生的负面作用。我不认为他们的抱怨有充分的依据。

过度强调死记硬背的确会束缚学生的学习进程，因为这种方法不鼓励孩子们对老师传授的信息去进行辩证的理解与分析。过度强调死记硬背的本质是鼓励学生去盲从教师传授的“真理”，这其实与欧洲中世纪的神职人员和中国明清时代的科举考生的学习方法并没有实质区别。

然而，我相信反复背诵的学习方式从实用性角度来看仍然具有积极意义，特别是对于年幼的儿童而言。对学龄前儿童与小学低年级学生来说，他们记忆信息的能力要比让他们分析抽象概念和理论的能力更强。作为一种学习过程，对这个年龄段的孩子们来说重复记忆要比理解抽象内容更实际而且也更有效。

重复记忆甚至对于小学高年级、中学和大学的学生也有一些益处，虽然培养思维独立对他们来说更重要。例如，在对几何公理、地理事实和化学公式等的学习过程中，一定量的重复记忆是积极运用这些规则的前提。

总之，我认为如果重复记忆不是被当成最终的学习目的，而是被当成为学习抽象概念和发展辩证思维打下基础的方式时，不失为一种有效的学习方法。

## 学有余力者

对写好教育类作文最有帮助的一个网站：

**www. education. com/topic/current-education-issues**

这个网站几乎覆盖了与 IELTS 写作相关的全部教育话题，从幼儿园到 PhD 都有。沿着左侧的“Browse by Grade”，“Browse by Topic”或者“Browse by Age”推进就可以找到写作素材。需要提醒的是：偶尔会跳出一两个干扰备考的 ad，别理它们，直接 skip the ad 就好了。

# DAY 2

# 第一生产力

## 科技类真题库与各分数段范文深入讲解

## The Primary Productive Force

在最近的一年半里，科技类突然发力、考查频率飙升，让咱们不敢再小视科技的威力。

IELTS 作文中的科技话题涉及范围非常广，而且如果想拿到高分往往还需要用到一些比较“冷门儿”的词汇，同时写 Technology 类作文比写教育、媒体等话题在心态上也往往更“凝重”。所以考前大家应该多熟悉科技类真题库与范文。

不管多难的事，一旦有了合理的预期就不再值得我们恐惧了（Anticipated changes are rarely scary, no matter how tough they can be.）。

# 解读 Technology 类真题库

## A 科学与技术对社会的影响

**1** ***In many fields, scientists cannot find effective solutions to the problems that they have created. To what extent do you agree or disagree?***

在很多领域，科学家们无法找到由他们自己造成的问题的解决办法。多大程度上你同意或者不同意？

### 思路指导

科学发展所带来的一些问题可以通过继续发展科学与技术获得解决。例如：ⓐ 工业和交通的发展所带来的环境污染（air, water and soil pollution caused by the development of industry and transport）可以由环境科学家们研究更加清洁的燃料（cleaner fuels），污染更小的交通工具与生产过程（more eco-friendly vehicles and manufacturing processes）来解决；ⓑ 有毒化学物质导致的食品安全问题（food safety issues that are associated with chemical toxins）可以通过由食品科学家研究无毒的原料和安全的生产过程（non-toxic ingredients and safe production processes）来解决；ⓒ 太空探索（space exploration）带来的太空垃圾（space junk / space debris）也可以由科学家们发展太空垃圾回收或清除（space junk collection or removal）等新技术得到解决。

另一方面，科学与技术的发展带来的另一些问题则是来自于我们对于科技的过度依赖（is due to our over-reliance on science and technology），很难仅仅依靠科学家们去解决。例如：ⓘ 自动化和远程通讯的发展（the progress of automation and telecommunications technology）所导致的越来越缺乏运动的生活方式以及心脏病和肥胖症发病率的快速上升

（the increasingly sedentary lifestyle and the sharp rise in the rate of heart disease and obesity）；ⓘⓘ 很多人对电子娱乐上瘾（many people's addiction to electronic entertainment），导致很多传统娱乐形式比如现场音乐会和歌剧的地位下降（leads to the decline of traditional forms of entertainment such as live concerts and opera）；ⓘⓘⓘ 看电视过多（excessive TV viewing）导致家庭成员之间的沟通减少（is likely to result in less communication between family members）。

因此，在科学家们努力减少科学与技术带来的负面影响的同时，学校、媒体和政府也应该一起合作，提高人们的健康意识、保护文化传统并且促进人们对家庭观念的重视（schools, the media and the government should work together to raise health awareness, protect cultural traditions and promote strong family values）。

**2** ***Today, more work is done by machines. Do you think that the positive effects of this trend overweigh its negative effects?***

在当代，更多的工作由机器完成。你是否认为这种趋势的利大于弊？

## 思路指导

这种趋势的利大于弊：ⓐ 工业、农业、办公、家庭等领域的自动化（industrial, agricultural, office and home automation）可能消耗更多的能源（may consume more energy）；而且 ⓑ 装配线生产会很可能产生更多的污染（Mechanical automation, particularly assembly-line manufacturing, is likely to cause more pollution.）。

尽管如此，ⓘ 自动化可以降低生产的成本（can reduce production costs）；ⓘⓘ 机器在进行重复性劳动时比人类的工人效率更高、更准确也更可靠（Machines are more efficient, accurate and reliable in repetitive operations than human workers.）；ⓘⓘⓘ 机器可以用来完成一些对于人类工人过于危险的工作（Machines can be used to perform dangerous tasks that are likely to put human works at risk.）。

随着环境科技（environmental technology）的发展，自动化带来的缺点将会继续减少，同时将给人类带来更多的益处。

**3** ***Technological progress in the last century had negative effect, despite its contribution to human society. To what extent do you agree or disagree?***

尽管对人类社会作出了诸多贡献，但上世纪的科技进步在作用上其实是消极的。对此，在何种程度内你同意或不同意这种看法？

### 关键词透析

◆ **contribution** 是国内考生很熟悉的单词：贡献。它的动词形式构成的词组 **contribute to** 大家也都很熟悉，也可以改用它的近义词组 **facilitate the progress of something**。

### 擦亮眼睛

这道题本质上就是要讨论在20世纪科技的发展到底是利大于弊还是弊大于利。话题很大，但这也正是本题所设的圈套。如果真的把文章写成一本“流水账”，仅仅罗列一堆科技发明的名词，就完全不符合雅思作文的要求了。

议论文必须要有论证。比如一方论证科技带来的某些好处（例如 ⓐ 更高的工作效率，ⓑ 更多的娱乐，ⓒ 更好的医疗设施等），另一方则论证一些让人担心的现象，如 ⓘ 环境污染，ⓘⓘ 人们互相之间变得越来越疏远（become increasingly alienated from each other）等，只有这样才能满足雅思议论文评分标准对论证过程的要求。

**4** ***Machine translation is highly developed in today's society. Therefore, it is not necessary for children to learn foreign languages. What is your opinion?***

机器翻译在当代社会高度发达，因此孩子们没有必要再学外语。你的看法如何？

### 思路指导

机器翻译也许确实能起到传达通常的信息的作用（can be used to convey general messages），而且机器翻译的准确率也越来越高（The accuracy rate of machine translation has been improving.），但是它很难产生人与人之间直接沟通所能产生的信任感与亲切感（the trust and friendliness that can be built with direct interactions），更不用说对于外语的熟练度（foreign language proficiency）还可以：ⓐ 带来更多的就业机会（increase job opportunities），ⓑ 让我们更深入地了解其他文化（expand our worldview and provide us with insights into other cultures）。

**5** ***Some people think that politicians have the greatest influence on the world. Other people, however, believe that scientists have the greatest influence. Discuss both these views and give your own opinion.***

一些人认为政治家对世界的影响最大，而另一些人则认为科学家的影响最大。讨论两种观点并给出你自己的观点。

### 思路指导

这个话题很难有“放之四海而皆准”的结论。例如爱因斯坦（Albert Einstein），罗斯福（Franklin D. Roosevelt）和丘吉尔（Winston Churchill）到底谁为人类所做的贡献大就很难说，如果不是罗斯福和丘吉尔带领盟军（led the Allies）与德军战斗，爱因斯坦作为犹太人科学家也很难真正发挥出他的作用。因此对于这类考题的重点不在于是否能找到“真理”，而在于你是否有清晰、有序地写出自己的理由去支持自己看法的能力。

科学家们不仅可以解开很多未解之谜，而且可以满足人类关于世界、宇宙以及对我们自身的好奇心（solve many mysteries and satisfy human curiosity about the world, the universe and ourselves），而且他们的研究也带来了大量彻底改变人类生活的科技创新（many technological innovations that have transformed our lives）。例如 ⓐ 物理学家和化学家们帮助人类更多地了解物质和它们怎样相互影响的真相（discover truths about substances and how they interact with each other）；ⓑ 环境学家帮助人类找到新能源并且更有效地利用能源（find new sources of energy and use energy more efficiently）；ⓒ 医疗科学的进步（the progress of medical science）带来了更加有效的药物和医疗设备（more effective medicine and medical equipment），能够改善人们的健康（improve our health），甚至延长人们的寿命（prolong our lives）；ⓓ 食品科学家们为我们提供了更加多样的食品选择（Food scientists' discoveries have resulted in a wider variety of food choices available to us.）等等。

而政治家们则可以影响公共政策与决策过程（influence public policies and decision-making processes）。具体来说，政治家们的任务是：ⅰ 为经济和社会发展制定政策（formulate policies for economic and social development）；ⅱ 确保教育、医疗、养老基金、环境保护、国防等领域的合理的、具备可持续性的预算（ensure reasonable and sustainable budgets for education, healthcare, pension funds, environmental protection and national defence）；ⅲ 与各种歧视进行斗争，促进公民的权力与自由（fight against all forms of discrimination and promote citizens' civil rights and freedom）；ⅳ 为国际交流与自由贸易创造条件（facilitate international exchange and free trade），建立相互合作的世界秩序（build a cooperative world order）等。

因此，科学家可以为我们提供改善生活的科学知识和方法（provide us with scientific knowledge and methods to improve our lives），而政治家则确保科技创造出的资源能够在不同国家与个人之间被更加公正地分配（ensure that the wide range of resources created by science and technology can be distributed more fairly between countries and between different individuals）。

## B 飞行与宇航技术

6 ***Nowadays cheap air travel is increasingly popular in the world. To what extent do you think the advantages of this trend outweigh the disadvantages?***

如今，价格低廉的打折航空旅行已经在世界范围内越来越为人们所接受。你认为在何种程度上这一趋势是利大于弊的？

### 关键词透析

◆ 在国内的时候，Pat 听到过有的英语老师说“cheap 是说东西低价而且劣质”，但这其实最多只说对了一半甚至 1/3。在地道英语里，cheap 仍然是经常（至少在 70% 的场合里）仅指价格便宜的，并不一定暗示质量就会差。

关于 air travel 的考题是雅思写作里的常客，具体写法请看今天的第 1 篇范文。

## 同类型真题

(a) ***Air travel only brings advantages to rich people, but the majority of people do not benefit from it. To what extent do you agree?*** 航空旅行只给富人带来了好处，但多数人并没有从中获益。对此，在何种程度上你同意这种观点？

(b) ***Long-distance flights consume natural resources and pollute the air. Some people think that they should be banned. To what extent do you agree or disagree?*** 长距离飞行会耗费大量自然资源并对大气造成污染。有人认为应该禁止长距离飞行。对此，你在何种程度上同意或不同意这个观点？

### 思路指导

又看到了久违的 **ban** 这个词。长距离飞行确实消耗能源，并且可能污染空气，但完全禁止却未必可行。至少在目前，长距离飞行仍然应该是国际旅游或商务出行的主要交通方式（the main means of transport for international tourism and business trips），理由可以有：ⓐ 长途旅行的效率远远高于汽车（Flights are the most efficient means of long-distance travel. The average speed of a jet airliner is about 15 times that of a car.）；ⓑ 有些地区靠坐火车或者坐汽车仍然无法到达（Some areas are still not accessible by road or by rail.）；而且 ⓒ 与乘坐汽车或火车相比，乘坐飞机对于长途旅行者们的健康危害较小（A long-distance flight poses less health risk to travellers than a long-distance car ride or train ride does.）等方面来证明。

(c) ***A long-distance flight consumes the same amount of fuel and causes the same amount of pollution as a car does in several years' time. Some people think that to reduce environmental problems, we should discourage non-essential flights, such as tourist air travel, instead of limiting the use of cars. To what extent do you agree or disagree?*** 一次长距离飞行消耗的燃料与一辆汽车在数年里消耗的燃料一样多而且产生同等的污染。一些人认为为了减少污染问题我们应该阻止非关键性的飞行，例如游客航空飞行，而不是限制使用汽车。多大程度上你同意或者不同意？

## 思路指导

除了上题中已经谈到的飞行所具有的种种优势之外，本题的理由还可以有：ⅰ 汽车的总数很大，因此尽管一架飞机比一辆行驶相同距离的汽车消耗更多的能源，但全部汽车所造成的环境破坏总量仍然大于全部飞行所产生的环境破坏总量（Although an aeroplane uses more fuel and creates more pollution than a car that travels the same distance does, the total environmental damage caused by cars far exceeds the total environmental damage caused by flights.）；ⅱ 而且如果阻止旅游飞行等也会给经济发展带来负面影响。因此，减少对汽车的使用对环境保护意义更大（Thus, reducing car use can contribute more significantly to environmental protection than discouraging non-essential flights.），同时应该积极地发展更加清洁的燃料（cleaner, more environmentally-friendly fuels）和轻轨、地铁等公共交通系统（public transport systems such as sky train and underground train systems）。

(d) ***Air transport is increasingly used to export food such as fruits and vegetables to countries where the food is out of season. Some people think this is a positive development. To what extent do you agree or disagree?*** 航空运输越来越多地被用来把蔬菜水果等食品出口到它们已经过季的国家去。一些人认为这是积极的进展。你多大程度上同意或不同意？

## 思路指导

长距离空运食品可以给消费者们带来更多的食品选择（give consumers a wider variety of food choices），而且可以增加国际贸易（increase international trade）。但另一方面长距离空运食品会导致：ⓐ 运输费用较高（involves high transport costs），ⓑ 消耗更多燃料（consumes more fuel），ⓒ 导致碳排放量增加，进一步加剧全球气候变化（causes an increase in carbon emission, which worsens global climate change）。因此，应该把航空运输食品限制到经济和环境方面都合理的规模（keep air transport of food to an economically and environmentally reasonable scale）。

(e) ***Motorised flight was the greatest invention in the 20th century. No other inventions had such a significant impact on our lives. To what extent do you agree or disagree?*** 机械化飞行是20世纪最伟大的发明。没有任何其他发明对我们的生活有如此之大的影响。多大程度上你同意或不同意？

一旦发现题目里出现了形容词的最高级形式（例如：the best, the greatest, the most important 等），就说明题目里的观点有可能存在着逻辑漏洞，因为“最……”是一个相当绝对的逻辑命题，要想严密地证明这个命题并不容易，而挑出它的逻辑漏洞则会容易很多。

本题要想证明机械化飞行是“最伟大”的发明从严格的逻辑来看并不容易，但是如果想证明它不是“最伟大”的发明则很简单：只要找出比机械化飞行“更伟大”的发明就可以了。例如 computers, the Internet 和 modern cars，对于人们生活的影响都比机械化飞行更深远。

所以，我们就可以在主体部分的第 1 段里先承认飞机确实是一种伟大的发明（a great invention），接下来给出理由，比如空运（air transport）让国际贸易变得更高效（has made international trade more efficient），而且航空旅行（air travel）也促进了旅游业的发展（has boosted tourism）。然后在主体部分的第 2 段里举出反例，证明机械化飞行并不是“最伟大”的发明，例如 computers，the Internet 和 modern cars 等都对人们的生活产生了更大的影响。结论就是 motorised flight 确实是 20 世纪的伟大发明之一，但是在 20 世纪还有比它对人类影响更大的发明。

**7** ***It has been more than 40 years since man first landed on the moon. Some people think that space research is a waste of money. Do you agree or disagree?***

自从人类首次登月以来已经过去了 40 多年。一些人认为太空研究是对金钱的浪费。你同意还是不同意？

### 关键词透析

◆ 单数而且没有冠词的 **man** 并不是特指一个男人，而是泛指人类。

对于本题的深入分析请看今天的第 9 篇范文。

## 同类型真题

(a) ***Some people think that space travel is important. Others, however, think that people will not remember this. Discuss both these views and give your own opinion.*** 有些人认为太空旅行很重要。也有人认为人们不会记住这些太空旅行。请讨论双方的观点并给出自己的看法。

### 擦亮眼睛

每次考到 space travel 的时候都会有考生“跨界”写成 air travel，其实 **space travel** 是指太空旅行，而 **air travel** 则是指乘坐飞机的旅行。

### 思路指导

关于 space travel 的利弊除了可以参考上题的范文之外还可以写：ⓐ 太空旅行可以增加人类关于太空里的物体例如恒星、行星、小行星等，以及关于地球自身的知识（It can increase human knowledge about outer-space objects, such as stars, planets and asteroids, and about our home planet — Earth）；ⓑ 太空旅行迎合了一些公众对于在旅行的同时进行冒险的兴趣（It appeals to the public interest in adventurous travel.）；ⓒ 太空旅行产业（the space travel industry）还可以为很多科学家和工程师创造就业机会（can create jobs for many scientists and engineers），并且为经济发展做贡献（contribute to economic growth）。

（b）***Space travel has been possible for some time. Many people think that space tourism should be developed in the future. To what extent do you agree or disagree?*** 太空旅行在一段时间之前已经成为可能。很多人认为太空旅游应该在未来得到发展。在多大程度上你同意或者不同意？

## 关键词透析

◆ 很多同学误以为 space travel 和 space tourism 是完全的同义词，其实并不准确。**space tourism** 是太空旅游业，专门指为私人太空旅行者（private space travellers / space tourists）提供的商业化太空飞行（commercial spaceflight）。space tourism 的目的是休闲或者商务（for leisure or business purposes）。

而 **space travel** 则是更广义的太空旅行。它不仅包括商业化的私人太空旅行，而且也包括专业的宇航员们（professional astronauts）所进行的太空旅行。

◆ 除了上面两道题里的加分表达之外，写本题时可能用到的加分词汇和短语还有：（1）**the space tourism industry**（名词短语，太空旅游产业）；（2）**passengers**（乘客）；（3）**involve high risk**（动宾短语，涉及到很高的风险）；（4）**accident**（*n.* 事故）；（5）**space launches**（名词短语，把太空飞行器 spacecraft 从地面送入太空的过程）；（6）**space travel vehicles**（名词短语，太空旅行交通工具）；（7）**space collisions**（名词短语，在太空当中发生的各种碰撞事故）；（8）**damage the ozone layer**（动宾短语，破坏臭氧层，目前很多 space launches 都对臭氧层具有严重的破坏作用）；（9）**experience weightlessness**（动宾短语，感受失重的状态）；（10）**spacewalk**（*n.* & *vi.* 太空行走）；（11）**adventurous spirit**（名词短语，冒险的精神）；（12）**satisfy people's curiosity about outer space**（动宾短语，满足人们对于太空的好奇心）；（13）**more fuel-efficient and less-polluting rockets**（名词短语，更节省燃料而且污染更少的火箭。*Note*：火箭的作用是把太空飞行器从地面送入太空）。

## 思路指导

除可以充分参考前两道题的双方论据外，写本题时可供使用的 ideas 还有：ⓐ 商业化的太空旅行很贵，即使是最便宜的商业化太空旅行目前的票价也高达 9.5 万美金（Even the cheapest tickets are priced at 95, 000 US dollars each.），需要通过科技的发展让商业化太空旅行的价格变得更容易承担（make commercial space travel more affordable）；ⓑ 为了避免太空旅游业可能带来的环境问题，应该发展更节约燃料而且污染更小的发射系统（more fuel-efficient and less polluting launch systems）。

（c）***When a human astronaut first arrived on the moon, he said, "It is a big step for mankind." But some people think that makes little difference to our daily lives. To***

***what extent do you agree or disagree?*** 当人类宇航员第一次抵达月球时，他说："这对于人类是一个巨大的飞跃。"但有些人认为这对于我们的日常生活影响很小。多大程度上你同意或不同意？

## C 科技与食品

8 ***Our food has been changed by technological advances. Some people think that is an improvement while others are worried that may be harmful. Discuss both these views and give your own opinion.***

随着科技的进步，人们的食品也发生了变化，一些人认为这是一种积极的变化，而另一些人则担心这种变化有害。请评论这两种观点并给出自己的看法。

### 关键词透析

- **advance** 进步这个词既可以作名词（比如在本题中），也可以作动词，比如：
  【剑桥例句】*Biotechnology*（生物科技）*continues to* ***advance*** *at a rapid pace.*

本题深入分析请看今天的范文2。

### 变形题和同类型真题

(a) ***Food can be produced more cheaply today because of improved fertilisers and better machinery. However, some people argue that such developments may be dangerous to human health and may have negative effects on local communities. To what extent do you agree or disagree?*** 由于改进了肥料与更好的机械设备，食品在当代可以被更低成本地生产。但是一些人认为这些发展对于人类健康存在危险并有可能对当地社区产生负面影响。多大程度上你同意或不同意？

### 关键词透析

- **fertiliser** 是肥料，化学肥料的英文是 **chemical fertiliser**，而有机肥料（即天然肥料）的英文则是 **organic fertiliser**。
- **machinery** 是对机械设备的总称，它是一个不可数名词，而 machine 则是一个可数名词，指具体的一台机器。

(b) ***Some people think that the developments in agriculture, such as factory farming and creations of new types of fruits and vegetables, have brought us more benefits than problems. To what extent do you agree or disagree?*** 一些人认为农业的发展，例如

工厂化养殖以及创造新品种的水果和蔬菜等，所带来的好处多于问题。多大程度上你同意或者不同意？

### 擦亮眼睛

本题在主体段里比较农业发展带来的利与弊时，虽然也可以适当地涉及一些其他做法，例如机械化农业（mechanised agriculture），或者在农业中使用化肥和杀虫剂的做法（the use of chemical fertilisers and pesticides in agriculture）等，但还是必须注意利弊部分均应适当地涉及对题目里给出的实例的讨论。

### 关键词透析

◆ 在英美 **factory farming** 也经常被称为 **concentrated animal feeding operations**，是现代农业中广存争议的一种做法。它是指把饲养的动物（livestock such as cows, sheep, pigs and chickens）关在很小的区域里，并且喂给它们廉价饲料（A large number of livestock are raised in a small area and fed cheap food.）。虽然工厂化养殖可以提高养殖（animal farming）的效率并且降低养殖的成本，但是它的做法很残忍（Factory farming involves many cruel practices of raising livestock.），而且对被养殖动物的健康破坏很大（causes significant damage to livestock health），甚至可能导致食用动物的消费者们的健康问题。

◆ **livestock** 被有些英汉词典翻译成家畜，但其实在当代英语里它也完全可以包含家禽（poultry）。要提醒您特别注意的是 livestock 和 poultry 都是集合名词，不要加 s。

◆ 创造新品种蔬菜水果的利弊请看下题的分析。

**9** ***Biotechnology companies are developing different types of genetically-modified foods (GM foods). To what extent do you think the advantages of GM foods outweigh the disadvantages?***

生物科技公司在研发不同种类的转基因食品。多大程度上你认为转基因食品的利大于弊？

### 关键词透析

◆ food 通常被用作不可数名词，但是当泛指不同种类的多种食品时，food 后面可以加 s。

◆ 转基因技术是 **genetic-modification technology**，基因构成的写法是 **genetic makeup**，而改变基因构成这个词组里面的动词改变除了使用 **change** 和 **modify** 之外，也可以用 **alter** 来避免用词过于重复。

### 思路指导

转基因食品的好处包括：ⓐ 提高农作物的产量（boost crop yields），确保不断增长的人口能获得充足的食品供应（ensure a sufficient food supply for the booming population）；ⓑ 转基因技术可以改善食品的味道，并且增加食品的营养价值（produce better-tasting and more nutritious foods，当 food 是指很多种不同种类的食品时在地道英文里可以加复数形式）；ⓒ 生产出抗病虫害能力更高的农作物（produce more pest-resistant crops），可以满足不希望食用含有杀虫剂的食品的消费者需求（can satisfy the needs of the consumers who are worried about the potential health hazards of crop plants treated with pesticides）。

目前，转基因食品可能带来的负面影响主要是：ⓘ 被改变的基因有可能被转移到包括人类的其他物种上去（the modified genes may be transferred to other species，including humans），从而导致难以预料的负面作用（cause unpredictable side effects），甚至 ⓘⓘ 对当地的生态系统产生严重的破坏性后果（may even bring devastating consequences to the local ecological system）。

因此，政府应该对转基因食品实行严格管理以避免它对于消费者健康和环境的潜在负面影响（The government should place strict regulations on genetically-modified foods to prevent the potential sides effects on consumers' health and the environment.）。

## D 科技对通讯、信息传播与生活方式的影响

**10** ***There are many problems associated with mobile phones today. To what extent do the advantages of mobile phones outweigh the disadvantages?***

如今手机与很多的麻烦问题联系在了一起。你认为在何种程度上手机是利大于弊的？

### 关键词透析

◆ **associated with** 是与……相关联的意思，近义词组还有 **be linked to / be connected with**。

### 思路指导

手机给生活带来的好处不难想，比如：ⓐ 可以让我们与远方的家人和朋友保持联系（help us stay in touch with our family members and friends who live far away）；ⓑ 用手机拍照和玩游戏已经成为很多人的重要娱乐来源（Taking photos and gaming with mobile phones have become an important source of entertainment for many people.）。

弊端则可以包括：ⓘ 手机使用过多可能导致健康问题，例如记忆力减退和睡眠质量下降等（Heavy mobile phone use may cause health problems such as memory loss and sleep disturbances.），有一些医学专家甚至认为手机造成的辐射（mobile phone radiation）可能会产生致癌作用（may cause cancer / may be carcinogenic）；ⅱ 手机对于在教室里听课的学生们和开车的司机们都有可能会形成干扰（Mobile phones may distract students from listening to lectures and make drivers inattentive.）；ⅲ 导致很多与手机相关的诈骗犯罪（mobile phone fraud），例如短信欺诈（text message scams）等。

## 同类型真题

（a）***Young people today tend to find mobile phones and the Internet very helpful. However, it is not common for elderly people to use them. In what ways can mobile phones and the Internet be useful to elderly people? How can elderly people be encouraged to use them?*** 手机与互联网非常有用。但是较少有老人使用它们。手机和互联网对老人们的用处是什么？怎样鼓励他们使用手机和互联网？

### 思路指导

手机和互联网对老人的意义除了上题里的第一条之外，还可以有：ⓐ 帮助老人们获取非常广泛的实用信息，比如关于购物、照顾幼儿、医疗服务等的信息（can provide them with access to a wealth of useful information, such as information about shopping, childcare and medical service）；ⓑ 如果遇到紧急医疗情况时可以让他们获得帮助（get help in case of a medical emergency）。

鼓励老人使用手机和互联网可以通过：ⅰ 由社区中心（community centers）和公共图书馆（public libraries）为他们提供关于使用互联网与手机的培训课程（provide them with training courses on how to use the Internet and mobile phones）；ⅱ 手机厂家可以专门为老年用户生产按键更大、操作更简便的手机（manufacture mobile phones that are specifically designed for elderly users, such as mobile phones with large buttons and simple menu options）。

（b）***Some people have benefited from modern communication technology, while others have not benefited from it. To what extent do you agree or disagree?*** 一些人从现代通讯技术当中获益，而另一些人却没有。多大程度上你同意或者不同意？

### 思路指导

email、手机、instant messaging programmes（例如 Windows Live Messenger）和 social networking websites（例如 Facebook 和 Twitter）等确实帮助很多人提高了远程沟通的效率与效果（has greatly improved the efficiency and effectiveness of long-distance communication for many people）。对这些人来说，与远方的亲友保持联系变得更加容易（help them to stay in touch with family members and friends who live far away from them），而且远程沟通的费

用也降低了（has also lowered the costs of long-distance communication for them）。

但也确实有一些人，例如很多老人和偏远地区的人们（people who live in remote areas），并没有从这些技术当中获益。其原因包括：ⓐ 对这些技术的发展缺乏了解（They are not well-informed about the progress of communication technology.）；ⓑ 很多偏远地区还没有开通互联网或者覆盖手机信号（Many remote areas still do not have access to the Internet or mobile phone coverage.）。

因此，媒体应该向仍然没有从这些技术的发展当中获益的人介绍这些技术。政府也应该为偏远地区发展互联网与手机服务提供资助。

**11** ***Today, people can work and live almost anywhere they want to because of the improvements in communication technology and transport. Do you think that the advantages of this development outweigh the disadvantages?***

如今，由于通信技术和交通的迅猛发展，人们可以在任何地方工作和生活。对此现象，你是否认为它利大于弊呢？

### 思路指导

交通和通讯的发展让人们可以自由选择工作和居住地的好处包括：ⓐ 为人们提供更加广泛的就业选择（can provide people with a wider range of career options）；ⓑ 让人们可以去体验并且享受多样的文化与生活方式（enable people to experience and enjoy a variety of cultures and lifestyles）。

而负面影响则包括：ⓘ 可能会有生活方式方面的适应困难（People may have difficulty in adapting to a new way of life.）；ⓘⓘ 随着个人流动性与独立性的增加，家庭成员之间可能会产生疏远感（The increasing individual mobility and self-reliance may make family members feel distant and alienated from each other.）。

## 同类型真题

***An increasing number of people change their careers and places of residence several times in their lives. Is this a positive or a negative trend?*** 有更多的人一生要更换几次职业和居住地。这是一种积极的还是消极的趋势？

**12** ***People today can perform many everyday tasks, such as shopping, banking or even business transactions, without meeting others face to face. What effects will this trend have on individuals and society as a whole?***

> 人们现在可以远程从事很多日常生活中的事务，例如购物、处理银行业务、甚至商务交易等如今都可以远程完成而无须彼此见面。你觉得这种趋势对个人以及整个社会会造成什么样的影响？

### 关键词透析

- **perform** 在本题里的意思不是表演，而是从事的意思，同义词还有 **conduct** 和 **carry out**。
- **business transactions** 是指商务交易。

### 思路指导

本题是一道 **Report**，要求分析电子商务的影响，可以从效率、方便程度、更低的交易费用（lower transaction costs）以及网络诈骗（online fraud）等诸多方面分析。但需要特别提醒注意的是，本题的问题里明确地问了对于个人以及整个社会的影响，所以如果只说对个人的影响或者只说对社会的影响都是 **does not address all parts of the question**（没有完整地回答考题里的问题）。

> 13 ***Today, many employees work from home with modern technology. Some people think that only benefits the workers, not the employers. Do you agree or disagree?***
>
> 当今，很多员工可以使用现代科技在家上班。一些人认为只有员工可以从中获益，而雇主无法获益。你同意还是不同意？

### 关键词透析

- 地道英文里在家上班的表达方式很多，最常见的包括 **work from home / work at home**（在当代英文里 work from home 用得更多一些）以及 **telecommute**（动词，它的名词形式是 **telecommuting**）。

### 思路指导

员工使用高科技在家上班可以：ⓐ 让员工获得更加灵活的工作安排（provide employees with more flexible work arrangements）；ⓑ 减少员工的压力并且改善他们的整体健康状况（reduce employees' stress and improve their overall health and fitness）；ⓒ 帮助员工获得工作和家庭生活之间的合理平衡（help employees achieve work-life balance）。

但雇主同样可以从让员工在家上班中受益，例如：ⓘ 减少办公室的开支（reduce

office costs)，以及 ⓘⓘ 扩大雇主们招聘员工的选择范围（give employers access to a larger labour pool）。

因此，如果能够高效管理，员工在家上班同样可以给雇主带来显著的益处（If managed efficiently, telecommuting programmes can also offer significant benefits to employers.）。

**14** ***Leisure is a growing industry. However, we no longer entertain ourselves as much as we used to because the use of modern technology has made us less creative. Do you agree or disagree?***

休闲是一个正在发展的产业。但我们不像过去那样自娱自乐，因为现代科技让大家变得不像过去那样有创造力了。你同意还是不同意？

## 思路指导

在当代，休闲活动的一个重要趋势就是被动娱乐的急剧增加（an important trend in leisure activities is the sharp rise in passive entertainment）。大多数人花很多时间看电视、看网络电影（watch films online），用 MP3 播放器（MP3 player）、电脑或者用 iPhone 听音乐。这些休闲活动都不是积极的或者互动式的娱乐（are neither active nor interactive entertainment）。而且它们还会减少朋友或者家人之间的有效交流（These passive entertainment activities also reduce communication between family members and friends.）。

但另一方面，现代科技也为我们创造了很多自娱自乐的机会。例如，很多互联网使用者用自己的手机或者摄像机拍视频，然后把它们上传到视频网站例如 YouTube 和 Metacafe 上去（Many Internet users use their mobile phones or video cameras to create video clips and upload them to video sharing websites such as YouTube and Metacafe.）。这些科技让普通人也成为了导演或者演员。对于喜欢音乐的人来说，利用现代的录音科技他们也可以在家里建立音乐工作室来娱乐自己并且和亲友分享自己的音乐（build home music-recording studios to entertain themselves and share their music with their family and friends）。而且过去的一些积极的休闲活动，比如跳舞和运动等，现在也还是有很多参与者（participants）。

因此，事实上现代科技为我们提供了更多的娱乐选择。我们应减少被动地看电视或者看网络电影的时间（reduce the time spent on passive entertainment such as television and online movies），更多地参加有创造性的休闲活动以及能和亲友进行交流的休闲活动。

# Technology 类各分数段范文深入讲解

## 科技类范文一 打折机票该不该买

***Nowadays cheap air travel is increasingly popular in the world. To what extent do the advantages of this trend outweigh its disadvantages?***

如今，价格低廉的打折航空旅行已经在世界范围内越来越为人们所接受。在何种程度上这一趋势的利大于弊？

**【解题】**

廉价飞行可以让更多的人有机会乘坐飞机，从提高效率和促进旅游业的发展来看应该是有利的，而且打折机票也并不见得就没有全价机票的座位舒服，很多时候其实不是你买得便宜而是别人买贵了。

反对廉价飞行值得一听的理由是坐飞机的人多了，有可能导致消耗更多的能源并产生更多的污染。但是 FAA（美国联邦航空局）今年年初公布的研究结果显示：如果按照每位乘客行进每一公里的平均值来计算，那么汽车并非比飞机更节省燃料或者更环保（A car journey is not more fuel-efficient or environmentally-friendly than a flight in terms of the amount of fuel consumed or pollution produced per passenger per kilometer travelled.）。

所以，就连环保都无法构成反对买廉价机票的理由了。这名考生的用词造句能力并不算很出色，但是本文在论证扣题度与充实度方面做得不错，行文连贯性与衔接效果也较为自然，因此仍然能够达到 7 分的总体标准。

**▶ 7 分范文**

There was a time when air travel was only for the wealthy people and out of reach of the majority of citizens. But now low-cost flights are available in many countries. I believe this is, overall, a positive development.

The most obvious advantage of low-cost flights is **their affordability**. Some **airline tickets** are so cheap that they cost even less than the airport tax. This can certainly give more people access to air travel and help them to save money.

Low-cost air travel also **contributes to the growth of tourism** because it provides more tourists with the chance to **travel by air**. Time is valuable for tourists and most of them hope to spend more time in **their destinations**. Compared with **a journey by train or by car**, low-cost flights save tourists a great deal of time. This means that they can have more time and energy to **enjoy the attractions** that they wish to visit.

Some people are worried that **low-budget air travel** may be less comfortable than **regular flights**. In fact, most low-cost flights provide the same seats as the seats offered to **passengers** on regular flights. Even if we feel unhappy with the seats, we can always get a better seat at a bit of extra cost.

Some other people may complain that cheap air travel **consumes more fuel** and causes more pollution. However, cheap air travel does not cause more damage to the environment than car rides or coach tours because **passenger planes** can carry far more people than cars and coaches do.

In conclusion, not only can cheap air travel offer us affordable flights, it can also give us greater convenience and **more choices**, on which we cannot put a **price tag**.

## 词汇和短语

（标★的是本类话题的高频词汇或短语）

**is / are available** 可供利用的

**wealthy** *adj.* 富有的

**the majority of people** 多数人

**airline ticket** 航空机票

**affordability** *n.* 让人能够承担的价位，它的形容词形式是affordable价格合理的，能够让人承担的

**airport** *n.* 机场

**give more people access to...** 让更多的人可以利用到某种资源

★ **destination** *n.* 目的地

**a journey by train** 乘坐火车的旅行

**enjoy the attractions** 这里指享受旅游景点

★ **low-budget** *adj.* 低预算的

★ **regular** *adj.* 常规的

★ **passengers** *n.* 乘客

★ **extra** *adj.* 额外的

【近义】additional

**may complain** 可能会抱怨

★ **fuel** *n.* 燃料

**passenger plane** 客机

**coach** 长途汽车

★ **price tag** 价格的标签

**Bonus:**

**airline companies** 航空公司，在英美生活里也经常被简称为airlines

**discount airline tickets** （名词短语）打折机票

**本文量化评分**

| | | | |
|---|---|---|---|
| 论证扣题度与充实度 | ★★★★☆ | 行文连贯性与衔接效果 | ★★★★☆ |
| 词汇量和用词准确度 | ★★★★☆ | 语法准确度和多样性 | ★★★☆☆ |

## ■ 译文

航空旅行曾是富人们的特权，而超出大多数人能够企及的范围之外。但是现在，廉价航空已经可以在许多国家中被人们使用。我认为总的来说，这是一种积极的现象。

低价航空飞行最明显的好处就是易于承担的价位。有些机票甚至便宜到还没有机场税高。这无疑将使更多的人能享受价位合理的飞行旅行并且帮他们省钱。

低价航空旅行也能为旅游业的发展做出贡献，因为它使得更多的游客有机会使用航空旅行。时间对于游客们来说是非常宝贵的，而且多数游客都希望在目的地停留更久。比起火车或汽车旅行，廉价航空旅行帮游客节省了大量的时间，这意味着游客可以有更多的时间和精力去参观他们的景点。

有些人担心廉价航空旅行没有普通航空旅行那样舒服。实际上，大多数的廉价飞行为乘客提供的座位与乘坐常规航班的乘客们所获得的座位是一样的。即使我们真的感到不舒适，也总是可以通过多花一点额外的费用来调换一个更好的位子。

另一些人可能会抱怨：廉价航空旅行消耗更多的燃料并且导致更多的污染。**但是**因为飞行所承载的人数比小汽车和长途车更多，所以廉价航空旅行并不比开车或坐长途汽车的旅行对环境的危害更大。

总之，廉价的航空旅行不但能为我们提供可负担的飞行服务，还能为我们的生活带来更多的便利与更多的选择，这些好处是不能仅仅用金钱来衡量的。

## 科技类范文二 民以食为天

***The production and transport of food has been heavily influenced by modern technology. To what extent do you think this is a positive development?***

现代科技对于食品的生产和运输方式造成了极大的影响，在何种程度上你认为这些影响是积极的变化呢？

▶ **7 分范文**

The impact of modern technology on the food industry has been an issue of public concern for several decades.

I believe that modern food technology has a wide range of benefits. For consumers, **the application of technology** in food production and food transport has greatly increased **the variety of food** available in supermarkets and grocery stores, which means a wider range of food choices. For example, modern technology can **modify the genetic makeup of** livestock to produce meat that is **rich in protein** but low in fat. Also, **packaged food** such as **canned** and bottled food makes life easier, especially for city residents whose busy lifestyles have made it difficult to prepare three meals every day by themselves. From an economic point of view, **industrialised food production** reduces the costs for **food manufacturers**. As a result, consumers can buy food at lower prices than before, and are left with more money for education, healthcare and entertainment.

On the other hand, the modern way of producing and transporting food has caused some environmental damage and health concerns. To **increase crop yields**, farmers often grow crop plants with the help of **chemical fertilisers** and **pesticides**, which pollute soil and water. Another problem is although the developments in food transport give consumers easy access to food produced in other countries and regions, these developments **increase carbon emissions** from trucks and flight and **traffic congestion** on a global scale. **Health concerns** are also raised about **genetically-modified food** and junk food, which have become an important part of many people's diet.

It seems to me that overall, the changes brought about by modern food technology contribute to a simpler and more pleasant lifestyle. Nevertheless, it is an important task of food scientists and engineers to make the food industry **more eco-friendly** and health-conscious.

## 词汇和短语

（标★的是本类话题的高频词汇或短语）

★ **decade** *n.* 十年

**the application of technology** （名词短语）对于科技的应用

★ **variety** *n.* 选择的多样性，口语里有句很常用的英语名言："Variety is the spice of life."

★ **modify the genetic makeup of …** 改变……的基因构成

★ **livestock** *n.* 有些英汉词典把这个单词翻译成家畜，事实上在当代英语里它可以指家畜和家禽，包括cows，pigs，sheep（注意sheep的复数还是sheep），chickens等。同时请注意：livestock是一个集合名词，不要加s

★ **rich in protein** 富含蛋白质的

**packaged food** 带包装的食品（例如canned food罐装食品，bottled food瓶装食品等）

**industrialised** *adj.* 工业化的

**food manufacturer** 食品的生产厂家

**crop yield** （名词短语）农作物的产量

**chemical fertiliser** 化学肥料

**pesticide** *n.* 杀虫剂

**countries and regions** 国家与区域

**carbon emissions** （名词短语）碳排放，导致温室效应的重要原因

**traffic congestion** 交通堵塞（注意：congestion是不可数名词）

**genetically-modified** *adj.* 转基因的

**eco-friendly** *adj.* 有益于生态的

**health-conscious** *adj.* 具有健康意识的

**Bonus:**

**high-calorie** *adj.* 高卡路里的

**high-cholesterol** *adj.* 高胆固醇的

## 语法多样性分析

◆ It is an important task of food scientists and engineers to **make the food industry more eco-friendly and health-conscious**. 本句话里出现了宾补结构，more eco-friendly and health-conscious作为动词make的宾语the food industry的宾语补足语（关于宾补结构可以参阅《十天突破雅思写作》里的语法讲解部分）

**本文量化评分**

| | | | |
|---|---|---|---|
| 论证扣题度与充实度 | ★★★☆☆ | 行文连贯性与衔接效果 | ★★★★☆ |
| 词汇量和用词准确度 | ★★★★☆ | 语法准确度和多样性 | ★★★★☆ |

**Pat 注：**

如果在本文的第1个主体段里该考生也能对食品运输food transport进行适当的展开论述，那么本文的扣题度会更好一些。

## ■ 译文

近几十年来，现代科技对食品工业的影响一直是为公众所关注的话题。

我认为现代的食品科技有多种好处。对于消费者们来说，科技在食品生产当中的应用增加了人们对于食品的选择。例如，现代技术可以改变养殖动物的基因构成，使其生成高蛋白低脂肪的肉。**而且**，带包装的食品例如罐装与瓶装食品让人们的生活变得更加方便，特别是对于那些总是在忙碌中很难自己准备三餐的城市居民们。**从经济角度来看**，工业化的食品生产降低了生产商的成本，使得消费者能以比以前更便宜的价格购买食品，这也就意味着人们能有更多的钱可以投入到教育、医疗和娱乐中去。

另一方面，现代加工和运输食品的方法带来了一些环境破坏和对于健康的担忧。为了增加农作物产量，农民经常会在种植农作物的同时使用化学农药和杀虫剂，这会污染当地的土壤与水质。**另一个问题是**尽管食品运输的发展给消费者们带来了其他国家和地区生产的食品，但这些发展也在全球范围内增加了卡车与飞机的碳排放以及交通堵塞。**同样**被提出的还有已成为很多人饮食重要组成部分的转基因食品和垃圾食品所引起的健康担忧。

在我看来，整体上看食品科技带来的变化能使人们的生活变得更简单、更舒适。尽管如此，食品科学家们的一项重要任务是让食品工业变得更环保并且更具有健康意识。

## 科技类范文三 e时代的书信

***With the increasing use of mobile phones and computers, fewer people write letters. Some people think that the traditional skill of letter writing will disappear. To what extent do you agree or disagree?***

随着手机和电脑的应用增加，写信的人越来越少。有些人认为写信这项传统技巧将会完全消失。在何种程度上你同意或反对这种观点？

**【解题】**

即使在大量的信息是用“电邮”、“爱特（@）”、“微信”、“陌陌”等来传递的年代里，写信仍然是表达真情实感最有效的方法之一。

### ► （A）7.5分范文

Many people are worried that the traditional skill of letter writing will disappear from our lives because of the popularity of the Internet and mobile phones. However, I do not think that the skill of letter writing will be lost completely.

I accept that most people's letter-writing skill will become weaker because they have few chances to **practise this skill**. People today tend to **interact with others** with mobile phone, the Internet or other electronic tools for the convenience and high efficiency that they can offer. Also, many people, especially young people, feel that **electronic means of communication** such as **instant messaging** and **video chat** can bring them more pleasure than letters.

However, I would argue that people will still need to write letters on some occasions because letters help them to express their emotions better than e-mail and SMS. For example, if students write thank-you letters by hand and mail the letters to their teachers, their teachers are likely to **feel more appreciated** when reading the letters. Similarly, on Valentine's Day, many young people prefer to **express their love and affection** for their boyfriend or girlfriend with **handwritten letters**, which helps them to express their feelings **more passionately and sincerely**.

Like personal letters, formal letters will also continue to play active roles in our lives. For example, when a customer **feels dissatisfied** with the product or service provided by a business, the customer can write **a formal letter of complaint** and send it to the business. This shows that the customer takes the matter seriously, and makes the complaint more likely to be resolved by the business than an e-mail complaint does.

In conclusion, I believe that the tradition of letter writing will not be lost completely because it can still help us on various personal and business occasions when electronic means of communication do not seem sincere or formal enough.

## 词汇和短语

（标★的是本类话题的高频词汇或短语）

- **practice this skill** 练习、实践这种技能
- ★ **interact with others** 与其他人沟通、互动
- ★ **electronic means of communication** 电子的沟通手段，沟通方式
- ★ **instant messaging** 即时消息（指像Windows Live Messenger和QQ这样的网络聊天工具）
- **video chat** 视频聊天
- **occasion** *n.* 场合
- **help them to express their emotions better** 帮助他们更好地表达自己的情感
- **SMS** （手机等的）短信服务
- **thank-you letter / thank-you note** 感谢信
- ★ **feel more appreciated** 感到自己的劳动更受对方认可的

科技类范文

★ **express their love and affection for sb.** 表达他们对于某人的关爱

★ **passionately and sincerely** 热忱地、真挚地

**feel dissatisfied with sth.** 对某事感到不满意

**letter of complaint** 抱怨信，投诉信

**resolve** *vt.*（*very formal*）解决（投诉、争执、冲突等）

## 语法多样性分析

◆ The tradition of letter writing will not be lost completely **because** it can still help us on various personal and business occasions **when** electronic means of communication do not seem sincere or formal enough. 本句里使用了由 because 引导的原因状语从句和由 when 引导的定语从句（修饰 occasions）

**本文量化评分**

| | | | |
|---|---|---|---|
| 论证扣题度与充实度 | ★★★★☆ | 行文连贯性与衔接效果 | ★★★★★ |
| 词汇量和用词准确度 | ★★★★☆ | 语法准确度和多样性 | ★★★☆☆ |

## ■ 译文

许多人担心随着网络和手机的普及，传统的手写书信技能将会从我们的生活中消失。但我并不认为写信技能会完全消失。

我承认书信技巧确实会因为人们很少有机会使用它们而不断衰弱。在当今社会中，由于手机、网络以及其他电子产品的高效便捷，人们更倾向于使用它们进行彼此联络。**此外**，大部分人，尤其是年轻一代认为像短信聊天和视频聊天等现代化交流方式比传统的书信模式要有趣得多。

然而，我相信在某些特定场合，人们仍然需要写信，因为书信比电子邮件和短消息更利于传递情感。比如，如果学生手写一封感谢信并且邮寄给老师，老师很可能在读信的时候更加感到自己的劳动受到了认可。与此类似地，当年轻人在情人节表达对对方的爱意时，一封手写的情书也能帮助他们更好地展现自己真挚、热烈的情感。

就像私人书信那样，正式公文也会继续在我们的生活中扮演重要的角色。例如，当一名消费者对某家公司的产品或服务感到不满时，他就可以向该公司撰写一封正式的投诉信。这一举措可以表现出顾客对这一事件严肃的态度，比用电子邮件投诉要更容易被公司方接受并处理。

总而言之，我相信拥有悠久传统的书信不会完全消失，因为它们还将在许多用电子书信显得不够诚挚和庄重的私人或正式场合下发挥作用。

### ▶（B）7.5 分范文

Mobile phones and the Internet are so widely used today that many people are concerned that letters may completely disappear from our lives. Although I think this concern is understandable, I do not think it will become a reality.

The **ease and immediacy** of phone calls, **text messages** and e-mails make them attractive to people, especially to young and busy ones. An e-mail or a text message can reach someone thousands of kilometers away in a few seconds. The same e-mail or text message can even **be sent to multiple users** at the same time. By contrast, it takes a letter several days to reach the recipient.

E-mails and multimedia messages also allow their users to **share pictures and videos** and makes communication more **interactive and entertaining**. Another advantage of e-mails and text messages is that they **can be stored electronically** on servers and mobile phones, while letters always need some physical storage space.

In spite of this, I do not think that the tradition of letter-writing will disappear. Letters, especially handwritten ones, **have a strong personal touch**. Letter-writing takes much more time and energy than typing and sending an e-mail on a computer or calling someone on a mobile phone. This helps a letter to express emotions more deeply than an e-mail or a phone call. Letter-writing works particularly well when we need to **express our sympathy, support or romantic feelings**. For business or official purposes, letters can also provide the formality that is well-suited to **formal correspondence**.

In conclusion, despite the advantages that e-mails and mobile phones have in **speed, ease of use and storage**, I believe that letter-writing will continue to be useful for a variety of personal and business purposes.

### 词汇和短语

（标★的是本类话题的高频词汇或短语）

**ease** *n.* 轻易，轻松
【形容词】easy

**immediacy** *n.* 立刻能够见效的特性
【形容词】immediate

★ **text message** （手机的）短信

**be sent to multiple users at the same time** 被同时传送给多个用户

**more interactive and entertaining** 更加具有互动性和娱乐性的

★ **recipient** *n.* 接收人

**store** *vt.* 储存 【名词】storage

★ **be electronically stored** 用电子媒介储存

**server** *n.* 服务器

**physical storage space** 实体的储存空间

**has/have a strong personal touch** 具有很强的个人感染力

★ **sympathy** *n.* 同情

**formality** *n.* 很正式的形式
【形容词】formal

★ **be well-suited to sth.** 很适宜某一用途的

**formal correspondence** 正式的通讯

**Bonus:**

**covering letter**（**BrE**） 在西方国家求职时经常需要与个人简历一起寄送的一封简短陈述信，美语里称它为 cover letter

**letter of admission** （学校的）录取信

**convey** *vt.* 传达

**be electronically-transmitted** 被通过电子媒介来传送的

**本文量化评分**

| | | | |
|---|---|---|---|
| 论证扣题度与充实度 | ★★★★☆ | 行文连贯性与衔接效果 | ★★★★☆ |
| 词汇量和用词准确度 | ★★★★☆ | 语法准确度和多样性 | ★★★★☆ |

## ■ 译文

手机和互联网的广泛应用使很多人认为传统书信将会永远从人们的生活中消失。尽管我认为这一担忧是可以理解的，我并不认为它会成为现实。

电话、短消息和电子邮件的简单便捷与时效性对众多的人们，尤其是年轻和工作繁忙的人们具有吸引力。一封电子邮件或一条短消息能在短短几秒内就送达千里之外的收信人。同一封电子邮件或同一个短信甚至还可以被同时传送给很多用户。对比起来，书信送达收信人则通常要花上好几天的时间。

发信人还可以通过电子邮件或多媒体短信分享图片与视频，从而使沟通更加具有互动性和娱乐性。电子邮件和短信息的另一个优势是可以用服务器或手机以电子形式保存它们，而书信则总是需要一定的实体空间存放。

尽管如此，我并不认为写信的传统会消失。书信，尤其是手写书信，能传递一种强烈的个人色彩。写一封信要比在电脑上输入文字或打个电话更加耗费时间和精力。这让书信能够比电子邮件和电话表达出更加深厚的感情。书信往往在我们需要表达同情、支持及浪漫感情时更为有效。对于商业与官方目的，信件也能表达出适合正式信函的正式感。

综上所述，尽管电子邮件和电话拥有快速便捷、便于使用和易于储藏等优点，我认为写信对于多种个人与商务目的都会是很有用的。

## 科技类范文四 怎样写好科技类 Report

***Many people ignore basic science today. What are the causes and what are your solutions?***

当今很多人忽视基础科学。原因是什么？你的解决方法是什么？

**【解题】**

很多同学对于到底什么是 basic science 感到纠结。英美学界对 basic science 的定义也颇为高深：Basic science is science that describes the most basic objects, forces, relations between them and laws governing them, such that all other phenomena may be in principle derived from them following the logic of scientific reductionism. Pat 建议大家不必纠结，只要牢记在本题里它基本就等于中文的"基础科学"就好了。physics 物理和 chemistry 化学都是特别典型的 basic science，生物学 biology 的某些基础研究领域也经常被认为是 basic science。

从题型上来说，这道真题属于分析原因与解决方案的 Report 题型。Report 在最近十年的考试中出现的平均频率为 15%～25%，并不算太高，所以基础一般或者时间紧的同学对于这种题型可以通过准备一些固定的论证模式来完成。

但是下面的两篇范文却都没有使用任何模板，完全凭借着扎实的基本功和对于社会问题的思考顺利完成了对这个抽象话题的论证。

### ▶（A）7.5 分范文

While technological developments are constantly covered by the mass media, basic science is hardly receiving any attention from the public.

I believe that the **public ignorance of** basic science research is mainly due to its unpredictable value. Compared with applied technology which can produce almost immediate benefits, most basic scientific research does not have **short-term financial potential**. To develop basic science, scientists have to devote a great deal of time and energy to their research, while being very uncertain if their research can achieve **the intended results**. Many scientists **become dissatisfied with** their working conditions and earnings, and in the end, they choose to leave their laboratories for other jobs. This makes their work more **obscure to the public**.

Several measures can be taken to change this situation. On the national level, the government should **fulfill its responsibility** for **raising public awareness of** the importance of basic science. Only when the government gives priority to the development of this field can basic science get the funding and the public support that **are urgently needed** for its progress. Private companies should be encouraged to financially support scientists as well, not only for profit but also for the overall development of science. There should also be more scientific programmes on TV, at schools and in public libraries to help the public to better understand **scientific discoveries and applications**.

In conclusion, basic science deserves more public attention and support. Policy-makers, the media and schools should join hands to make it better understood and appreciated by the public.

## 词汇和短语

(标★的是本类话题的高频词汇或短语)

★ **the mass media** 大众传媒，指广播、电视、报纸、杂志、互联网等

★ **public ignorance of ...** 公众对于某事物的不了解，不熟悉的状态

★ **unpredictable** *adj.* 不可预见的

**immediate** *adj.* 立即的，立刻的

★ **short-term financial potential** （名词短语）短期内创造经济效益的潜力

★ **devote... to...** 把……奉献给……

【近义】dedicate... to...

**the intended results** 预期的，希望达到的结果

★ **dissatisfied** *adj.* 不满意的

【固定搭配】be dissatisfied with...

**is / are obscure to the public** 不被公众所熟知的，不为公众所注意的

★ **fulfill its responsibility for ...** 履行它在某方面的责任

**raise public awareness of ...** 提高公众在某方面的意识

★ **scientific discoveries and applications** 科学的发现与应用

**priority** *n.* 首要任务

★ **policy** *n.* 政策

【合成词】policy-maker 政策的制定者

★ **are urgently needed** 是被迫切地需要的

## 语法多样性分析

◆ **Only** when the government gives priority to this field **can** basic science get the funding and the public support that are urgently needed for its progress. 典型的倒装句式

**本文量化评分**

| 论证扣题度与充实度 | ★★★★☆ | 行文连贯性与衔接效果 | ★★★★☆ |
|---|---|---|---|
| 词汇量和用词准确度 | ★★★★☆ | 语法准确度和多样性 | ★★★☆☆ |

## ■ 译文

尽管媒体上关于科技发展的报道持续不断，但基础科学却几乎没有引起公众的任何注意力。

我认为公众之所以对基础科学缺乏了解，很大程度上是因为它的价值是不可预见的。相比那些效果立竿见影的应用科技，多数基础科学研究在短期内并不具备潜在经济效益。要发展基础科学，科学家们需要投入大量的精力和时间来进行研究，而且他们的投入是否能达到预期结果也是完全不确定的。许多科学家最终变得对自己的工作环境和收入不满，离开实验室去寻求其他工作。这让他们的工作更不被公众所知晓。

有几项措施可以改变这种状况。在国家的层面上，政府应该履行让公众意识到基础科学重要性的责任。只有当政府对基础科学的发展给予优先地位，基础科学才能得到它的发展所急需的资金支持和公众支持。私人公司**也**应对那些致力于基础科学研究的科学家们提供财务支持，不仅仅为其所能带来的经济利益，而且也为科学的整体发展。**此外**，应该有更多的电视节目以及学校和公共图书馆项目帮助公众理解科学发现与应用的过程。

总之，基础科学需要得到更多的公众关注和支持。政策制定者、媒体与学校应该联合起来让公众更加了解基础科学，并且更加欣赏基础科学研究的价值。

### ▶（B）8分范文

Strange as it may seem, the importance of basic science, which is **the main driving force behind productivity growth**, has been largely ignored by the public. I believe that the reasons for this unfortunate fact lie in the nature of basic science and **the public perception of it**.

使用… as it may seem 的倒装句引出开头，提出尽管基础科学是提高生产率的重要推动力，但是却遭到公众忽视，这种现象并不正常。第二句概括了这种不幸现实的根源在于基础科学的特殊性与公众对于它的感知。

（续表）

| | |
|---|---|
| Basic science, such as physics and chemistry, has always **been shrouded in mystery or secrecy**. Scientists' areas of research are **highly specialised**. This fact, combined with the portrayal of scientists as strange and lonely people in many sci-fi films, has left scientists no better understood today than centuries ago. | 本段中讲物理和化学等基础科学对于多数人来说都带有强烈的神秘感，而且科幻电影里的失实描绘也让当代的科学家和很多世纪以前的科学家们一样在公众眼里神秘莫测。 |
| The benefits of basic scientific research have also failed to be well understood by the public. Unlike applied science, basic science concentrates on the development of theories rather than the design of products for practical use. In fact, the period between **the creation of a scientific theory** and its first application can be as long as several decades. As a result, basic scientific programmes hold little attraction for investors and therefore **are often undervalued**. | 这一段提出基础科学之所以受到忽视是因为它的实用性不强，所以基础科学理论对于想利用科技营利的人来说往往缺乏吸引力。 |
| The false ideas about basic science should be corrected. Governments should provide more funding for basic scientific research. Sufficient funding can help scientists to have clear **career paths** and achieve their research potential. Also, their **research findings** should be more widely publicised by the mass media. Similarly, educational activities such as **science fairs** and **science exhibitions** should be made available to more children and adults by schools and museums. Through increased interaction with the public, scientists would be able to **change the stereotype** of "lab animals" and gain the understanding and respect that they deserve. | 这名高分考生在结尾段很自然地提出通过政府对于基础科学的大力支持与媒体、学校、博物馆等对于基础科学的更广泛介绍，基础科学家们将会得到他们应有的公众理解与尊重。 |

## 词汇和短语

（标★的是本类话题的高频词汇或短语）

★ **driving force** 驱动力

★ **productivity growth** 生产率的提高

**largely** *adv.* 大部分，主要地

**ignore** *vt.* 忽视

**an unfortunate fact** 一个不幸的事实

**the public perception of …** 公众对于某事物的感知

**nature** *n.* 本质 【注意】这里它不是自然界的意思

★ **be shrouded in mystery or secrecy** 给人神秘或者密不可宣的感觉

【剑桥例句】*The fate of the explorer* ***is shrouded in mystery***.

★ **specialised** *adj.* 涉及到专门技能的

**the portrayal of …** （电影等）对于某人或某类人的描绘

**the creation of a scientific theory** 一种科技理论的创立

**application** *n.* 应用

**decade** *n.* 十年

**hold little attraction for …** 对于某类人的吸引力很小

**investor** *n.* 投资者

**is / are undervalued** 价值被低估的

**sufficient funding** 足够的经费

**career path** 事业的发展方向

★ **publicise** *vt.* （让信息等）公开，请注意它和 publish（出版）之间的区别

★ **science fair** 在学校里开展的科技竞赛

**science exhibition** 科技展

★ **research finding** （名词短语）研究发现的成果，请注意它和 research funding（研究经费）的拼写区别

★ **interaction** *n.* 互动，相互的交流

【动词短语】**interact with**

**change the stereotype** 改变某种思维定势

★ **deserve** *vt.* 值得

## 语法多样性分析

◆ Strange **as it may seem**, the significance of basic science, which is the main driving force behind productivity, has been largely ignored by the public. 这是一个特殊的倒装句开头，表示“尽管……看起来……”，请注意在… **as it may seem,** …这种倒装句的句首出现的经常是形容词

◆ **Unlike** applied science, basic science concentrates on the development of theories **rather than** the design of any specific products for practical use. 本句中使用了 unlike（并不像……那样）和 rather than（而不是……），它们分别表示对比和取舍的逻辑关系

**本文量化评分**

| | | | |
|---|---|---|---|
| 论证扣题度与充实度 | ★★★★★ | 行文连贯性与衔接效果 | ★★★★☆ |
| 词汇量和用词准确度 | ★★★★☆ | 语法准确度和多样性 | ★★★★☆ |

## ■ 译文

尽管看起来很奇怪，但基础科学这一生产力增长的重要推动力却被公众普遍忽视。我认为这种不幸的现实来源于基础科学的特性和公众对于它的感知。

物理和化学等基础科学对于多数人来说都带有强烈的神秘感或者秘而不宣的感觉。他们的研究领域非常专业，**同时**很多科幻电影把科学家们描绘成怪异而且孤独的人也让人们觉得现代的科学家们还是和几个世纪前的科学家们一样神秘莫测。

基础科学所带来的益处也并没有能被公众很好地理解。与应用科学不同，基础科学更侧重于理论的发展而不是设计产品并付诸使用。事实上，从一种理论的创立到第一次被应用之间的时间甚至可能长达几十年。因此，基础科学研究常常得不到投资者的关注，它们的价值也因此往往被低估。

关于基础科学的错误观念应该被改正过来。政府应该向基础科学研究提供更多资金。足够的经费能够给科学家们明确的事业发展方向和充分发挥自己研究潜力的机会。科学家的研究成果也应该被大众传媒更加广泛地公布。**与之类似地**，学校和博物馆应该让科学竞赛和科学展览等活动对更多的儿童和成年人开放。通过与公众的更多互动，科学家们可以改变公众对他们持有的“实验室怪人”的思维定势，得到他们理应得到的尊重与理解。

## 科技类范文五 / 科技与人际

***Nowadays the way people interact with each other has changed because of technology. In what ways has technology affected the types of relationships people make? Has this been a positive or negative development?***

由于科技，如今人们之间相互沟通的方式也改变了。科技在哪些方面影响了人际关系类型？这是一种积极的还是消极的发展？

**【说明】**

本题包含两问，第一问是问“在哪些方面有影响？(Report)”，第二问是问：“影响到底好不好（Argument)？”这名同学在两个主体段里分别回应了这两个问题，而且论证较为充实，行文衔接也比较自然，是典型的7.5分作文。

### ▶ 7.5 分范文

Developments in **telecommunications technology** have led to dramatic changes to the types of relationships that people make.

Easy access to the Internet and mobile phone services means that **geographical distance** is no longer **a barrier to** building relationships with people far away. **Video-conferencing technology** helps business people communicate with their partners in other countries, while **distance-education technology** has made many online courses available. Students can take these courses without having to **meet their teachers face to face**. The way people keep in touch with their family and friends has also been transformed by mobile phone services and **instant messaging software** such as Google Talk and Skype.

On the one hand, these changes can have many benefits. They help people to be more efficient and **reduce costs** in communication over distances. For example, by having online meetings, business people can save time and avoid travel costs. Another advantage to these changes is that they provide a much wider variety of choices in developing relationships. We can even easily form a strong friendship with strangers now by **sharing interests and exchanging ideas** with them on **social networking websites**, **Internet forums** and **online chat rooms.** On the other hand, this trend has led to a decrease in face-to-face communication. More people **feel lonely and isolated** in real life in spite of the relationships they have developed **in the virtual world**. The rate of **Internet fraud** has also increased because it is easier for criminals to trick their victims online with lies or **counterfeit goods**.

I think that overall, technology has positive effects on the relationships people make, but people should also value their relationships in real life and be more honest and sincere when using technology to **interact with** each other.

## 词汇和短语

（标★的是本类话题的高频词汇或短语）

★ **telecommunications technology** （名词短语）通讯科技的创新

★ **easy access to …** （名词短语）能够方便地利用……的机会

**geographical distance** （名词短语）地理上的距离

**a barrier to …** 对（某事物发展的）障碍，请注意这个 to 是介词，后面接名词或者动名词 【剑桥例句】*Shyness **is one of the biggest barriers to** making friends.*

**video-conferencing technology** 视频会议技术

★ **distance-education technology** 远程教育技术

**keep in touch with ...** 与某人保持联系

**has been transformed** 被深刻地改变了

【比较】has been revolutionised 被彻底地变革了

**text messaging and video chat** （名词短语）短信与可视对话功能

★ **instant messaging software** 实时交流软件（例如 Google Talk 和 QQ），注意：software 是不可数名词

**a wider variety of choices** 多种多样的选择

**form a friendship with ...** 与某人建立友谊

★ **share interests and exchange ideas** 分享兴趣并且交流想法

★ **social networking website** 社交网站

**Internet forum** 网上论坛

**online chat room** 在线聊天室

**a decrease in face-to-face communication** （名词短语）面对面交流的减少

★ **feel lonely and isolated** 感到孤独而且被孤立

**in the virtual world** 在虚拟的世界里

**in spite of ...** 尽管有……

【剑桥例句】***In spite of*** *his injury, Ricard will play in Saturday's match.*

★ **Internet fraud** （名词短语）网络诈骗

**their victim** 他们的受害者

**counterfeit goods** （名词短语）伪劣的商品

**interact with ...** 与某人沟通、互动

**Bonus:**

**technological innovations** （名词短语）科技创新

**the expansion of the Internet** （名词短语）互联网的扩张

**interpersonal relationship** （名词短语）人际关系

**cause social isolation** （动宾短语）导致在社会生活中被孤立

**online dating service** （名词短语）网络约会服务

**hurt their feelings** （动宾短语）伤害他们的情感

**本文量化评分**

| | | | |
|---|---|---|---|
| 论证扣题度与充实度 | ★★★★☆ | 行文连贯性与衔接效果 | ★★★★☆ |
| 词汇量和用词准确度 | ★★★★☆ | 语法准确度和多样性 | ★★★★☆ |

## ■ 译文

通讯科技的发展给人际关系类型带来了显著的改变。

能够方便地使用互联网和手机服务意味着地理距离不再构成与远方的人们发展关系的障碍。视频会议技术帮助商务人士与其他国家的合作伙伴沟通，而远程教育技术提供了很多在线课程。学生们不需要和教师面对面就可以学习这些课程。人们与亲友保持联系的方式**也**被手机服务和 Google Talk 与 Skype 等实时信息软件深刻地改变了。

一方面，这些变化有很多好处。它们帮助人们在远距离沟通方面变得更高效而且节省

费用。例如，通过在线会议，商务人士们可以省时间并且避免旅行开支。这些变化的**另一个好处是**它们给人们在发展关系方面带来远远更多样的选择。我们甚至可以通过社交网站、互联网论坛和在线聊天室等很容易地与陌生人形成友谊。**另一方面**，这一趋势导致了面对面交流的减少。尽管有在虚拟世界里发展的关系，更多的人们在真实生活里感到孤独而且被孤立。网络诈骗的发生率**也**增加了，因为罪犯们更容易在网上用谎言或者伪劣产品愚弄他们的受害者。

我认为在整体上，科技对人际关系有积极作用，但人们也应该重视真实生活里的关系并且在使用科技与别人互动时更加诚实、真诚。

## 科技类范文六 机器人是敌还是友

***Some people think that robots are important to the development of society, while others think that they have negative effects on society. Discuss both these views and give your opinion.***

一些人认为机器人对于社会的发展很重要，而另一些人则认为它们对社会有负面影响。讨论两种观点并给出你自己的看法。

### ▶ 7.5 分范文

In recent years, development in artificial intelligence technology has made robots more skillful. However, people still have different views on the use of robots.

Some people believe that robots are important to the development of human society. They argue that robot workers can work long hours and achieve high efficiency and quality without becoming bored or exhausted because they are **programmed machines**. Robots can also work in situations that are considered too dangerous for humans, such as cleaning up **radioactive waste**. They can even accomplish tasks that are impossible for humans. For example, **nano-robots** can be put into patients' bodies and **perform surgery** more quickly and precisely than human surgeons.

However, there are other people who are concerned about the possible problems caused by the use of robots. Using robots for a task means that **less or no manpower is needed** for the same task. This is likely to **force** many human workers **out of their current jobs**. Also, robots can be very expensive, and **the maintenance of** them costs extra money. Another concern that is often heard is that robots may develop the ability to make decisions and act on their own, which may give them the capacity to harm or even **conquer human society**.

My own view is that although using robots can be expensive, the use of robots **saves human labour cost** and **reduces safety hazards** in workplaces. In the long term, using robots is a less expensive way to run a business. Furthermore, at least up to now, robots still need to be **operated and supervised** by humans. It seems to me that overall, **robotics** is still safe and helpful technology.

## 词汇和短语

（标★的是本类话题的高频词汇或短语）

★ **artificial intelligence** （名词短语）人工智能

★ **precisely** *adv.* 精确地

**manpower** *n.* 人力

**maintenance** *n.*（对于某种设备的）维护

**capacity** *n.* 能力

【剑桥例句】*Jonathan has a great **capacity** for hard work.*

**conquer** *vt.* 征服

**radioactive waste** 带有放射性的废料

★ **nano-robot** *n.* 纳米机器人

**perform surgery** （动宾短语）进行手术

**save human labour cost** 节约人力成本

**reduce safety hazards** 减少安全风险

★ **supervise** *vt.* 监督

★ **robotics** *n.* 机器人技术

【相关】robotic 形容词，机器人的

**Bonus:**

**military robot** 军用机器人

**dismantle bombs** （动宾短语）拆除炸弹

**reduce casualties** 减少伤亡

**本文量化评分**

| | | | |
|---|---|---|---|
| 论证扣题度与充实度 | ★★★★☆ | 行文连贯性与衔接效果 | ★★★★☆ |
| 词汇量和用词准确度 | ★★★★☆ | 语法准确度和多样性 | ★★★★☆ |

## ■ 译文

近些年里，人工智能的发展使得机器人的技能更加娴熟。然而人们仍对使用机器人持有不同态度。

一些人认为机器人对人类社会的发展很重要。首先，机器人工人可以长时间地工作并保持高效率和高质量而不会感到厌烦或需要休息，因为它们是被程序控制的机器。**而且**，机器人可以在被认为对于人类过于危险的环境中工作。比如机器人可以被用来清理放射性废料。机器人甚至能完成人类根本无法完成的任务。例如，纳米机器人可以被放进病人的身体而且比人类外科医生更迅速、更精确地完成手术。

然而也有一些人对使用机器人应用可能带来的问题感到担忧。在一项任务中使用机器人就意味着同样任务中对人力的需求减少或完全消失。这很可能会迫使许多人类员工离开现有的岗位。**还有**，机器人的价格昂贵，而且对它们的维护还需要额外的资金。经常能够听到的对于机器人的**另一种担忧则是**机器人会发展出做决定的能力并且独立行事，那将会让它们有能力对人类社会造成危害甚至完全征服人类社会。

我的看法是尽管机器人是昂贵的，使用机器人可以节省人力成本以及减少工作中的安全风险。长期来看，使用机器人是运营企业更省钱的方式。**而且**至少到目前为止，机器人仍需要被人类操作及监督。在我看来，总体而言机器人技术仍是一项安全且有益的科技。

## 相关真题

***Scientists believe that computers will become more intelligent than human beings. Some people think this will be a positive development. To what extent do you agree or disagree?*** 科学家们相信计算机将会变得比人类更聪明。一些人认为这将是积极的发展。多大程度上你同意或者不同意？

### 关键词透析

◆ **intelligent** 是形容词，指聪明的、擅长复杂的脑力活动的。

除了上一篇范文里的思路和关键词可供写本题时借鉴之外，您在写本题时还有可能会用到以下加分词和加分短语：（1）**can store more information than the human brain**（能够比人类的大脑储存更多的信息）；（2）**can process massive amounts of data in a very short time**（可以在很短的时间之内处理大量数据，相关：**operate many times faster than the human brain** 比人脑的运行速度快很多倍）；（3）**mathematical calculation**（名词短语，数学运算；相关：**quantitative analysis**，名词短语，定量的分析）；（4）**sophisticated**（形容词，当它指机器时是指非常精密而且很复杂的）；（5）**powerful**（形容词，强大的；相关：**supercomputers** 超级计算机，极为强大的计算机，请注意在地道英文里通常 super 和 computer 之间连写成一个单词，不含空格）；（6）**can perform complex tasks efficiently**（可以高效率地从事复杂的任务，相关：**the Google driverless car** 由 Google 研制的全智能汽车）；（7）**Deep Blue**（"深蓝"，由 IBM 研制的一台著名的 chess-playing computer，它曾经击败国际象棋世界冠军 Garry Kasparov）；（8）**a thinking computer**（一台会自己思考的计算机，对比：**simply follow pre-programmed instructions** 仅仅执行提前输入的程序指令）；（9）**become self-aware**（形成自我意识）；（10）**possess self-awareness**（动宾短语：具备自我意识，目前的计算机还不具有 **self-awareness**，但很多科学家都预计未来的计算机发展将会让计算机能够像人类一样也具有自我意识）；（11）**can make decisions on their own**（能够自行做出决定，相关：**the ability to act by conscious decision** 按照有意识做出的决定去采取行动的能力）；（12）**analyse new situations**（动宾短语，对于新出现的情况进行分析，这是到目前为止人脑仍然比电脑更擅长的领域之一；相关：**are better at recognising and adapting to complicated patterns** 更加擅长识别并且去适应复杂的模式）；（13）**become fully autonomous**（变得完全独立自主的）；（14）**the unemployment rate**

(失业率);(15) **live in a world ruled by computers and machines**(生活在由电脑和机器统治的世界里)等。

## 科技类范文七 / 科技不能均贫富

***Some people believe that the range of technology available to individuals today is increasing the gap between rich people and poor people, while others think it has the opposite effect. Discuss both these views and give your own opinion.***

一些人认为在当代能够让个人使用的科技的广度正在增加贫富之间的差距,而另一些人则认为它的影响正好相反。讨论两种观点并且给出你自己的看法。

这是一道不容易深入论证的题,但当代社会的现实就是如此。比如 Google 创始人 Larry Page 和 Sergey Brin,两个人都生于 1973 年,在西方文化里甚至都还不算"人到中年",但他们每秒钟的收入要比普通人整整一年挣的钱还要多。Facebook 的创始人与 CEO Mark Zuckerberg 更是 30 岁还不到就依靠网络科技"勤劳致富"了,即使在 Facebook 的股份持续下跌之后他的资产仍然超过 100 亿美元。听起来不可理喻,但却真的是事实。

### ▶ 7.5 分范文

The increasing rate of technological innovation has made the range of technology available to individuals much broader today than in the past.

Many people believe this trend is **widening the gap between** the rich **and** the poor. Wealthy people can access advanced technology to **make their work more productive**, while poor people tend to use old technology that is cheaper but less efficient. This significantly widens the income gap between the two groups. For example, rich people can afford more powerful computers, faster Internet connections and better training in information technology, which gives them **a strong competitive advantage** at work in the information age.

It seems that the range of technology available to individuals also **expands the living standard gap** between the rich and the poor. Rich people today can enjoy **high-definition TV**, **ultra-thin laptops** and access to **high-tech medical services** and fitness equipment. By contrast, poor people have to live with much less effective electronics, health care and fitness equipment.

Some other people argue that the range of technology available to individuals is in fact narrowing the rich-poor gap. They think it is the technological advances and innovations that have made basic **modern conveniences** affordable to all people. For example, even many **low-income people** today can afford basic mobile phones, television sets and computers as a result of the wider range of technology available to individuals.

My personal view is that the range of technology available to individuals is raising the standards of living across all social classes. However, the gap between the tools that rich people and poor people use the difference between their standards of living are increasing the overall gap between them.

## 词汇和短语

（标★的是本类话题的高频词汇或短语）

★ **technological innovation** 科技的创新

★ **widen the gap / expand the gap between ... and ...** 扩大（两个比较对象）之间的差距 【反义】narrow the gap 缩小差距 / close the gap 消除差距

★ **more productive** 劳动生产率更高的

**Internet connections** 能使用互联网的连接，注意：这个短语是指使用 computer, latptops, mobile phones 等去登录互联网的"连接"，而网站上的"链接"则是 link

★ **a strong competitive edge** 很强的竞争优势

**the information age** 信息时代

**high-definition TV** 高清电视

**ultra-thin laptop** 超薄笔记本电脑

**high-tech** *adj.* 高科技的

**modern conveniences** 现代生活里的各种便捷工具

★ **affordable** *adj.* （价格）容易负担的

**low-income people** 低收入的人们

**Bonus:**

**technological literacy** 对于科技知识的基本了解（对比：technological proficiency 对科技知识的熟练掌握）

## 语法多样性分析

◆ **It is** the technological advances and innovations **that** have made basic modern conveniences affordable to all people. 本句使用了 It is ... that ...的强调句式，请注意 that 后面的动词单复数要和 that 前面的名词单复数保持一致，而不是和 it 一致

本文量化评分

| | | | |
|---|---|---|---|
| 论证扣题度与充实度 | ★★★★★ | 行文连贯性与衔接效果 | ★★★☆☆ |
| 词汇量和用词准确度 | ★★★★☆ | 语法准确度和多样性 | ★★★★☆ |

## ■ 译文

科技创新速度的加快让当代可供个人使用的科技范围远比过去更广泛。

很多人认为这一趋势正在加剧贫富之间的差距。富人可以去使用先进的技术让自己的生产效率更高，而穷人则使用过时的科技，价格便宜但效率较低。这会显著地扩大两类人群间的收入差距。例如，富人可以负担得起功能更强的电脑、更快的互联网连接和更好的信息技术培训，这会给他们在信息时代的工作中带来明显的竞争优势。

看起来个人能够使用的科技广度也加大了穷人与富人之间的生活品质差距。当代的富人们能够享受高清晰电视、超薄笔记本电脑和高科技医疗服务与健身设备。相比之下，穷人只能使用远远更低效的电子产品、医疗和健身设备。

另一些人则认为可供个人使用的科技广度事实上正在减小贫富差距。他们认为正是科技的进步和创新让现代生活里各种便捷工具的价格变得易于承担。例如，由于个人可使用的科技范围更广泛，在当代低收入人群中的很多人同样能够负担得起具有基本功能的手机、电视和计算机。

我自己的看法是个人能够使用的科技广度提高了社会各阶层的生活水平。但是，富人与穷人所使用的工具差别以及他们的生活水平不均正在导致贫富整体差距扩大。

## 科技类范文八 早期科技 vs. 现代科技

***Early technological developments helped people more than recent technological developments do. To what extent do you agree or disagree?***

早期的科技发展比当代的科技发展对人们帮助更大。从何种程度上你同意或反对这一观点？

**【解题】**

这道题的话题比较大，所以很多同学问我："小嶷，你怎么看？"

早期科技和近期科技哪个对人类的帮助更大的问题其实并不存在绝对的标准答案。即使在科技史名著 *The Evolution of Technology*（*Cambridge Studies in the History of Science*）里，George Basalla 先生也没有能够圆满地回答这个问题。因此，在考场里对这类题目唯一的"正解"就是不要被它们吓倒，清楚、冷静地陈述出自己的道理就是胜利。

本题存在的一个难点是："到底什么是 early technology？"

Wikipedia 对 early technology 的界定是：从早期人类出现开始到公元 1 世纪前的科技属于 early technology。按照这个定义来讨论 early technology，那么就应该集中在对早期石器的使用（the use of primitive stone tools），the invention of the wheel 以及锄头、镰刀等金属农业器具（the invention of metal agricultural tools such as hoes and sickles）等"足够早"的科技上面。

但是按照普通英美人在生活里对 early technology 的理解，特别是当和 recent technology 进行对比时，这个范围却要宽松很多，可以一直推广到十九世纪末甚至二十世纪初的科技，那么 telephone，film，plane，photography，piano 以至于 thermometer（温度计）等等都可以算 early technology。

就像在英美大学里讲 advanced writing course 的教授们常说的，“Writing is not mathematics.”本题（或者说所有的 IELTS essay questions）并没有唯一正确的答案。Pat 本人更愿意投票给近期科技，特别是人工智能（artificial intelligence）、基因工程（genetic engineering）和纳米科技（nanotechnology）。因为它们已经不再仅仅是继续提高人类的劳动效率，而是已经开始让生命体和机器之间的界限变得越来越模糊（Recent technological developments have begun to blur the lines between living organisms and machines.）。iPhone 的虚拟私人助手（virtual personal assistant）Siri，以及能够被植入病人体内进行手术的“纳米机器人儿”（nano-robots that can be injected into the patients to perform surgery）都还只是近期科技在这个方向上迈出的第一步而已。正如 Alvin Toffler 在 Future Shock 里所说：新科技将带来人类甚至从未想过的能力（undreamed-of capacities）。今天人们应该做的，是充分认识到新科技的巨大潜力（recognise the great potential of new technological developments），同时也认真地预防其可能带来的新问题（take precautions against the new threats that they may pose）。

这位“姑凉”同样也不同意题目里的看法，但她却选择了去论证早期科技与近期科技对人们生活的改变同样重要，这在逻辑上也是可行的。因为如果反对“A（本题里是早期科技发展所带来的改变）> B（本题里是近期科技发展所带来的改变）”，从逻辑上既可以去证明“A < B”，也可以去证明“A = B”，这两种途径都能够有效地推翻 A > B 的看法。那么接下来要看的评判标准就是文章的论证过程是否充实和语言准确度了。

### ▶ 7.5 分范文

Technology has influenced people's lives throughout history. Personally, I disagree with the view that early technological developments helped people and changed people's lives more than recent technological developments do.

Early technological developments certainly improved and changed people's lives. The early printing press, for example, made **mass production of** books possible. This development **revolutionised the storage and spread of information** and **provided easier access to new ideas** for people. Also, the early invention of the steam engine led to new forms of transport, such as **steamboats and trains**. It greatly increased the efficiency of **passenger transport** and **goods transport**. Another important early technological development was the invention of the light bulb, which allowed people to study, work or entertain themselves more comfortably at night.

In spite of this, I believe that recent **technological breakthroughs** have improved and changed people's lives in **equally important** ways. Recent developments in information technology, including **Wi-Fi and smartphones**, have offered people great convenience in accessing and exchanging information. This has resulted in improvements in people's productivity and learning abilities, and has led to new entertainment choices such as online films and **mobile games**. Also, nowadays computers and robots can perform many **repetitive tasks**, allowing human employees more time for creative work and leisure activities. Recent developments in medical technology can even **prolong life** by producing cures for many **previously incurable diseases**. At the same time, recent technology is solving the problems caused by early technology. For example, people today can spend much less on electricity if they use the new **energy-saving light bulbs** rather than traditional light bulbs.

In conclusion, I believe that both early and recent technological **inventions and innovations** have led to important changes and have helped individuals to lead more productive and enjoyable lives.

## 词汇和短语
（标★的是本类话题的高频词汇或短语）

**printing press** 印刷机（英美人最熟悉的早期发明之一就是 Gutenberg's printing press）

★ **mass production** （名词短语）大规模的生产

【区分】produce(及物动词，生产)；production(名词，生产)；productivity(名词，生产率)；productive(形容词，生产率高的)

★ **revolutionise sth.** 彻底地变革某事物

★ **the storage and spread of information** 对信息的储存和传播

**easier access to ...** 更加方便地获取（某种资源或者信息）的机会

**steam engine** 蒸汽机

**steamboats and trains** 由蒸汽机驱动的轮船和火车

**passenger transport and goods transport** （名词短语）客运和货运，注意：transport（运输）在英式英语里的动词和名词形式都是 transport，而在美式英语里它的动词形式是 transport，名词形式则是 transportation

**light bulb** 灯泡（energy-saving light bulbs 名词短语：节能灯泡）

★ **technological breakthrough** 科技突破

**equally important** 同等重要的

【剑桥例句】*Mark did* ***equally*** *well in the competition last year.*

**Wi-Fi and smartphones** 无线网络与智能手机

**access and exchange information** （动宾短语）获取和交换信息

**mobile game** 移动设备（例如手机或者平板电脑 tablet）所带有的游戏

★ **productivity** *n.* 生产率

★ **repetitive tasks** 重复性的任务

**prolong life** 延长生命

**genetic engineering** （名词短语）基因工程

**previously incurable diseases** 过去曾经难以治愈的疾病

【相关】cure 可以治愈某种疾病的方法

**technological inventions and innovations** （名词短语）科技发明与创新

**Bonus:**

**digital automation** （名词短语）数码自动化

【对比】mechanical automation （名词短语）机械自动化

**本文量化评分**

| 论证扣题度与充实度 | ★★★★★ | 行文连贯性与衔接效果 | ★★★☆☆ |
|---|---|---|---|
| 词汇量和用词准确度 | ★★★★☆ | 语法准确度和多样性 | ★★★★☆ |

## ■ 译文

从古至今，科技一直在影响着人们的生活。我个人并不认为早期科技发展就比近期科技发展给人们生活带来的帮助和变化更大。

早期的科技发展当然也改变并提升了人们的生活水平。**例如，**早期的印刷技术使得大批量出版书籍成为可能。这一技术使信息的储存和传播发生了革命性的改变，并让人们更容易接触到新鲜的观点。**而且，**早期蒸汽机的发明带来了很多新的运输方式，像蒸汽轮船、火车等。它大大提高了客运与货运效率。**另一项重要的早期发明是**灯泡，让人们可以舒适地在夜间学习、工作及娱乐。

尽管如此，我认为近期的科技突破在改善与改变人们的生活方面与早期的科技同等重要。包括Wi-Fi及智能手机在内的近期信息技术发展为人们在利用信息和交换信息方面提供了极大的便利。它促进了人们的生产率和学习能力，并带来了线上电影和移动游戏等新娱乐选择。**而且，**电脑和机器人可以从事很多重复性的劳动，让人类雇员能更多地从事创造性工作和休闲活动。近期医疗科技的进步对许多之前的"不治之症"提供了治疗方法，**甚至**能够延长人的生命。**同时，**近期科技还在解决早期科技发展造成的问题。**例如，**如果人们使用新的节能灯泡而不是传统灯泡，就能够在用电上减少开支。

总之，我认为早期和近期的科技发明与创新都给人们的生活带来了重要的改变，而且也都让人们的生活变得更高效、愉悦。

## 科技类范文九 / 太空研究是否浪费资金

***It has been more than 40 years since man first landed on the moon. Some people think that space research is a waste of money. The money spent on space research should be used to improve our lives on Earth instead. To what extent do you agree or disagree?***

自从人类首次登月以来已经过去了40多年。一些人认为太空研究是对金钱的浪费，花在太空研究上面的钱应该被用来改善我们在地球上的生活。你在多大程度上同意或不同意？

## 本题思路透析

这道题的正反两方观点都并不算太难想。

比如打算写支持太空研究，可以写：ⓐ 太空研究满足了人类的好奇心；ⓑ 直接或者间接地带来了很多新技术；ⓒ 帮助人类寻找新的资源等。

而如果打算反对太空研究，则可以通过：ⅰ 投资过多；ⅱ 研究成果的不确定性大；ⅲ 产生太空垃圾（space junk / space debris）；ⅳ 风险很高、巨额投资有可能"打水漂"等理由来反对。

### ▶ 8分范文

I accept that governments should **divert** part of the funding for space research **to** programmes that can directly improve people's standards of living. However, I disagree with the statement that space research is a waste of money.

Huge sums of money are spent on space research every year. Building and launching an **Earth observation satellite** costs up to 200 million dollars, while a **Mars mission** can be a multi-billion dollar programme. But the results of space exploration are much more unpredictable than those of **educational**, **healthcare and social service programmes**. Space research also **involves high risk**. Any failure in a space mission can be disastrous and lead to heavy financial loss. By contrast, public investment in medical research and environmental protection programmes is almost certain to create great benefits for our lives. It seems unwise to spend huge sums of money on space research while many of these programmes **are under-funded**.

However, I do not believe human **exploration of outer space** is a waste of money, for three reasons. Firstly, space research serves important experimental purposes. A wide range of inventions and innovations, such as **artificial pacemakers**, **scratch-resistant lenses** and **water filters**, were either direct or indirect results of space research. Secondly, space research has led to a wide variety of **satellite-based services** that many people use daily. For example, **weather satellites** help weather scientists to make more **accurate weather forecasts**, while GPS and telecommunications satellites help people to travel more safely and communicate more conveniently. Thirdly, as the world population is growing rapidly and the natural resources on Earth are **being depleted at an unsustainable rate**, we need astronauts to explore outer space to find new resources and even new planets to live on for future generations.

In conclusion, although part of the funding for space research should **be redirected to** programmes that address pressing social needs, in my opinion space research should still be appreciated and continued.

## 词汇和短语

（标★的是本类话题的高频词汇或短语）

**launch** *vt.* 发射

★ **Earth observation satellite** 地球观测卫星

**Mars mission** 火星探测任务

★ **unpredictable** *adj.* 很难预见的

**educational, healthcare and social service programmes** 教育、医疗和公众服务项目

★ **involves high risk** 涉及到很高的风险

**is / are under-funded** 是资金不足的

★ **disastrous** *adj.* 灾难性的

【名词形式】disaster

**experimental purposes** 实验的用途

**exploration of outer space** （名词短语）对太空的探索

★ **inventions and innovations** 发明与创新

**artificial pacemaker** 人造起搏器

**scratch-resistant lenses** 防划镜片

**water filter** 净水过滤器

**make more accurate weather forecasts** 做出更准确的天气预报

**weather satellite** 气象卫星

**satellite-based service** 基于卫星设备的服务

**be depleted at an unsustainable rate** 以不可持续的速度被消耗

★ **astronaut** *n.* 宇航员

★ **explore** *vt.* 探索（名词形式：exploration）

★ **be redirect to...** （资金、资源等）被转向……

【剑桥例句】*Resources must* ***be redirected to*** *the under-funded areas of education.*

★ **address pressing social needs** （动宾短语）应对很迫切的社会需求，注意：这个address不是名词地址，而是及物动词，表示应对、解决的意思

**Bonus:**

**cultural heritage preservation programme** 文化遗产保护项目

**astronomer** *n.* 天文学家

**meteorologist** *n.* 气象学家

**spin-offs from space research** （固定短语）太空研究的附带收获，在太空研究的主要意图之外的收获，比如一些新的科技产品等

**solar cell** （名词短语）太阳能电池（也是太空研究的附带收获之一）

### 本文量化评分

| | | | |
|---|---|---|---|
| 论证扣题度与充实度 | ★★★★★ | 行文连贯性与衔接效果 | ★★★★☆ |
| 词汇量和用词准确度 | ★★★★☆ | 语法准确度和多样性 | ★★★★☆ |

## ■ 译文

我认同政府应该把太空研究的一部分资金改用于可以直接提高人们的生活水平的项目。但

是我不同意太空研究是浪费资金的说法。

每年有巨额的资金被用于太空研究。建造并发射一颗地球观测卫星可花费高达两亿美元，而一次火星探测任务则可能花费多达数十亿美元。但太空探索结果的可预期性却远不如教育、医疗和社会服务项目。**而且**，太空研究也涉及很高的风险。任何失败都可能是灾难性的，并带来巨额财务损失。**对比起来**，对于医学研究和环境保护项目投资则几乎一定能对我们的生活产生很大益处。看起来当这些项目缺乏资金时对太空研究投入巨资是不明智的。

但是，我并不认为太空研究是浪费资金，因为三个原因。首先，太空研究服务于重要的实验用途。很多种发明与创新，例如人造起搏器、防划镜片和净水过滤器都是直接或间接的太空研究的成果。**其次**，太空研究带来了各种被日常广泛使用的基于卫星的服务。例如，气象卫星帮助气象学家做出更准确的天气预报，而GPS与通讯卫星则帮助人们更安全地旅行与更方便地交流。**第三**，由于世界人口在快速地增加而且地球上的环境资源正在以不具备可持续性的速度被消耗，我们需要宇航员去探索太空，为后代发现新的资源甚至是适合生活的新行星。

作为结论，尽管太空研究的一部分资金应该被改用于应对紧迫社会需求的项目，我认为太空研究的重要性依然应该得到充分认可，并且它应该被继续。

## 科技类范文十 一位知识面很宽的考官对于科技问题的表态：科技是不是让生活变得复杂的罪魁祸首？

***Life was better when technology was simpler. To what extent do you agree or disagree?***

有些人认为科技比较简单的时候生活更美好些。对此，在何种程度上你同意这种观点？

**【解题】**

这名考官对原题里愤世嫉俗（cynical）的观点进行了彻底批驳，并且在结尾段相当潇洒地提出：科技确实让我们生活得更好了。尽管科技也带来了压力加大和过快的生活节奏等问题，但是个人通过调整心态是可以适应这些变化的。这其实未必真的是一个客观严密的结论，但雅思作文在论证扣题度与充实度这项评分上的要求就是衡量考生围绕考题用英语“自圆其说”的能力，只要论证过程确实能做到扣题、充实就已经够了。

**▶ 9分范文**　　考题类型：agree or disagree 型　　结构选择：一边倒（完全反对）的四段式

| | |
|---|---|
| Modern technology has **revolutionised life** in three main fields: work, transport and communication. Although modern technology is often blamed for stress and alienation, I doubt that many people would want to turn back the clock to **the pre-technological age**. | 在开头段中考官首先概括了科技对当代生活三个主要领域的重大改变，然后再提出自己的观点：尽管科技发展可能给人带来压力和人际关系的疏远，但仍旧很少有人愿意回到科技发展之前的时代去。 |

（续表）

| | |
|---|---|
| Despite the fact that life was simpler in former times, I would prefer not to return to that lifestyle, because that simplicity was due to a lack of choice. Before large **jet airliners** came in in the 1960s, for example, air travel was **beyond the reach of** most people. Before electronic cash registers, people had to spend a lot of time on math calculations to **carry out transactions**. Furthermore, our knowledge of the world around us, especially foreign countries, was sketchy before television brought us **the vivid images** of documentaries. Modern technology has **brought liberation from** the exhausting and boring labour and has **set us free** to enjoy more interesting work and leisure. | 本段引用了喷气式客机、电子收款机和电视纪录片等例子来说明科技对于人类的交通、工作与交流方式的深远改变。 |
| It is not even always true that modern technology is more complex to use than it was to **perform household chores**. Caring for a horse was a far more **complicated and time-consuming** matter than starting up a car and taking it to the petrol station. One has only to read novels from past times to **realise the anxiety and frustration** that resulted from transport systems limited to the speed of a horse. | 本段通过把开车和骑马来对比进一步论证现代科技其实未必就比过去的生活更复杂。 |
| The examples I have given are just a few of the many that can illustrate the case that modern technology makes life more convenient. Probably what makes some people yearn for the good old simple days is that the speed of modern technology forces us to speed up **our pace of life**. But sometimes this change **can be resisted**, when we **set simple priorities** and stick to them. | 该考官在结尾段总结了自己的观点：科技确实让生活更方便了。尽管它也带来了压力增大与生活节奏过快等问题，但通过制订计划、分清主次还是能够安排好个人的生活与工作的。 |

**词汇和短语**

（标★的是本类话题的高频词汇或短语）

★ **has revolutionise life** 彻底地变革了生活

★ **alienation** *n.* 关系疏远的感觉

**the pre-technological age** 科技存在之间的时代，其中pre-是英文里的常见前缀，表示在……之前的意思

**former** *adj.* 之前的，过去的

**simplicity** *n.* 简单的状态
【形容词】simple

★ **jet airliner** 喷气式客机

★ **beyond the reach of most people** 本文里指超出多数人的可承受价位之外

**electronic** *adj.* 电子的

**cash registers** （商店或餐馆里的）收银机

**calculations** *n.* 计算
【动词】calculate

★ **carry out transactions** 从事商业交易

**vivid images** 鲜明的图像

**sketchy** *adj.* （知识或信息）不全面的，片段似的

**documentary** *n.* 纪录片

**liberation** *n.* 解放 【动词】liberate

**set sb. free** 让某人从束缚中获得自由

**exhausting** *adj.* 令人筋疲力尽的

**perform household chores** （动宾短语）从事家务琐事

**time-consuming** *adj.* 很耗时的

**petrol** *n.* 汽油

**realise** *vt.* 意识到

**anxiety and frustration** 焦虑与沮丧

★ **yearn for** 非常渴望得到

**our pace of life** 我们的生活节奏

★ **resist** *vt.* 抵抗，抗拒

**set simple priorities** 设定简单的优先任务

## ■ 译文

现代科技在三个主要方面变革了人类的生活：工作、交通和交流。尽管现代科技总是被人们谴责为增大了人们的压力并导致人际关系疏远，但我想恐怕没有人愿意把时间调回到现代科技发展前的时代。

尽管确实在科技发展前的生活更简单，但我不愿意再回到过去更简单的生活方式，因为那种简单是源于缺少选择。比如在喷气式客机于上世纪60年代出现之前，航空旅行对绝大多数人来说都是可望而不可即的。在电子收款机出现之前，人们在做交易的时候都要做大量的数学计算。**另外**，我们关于这个世界的知识，特别是对外国的认识，在电视上的纪录片给我们带来生动的影像之前只是片段式的。现代科技**还**使我们从单调辛苦的劳动中解放出来，使我们能更好地享受有趣的工作和休闲。

现代科技甚至也不一定总是比过去做家务事更复杂。照顾一匹马远远要比启动一辆车并开到加油站要更复杂和费时间。人们只要阅读过去的小说就可以意识到过去由于用马作为交通工具而导致速度上的限制给人们造成的焦虑和沮丧。

我上面给出的例子只是很多可以证明现代科技使我们的生活更便利的事例中的一小点。也许人们总是在怀念简单欢乐的旧时光的原因是高速的现代科技使得我们的生活节奏也加快了。但有时我们也可以通过给自己设立一系列简单的目标并坚持遵循它们来抵御这种生活节奏上的改变。

## 科技类范文十一　Pat 对科技类话题的诠释：远程教育是否将让学校成为历史

***Some people think that distance learning has more advantages than classroom learning so the traditional classroom will disappear from our lives. To what extent do you agree or disagree?***

一些人认为远程学习的好处比在课堂学习的好处更多，因此传统的教室将从我们的生活里消失。你在何种程度上同意或者不同意？

### 本题思路透析

远程教育具有费用低、学习时间灵活、课程选择多样等优点，但课堂并不只是进行知识传输（transmission of knowledge）的机器。至少到目前为止，远程教育还是无法实现教师和学生之间的真正交流与互动的。所以尽管远程教育可以作为课堂教育的有益补充（a supplementary tool），但课堂教育仍然是“传道授业解惑”的一种必要方式。

The demand for distance education has been increasing rapidly in recent years. Although I agree that distance education offers a range of benefits to learners, I do not believe that the traditional classroom will disappear.

The convenience, **flexibility and cost-effectiveness** of distance learning are apparent. Students in a distance learning course can study almost anytime, anywhere, needing only an Internet-connected device such as a smartphone or **a laptop with Internet access**. They can also **adjust the pace of the course** to their own needs, including when to **complete assignments** or even when to **submit the answers** to test questions. Students who choose a distance learning school over **a traditional brick-and-mortar school** can also save on transport costs and **commuting time**.

However, as **appealing** as distance-learning technology may be, I do not think that it can replace classrooms altogether. True education **should not be confined to** the delivery of information. **Classroom-based education** always involves **the cultivation of good learning habits** such as keeping up **regular and timely attendance**, paying close attention during class, interacting with classmates and note-taking. **Electronically-transmitted learning resources** do not encourage these habits. Traditional classroom-based education also **fosters a mentoring partnership** between teachers and students, while the **physical separation** between instructors and students in a distance learning environment **reduces interaction** between them.

In conclusion, I would argue that in spite of the **inherent** advantages that distance education holds in **the dissemination of information**, it should only be a supplementary teaching resource. It is still **not a competent substitute for** traditional classrooms where teachers can actively interact with students and **build mentoring partnerships** with them.

## 词汇和短语

（标★的是本类话题的高频词汇或短语）

★ **convenience, flexibility and cost-effectiveness** （名词短语）方便、灵活和显著的成本效益

**device** *n.* 设备，用具

**a laptop with Internet access** 有互联网连接的笔记本电脑

★ **a traditional brick-and-mortar school** （固定短语）传统意义上的实体学校，地道英文里常用这个短语来和 an online school（网校）对比

【近义短语】a physical school 实体学校

★ **adjust the pace of the course** （动宾短语）调节课程的进度快慢

**complete assignment** （动宾短语）完成作业

**submit** *vt.* 上交，递交

**commuting time** 本意指上下班路上所花的时间，但近年来在英美生活里也经常被用来指远距离上学的学生花在路上的时间

**appealing** *adj.* 有吸引力的

★ **is not confined to** 不仅仅限于

★ **delivery** *n.* 传送

**involve** *vt.* 涉及

**the cultivation of good learning habits** （名词短语）对于良好学习习惯的培养

**keep up regular and timely attendance** 努力确保按时上课

**interact with** 与某人相互交流，互动

**note-taking** *n.* 记笔记，动宾短语形式是 take notes

**electronically-transmitted** *adj.* 用电子形式传输的

**physical separation** （名词短语）本文里指 师生身在异地的状态

**reduce interaction** （动宾短语）减少交流或相互影响

**foster** *vt.* 培养（某种品质或关系）

**a mentoring relationship** 像师傅带徒弟一样的亲密师生关系

★ **inherent** *adj.* 内在的，特有的

**the dissemination of information** （名词短语）对于信息的传播

★ **supplementary** *adj.* 补充性的，非主要的

★ **is not a competent substitute for ...** 并不是某个事物有竞争力的替代物

## ■ 译文

对远程学习的需求近年来在不断增加。尽管我同意远程学习能给学习者们提供一系列的好处，我并不认为传统的教室将会消失。

远程教育所能带来的便捷、灵活性和高成本效益都是显而易见的。远程教育课程的学生几乎可以在任何时间、任何地点学习，仅需要有一台连至互联网的设备比如笔记本电脑或智能手机。他们**也**还可以根据自己的需要来自行调节课程的速度，包括何时完成作业甚至递交试题答案的时间等。选择远程教育而非传统实体学校的学生们**还**可以节省交通费用和花在路上的时间。

然而，尽管远程教育技术可能很有吸引力，我并不认为它能够完全取代课堂教育。真正的教育不只限于知识的输送。课堂教育总是会涉及到对于良好学习习惯的培养，例如确保按时上课，注意听讲，与同学互动，记笔记等。由电子传输的远程资源并不促进对这些习惯的培养。传统的课堂教育**还**在师生间培养一种师徒般的伙伴合作关系，而在远程教育环境中授课教师和学生之间的距离则会减少师生间的互动。

总之，我认为尽管远程教育在信息传递方面拥有着先天的优势，但它仍应该只被作为一种辅助的教育工具。远程教育还不能有效地代替老师和学生面对面地互动并且建立亲密的合作伙伴关系的传统课堂。

### 学有余力者

对练好科技类作文很有帮助的网站：

**www. popsci. com**

这个网站介绍了很多最新科技发展动态，尤其难得的是都是用外行人也能看懂的语言。另外，著名的《经济学家》杂志的科技版也提供了对最新科技动态的跟踪与分析 www. economist. com/sciencetechnology/，相应的还有《科学美国人》的官方网站也很不错 www. scientificamerican. com。

# DAY 3

## 真相与谎言间的永恒博弈

媒体类真题库与各分数段范文剖析

Truths VS. Lies

总体来看雅思写作的出题者们对 Media 是比较不友好的。无论是电视、互联网、新闻报道还是 advertising，在 IELTS 考题里都曾经成为“炮轰”的对象。但也正因为如此，在雅思作文里有时如果采取较为积极的态度看待媒体问题反而会让作文显得更具有原创性（original）。考前充分熟悉各种不同的视角可以确保在实战中即使遇到“冷门”的题目也能游刃有余。

# 解读 Media 类真题库

## A 广告

**1** ***If a product is good or can meet people's needs, people will buy it. Advertising is no more than a form of entertainment. To what extent do you agree or disagree?***

如果一件产品的质量好或者能满足人们的需要，那人们就会去买它。而广告根本就不过是一种娱乐手段而已。对此，在何种程度内你同意或不同意这种观点？

### 思路指导

含有 **no more than** 的考题往往也是较为绝对的命题，要不然怎么剑桥的听力和阅读总强行规定no more than XX words 呢。除了是娱乐之外其实广告还可以帮助消费者：ⓐ 了解到最新的商品信息（provide consumers with information about the latest goods and services）；ⓑ 增加消费者的选择范围（widen their range of shopping options）；并且 ⓒ 帮助厂商进行促销（help manufacturers promote their products），肯定不仅仅是一种娱乐形式。

### 同类型真题

（IELTS 写作中关于广告的考题很多，我们在今天的范文部分还要继续深入分析）

（a）***The high sales of popular consumer products reflect the power of advertising and not the real needs of the society in which they are sold. To what extent do you agree or disagree?*** 畅销商品的高销量反映出的是广告的力量而不是社会的真正需求。对此，在何种程度上你同意或不同意？

本题的具体写法请看今天的第 6 篇范文。

（b）***Customers are faced with increasing amounts of advertising due to the competition among companies. To what extent do you think consumers are influenced by advertisements? What measures can be taken to protect them?*** 由于商家间的竞争，消费者们整天要面对越来越多的广告。你认为消费者会在何种程度上被广告所影响？可以采取何种措施保护他们？

### 思路指导

对本题第一问的讨论可以参考上题，而保护消费者的措施则可以有：ⓐ 政府应该严格执行消费者保护法（Consumer protection laws should be strictly enforced by the government.），对采用虚假广告（false advertising / misleading advertising / deceptive advertising）的公司进行惩罚，例如高额罚金或者吊销执照（Penalties such as heavy fines or loss of license should be brought against companies who run false advertising.），并且要求它们向虚假广告的受害者们进行赔偿（pay compensation to victims of their deceptive advertising）；ⓑ 进行虚假广告代言的名人应该对他们/她们所做的虚假宣传负法律责任（Celebrity endorsers of false advertising should be held legally responsible for the misleading statements that they make about the advertised product.）。

（c）***Advertising discourages us from being different individuals makes us look the same. Do you agree or disagree?*** 广告让我们失去自己的特质，并把我们全都变成了同一副模样。你是否同意这一观点？

### 思路指导

由于：ⓐ 一些广告把产品或品牌和某种特定的生活方式联系到一起（Some advertisements connect a product or brand with a particular lifestyle.）。例如，一些广告努力劝说人们使用其所宣传的产品或服务能让他们/她们更健康或者更好看（Some advertisements aim to persuade people that using the advertised products or services can make them healthier or better-looking.），还有一些广告则鼓励人们把某些品牌和财富、成功与很高的社会地位联系到一起（Some other advertisements encourage people to associate certain brands with wealth, success and high social status.）；ⓑ 一些人很希望自己也看起来像广告里的名人那样（Some people hope they can look like the celebrities featured in the advertisements.），因此，一些广告观众、广告读者或广告听众会穿同类的服装、兴趣互通而且生活方式也接近（Some advertisement viewers, readers or listeners wear the same kind of clothing, share common interests and lead similar lifestyles.）。

另一方面，由于 ⓘ 消费者们的个人偏好（individual preferences）并不会完全相同，而且 ⓘⓘ 消费者们的收入水平（income levels）也有差别，所以广告并不会让所有人都变得看起来一样。

（d）***Society would benefit from the ban on all forms of advertising because it serves no useful purposes and can even be damaging. To what extent do you agree or disagree***

***with this opinion?*** 禁止所有形式的广告将对社会有利，因为广告对社会没有任何实质贡献甚至还有负面作用。对此，在何种程度上你同意或不同意这种观点？

(e) ***Advertising promotes the quantity rather than the quality of products. To what extent do you agree or disagree?*** 广告促进产品的销量而不是提高产品的质量。在多大程度上你同意或不同意？

## 思路指导

广告确实可以促进产品的销量，因为：ⓐ 它能让消费者们了解新的购物选择（Advertising informs consumers about the new shopping options available to them.）；ⓑ 有创意的广告可以给观众带来乐趣、吸引甚至激励观众（Creative advertisements are attractive, entertaining, and can even inspire their viewers.）；ⓒ 作为一种营销手段，由电影、音乐或者体育明星主打的广告对他们/她们的“粉丝”有很强的情感号召力（As a marketing tool, advertising that features film, music or sports stars appeals to their admirers emotionally.），而且很多广告努力说服人们去追逐最新的潮流（Many advertisements aim to persuade people to follow the latest trend.）。

另一方面，广告对于提高产品质量也并非没有意义，这是因为：ⅰ 如果产品自身的质量高，那么宣传它们的广告也更加容易获得并且保持观众的信任（Advertising that highlights the high quality of products is more likely to win and retain consumers' trust.）；ⅱ 对于自身就具有创意的产品也更容易制作出更有创意、更吸引人的广告（Innovative products tend to result in more creative and engaging advertising.）；ⅲ 政府对广告的审查也让广告商们很难对产品的质量提供虚假信息（Advertising censorship makes it difficult for advertisers to mislead consumers with false information about the benefits of the products.）。

因此，从长期来看，广告之间的竞争本质上依然是产品质量的竞争（In the long term, the competition between advertisements is, essentially, the competition between the quality of different products.）。

# B 新　闻

**2** ***We can get knowledge from news. However, some people do not think we should trust journalists. To what extent do you agree or disagree? What do you think are the most important qualities that a good journalist should have?***

我们可以从新闻中获取知识。但有人认为我们不应该相信记者。你多大程度上同意或者不同意？你认为对好的记者来说哪些素质是尤为重要的？

### 思路指导

本题属于 Argument + Report 的“混搭型”考题，可以写两个主体段。第一个主体段辩论是否应该相信记者，第二个主体段分析好记者需要的素质。

记者让我们了解世界各地发生的重要事件（Journalists inform us about important events from around the world.），而且读他们的报道也是我们扩展关于政治、经济、科技、艺术、体育等方面知识的好方法（Reading their reports is also a good way to increase our knowledge about politics, economy, science, technology, the arts or sports.）。但另一方面，新闻媒体之间的激烈竞争也导致了很多虚假的报道（The fierce competition among the news media has led to many false reports.）。

好记者所需要的素质有：(1) the courage to present the truth about events（提供事件真相的勇气）；(2) strong will power and perseverance（顽强的意志和毅力）；(3) excellent analytical skills（出色的分析能力）；(4) good communication skills（良好的沟通能力）等等。

**3** ***Newspapers have an enormous influence on people's opinions and ideas. Why is this the case? Is this a positive or negative situation?***

报纸对于人们的观点和看法影响巨大。为什么会这样？这是积极还是消极的情况？

### 思路指导

报纸对人们的看法影响很大，其原因包括：ⓐ 报纸可以为人们提供及时的时事报道（provide people with up-to-date coverage of current events）；ⓑ 有些报纸还提供对于时事和社会发展趋势的深入分析（offer in-depth analyses※ of current events and social trends）；ⓒ 一些报纸的读者规模巨大（The audience of some newspapers is enormous.）；ⓓ 而且报纸也是很多人的重要娱乐来源（an important source of entertainment for many people）。

但报纸也有一些缺点：ⓘ 一些报纸追逐的是利润而非真相（Some newspapers pursue profit over truth.），甚至捏造、传播假新闻（fabricate and spread false news）；ⓘⓘ 而且和互联网和电视上的新闻比起来，报纸上的新闻也已经不够“新”了（is not up-to-the-minute）。

## 同类型真题

(a) ***Some people think that reading newspapers is the best way to get news. To what extent do you agree or disagree?*** 一些人认为读报纸是获得新闻的最好方式。多大程度上你同意或者不同意？

※注：注意 **analysis** 分析一词的复数形式是 **analyses**。

## 思路指导

当题目里出现形容词最高级的时候通常比较容易找出反驳的理由。在业余时间读报是很多人喜欢的休闲活动（leisure activity），而且报纸也确实是新闻和信息的重要来源（an important source of news and information）。

但是另一方面：ⓐ 因为网络新闻与电视新闻可以被瞬间更新（online news and TV news can be updated instantly），报纸所报道的重要新闻和事件往往在报纸到达出售点前就已经被人们了解（People often know about the important news and events of the day before newspapers reach the newsstands.）；而且ⓑ 相对于在互联网和电视上看新闻，看报纸也并不便宜（People can get news online or on TV at lower costs.）。因此，从获取新闻的速度和费用来看，读报并不是最佳的方式。

(b) ***News has no connection with most people's lives. Therefore, it is a waste of time to read news in newspapers or watch news programmes on TV. To what extent do you agree or disagree?*** 新闻与绝大多数人的生活无关。因此，看报纸上的新闻或者看电视上的新闻节目是浪费时间。你多大程度上同意或者不同意？

4 ***Today, news reported by the media tends to focus on problems and emergencies rather than on positive developments. Some people think that is harmful to both individuals and society. Do you agree or disagree with this view?***

在当代，媒体的新闻倾向于集中报道问题与紧急情况，而不是积极的进展。一些人认为这对于个人和社会都是有害的。你是否同意这种观点？

本题具体写法请看今天的第 5 篇范文。

## 同类型真题

***Today, there are more images of disasters and violence in the media. What are the causes and what are your solutions?*** 现在越来越多的暴力和灾难镜头出现在了媒体上。什么是产生这些的原因？解决它的方法又有哪些？

## 思路指导

媒体当中灾难与暴力场面增加的原因主要有：ⓐ 这类事件的发生频率比过去高了（The frequency of disasters and violent acts has been on the rise.）；ⓑ 媒体为了提高收视率（raise TV ratings）或者增加发行量（increase the circulation of newspapers and magazines）而集中地报道这类事件（focus on covering disasters and violence），并且提供这些事件的醒目画面

(Many of the media reports feature graphic images of those events.)；ⓒ 有一些相关报道和画面则是被夸大的甚至是被捏造的（Some of the reports and images of the events are exaggerated or even fabricated.）。

相应的对策是：ⅰ 政府应该努力减少此类事件的发生频率（should make vigorous efforts to reduce the frequency of violence and disasters）；ⅱ 政府可以对相关报道里面的画面进行限制甚至审查（limit or even censor the images of violent acts and disasters in the news media）；ⅲ 公众也应该要求媒体对此类事件进行更负责任的报道（The public should also call for more responsible media coverage of those events.）。

## 5 *What are the advantages and disadvantages of the international media such as international TV, radio and magazines?*

像国际电视台、国际广播、国际杂志等这样的国际媒体，它们的优势和劣势各在何处？

### 擦亮眼睛

这道题里的关键词是两个 **international**，如果一不小心写成了本国媒体（the domestic media）的优劣，那可就是买多少瓶“七喜”都挽回不了的跑题了。

### 思路指导

国际媒体的优势包括：ⓐ 呈现的信息更广泛（present a wider range of information）；ⓑ 提供不同的视角（offer different perspectives）；ⓒ 对国际事件的报道更高效（provide more efficient coverage of international events）；ⓓ 能够帮助观众更好地理解与欣赏外国文化（can help the audience better understand and appreciate foreign cultures）等。

而国际媒体的缺点则包括：ⅰ 可能导致本国媒体行业的就业机会和广告收入减少（may take job opportunities and advertising revenue away from the domestic media industry）；ⅱ 有可能引发文化与价值观的冲突（Conflicts may arise between the cultures and values represented by the international media and the local cultures and values.）；ⅲ 有一些国际新闻媒体对于政治事件的报道可能存在偏见（Some coverage of political events by the international media may be biased.）。

## 同类型真题

(a) *Exposure to international media such as international TV and magazines has significant influences on local cultures. To what extent do you think the influences*

***are positive?*** 接触到国际媒体，例如国际电视与杂志等，对当地文化有显著的影响。在多大程度上你认为这些影响是积极的？

### 关键词透析

◆ **exposure to something** 是指接触到某事物的影响。

【剑桥例句】*Additional **exposure to** the language will be provided after school.*

(b) ***The news media are increasingly influential today. To what extent do you think this is a positive development?*** 当今，新闻媒体的影响力正在日益提升。对此，在何种程度上你认为这是一种积极的变化？

本题具体写法请看今天的第1篇范文。

(c) ***Information can be posted freely on the Internet. Some people argue that makes people unable to get accurate information. To what extent do you agree or disagree?*** 信息可以在互联网上自由地发布。一些人认为那会导致人们无法获得准确的信息。多大程度上你同意或不同意？

### 关键词透析

◆ **post** 在本题里和邮政无关，而是指在互联网上发布（信息），相应的 **blog** 博客和 **micro-blog** 微博上面的一个帖子也是叫做 **a post**。

◆ **accurate** 意思是准确的，它的反义词是 **inaccurate** 不准确的，与之相关的形容词还有 **unreliable** 不可靠的，**false** 虚假的和 **misleading** 有误导性的。

◆ 动词捏造（信息）叫做 **fabricate** (information)，（通过互联网或者其他的媒介）发布假消息来捉弄公众的行为在英文里被称为 **a hoax**，而诈骗行为则是 **fraud**。

## C 电视、电脑与互联网

**6** ***Public libraries should only provide books and should not waste their limited resources on high-tech media such as software, video, or DVD. To what extent do you agree or disagree?***

公共图书馆应该只提供图书，而不应把有限的资源用于高科技媒体，如软件、视频或DVD。你多大程度上同意或不同意？

### 思路指导

本题中又含有过于绝对的 only。在认可了图书的重要性之后，不妨再提出高科技媒体的优势：ⓐ 储存信息需要的空间少（compact information storage）；ⓑ 查找信息更快（more efficient data retrieval）；ⓒ 具有娱乐性的用户体验（offer entertaining user experiences）等。

本文具体写法请看今天的第 4 篇范文。

## 同类型真题

（a）***People think that public libraries will be replaced by computers in our homes. To what extent do you agree or disagree?*** 有人认为公共图书馆最终将被我们家中的电脑所取代。对此，在何种程度上你同意或不同意这种观点？

### 思路指导

在家里用电脑看书：ⓐ 可以为我们带来方便并且节约时间；ⓑ 电子书是数码格式（e-books are in digital format），所以在电子书里查找关键词更简单也更快捷（searching for keywords in an e-book is much easier and quicker than in a traditional book）；ⓒ 看电子书时还可以调整字号来适应我们的阅读习惯（change the font size to suit our reading preference）。

但公共图书馆不仅拥有大量的书籍与期刊（not only contain a wealth of books and periodicals），还提供了良好的学习氛围（provide an atmosphere conducive to learning），盯着电脑屏幕（staring at a computer screen）也不像阅读印刷的书籍那样适合人们的视力与阅读习惯（does not suit our eyes or reading habits as well as reading printed books）。而且即使 Apple 今后推出更薄、更轻的平板电脑（tablets），也无法完全代替公共图书馆为我们带来的社区感（cannot fully replace the sense of community that public libraries can bring us）。

（b）***Maintaining public libraries is a waste of money because computer technology is now replacing their functions. To what extent do you agree or disagree?*** 维持公共图书馆是浪费资金，因为计算机科技正在取代它们的功能。多大程度上你同意或不同意？

（c）***Some people think that the government should establish free libraries in every town and city. Others, however, believe that it is a waste of money because people can access the Internet at home to get information. Discuss both these views and give your own opinion.*** 一些人认为政府应该在每个城镇都建立免费的图书馆。而另一些人则认为那将是浪费资金，因为人们可以在家里通过互联网获得信息。讨论两种观点并且给出你自己的看法。

（d）***Some people think that the age of the book is gone. All the information will be presented by multimedia tools such as video, computer and television. What is your*** opinion? 一些人认为书籍时代已经一去不复返。所有的信息都将用视频、电脑或电视来呈现。你的看法如何?

### 关键词透析

◆ 在本题里指书籍除了可以简单地写 books，还可以使用 **traditional books** 传统书籍，**physical books** 实体书，**printed books** 印刷的书籍，**regular books** 常规书籍等代换形式。

◆ 在本题里除了使用 **multimedia tools** 之外，也可以考虑在适当的时候使用 **electronic devices** 电子设备。

### 思路指导

多媒体工具的娱乐性更强（more entertaining），信息量更大（offer more information to their users），而且比纸质书籍更环保（more eco-friendly than paper books）。

尽管如此，纸质书不像电视和电脑那样容易导致视觉疲劳（Paper books are less likely to cause eyestrain than television and computers.）而且有很多人喜欢纸质书籍的质感（Many people find the texture of paper books pleasing.）、较轻的重量（Even iPad Mini is heavier than many books on the market.），更加便于携带的特点（have better portability）、油墨香（the scent of the ink），甚至于书架的典雅外观（the elegance of bookcases / bookshelves）。因此尽管多媒体技术发展迅速，书籍对很多人仍然是有吸引力的（Traditional books still hold appeal for many people in spite of the rapid developments in multimedia technology.）。

**7** ***Many children prefer to watch TV rather than to do creative things. What are the causes of this phenomenon and how can we solve this problem?***

很多孩子对看电视的喜爱超过了去制作新东西的热情。为什么会出现这种状况?我们要怎样才能解决这个问题?

### 思路指导

这道题是典型的 **Report**。

看电视节目比创造性活动更能吸引儿童的原因包括：ⓐ 看电视是一种被动的娱乐（a form of passive entertainment），因此它比创造性劳动更轻松（What children need to do is just to sit down and tune in to the TV programme that they like.）；ⓑ 电视为儿童提供了各种各样的节目（television offers a wide variety of programmes to children），而儿童进行创造性活动的选择却相对很有限（The choice of creative activities is relatively limited.）；ⓒ 一些电视节目里的动作、惊险与暴力内容很可能会让儿童上瘾（The action, adventure and violence on TV is likely to be addictive to children.）。

解决的办法包括：ⅰ 鼓励孩子们参加音乐、绘画、手工、摄影等创造性活动（encourage children to participate in creative activities such as playing music, drawing, painting, making crafts and photography）；ⅱ 限制孩子们看电视的时间（limit the amount of time that children spend on TV viewing）。

## 同类型真题

***Children can learn efficiently by watching television, so they should be encouraged to watch television regularly both at home and at school. To what extent do you agree or disagree?*** 孩子们可以通过看电视高效率地学习，因此他们应该被鼓励经常性地在家里和在学校看电视。多大程度上你同意或者不同意？

### 关键词透析

◆ 在本题中 **regularly** 这个副词是指经常性地，含义接近于 **fairly often**。

【剑桥例句】*Accidents occur **regularly** on this stretch of the road*（路段）.

### 思路指导

ⓐ 电视上确实有很多教育类节目（educational programmes），这些节目让孩子们有机会更多地了解自然界、文化与社会（These programmes provide children with opportunities to gain more knowledge about nature, culture and society.）；而且 ⓑ 看电视是多媒体的体验（Television offers children multi-media experiences.），能让学习变得更加有趣（make learning more stimulating and enjoyable）。

另一方面应该注意的是：ⅰ 看电视过多有可能会伤害儿童的视力（Excessive TV viewing may damage children's eyesight.）；ⅱ 看电视容易导致缺乏运动的生活方式，从而增加儿童患肥胖症和心脏病的风险（Television promotes a sedentary lifestyle among children, which may result in an increased risk of obesity and heart disease.）。

因此，家长和教师确实可以鼓励孩子们经常性地看一些教育类的电视节目，但同时应该把他们每天看电视的时间控制在 1 ~ 2 个小时以内（limit children's TV viewing to one to two hours a day），并且鼓励他们积极地参加体育运动和社会活动（encourage them to actively participate in sports and social activities）。

8 ***Traditional games are more useful than modern games in developing children's skills. Do you agree or disagree?***

传统游戏比现代游戏对培养孩子们的技能更有用。你同意还是不同意？

本题的具体写法请看今天的第10篇范文。

## 同类型真题

***Some people believe that the time spent on watching TV and playing computer games is valuable for children. Others, however believe that has negative effects on children. Discuss both these views and give your own opinion.*** 一些人认为花在看电视或者打电脑游戏的时间对于儿童很宝贵。而另一些人则认为这会对儿童有负面影响。讨论两种看法并且给出你自己的观点。

***9 Some people think reading books is more useful in developing young people's language skills and imagination than watching TV and surfing the Internet. To what extent do you agree or disagree?***

有人认为读书要比看电视和上网更有效地激发孩子的语言能力和想象力。对此，在何种程度上你同意或不同意这种观点？

本题的具体写法请看今天的第3篇范文。

***10 Some information in films, books and on the Internet has negative influence on young people. Some people think that such information should be controlled. What is your opinion?***

电影、书籍、互联网中存在的一些不良信息对青少年造成了不好的影响。有人认为有关部门应对这种信息进行控制。你的看法如何？

### 思路指导

本题不难，在考场里一看到本题很多考生就会匆匆动笔写媒体里的暴力（violence）和色情内容（sexually explicit content）等对青少年的负面影响。但其实仔细想想又可以提出一个问题：如果对于媒体的审查过多（excessive media censorship）是否会侵犯个人表达自己意愿的自由（infringe on individuals' right to free expression），或者限制艺术家和作家们的创造力（restrict the creativity of artists and writers）呢？

一个更容易得到西方考官认同的观点是：由于青少年很可能会模仿他们接触到的媒体中的暴力、辱骂与性行为（They are likely to imitate the violent acts, offensive language and sexual behaviour that they are exposed to in the media.），因此对这些信息进行控制是合理的（justifiable），例如在很多国家实行的电影分级制度（the movie rating system that exists in many countries)。但是另一方面，政府通过对媒体进行审查来控制暴力、污言秽语和色情画面应该是审慎的（The government should be prudent in using censorship to control violence, offensive language and sexual images in the media.），审查的决定应该是经过充分考虑之后才做出的（Censorship decisions should be well informed and thoroughly considered.）。

辩证的思维往往比简单的一刀切更具有说服力。

## 变形题和同类型真题

(a) ***The government should control the amount of violence in films and on television. To what extent do you agree or disagree with this issue?*** 政府应该对电影和电视中的暴力内容的数量进行监管。对此，在何种程度上你同意或不同意这种观点？

(b) ***Films and computer games containing violence are very popular now. Some people think they have a negative effect on society and should be banned. Others, however, think that they are harmless entertainment. Discuss both these views and give your own opinion.*** 含有暴力内容的电影和电脑游戏现在非常流行。一些人认为他们对社会有负面影响，应该被禁止。而另一些人则认为它们是无害的娱乐。讨论这两种看法并且给出你自己的观点。

***11 In some countries, TV programmes are transmitted throughout the day and night. Some people think that 24-hour TV transmission is a positive development, while others think that it is negative. Discuss both these views and give your own opinion.***

在一些国家，电视节目从早到晚不断播放。一些人认为24小时的电视播放是积极的进展，而另一些人则认为它是消极的。讨论这两种看法并且给出你自己的观点。

### 关键词透析

◆ **transmit** 是指传输（信号），它的名词形式是 **transmission**。在本题里还可以使用 **broadcast** 播放这个动词，它的名词形式也是 **broadcast**。此外，播放也可以用 **air** 来表示，但要注意此时它是作动词。

◆ 是通过电视现场直播的叫做 **be televised live**，对某一事件的直播报道则是 **live coverage of an event**。

### 思路指导

电视24小时播放的好处有：ⓐ 为观众提供非常及时的新闻报道（can provide the

audience with up-to-the-minute news coverage)；ⓑ 可以更好地满足在一天里不同班次工作的人们的需求（can better suit the needs of people who work different shifts）；ⓒ 可以让观众看到从地球另一侧直播的重要国际事件，比如一些国际体育运动会的开幕式或闭幕式（offer TV viewers live coverage of important international events, such as the opening and closing ceremonies of international sports games, happening on the other side of the globe）。

而电视 24 小时播放的坏处则是：ⅰ 有些电视节目可能会被在一天里重复播放（Some TV shows may be aired repeatedly over the course of a day.），让观众感觉乏味（make viewers feel bored）；ⅱ 一些观众在电视屏幕前花费的时间过久（spend too much time in front of a TV screen），增加他们患肥胖症和心脏病的风险（increase their risk of obesity and heart disease），并且导致家人们之间的沟通减少（result in less communication between family members）。

因此，24 小时播放的电视节目为我们提供了更多娱乐和信息的选择，但同时观众应该控制看电视的时间（limit the time spent on TV viewing），积极参加体育活动（actively participate in sports activities），而且多和家人沟通。

## 同类型真题

（a）***Television is dangerous because it destroys family life. To what extent do you agree or disagree?*** 电视是危险的，因为它破坏家庭生活。多大程度上你同意或不同意？

### 思路指导

这种说法不乏道理，但同时又过于绝对。全家人都看电视的时候确实有可能导致沟通减少，而且一些家庭成员让电视占用了他们过多的时间（television absorbs too much of their time）。但另一方面，娱乐性的电视节目也为家庭成员提供了共同分享的娱乐方式（Entertaining TV shows are a good source of shared entertainment for the family.），而且还有很多能够让人学到知识的电视节目（Many TV programmes are informative and educational.）。这些都为家庭成员提供了很多共同感兴趣的话题（They offer family members many conversation topics of common interest.）。因此，看电视本身未必就会导致家庭成员的关系疏远（TV viewing does not necessarily cause alienation between family members.）。问题的关键在于家庭成员还应该经常一起参加体育运动与社区活动（sports and community activities），不应该让电视成为家庭生活的唯一焦点（prevent TV from becoming the only focal point of the family）。

（b）***Television is dangerous because it destroys family life and the sense of community. To what extent do you agree or disagree?*** 电视是危险的，因为它破坏家庭生活和社区感。多大程度上你同意或不同意？

# Media 类各分数段范文剖析

## 媒体类范文一 新闻媒体为什么举足轻重

***The news media play an important role in modern society. Why are the news media so important? Is the influence of the news media positive or negative?***

新闻媒体在现代社会中扮演了举足轻重的角色。为什么新闻媒体如此重要？新闻媒体的影响究竟是积极的还是消极的？

**【说明】**

新闻媒体的重要性本身并不是一个难写的话题。但 Pat 注意到相当多的中国学生都在作文里提到了 CCTV 对于生活的重要作用。Pat 第一次看到这个论据时深感困惑，因为在英美日常生活里 CCTV 是指 closed-circuit television 闭路电视，而且还经常指银行、机场等地的监控摄像头，经学生指点才明白原来在国内它是指 China Central Television 。

其实考官们更熟悉的新闻媒体有很多，在国内也很著名的比如 BBC，CNN 和 Fox News 等。还有主要报导财经新闻的 Bloomberg 和 CNBC，这些财经新闻网络（business and financial news networks）能够帮人们做出建立在有效财经信息基础之上的商务和财务决定（help people to make informed business and financial decisions）。此外，还有专门报导体育新闻的 ESPN，可以让体育迷们很方便地了解到最新的体育新闻（provide easy access to the latest sports news）。

### ▶ 7 分范文

The news media, such as newspapers, news magazines, news websites and TV news shows, are a very influential part of our lives.

There are two main reasons why the news media are important and popular in the twenty-first century. The first one is that news reporting provides people with information about the events that just happened in their communities, cities, countries or even other countries. As we are living in a more competitive and globalised world, people who **have access to** the latest news can usually **make better-informed decisions** and therefore **have competitive advantages**. The second reason for the importance and popularity of the news media is that people are **naturally curious about** new things. Through media reports we can get new information about important events and celebrities, which not only **satisfies our curiosity** but also offers us **interesting conversation topics**.

On the other hand, nowadays many news media companies are trying to increase their popularity and influence by **adding entertainment value to** their news reports. This often leads to false news stories and results in **widespread distrust of the news media**. Another problem is that many news media networks today have close connections with politicians. News presented by these networks **is often biased** and is used to **manipulate the public's opinion** to help the politicians gain political advantages.

To conclude, it is clear that the increasing influence and power of the news media is a result of the knowledge, convenience and business value that they can provide. However, I believe that **dishonest journalists** and news media networks who spread false news should **be punished by the law**.

## 词汇和短语

（标★的是本类话题的高频词汇或短语）

★ **influential** *adj.* 有影响力的

**have access to ...** 可以获取某种信息或者资源

**a more competitive and globalised world** 一个竞争更激烈、更全球化的世界

**make better-informed decisions** 做出建立在更有效的信息基础上的决定

**have competitive advantages** 有竞争优势

**are naturally curious about ...** 天生就对……很好奇的

**interesting conversation topics** 有趣的谈话话题

**add entertainment value to ...** 为某事物增添娱乐价值

**satisfy our curiosity** 满足我们的好奇心

**widespread distrust of the news media** 对新闻媒体广泛存在着的不信任态度

★ **is often biased** 往往是存在着偏见的

**manipulate the public's opinion** （动宾短语）操纵公众的意见

★ **dishonest journalists** 不诚实的新闻工作者

**be punished by the law** 受到法律的惩罚

**Bonus:**

★ **newsworthy** *adj.* 有新闻价值的

**exaggerated** *adj.* 被失实夸大的

**political agenda** 希望达到的政治目的

**本文量化评分**

| | | | |
|---|---|---|---|
| 论证扣题度与充实度 | ★★★★☆ | 行文连贯性与衔接效果 | ★★★★☆ |
| 词汇量和用词准确度 | ★★★★☆ | 语法准确度和多样性 | ★★★☆☆ |

## ■ 译文

报纸、新闻杂志、新闻网站以及电视新闻等新闻媒体在我们的生活中很有影响力。

有两个主要原因使得新闻媒体在二十一世纪具有这样大的影响力与受欢迎度。第一个原因是新闻报道为人们提供关于刚刚发生在身边社区、城市、国家甚至其他国家的事件信息。由于我们生活在一个竞争更加激烈、更全球化的世界里，那些能掌握最新动态的人们能够做出基于更有效信息的决定，因此具有竞争优势。新闻媒体重要而且受欢迎的**第二个原因是**人们对于新奇的事物总是带有与生俱来的好奇心。通过新闻报道我们可以了解关于重要事件和名人的新信息，不但能满足我们的好奇心，还能为我们提供有趣的谈话话题。

另一方面，目前有不少新闻媒体公司为了增加受欢迎度和影响力，力图向新闻报道里增加娱乐元素。这经常导致失实的新闻报道和新闻媒体广泛地缺乏信任的情况。**另一个问题是**很多新闻网与政客们有密切的关系。这些新闻网所呈现的新闻往往带有偏见，而且被用来操纵公众的意见以便为政客获得政治优势。

总之，新闻媒体持续上升的影响力源自它们所提供的知识、便利性与商业价值。但我认为不诚实的记者和媒体机构散播虚假新闻应受到法律的惩罚。

## 媒体类范文二 广告是否少儿不宜

***There is an increasing amount of advertising directed at children which encourages them to buy goods such as toys and snacks. Many parents are worried that these advertisements may be harmful to children. However, some companies claim that their advertising provides children with useful information. Discuss both these views and give your own opinion.***

有越来越多的广告宣传针对儿童，鼓励他们去买玩具和零食等商品。许多家长担心这些广告会对儿童产生不良影响。但一些厂商却声称他们的广告能为孩子带来有益的信息。请对这两种观点进行讨论并给出自己的看法。

### ▶ 7.5 分范文

Much more advertising is aimed at children today than ever before. This trend has caused debate between parents and the companies whose products are advertised.

Many parents argue that advertisements **mislead children about** the benefits of the products and cause them to form negative habits. This is true to some extent. A large proportion of advertisements aimed at children **promote junk food** and toys that contribute little to children's physical and social development. As it is harder for children to **resist the influence of advertising** than for adults, many of them buy advertised junk food and toys, or ask their parents to buy these products for them. Children who **are frequently exposed to** advertising are therefore more likely to **develop an unhealthy diet** and spend too much time playing with toys.

By contrast, some companies claim that the advertisements of their products provide children with access to a large amount of useful information. For example, some **TV commercials** are for **educational toys** that can develop children's thinking abilities, language skills or artistic creativity. There are also advertisements that help to **promote healthy lifestyles** among children, such as TV commercials for sports products and outdoor activity products. They tend to **feature famous athletes** or natural scenery, and encourage children to **lead a more active lifestyle**.

My own view is that snack and toy advertising that targets children should **be regulated by the government**, and more research on the long-term effects of advertising on the rates of children's **diet-related diseases**, such as **obesity and high blood pressure**, should be conducted by scientists.

## 词汇和短语

（标★的是本类话题的高频词汇或短语）

★ **mislead sb. about sth.** 对某人关于某事进行误导

**a large proportion of ...** 很大一部分的……

★ **promote junk food** 推销垃圾食品

**physical and social development** 身体方面和社会技能方面的发展

★ **resist the influence of advertising**
（动宾短语）抵抗广告的影响

★ **develop an unhealthy diet** 形成不健康的饮食结构

**educational toys** 有教育作用的玩具

★ **TV commercial** 电视广告

★ **be frequently exposed to ...** 频繁地接触到某一事物的影响

**promote healthy lifestyles** 促进健康的生活方式

**artistic creativity** 艺术方面的创造力

**feature** *vt.* 本文里指以某些人或某些事物为主要特色

【剑桥例句】*The CD will **feature** music from all over the world.*

**famous athletes** 著名的运动员

**target** *vt.* 以……为目标

【近义】be aimed at

**be regulated by the government** 受政府严格地监管

**diet-related diseases** 与饮食有关的疾病

**obesity** *n.* 肥胖症

**high blood pressure** 高血压

**Bonus:**

**stimulate children's cognitive development** 激发儿童认知能力的发展

**本文量化评分**

| | | | |
|---|---|---|---|
| 论证扣题度与充实度 | ★★★★★ | 行文连贯性与衔接效果 | ★★★★☆ |
| 词汇量和用词准确度 | ★★★★☆ | 语法准确度和多样性 | ★★★☆☆ |

## ■ 译文

现在有比以往任何时候都更多的广告针对儿童。这一趋势引起了家长与广告所宣传的产品生产商之间的辩论。

许多家长认为广告对孩子对于产品益处的认识存在着误导作用，并引发了他们的很多坏习惯。这种说法在一定程度上是真实的。针对儿童的广告中相当一部分是推销垃圾食品和玩具等对孩子的身体和社会技能发展作用并不大的产品。由于对儿童来说抵御广告的影响要比对成年人来说更难，很多儿童购买广告宣传的垃圾食品和玩具，或者让他们的家长给他们买。那些频繁受到广告影响的孩子们因而更加容易形成不健康的饮食习惯，并且在玩具上面花费过多的时间。

对比起来，许多公司则声称自己商品的广告能让儿童获取大量的有用信息。例如，有些电视广告是关于益智玩具的，这些玩具可以培养孩子的思考能力、语言技能以及艺术创造能力。还有些广告有助于促进儿童们的健康生活方式，例如运动产品和户外活动产品的电视广告。这些广告往往以体育明星和自然风光为特色，并且鼓励儿童们遵循积极运动的生活方式。

我的看法是政府需要对那些针对儿童的零食和玩具广告进行严格监管，而且科学家们应该对电视广告对于儿童当中的饮食相关疾病，例如肥胖和高血压等的发病率的长期影响进行更多研究。

## 媒体类范文三／开卷有益还是开机有益

***Some people think that reading for pleasure is more useful in developing children's language skills and imagination than watching TV and surfing the Internet. To what extent do you agree or disagree?***

一些人认为通过阅读获得乐趣比看电视和上网对发展儿童的语言能力和想象力更有用。多大程度上你同意或者不同意？

### ▶（A）7分范文

Some people think that reading for pleasure is a better way for children to develop imagination and language skills than watching television and using the Internet. Personally, I believe that television and the Internet can also help children to greatly improve their imagination and language abilities.

I agree that reading for pleasure can benefit children's development of imagination and language skills. Reading books for fun provides them with **an important source of creativity and imagination** for many other activities, including drawing and writing. For example, many young girls enjoy drawing Cinderella and Snow White, who are **imaginary characters** they have read about in **fairy tale books**. Similarly, it is often the books they have read that give children interesting ideas when they put pen to paper in creative writing class. Reading literature such as short stories and novels can also **enhance children's language abilities**, especially their vocabulary knowledge and **narrative skills**.

However, this does not mean that television and the Internet cannot effectively help children to develop language skills or imagination. Young **television viewers** today have access to a wide variety of news shows, drama series and educational programmes. They can learn many **words and phrases** when watching these programmes, and see people's activities for which the words and phrases are used. This helps to improve their listening, pronunciation and **vocabulary skills** very quickly. Also, there are many **interactive activities** on the Internet, such as chatting online and **writing posts and comments**, which all allow children to **practise their language skills**. Even playing games online can develop children's imagination because many online games are **role-playing games** that require players to imagine themselves being characters in the games.

In conclusion, although I agree that reading books for pleasure can significantly improves children's language and imagination skills, it seems to me that television and the Internet are also powerful tools to help children to develop and practise these skills.

## 词汇和短语

（标★的是本类话题的高频词汇或短语）

**an important source of creativity and imagination** 创造力与想象力的一种重要来源

**imaginary characters** （书籍或电影里的）想象出来的人物或角色

**fairy tale books** 童话书

★ **literature** *n.* 文学

**enhance children's language abilities** 增进儿童的语言能力

**narrative skills** （名词短语）叙事能力

**television viewers** 看电视的人们

【比较】television audience 电视观众的统称

**have access to sth.** 能够利用或获取某种资源

**news show/news programme** 新闻节目

**drama series** 连续剧

**educational programme** 教育类的节目

**words and phrases** 单词和短语

**vocabulary skills** 词汇技能

**interactive activities** （名词短语）互动的活动

**write posts and comments** 写帖子和回复

**practise their language skills** 练习他们的语言技能

**role-playing game** 需要玩游戏者把自己设想成游戏里的某一角色的游戏

## 语法多样性分析

◆ **It is** often the books they have read **that** give children interesting ideas **when** they put pen to paper in creative writing class. 本句里使用了 It is… that… 的强调句式，when 的作用则是引出时间状语从句

**本文量化评分**

| | | | |
|---|---|---|---|
| 论证扣题度与充实度 | ★★★★☆ | 行文连贯性与衔接效果 | ★★★★☆ |
| 词汇量和用词准确度 | ★★★★☆ | 语法准确度和多样性 | ★★★☆☆ |

## ■ 译文

有些人认为以阅读为乐趣要比看电视和上网更能开发孩子的想象力和语言能力。我个人则认为电视和互联网同样能够显著地帮助儿童增进想象力和语言能力。

我同意以读书为乐确实对于开发孩子的想象力和语言能力有益。休闲阅读能为他们的很多其他活动，包括画画和写作，提供创造力与想象的源泉。例如，许多小女孩喜欢画灰姑娘和白雪公主这些她们读过的童话书中的想象角色。**类似地**，当孩子们在创意写作课上提起笔时，那些读过的书也常常给予他们很多有趣的想法。阅读文学，例如短篇故事、小说等各种文学作品**同样**能增进孩子们的语言能力，特别是在词汇知识和叙事能力上。

但这并不意味着电视和网络就不能有效地帮助孩子发展语言能力或想象力。如今低龄观众能够接触到多种多样的新闻节目、连续剧和教育类节目。他们在看这些节目时能学到很多单词和短语，而且看到人们把这些单词和短语用于哪些活动中。这能帮助孩子们很快地提高自己的听力、发音和词汇技能。**甚至**打网络游戏也能发展孩子们的想象力，因为很多网络游戏涉及到角色的扮演，需要孩子们把自己想象成游戏里的人物。

总之，尽管我同意休闲阅读能够显著地增进孩子们的语言与想象能力，在我看来电视与互联网也是帮助孩子们发展并且实践这些能力的有力工具。

### ▶ (B) 7.5 分范文

Many parents and educators think that children should spend more time reading books for pleasure because that helps them to develop better language skills and become more imaginative. I partly agree with this view.

It is true that leisure reading is very effective in developing children's imagination skills. **Fiction works** have settings completely different from those in which their readers live, and characters who are unlike the young readers' family members and friends. Children have to constantly use their imagination to explore the unfamiliar world in those stories. Even non-fiction books, such as **biographies and history books**, require young readers to use their imagination to **relate to** the actions and decisions of the people in the books. By contrast, watching TV and using the Internet for pleasure are mainly **passive entertainment** that does not need much **imaginative interpretation**. Watching TV and surfing the Internet are thus not as effective as **leisure reading** in developing children's imagination.

I also agree that reading books for pleasure significantly improves children's reading and writing skills because books mainly provide **textual content**. When it comes to listening and speaking skills, however, as **frequent television viewers** and Internet users are exposed to large amounts of **multimedia information** and many **interactive activities**, they are more likely to **be proficient in** listening and speaking skills, such as answering questions and expressing their opinions.

In conclusion, I believe that leisure reading is more beneficial to the development of children's imagination, reading and writing skills, while television and the Internet are more helpful in developing children's listening and speaking skills. A reasonable balance between reading for pleasure and enjoying **electronic screen media** should be encouraged among children to help them to **achieve their potential** in imagination and language development.

## 词汇和短语

（标★的是本类话题的高频词汇或短语）

★ **fiction works** 内容的一部分或者全部是虚构的作品，例如 novels 小说以及包含 fairy tales 童话和 fables 寓言故事的书籍

【反义】☆ non-fiction works 内容关于真实存在的事件或者局势的作品

**setting** *n.* 本文里指故事发生的场景

**biographies and history books** 传记与历史书

**relate to** 在本文里这个短语是指领会（他人）的感受

**imaginative interpretation** （名词短语）富有想象力的诠释

★ **textual content** 文字形式的内容

**are exposed to ...** 接触到某事物的影响

★ **frequent television viewer** 频繁地看电视的人

★ **interactive activities** 互动的活动

**be proficient in ...** 对（某种技能）掌握得很熟练

**electronic screen media** （固定短语）电子屏幕媒体（例如电视与电脑等）

**Bonus:**

**audio-visual** *adj.* 视听的

**participate in online forums** 参加网络论坛的讨论

**write posts and comments** 写帖子和对帖子的评论

本文量化评分

| | | | |
|---|---|---|---|
| 论证扣题度与充实度 | ★★★★★ | 行文连贯性与衔接效果 | ★★★★☆ |
| 词汇量和用词准确度 | ★★★★☆ | 语法准确度和多样性 | ★★★☆☆ |

## ■ 译文

许多家长和教育人士认为孩子应该花更多的时间来进行休闲阅读，因为那会帮助他们更好地开发想象力和语言能力。对于这一观点我部分地赞成。

休闲阅读的确能够发展孩子的想象力。内容虚构的作品，其场景和读者身边的环境完全不同，并且含有不同于读者的家人们和朋友们的角色。孩子们必须不停地利用他们的想象力去探索小说中不熟悉的世界。即使是像传记和历史书那样的非虚构类读物，孩子也要使用他们的想象力去体会、感受书中人物所做的决定和行为。**对比起来**，看电视和上网娱乐则主要是被动的娱乐，并不需要很多富于想象力的解释。因此，就发展孩子们的想象力而言，看电视和上网确

实不如休闲阅读。

我也同意休闲阅读能显著地提高孩子们的读写能力，因为书籍主要提供文字形式的内容。但至于听说能力，由于经常看电视和上网的孩子长期接触到大量的多媒体与很多互动活动，他们更容易对于听说技能，例如回答问题和表达自己的观点的技能，掌握得很熟练。

总之，我认为在培养孩子的想象力和读写能力方面休闲阅读更有效，而电视和网络对于孩子的听说能力更有帮助。家长和老师应该鼓励孩子在休闲阅读和享受电子屏幕媒体之间保持良好的平衡，以帮助他们实现在想象力和语言能力发展方面的潜能。

## 媒体类范文四 / 公共图书馆是否应该与时俱进

***Public libraries should only provide books and should not spend their limited resources on high-tech media such as computer software, videos or DVDs. To what extent do you agree or disagree?***

公共图书馆应该只提供书籍，而不应该花费本就有限的资源在提供高科技媒体例如电脑软件、视频及DVD上面。对此你在何种程度上同意或不同意？

### ▶ 7.5分范文

The purpose of traditional libraries is to store and **provide access to** paper books. However, I disagree that only providing paper books would be the best way for public libraries to serve their users in the twenty-first century.

Public libraries are funded with their cities' tax money so they should try to meet the needs of the local residents. In the past, library users mainly relied on paper books for information. Today, however, **multimedia resources**, such as computer software, videos and DVDs, are playing important roles in people's search for information. They are **more interactive** and **are well suited to** children whose **attention span** is not very long. Multimedia resources can also hold much more information than books. For example, the data of hundreds of paper books **can be stored on** a DVD. As many public libraries today lack space for **the storage of** paper books, **multimedia devices** can help libraries to increase their collection and supply of information.

Another advantage of multimedia resources is that the **key information** in them can be easily found with **electronic search tools**, while the key words and phrases in paper books are often hard to find, even **with the help of indexes**. As a result, **the running costs** of libraries providing multimedia resources tend to be lower than those of traditional libraries because **book-based libraries** have to hire more staff members to help readers to find the information that they need.

In spite of this, some library users may feel that paper books **suit their reading habits better**. They enjoy holding a book and **turning the pages**, or simply **the texture of paper**. Paper books are also less likely to **cause eye strain** for readers than multimedia reading devices.

In conclusion, I believe that good public libraries should provide access to multimedia resources while continuing to provide users with **a wide selection of** paper books.

## 词汇和短语

（标★的是本类话题的高频词汇或短语）

★ **store** *vt.* 储存 【名词形式】storage

★ **provide access to …** 提供使用（某种资源）的机会

**rely on** 依赖

**multimedia resources** 多媒体的资源

**interactive** *adj.* 互动的

**be well suited to…** 很适合……的

★ **attention span** 注意力的延续时间

**the storage of…** （名词短语）对……的储存

**multimedia device** 多媒体设备

**key information** 关键信息

**index** *n.* 索引

**electronic search tools** 电子的搜索工具

**the running costs** （名词短语）运营费用

**suit their reading habits better** 更适合他们的阅读习惯

**turn the pages** "翻页"，这里指看纸质书

**the texture of paper** 纸张的质感

★ **eye strain** （名词短语）视觉疲劳或酸痛

**a wide selection of …** 对某种事物的广泛选择

【剑桥例句】*Some schools have **a wide selection of** fiction books in their library.*

**本文量化评分**

| | | | |
|---|---|---|---|
| 论证扣题度与充实度 | ★★★★☆ | 行文连贯性与衔接效果 | ★★★★☆ |
| 词汇量和用词准确度 | ★★★★☆ | 语法准确度和多样性 | ★★★★☆ |

## ■ 译文

传统图书馆的目的是储存纸质书并且提供使用它们的机会。但是我并不认为仅仅提供纸质

书是21世纪的图书馆向用户提供服务的最佳方式。

公共图书馆是由所在城市居民的纳税所支持的，所以它们应该满足当地居民的需求。在过去，图书馆读者主要依靠纸质书来获取信息。然而现在像电脑软件、视频和DVD等多媒体资源在人们查询信息时扮演着重要的角色。多媒体资源**更**具互动性，很适合注意力持续时间较短的儿童们的需要。多媒体资源**还**能够比图书承载更多的信息。例如，数百本图书的数据可以被储存在一张DVD里。由于许多图书馆缺乏储存纸质书的空间，多媒体设备可以增加它们的收藏量和所提供的信息。

多媒体资源的另一个优势是关键信息可以由用户使用电子搜索工具非常方便地找到，而纸质书里的关键词和词组即使是依靠索引也并不方便查找。**相应地**以提供多媒体为主的图书馆的运营费用通常比传统图书馆低，因为以提供纸质书为主的图书馆需要雇佣更多的员工来帮助读者找到他们需要的信息。

尽管如此，有些图书馆读者会认为纸质书更适合他们的阅读习惯。他们享受读书时逐页翻开的感觉，或者是喜欢纸张的质感。**而且**纸质书相比多媒体阅读工具也较少造成眼睛疲劳或者酸痛。

总之，我认为优秀的公共图书馆应该在提供多媒体资源的同时也向读者提供可选择范围广泛的纸质图书。

## 媒体类范文五 新闻媒体应该聚焦于何方

***Today, news reported by the media tends to focus on problems and emergencies rather than on positive developments. Some people think that is harmful to both individuals and society. Do you agree or disagree with this view?***

在当代，媒体的新闻倾向于集中报道问题与紧急情况，而不是积极的进展。一些人认为这对于个人和社会都是有害的。你是否同意这种观点？

### ▶ 8分范文

Some people think that media reports focusing on social problems and emergency situations have negative effects on individuals and society. Personally, I believe that such reports can also have benefits for individuals and society.

On the one hand, it is true that the pace of life today is fast and the competition is fierce in almost all fields. People have enough to worry about even without **the media coverage of** social problems. Constant media reporting on these problems are likely to **increase people's stress and anxiety levels**. Also, **frequent exposure to** social problems and emergencies such as car accidents, building fires and natural disasters may make individuals **indifferent to** them and less **sympathetic to the victims**.

On the other hand, I believe that there are some benefits to the media coverage of social problems and emergency situations. It can raise public awareness of **a wide range of social problems** such as poverty, gender discrimination and crime. **In democratic societies**, increased public awareness of these problems can often translates into more public support and government funding for solutions to them.

Furthermore, responsible media reports about emergencies, such as floods and earthquakes, can provide important information to individuals who have families or friends in **the affected area** but cannot go to the area because of the disaster. Such reports also help **charitable organisations** to determine the amount of **emergency aid** needed.

In conclusion, the media reports of social problems and emergencies serve useful purposes for both individuals and society as a whole. At the same time, there should be **government regulation** of these reports to ensure that they are **objective and fair** .

## 词汇和短语

（标★的是本类话题的高频词汇或短语）

**the pace of life** 生活的节奏

**fierce** *adj.* 本文里指（竞争）很激烈的

**increase people's stress and anxiety levels** 导致人们的压力和焦虑程度上升

★ **media coverage of …** 媒体对某事件的报道

★ **constant** *adj.* 持续不断的

★ **frequent exposure to sth.** 频繁地受到某事物的影响

**be indifferent to sth.** 对某事物漠不关心的

**is / are less sympathetic to the victims** 对于受害者较少同情

**a wide range of social problems** 广泛的社会问题

**gender discrimination** （名词短语）性别歧视

**democratic** *adj.* 民主的

**translate into** 本文里不是指翻译成，而是指某种抽象的事物被转化成具体的成果

【剑桥例句】*Higher R&D spending*（在研发上投入的资金）*does not always* ***translate into*** *competitive advantage*（并不总是会转变成竞争优势）.

**floods and earthquakes** 洪水与地震

**the affected area** （名词短语）受影响地区

**determine** *vt.* 本文里指确定

**charitable organisation** 慈善组织

**government regulation of …** 政府对于某事物的严格监管，请注意 regulation 作不可数名词时是泛指严格的监管，而作可数名词时则是指具体的规章制度

★ **objective and fair** 客观的、公正的

**本文量化评分**

| | | | |
|---|---|---|---|
| 论证扣题度与充实度 | ★★★★★ | 行文连贯性与衔接效果 | ★★★★☆ |
| 词汇量和用词准确度 | ★★★★☆ | 语法准确度和多样性 | ★★★★☆ |

## ■ 译文

有些人认为媒体针对社会问题以及紧急事故的报道会对个人以及整个社会造成负面的影响。我个人则认为这样的报道也会给个人与社会带来好处。

一方面，我们的生活节奏确实很快，而且几乎所有领域的竞争都非常激烈。即使没有媒体对社会问题的报道，人们也有足够多的烦心事要担心。媒体对这些问题的持续报道会增添人们的压力和焦虑程度。**而且**，对社会问题和紧急情况的频繁接触会令个人对于这些事情变得漠然，并且对于受害者的同情减少。

另一方面，我认为媒体对社会问题以及紧急事故的报道也有一些好处。这类报道能够让公众更充分地认识到一系列社会问题，例如贫困、性别偏见与犯罪。在民主社会里，公众对于这些问题的意识提高往往能够转化为更多的公众支持和政府资助以解决这些问题。

而且，媒体对如洪水和地震等紧急情况的报道也可以让那些有亲朋好友在灾区但是由于灾难而不能前往的人们了解到关于灾区的重要信息。那些报道也有助于慈善组织确定所需要的紧急救援数量。

总之，媒体对社会问题及紧急事故的报道对个人和社会都是有用的。同时，应该有政府的严格监督以保证这些报道是客观、公正的。

# 考官到底比考生强在何处（上）

## 媒体类范文六 产品卖得好是广告的作用还是因为消费者存在需求

***Some people think that the high sales of popular consumer products reflect the power of advertising and not the real needs of the society in which they are sold. To what extent do you agree or disagree?***

一些人认为畅销产品的热销主要归功于广告的力量而并非源于社会的真实需求。对此，你在何种程度上同意或不同意这一观点？

**【解题】**

7.5 分是申请 Oxford 法学院的理想分数。下面这篇文章是官方给出的本题 7.5 分考生范文。等一会儿我们还要再对比着看一篇媒体类的满分范文，来找出“牛人们”的内部是否也存在着水平高下之分（两篇文章写得都不难，请基础一般的同学不必“知难而闪”）。

本题是一道 agree or disagree 型考题，这名 7.5 分考生选择了比较均衡的四段式写法：对于广告有作用这一方，从 ⓐ 邀请明星打广告、ⓑ 广告的视觉效果很强烈，以及 ⓒ 影响人数众多这三方面来论证。

而对于消费者需求对于产品销售的影响，该考生给出的理由则是：ⅰ 钱是消费者自己的，所以买不买的最终决定权仍然是在消费者手里；ⅱ 消费者收入不同，不能只看到广告就决定要买什么。

结尾段的结论是：消费者有决定权，不能说产品卖得好只是广告的作用。同时由于青少年消费者缺乏分辨能力，所以应该禁止针对儿童的玩具广告。严格来说，这位同学的这一结论其实比较极端甚至是很不理智的。仅以英国为例，去年的儿童玩具零售额就高达近30亿英镑。如果完全禁止所有针对儿童的玩具广告，将会对经济发展带来很严重的负面作用。但该结论对于IELTS这样的英语语言水平测试来说已经够用了。

### ▶ 7.5分范文

Nowadays, there are lots of advertisements on television or on the streets. （背景）Some people think that the advertising **boosts the sales of goods** and it encourages people to **buy things unnecessarily**.（改写原题里的观点）

This arguments may be true.（正方观点，出现了this与arguments两者单复数不一致的错误）In my country, many advertising companies produce advertisements with famous and popular actors or singers.（本方分论点1：很多广告里有明星）People, especially youngsters, buy goods that their favourite singer advertise, although they do not really need the products.（对分论点1的展开论证：人们特别是青少年会因为喜欢的明星打广告而买自己并不需要的产品。注意：本句里singer的单数和动词advertise的复数又不一致，应该在advertise后面加上-s）Also, on the television screen, a product may look **gorgeous** and good quality（分论点2：电视广告让产品看起来更漂亮、更优质）. As a result of it, people often buy goods **without enough consideration**. Consumers may not actually need it but they **buy goods impulsively** soon after they watch the advertising（这位考生对分论点2连写了两句展开论证句，但严格来说有意思重复之感，都是讲：消费者看过广告之后经常不假思索地就买了产品。）. Furthermore, as many customers buy a particular product due to its **advertising campaign**, the other people may be affected by the trend, even if the product is not of the real needs of the society.（本方的第3个分论点：广告影响到的人群广，消费者之间会相互影响形成一种趋势，即使这种产品并不是社会所真正需要的）

On the other hand, there are various aspects against these arguments. Moreover（这里并不是"而且"的逻辑关系，属于堆砌连接词，应去掉这个Moreover）, it is people's choice to make a decision to buy goods（提出反方的观点1：消费者是有选择与决定权的）.

Advertising may be not a cause of customers' buying habits. Individuals have their own spending habits. If they have got enough **disposable income**, then the right to make a decision is given to them. No one actually can judge whether the goods sold are the real needs of the society or not. （这3句都是观点1的展开论证句，含义上还是有重复感，但已经达到了IELTS作文对于论证的要求）In addition, as there should be a limited amount of disposable income consumers are able to spend, people try to **allocate their budgets**. They cannot be simply swayed by those advertisements. （反方的第2个分论点加展开论证句，讲消费者的收入是有限的，不会只受到广告影响就去买东西）

In conclusion, as customers have their own strong opinions and standard of good quality goods, it is better to leave them to make their own decision in buy goods（结尾段总结，请注意：本句里在介词in后面应该使用buy的动名词形式buying，而不应该使用动词原形buy）. It is fairly difficult to say everyone **is swayed by advertising** and buy goods impulsively. （结论是不会每个人都被广告影响去很冲动地消费）However, **in the sensitive area of** businesses such as toy industries, if（拼写错误，应改为it）may be necessary to ban advertising to those children as children have not got enough ability to control themselves or to Know what they need. （全文最后一句提建议：有必要禁止针对儿童的玩具广告。考场里的“鸭梨”过大导致know中的k被写成了大写字母。由于时间太紧张，实战中不少基础不错的同学也出现“胡作非为”的非理性错误，因此在考前充分地熟悉真题和范文就更加重要）

## 剑桥对这篇7.5分考生作文的官方评语

### 论证扣题度和充实度

The way in which the candidate has responded to the task is a strong point of this script. It is a well-developed answer that addresses the issues relevantly and at length. The writer introduces the topic, examines both sides of the argument and expresses a clear position. Points are well-argued and supported with examples.

本文的强项在于论证很充实而且扣题，引出话题、论述辩论的双方并且表达了清晰的观点。看法展开合理，而且有举例支持。

### 行文连贯性与衔接效果

The answer is well-organised and the message is easy to follow with clear paragraphing and linking of ideas. There are too many errors in cohesion, however, and some linkers are not always fully appropriate, so this limits the rating for this criterion.

全文组织得体、分段清晰。但有的连接词使用得不够恰当（例如第二个主体段里的 Moreover 后面的内容和它前面的内容之间并不存在“而且”的关系，属于刻意堆砌），而且有一些上下文之间的指代关系出现混乱（例如第一个主体段里的 Consumers may not actually need it ... 这句话错误地使用 it 去指代 goods），这些问题限制了本文在这个评分项上的得分。

### 词汇多样性与准确度

A wide range of vocabulary is used accurately and precisely in spite of one or two awkward expressions and some rare errors.

用词多样并且准确度较高，但有少数表达不够自然并且偶有错误。

### 语法多样性和准确度

A sophisticated range of structures is used but there are too many minor errors and omissions (such as in the use of prepositions and basic subject / verb agreement) to reach Band 8. Nevertheless these mistakes do not reduce the clarity of the answer and overall a wide range of language is used with a high level of proficiency.

语法结构多样但是小错误较多（例如在一些介词的使用和主谓一致等方面存在的问题），难以达到更高分数8分在这个评分项上的要求。尽管如此，从整体上看这些错误并没有严重影响行文的清晰度，语法结构多样而且运用的熟练度高，7.5分仍然实至名归。

## 词汇和短语

（标★的是本类话题的高频词汇或短语）

**reflect** *vt.* 反映，体现

**demand** *n.* & *vt.* 需求，要求

★ **boost the sales of goods** 增进商品的销售

**buy goods unnecessarily** 不必要地购买商品

★ **gorgeous** *adj.* 非常漂亮的

【近义】extremely beautiful

**without enough consideration** 没有足够的考虑

★ **impulsively** *adv.* 冲动地

**particular** *adj.* 特定的

**due to** 表示因果关系的连接短语：由于，请注意 due to 的后面要接名词、名词短语或者动名词，而不能接动词不定式

【剑桥实例】*The flight was canceled* ***due to*** *bad weather.*

★ **advertising campaign** 大规模的广告系列宣传活动

★ **disposable income** （名词短语）可支配收入

★ **allocate their budgets** 分配他们的预算

**is swayed by advertising** 让广告左右自己的看法

★ **sensitive** *adj.* 敏感的

★ **ban** *vt.* 禁止

**本文量化评分**

| 论证扣题度与充实度 | ★★★★★ | 行文连贯性与衔接效果 | ★★★☆☆ |
|---|---|---|---|
| 词汇量和用词准确度 | ★★★★☆ | 语法准确度和多样性 | ★★★★☆ |

## ■ 译文

如今在电视上、街道上，广告处处可见。有些人认为广告促进了销售并且鼓励人们购买他们并不需要的东西。

或许这个观点是对的。在我所在的国家，的确有众多广告公司找到知名的歌星、影星来为他们的产品做代言。而人们，特别是青少年就可能会因为自己喜欢的明星而去购买自己并不需要的产品。**而且**，电视广告还可以让产品看起来更漂亮、更优质。结果消费者们就会经常在看到广告后不假思索地买下那些产品。**另外**，由于广告影响的人群覆盖面非常广，还会导致消费者之间相互影响并形成一种购买潮流，即使这种产品并不是社会所需的。

但从另一方面来讲，对于这种“广告中心论”的观点也存在着各种反对的声音。而且，这种观点还认为消费者对买什么有着最终的决定权。广告或许并不能影响到消费者的购物习惯。而每个人都有着自己的消费习惯。如果他们有足够的可支配收入，那么怎样消费的决定权就是消费者自己的了。没有人能真正评判出商品的售出究竟是不是出于社会的需求。**此外**，每个消费者可供其支配的收入都是有限的，他们会根据自己需要购买的商品做出一定的预算，而不可能只是简单地受广告影响去买东西。

所以我们可以说消费者对自己要购买什么商品以及什么样的商品是好商品都有着足够坚定的个人观点，最好是让他们自己去选择适合自己的商品。所以，要说每个人都会被广告所左右，会在冲动下购买东西是非常不正确的。**然而**，对于像儿童玩具产业这样的敏感行业，政府可能应该禁止此类广告，因为儿童本身并没有足够的自制力来控制自己，而且他们也不清楚自己究竟需要什么。

# 考官比考生到底强在何处（下）

## 媒体类范文七 电视广告（TV commercials）的利与弊

*Advertisements play a major role on TV in market economies. Despite the benefits of such information, many people criticize the role of TV advertising. To what extent do you agree or disagree with their view?*

在市场经济的大潮中，广告在电视上扮演着一个重要的角色。尽管广告有着种种好处，但许多人还是在批评广告在电视上所起的作用。对此，在何种程度内你同意或不同意这种观点？

【说明】

这是 IELTS 写作考试里的高频话题之一。本文是考官写的满分范文，请大家仔细体会考官与刚才那位高分考生相比“高”在何处。

Unlike the Internet, where we can often **disable pop-up advertising windows**, we cannot screen TV advertisements out of our lives. The question is whether the price is worth paying.

Some good arguments can be made **in defence of** TV advertising. Firstly, advertisements provide information, and information is essential to a modern economy because it brings those who have products and services into contact with those who want to buy. Indeed, advertisements are **the most efficient means of** such communication and help to keep **the price of consumer goods** down. Secondly, the advertising industry is **an important source of employment**. Thirdly, advertisements are often charming and well-filmed, a source of entertainment in themselves. Finally, we should not overlook the fact that advertisements make most TV possible in the first place, through **the revenue they generate**.

However, TV advertisements also present a number of objectionable features. Most obviously they **interrupt TV programmes**, **distract our attention** and may **spoil our enjoyment** or learning. Then there is the question of the messages that the advertisements convey. They do not simply give us information about products that we may want to buy. They also **arouse the desires** to buy new products and leave us dissatisfied until we buy them. At a deeper level, advertisements often present us with **a fantasy world** that makes us false promises of happiness, popularity and so on. Advertisements thus threaten to turn our culture into a collection of commodities and **create wasteful consumption**.

Given the reality of the modern economy, we cannot avoid advertisements on TV. But at least we can evaluate their messages and their effect. That is the way to not **be overly swayed by them**.

## 词汇和短语

（标★的是本类话题的高频词汇或短语）

★ **disable pop-up advertising windows** 关闭（网络上的）弹出式广告窗口

**the most efficient means of ...** 从事某事最高效的方式

**consumer goods** （名词短语）消费品

★ **an important source of employment** 就业机会的一个重要来源

**overlook the fact that ...** 无视某一事实

**the revenue (that) they generate** 本文里指由广告产生的收入

★ **present** *vt.* 当动词时它是"呈现"的意思

★ **objectionable features** 令人反感的特征

★ **interrupt TV programmes** 中断电视节目

★ **distract our attention** 分散我们的注意力

★ **spoil our enjoyment** 破坏我们的乐趣，"让我们很扫兴"，请注意这里的 spoil 并不是溺爱的意思

**convey** *vt.* 传达（某种信息）

【近义】express

**arouse the desire to** 唤起去做某事的愿望

**dissatisfied** *adj.* 不满意的

【反义】satisfied

**fantasy** *n.* 幻想

**commodity** *n.* (*formal*) 商品

**threaten to ...** 有可能会导致某种破坏性的结果，注意：它的后面接动词不定式

【剑桥例句】*The conflict threatened to spread to neighbouring countries.*

★ **create wasteful consumption** 产生浪费的消费行为

★ **reality** *n.* 事实 【反义】theory 理论

★ **evaluate** *vt.* 评估

★ **be overly swayed by ...** （某人的意见）受到某事物的过度影响

## Pat 评析

与前面的那篇 7.5 分范文相比，这篇满分范文实际上更加务实，甚至还用了被一些培训教师称为"5 分模板"的 Firstly，Secondly，Thirdly 这类表达。

考官与前面那位 7.5 考生之间的差异可以用下表更清晰地展现出来：

| | 考官范文 | 7.5 分范文 |
|---|---|---|
| 论证的扣题度与充实度 | 好，每句话都紧扣题目，而且论证内容没有重复、拖沓的感觉 | 好，但有些展开论证句的内容给人以重复感 |
| 行文连贯性与衔接效果 | 分段清晰，行文很平实地一步一步推进，整体逻辑很严密，行文手段丰富多样，"明连接"（明确使用连接词连接上下文）、"暗承接"（不明确使用连接词，而是利用上下文之间的语义关系自然承接）配合使用 | 分段清晰，但局部有散乱感，有些连接词被刻意堆砌到文章里或者被误用，还有少量代词出现了指代错误，从而导致局部行文衔接有脱节感 |

（续表）

| | 考官范文 | 7.5分范文 |
|---|---|---|
| 用词准确度与多样性 | 用词多样、准确度高，特别是动词用得很准 | 词汇、尤其是形容词的整体准确度比较好，但是个别单词用法有误 |
| 语法准确度与多样性 | 接近完美，没有明显的语法错误，句式形式多样、使用熟练 | 单复数的一致性和少数句子的结构存在着明显漏洞，需要打“补丁”，对句式结构使用得比较熟练，出现了少量句法错误但总体不影响阅卷人对于文章的理解 |

## ■ 译文

电视广告不像互联网上弹出的广告那样可以被关掉。问题是，电视广告值得我们付出这样的代价吗？

有一些很好的见解为其辩护。首先，广告提供了当今经济社会中最宝贵的东西——信息，因为它能把那些拥有产品和服务的人与那些想购买这些东西的人联系在一起。确实，广告是承载这种交流以及平抑商品价格最高效的方法。**其次**，广告业也是就业机会的一个重要来源。**第三**，多数广告都是富有魅力且精心制作的，本身就拥有很高的娱乐性。最后，我们也不应忽视正是广告通过其所带来的收益才让很多电视节目得以成为可能这一事实。

但广告也有着一些令人反感的特性。最明显的就是当我们在观看节目的时候它们将节目打断，干扰我们的注意力，并影响我们的乐趣或者学习过程。**再有**就是关于广告所传达的信息的问题。它们不只是告诉观众关于其想购买的产品的信息。它们还激发观众购买新产品的欲望，使观众觉得不买到那些产品生活就不会令人满意。**在更深的层次上**，广告常常向我们描绘一个虚幻的世界，向我们虚假地承诺幸福和受欢迎程度等等。广告从而有可能会将我们的文化变成一种对于商品的汇集，并且产生浪费的消费行为。

考虑到现代经济的现实，我们肯定无法完全摆脱电视广告。但至少我们能评价它们所传达的信息和效果。这是避免我们的意见被其过分左右的有效方法。

## 媒体类范文八　一位富有社会良知的考官关于媒体问题的表态：大腕儿拿高薪是否受之有愧

***Some people feel that entertainers (e. g. film stars, pop musicians or sports stars) are paid too much money. Do you agree or disagree? Which other types of job should be highly paid?***

一些人感觉娱乐人士（比如电影明星、流行歌手或体育明星）收入过高。你同意还是不同意？其他哪些行业也应该获得高收入？

## 本题思路透析

在英美，娱乐明星们的收入近年来一直是饱受争议的话题，因为很多人觉得他们/她们所付出的劳动根本对不起其高收入。比如 Justin Bieber，走在马路上就是一邻居家的小男孩儿，但他平均一次演出的收入超过 30 万美金。即使连付出劳动很多的体育明星的收入也让不少人“眼热”，因为他们/她们除了 salary 之外还有大量的 endorsements（代言）和 winnings（比赛奖金）。LeBron James 和 Lionel Messi 这些现役运动员不必说了，就连拳王阿里（Muhammad Ali）这种极具“个性”的运动员也曾经靠着在退休之后把自己的名字借给厂商使用每年净赚 0.55 亿美刀。

本题里含有两问，依次回答即可。但特别提醒国内同学注意的是第一问是“Do you agree or disagree?”的提问形式。有不少国内同学甚至培训老师误以为这样的题型只能写单方的内容，这位考官却很坦然地讨论了两方并且表示毫无压力，对这种流传很广的误解进行了最有力的澄清。

### ▶ 9 分范文

| | |
|---|---|
| I agree with the view that stars in the entertainment business **are usually overpaid**. This is true whether we are considering stars of film, sport or popular music, and it often seems that the amount of money they are able to earn in a short time cannot possibly be justified by the amount of work they do. | 开门见山地给出自己的观点，并提出不论是电影、体育还是流行音乐明星，他们/她们付出的劳动都难以解释其在短时间内所获得的高额收入。 |
| However, it is also true that it is only those who reach the very top of **their profession** who can get these huge salaries. So the size of salary that stars expect **is closely linked to** the competition they have to overcome in order to reach success. They are, in effect, **rare talents**. | 本段开头的 However 和 also true 响亮地回答了“Do you agree or disagree?”这种题型是否只允许讨论一方的问题。在本段里考官承认只有少数人才能成为顶级大腕儿，他们/她们本质上属于稀有人才。 |
| Furthermore, the majority of stars do not hold their top positions long. Sport stars and pop stars, for example, are soon replaced by the next younger, **more energetic**, generation, while the good looks of most film stars **quickly fade**. So this **relatively short working life** may be some **justification for** the very high pay. | 本段论证了多数明星的地位其实只能延续很短的时间，并且举了体育明星和流行歌星的例子，因此他们/她们拿高薪也有一定的道理。 |

（续表）

| | |
|---|---|
| Unfortunately, professionals from other fields, who make a much greater contribution to human society, are paid so much less that it is hard to disagree with the statement. Teachers, nurses, **laboratory researchers** etc. are never listed among **the best-paid professionals**, yet they are more important to our well-being and our future than the stars who **earn their fortunes so quickly**. | 本段用表示现实情况与理想状态之间对比的 Unfortunately 开头，指出与为社会做出更大贡献的教师、护士和实验室研究人员等相比，明星们在短时间内获得巨大财富的现象依然显得不公正。 |
| In conclusion, I think there may be some reasons why entertainment stars earn high salaries but overall I agree that they are overpaid. The gaps between their earnings and those of people who **work less selfishly** for the good of society cannot be justified. Such professionals should **be much better appreciated and better paid**. | 结尾段总结，再次提出明星高薪其实是有一些原因的，然后用 but overall 转回自己更倾向的态度，并在最后一句话建议为社会无私奉献的人们应该受到更多认可与更高的报酬。 |

## 词汇和短语

（标★的是本类话题的高频词汇或短语）

**are usually overpaid** 通常是报酬过高的

★ **justified** *adj.* 合理的，能成立的

★ **profession** *n.* 职业

【剑桥例句】*Teaching as a **profession** is very underpaid.*

**professional** *n. & adj.* 在本文中 professional 是作名词，指专业人士

★ **is closely linked to…** 是与……密切相关的

**competition** *n.* 竞争

★ **in effect** 实质上

【剑桥例句】***In effect** the government have lowered taxes for the rich and raised taxes for the poor.*

★ **rare talents** 稀有人才

★ **energetic** *adj.* 有活力的

★ **relatively** *adv.* 相对地

**quickly fade** 快速地消退

**justification** *n.* (*formal*) 让某事物变得合理的理由

★ **fortune** *n.* 请注意它在本文中不是指运气，而是指财富

【固定搭配】earn their fortunes （动宾短语）赚取财富

**contribution** *n.* 贡献

**laboratory researchers** 实验室的研究人员们

★ **selfish** *adj.* 自私的

【副词形式】selfishly

**appreciate** *vt.* 欣赏，认可

## 本文里的明连接与暗承接分析

（适合需要写作单项7分的同学）

很明显，在这篇官方满分范文里，考官使用了 while，for example，unfortunately 等句内连接词和句间连接词来直接进行“明连接”。但同时，考官并没有放弃对于“明暗结合”的追求。请看下面的本文“暗承接”实例：

- **Professionals from other fields**, who make a much greater contribution to human society, are paid so much less that it is hard to disagree with the statement. **Teachers**, **nurses**, **laboratory researchers** etc. are never listed among the best-paid professionals. 考官在第二句话的开头并没有直接使用句间连接词，而是用 teachers，nurses，laboratory researchers 等职业来对第一句话里谈到的 professionals from other fields 进行具体化，因此尽管两句话之间没有句间连接词，但是它们之间的逻辑承接关系依然是很明确的
- The gaps between their earnings and those of **people who work less selfishly for the good of society** cannot be justified. **Such professionals** should be much better appreciated and better paid. 这两句话之间也没有用句间连接词，而是在后一句话里用 such professionals 来指代前一句话里的 people who work less selfishly for the good of society，上下文之间的语义承接关系仍然是明确的
- I agree with the view that stars in the entertainment business are usually overpaid. This is true whether we are considering stars of film, sport or popular music. 在第二句话里用 This 来指代前文所陈述的情况，同样也是“暗承接”的常用手段

## ■ 译文

对于娱乐圈明星的收入过高了的观点我表示认同。那些电影、体育、流行音乐明星在短时间内所挣到的钱与他们本身所付出的工作并不相符。

然而，事实上只有那些真正能够到达他们职业顶峰的明星才能得到那样高的薪水。所以那样巨额的收入也是和明星们为了成功所面临的激烈竞争相匹配的。他们实际上是属于相当稀有的人才。

此外，大部分的明星并不能在他们事业的顶端呆上多久。像许多体育明星和流行音乐明星，不久就会让位给更年轻更富有活力的新一代，电影明星们的美貌也往往会随着时间而逝去。所以相比其他职业，明星们的职业生涯较短，这样来看他们在短期内拿到高额薪水看起来也就比较合理了。

不幸的是，那些在其他领域为人类做出了更多更大的贡献，却只得到了比明星们少得多的报酬的人却很难同意这一论点。像老师、护士、实验室研究人员等职业从来就没有被看做过是高薪职业，但是他们的劳动相比那些吸金飞快的明星们，对我们人类的未来及实际的造福作用更大。

总结以上的观点，我认为娱乐圈明星们能挣到巨额的薪水是有一定道理的，但是总的来说我还是认为他们的收入过多了。他们的收入与那些为社会努力奉献的人的收入有着如此大的差

距，这在我看来是不公平的。那些从事着为社会努力奉献的职业的人们理应得到更多的赞誉与收入。

## 媒体类范文九 一位具有全球化视野的考官关于媒体类话题的发言：电视与文化发展之间的辩证关系

***Television has had a significant influence on the culture of many societies. To what extent do you think television has positively or negatively affected cultural development?***

电视的出现给许多社会中的文化都带来了巨大的影响。对此，在何种程度内你认为电视给文化的发展带来了积极的或消极的影响？

**【说明】**

在雅思考场里这类看着“脸儿熟”的题其实往往是最容易让人“乐极生悲”的题，所以对这类“脸儿熟”的考题在审题时更是要加倍细心。本文要求讨论电视对于文化发展（cultural development）的利弊，但Pat认识的一个苦孩子考试时看到“熟题”之后在极度兴奋的状态下洋洋洒洒写了300多字来讨论电视机给日常生活带来的利弊，考完之后才明白原来连电视机也能“暗藏杀机”。轻敌比情敌更可怕。

**▶9分范文**　　考题类型：比较利弊型　　结构选择：带有明显倾向性的五段式

| | |
|---|---|
| It has been around forty years since television was first introduced into British households and people today still have mixed views on whether it has a positive or a negative influence on society. | 常规地介绍社会背景＋引出辩论话题开头段。 |
| Many people believe that television damages culture. It **promotes the stronger culture** of countries such as Britain and the US and **weakens the cultures of** less wealthy countries. This is because the stronger countries are able to **assert their own culture** by producing more programmes that are shown widely around the world. These programmes then influence people, particularly young people, in the countries where they are shown. | 本段中论证了发达国家通过传播自己的电视节目让它们的文化变得更加强势。 |

媒体类范文

（续表）

| | |
|---|---|
| Also, as television networks need to attract large audiences to **secure their financial survival**, they must produce programmes that are interesting to a broad range of people. In Britain this range is very broad because we are **a multicultural society** and people of all backgrounds like to watch television. To interest all these different people, most television programmes are short, full of action and excitement and **pursue themes common to all cultures**, such as crime and romance. Television programmes that **concentrate on** or develop themes related to one particular culture are not so successful because they only interest a smaller audience. | 本段论述电视节目为了扩大观众群体、获得更多的商业利润而很少集中关注某种特定的文化。 |
| Nevertheless, we must recognise that television does have some positive effects on cultures within a society. People who do not live within their own culture can access it through multicultural stations on TV. | 本段是非常典型的让步段，指出对于生活在异国他乡的人们则可以通过看电视来接触到本民族的文化。 |
| In conclusion, I take the view that television **promotes and strengthens** those cultures that are wealthy and influential while it weakens cultures that are already in a weak position. | 结尾段做结论，指出电视让强势文化更强势，而让弱势文化更难以被传播。 |

## 词汇和短语
（标★的是本类话题的高频词汇或短语）

★ **household** 这个词比较正式，经常在讨论某个国家或者地区的整体情况时用来指“住户”

★ **promote** *vt.* 雅思作文中最常用的动词之一：促进

**wealthy** *adj.* 富有的

★ **assert** *vt.* 坚定地宣称

**secure their financial survival** 本文里指 确保它们的收益有延续性

**a multicultural society** 一个文化多元的社会

**pursue themes common to all cultures** 致力于表现各种文化共通的主题

★ **concentrate on** *v.* 集中精力于……
【近义】focus on

★ **recognise** *vt.* 认识到，承认

★ **access** *vt.* 利用（某种资源）

★ **strengthen** *vt.* 加强，强化
【反义】weaken

## ■ 译文

尽管从电视走进英国人的家庭至今已经有四十年左右了，但直到今天人们仍然对它对文化发展所产生的影响褒贬不一。

许多人认为电视节目破坏文化。它促进英美文化这样的强势文化，而削弱不发达国家的文化。这是因为强国通过制作电视节目并在世界范围内广泛播放来宣扬自己的文化。这些电视节目会对人们，尤其是对节目播放当地的年轻人产生影响。

而且，由于电视台要保证吸引大量的观众收视来确保他们在财务上的生存，所以他们必须在制作节目时就考虑到要吸引更广泛的受众群。在英国这个范围会是非常广泛的，因为英国是个多文化的国家，电视观众也都拥有着各种不同的文化背景。为了迎合各种不同文化观众的口味，大部分电视节目都很短，充满刺激的动作场面，并主要体现一些如犯罪和浪漫这样对各种文化都有吸引力的主题。而那些集中反映某一种特殊文化主题的电视节目往往不会成功，因为他们只对一小部分观众才有吸引力。

无论如何我们必须承认电视在社会文化中所起到的一些积极意义。比如那些已经脱离了他们自身文化生活的人们可以通过收看多文化电视节目来了解和重温自己的文化。

综上所述，我认为电视可以将那些繁荣、有影响力的文化发扬光大，同时也会让本身就处于弱势的文化受到更大的冲击。

## 媒体类范文十 Pat 对 Media 类问题的诠释 A：要发展儿童技能，3D 网游是否一定就不如捉迷藏

***Traditional games are more useful than modern games in developing children's skills. Do you agree or disagree?***

传统的游戏比现代游戏在培养孩子的能力方面更有用。你同意还是不同意？

**【解题】**

有些人总是很悲观地觉得过去的一切都比现在好，但 Pat 却相对乐观。虽然 21 世纪有这么多的问题，但我相信人类社会仍然是在进步的（没办法，O 型血）。比如，像 DotA（请注意在英美这个游戏的中间两个字母其实都是小写字母）这样的游戏，对发展孩子的能力就有促进作用，只不过什么游戏都不可以玩得过度罢了（**Moderation is the key to life.**）。其实传统游戏玩得过多也曾经导致上一代人里的不少学生留级，为什么今天总是要来指责电子游戏呢？

I disagree with the view that traditional games are superior to modern games in helping children to develop their skills.

It has been scientifically proven that playing video games can improve the **memory retention and recall skills** of teenage memory loss patients. Research findings also suggest that action games, such as Counter-Strike and Diablo III, can **sharpen children's hand-eye coordination** and **visual tracking skills**. These skills are essential for a wide range of careers, including surgery, laboratory research and the performing arts. Many other modern games, such as **online maths games and chess games**, can **improve** children's **problem-solving and reasoning skills** as effectively as **traditional intellectual games** (e. g. card games and board games).

When it comes to helping children to develop their social skills, **the bias against** modern games also seems unjustified. In fact, **multiplayer interactive games**, including WoW (World of Warcraft) and Star Wars, have created large **online communities** that provide young gamers with **abundant opportunities** to socialise and collaborate with other **game enthusiasts**.

It is true that some video games are violent in nature and feature **death and destruction**, which can **increase aggressive behaviour** among young players. Also, **excessive gaming** can hurt players' eyes and is likely to result in **a sedentary lifestyle**. However, in terms of developing children's skills, I do not believe that traditional games are more useful than modern electronic games.

The key, therefore, is to **steer children clear of violent themes** and set rules and limitations to prevent them from becoming addicted to gaming rather than relegate all **game consoles** to **locked drawers**.

## 词汇和短语

（标★的是本类话题的高频词汇或短语）

**superior to**　优于……

**memory retention and recall skills**　对记忆的保持与回忆能力

★ **sharpen sb. 's skills**　强化、提高某人的技能

【相关】hone sb. 's skills　磨练、提高某人的技能

**hand-eye coordination**　（固定短语）手眼协调能力

**visual tracking skill**　视觉追踪的能力

**surgery**　*n.* 外科手术

【相关】surgeon　*n.* 外科医生

**performing arts**　表演艺术

【相关】performer　*n.* 表演者

**problem-solving and reasoning skills** 解决问题与推理的能力

★ **intellectual game** 能够锻炼思维能力的游戏（在英美生活里有时简称为 brain games）

**board game** 棋类游戏，在英美小朋友们最爱玩的有 chess（国际象棋，有些中小学里还举办每年一度的 chess tournament），Cluedo（在美国也叫 Clue，是一种很好玩的侦探推理游戏），Tic-tac-toe（这个有点像中国小朋友玩的“五子棋”游戏，但通常连到三个就可以了），Monopoly（“大富翁”游戏）等

**bias against sth.** 对于某事物的偏见

**unjustified** *adj.* 不合理的，站不住脚的

**multiplayer interactive games** 很多人一起玩的具有互动性的游戏

**online community** 网络社区

**abundant opportunities** 充分的机会

**socialise** *v.* 社交 【名词】socialisation

**collaborate with sb.** 与某人协作

**enthusiast** *n.* 爱好者

【剑桥例句】*Timothy is a model-aircraft* ***enthusiast****.*

**feature death and destruction** （动宾短语）以死亡与破坏为特色，请注意这个短语里的 feature 是作及物动词，以某事物为特色的意思

**increase aggressive behaviour** 增加带有攻击性的行为

**excessive gaming** 打游戏过度的行为

**a sedentary lifestyle** 一种缺乏运动的生活方式

**steer children clear of violent themes** 让孩子们避开暴力的主题

**relegate sth. to ...** 这里指放到不重要的位置去

【剑桥例句】*The story* ***was relegated to*** *the middle pages of the paper.*

**drawer** *n.* 抽屉

**game console** 游戏机

## ■ 译文

我不同意传统游戏在培养孩子能力方面比现代游戏更优越的看法。

科学已经证明了玩电子游戏对于少年失忆症患者维持记忆力和唤醒回忆的能力具有提高作用。研究**还**表明像反恐精英和暗黑破坏神Ⅲ这样的动作游戏能增进儿童的手眼协调性和视觉追踪能力。这些能力对于从事如外科手术、实验室研究、表演艺术等多种职业来说都是至关重要的。其他很多现代游戏，例如网络上的数学游戏和象棋游戏**则**可以提高孩子们解决问题和推理的能力，其效果就像传统的纸牌、桌游等智力游戏那样显著。

在发展孩子的社会交往能力方面，人们对于电子游戏的偏见同样缺乏合理性。事实上，魔兽世界和星球大战等多人互动游戏都为年轻玩家创造了可以和其他游戏爱好者进行交往与合作的网络社区。

**确实**，有些电子游戏带有暴力性质，而且以死亡与破坏作为其特色，这可能会增加青少年带有攻击性的行为。打游戏过度**还**会损害他们的视力并导致缺乏运动的生活方式。**但**就培养孩子们的技能而言，我并不认为传统游戏比现代游戏更有效。

因此，问题的关键在于让孩子避开暴力的游戏主题，并且对孩子玩电子游戏进行规定和限制以防止他们上瘾，而不是把所有游戏机都锁进抽屉。

## 媒体类范文十一 Pat对Media类问题的诠释B：报道犯罪细节是否应被叫停

***Some people think that the media should stop detailed reporting of crimes. What is your opinion?***

一些人认为媒体应该停止报道犯罪的细节。你的看法如何？

### 思路透析

本文选择一边倒的写法（完全支持题目里的观点）。

主体段1指出媒体对于犯罪细节的报道主要是为了提升销量或收视率，未必符合事实；主体段2论证媒体报道犯罪细节有可能会影响法庭判决的公正性，有的报道还美化罪犯的罪行从而误导青少年；主体段3指出媒体报导犯罪细节对于犯罪受害者同样不公平，甚至有可能给他们/她们带来更大的心理创伤。

关于文章结构，还是那句话：一边倒最大的好处就是态度鲜明，缺点则是它对在主体段内部进行深入的能力要求更高。

The print and electronic media today dedicate large amounts of space and airtime to detailed reports about crime. Personally, I believe that such details should be strictly censored, if not banned altogether.

The main purpose of journalists covering the details of criminal acts is to **boost newspaper circulations or TV ratings**. As a result, crime coverage tends to **be exaggerated or even fraudulent**, which only creates fear in communities and **makes law-abiding citizens** apprehensive about crime.

Another disturbing fact is that some detailed media reports about crime **cause public prejudice against the suspects**, making them **appear to be guilty** before a court renders a decision. **The accused** is thus **denied the right to a fair trial**. Some other media reports focus on the most **sensational crime stories**, which makes committing those crimes seem like **a glamorous adventure**. This kind of coverage is particularly misleading to young audiences and therefore **should be discouraged**.

Detailed reports about violent crime may also further **traumatise victims** who have been physically and emotionally scarred. Although crime coverage may inform other citizens about crimes occurring in their cities or communities, it often **shows little concern for the privacy and feelings of victims**. Unless victims consent to **the disclosure**, detailed media accounts of the **violence inflicted upon them** only add to their suffering.

In summary, I would argue that detailed crime coverage should no longer go unchecked because it may be false, may further drive up the already high crime rates and may **bring additional suffering to** the victims of crime.

## 词汇和短语

（标★的是本类话题的高频词汇或短语）

★ **print media** 印刷媒体

**electronic media** 电子媒体

★ **dedicate... to...** 把……专门用于某种用途

**airtime** *n.* （电视或者广播）节目的播放时间

★ **censor** *vt.* （对媒体里的内容进行）审查，删除审查者认为不恰当的内容

【剑桥例句】*The book was heavily* ***censored*** *when first published.*

**be banned altogether** 被彻底地禁止

**journalist** *n.* 新闻记者

**boost newspaper circulations or TV ratings** 提升报纸的发行量或者增加电视节目的收视率

★ **coverage** *n.* （媒体对事件的）报道

【固定搭配】crime coverage 对犯罪进行的报道

★ **exaggerated** *adj.* 夸张失实的

★ **fraudulent** *adj.* 欺诈性的

★ **law-abiding citizens** 守法的公民

**be apprehensive about crime** 对犯罪感到担忧、焦虑

**disturbing** *adj.* 令人困扰的

★ **public prejudice against the suspects** 公众对于嫌犯持有的偏见

★ **guilty** *adj.* 有罪的（注意：它的反义词是 innocent，但在英美审判时经常就直接说 not guilty）

**the accused** 固定短语，指被告

**render a decision** 本文里指由法庭作出判决

★ **be denied the right to a fair trial** 被剥夺了获得公正审判的权力

★ **sensational crime stories** 具有轰动性的犯罪报道

★ **a glamorous adventure** 辉煌的冒险

★ **misleading** *adj.* 误导的

**young audiences** 本文里指媒体的年轻受众，audience 一词是指某类媒体的受众群体

【剑桥例句】*Advertisers use these strategies to target specific* ***audiences****.*

**should be discouraged** 应该受到阻止

★ **inflict sth. upon sb.** 将某种痛苦或折磨施加于某人

★ **traumatise victims** （动宾短语）给受害人造成心理创伤

**be physically and emotionally scarred** 在身体上和心理上都受到创伤

**consent to the disclosure** *n.*（正式地）同意披露某事

**account** *n.* 注意：本文中并不是指“账户”，而是“对……的描述”

**go unchecked** （某负面事物）未能受到有效的控制

**further drive up the already high crime rates** 进一步推高已经很高的犯罪率

**bring additional suffering to ...** 让某人经受额外的痛苦

## ■ 译文

当今的纸质媒体以及电子媒体们都用大幅版面或播出时间去报道犯罪的细节。我个人认为媒体对这些犯罪细节的报道即使不被完全禁止，也应被严格地审查。

记者们报道犯罪细节的主要目的是为了提高报纸的发行量或电视节目的收视率。相应地，这些对犯罪的报道往往是被夸大的甚至带有欺诈性的，只会在社区中产生恐慌，并使守法的公民们对犯罪感到担心焦虑。

另一个令人不安的事实是媒体对于犯罪细节的报道会使公众对嫌犯产生偏见，让他们在法院作出判决之前就已经显得有罪。被告会被剥夺接受公正审判的权利。另一些媒体报道则聚焦于那些最耸人听闻的罪行上面，让犯罪看起来更像是辉煌的冒险。这种报道尤其会对年轻的媒体受众产生误导作用，所以理应被阻止。

媒体对暴力罪行的细节报道还可能会给曾被犯罪造成身心伤害的人们带来进一步的心灵创伤。尽管媒体的犯罪报道能帮助其他市民了解发生在他们城市或社区里的违法行为，但这些报道极少考虑受害人的隐私与感受。除非受害人同意披露犯罪的细节，否则媒体对于其所遭受的暴力进行细节描述只会增添他们的痛苦。

综上所述，我认为对于罪行细节的报道不能再不受任何约束，因为这些报道可能是虚假的，会导致已经居高不下的犯罪率进一步上升，或者给受害者增加额外的痛苦。

### 学有余力者

对写好媒体类作文最有帮助的一个网站

**www. medialit. org/reading-room**

这个网站简直就是媒体类话题 ideas 大全，网页下方无数 links 每个点开之后都是一篇媒体类高分范文，可以尽情享用。

# DAY 4

## 领导的艺术

政府类真题库与各分数段范文剖析

Never for a Moment Should It Be Left to Irresponsible Action

雅思作文中政府类话题的特点就是“大”，讨论范围从医疗改革直到国防建设都有，所以在考场里看到很容易让普通老百姓丧失尺度感。

不过好在考雅思只需要纸上谈兵，文章里写的内容又不会被哪个政府部门实际实施，所以只要能把自己的观点表述清楚、主体段里尽可能多写几句支持句就可以了，并不一定非要“高瞻远瞩”。

政府类的话题大是没法改变的事实，但至少在 IELTS 写作考试里，还没有大到“没边儿”的程度。Take it easy.

# 解读 Government 类真题库

## A 政府的经费分配

**1** ***Some people believe that national sports teams should be financially supported by the government. Some other people think they should be funded by private resources such as corporations and individuals. Discuss both these views and give your own opinion.***

有人认为国家级的运动队应该由政府来资助。而其他一些人则认为他们应该由其他的私人机构或个人来资助。请对两种观点都给予讨论并给出自己的看法。

### 思路指导

国家体育运动队获得政府资助（receive government grants）的理由是这些运动员们的成功可以：ⓐ 在世界范围内促进国家形象的提升（promote national image on a global scale）；ⓑ 在本国增进民众的民族自豪感（strengthens national pride）和归属感与认同感（fosters a strong sense of belonging and shared national identity）。但是政府资助国家运动队也会增加纳税人的税务负担（increase the tax burden on taxpayers）。

由公司或者个人为国家运动队提供资助的好处是：ⓘ 可以减轻政府的财政负担（reduce the government's financial burdens）；ⓘⓘ 可以让公司获得全国甚至国际的公众关注（Companies that sponsor national sports teams can gain national and even international publicity.），是市场营销的有效方法（a powerful means of corporate marketing）；ⓘⓘⓘ 富有的个人也可以通过捐款来支持自己喜欢的国家运动队（Wealthy individuals can support the national sports teams that they like with generous donations.）。

由于国家运动队需要的资金很多，合理的资助方式是主要依靠公司赞助商（corporate sponsors）和愿意捐款的个人（individual donors）。同时，政府仍然应该向确实有资金需求的国家运动队提供资助（The government should still provide grants for national sports teams that have demonstrated need for government financial assistance.），并且应该为给国家运动队提供资助的公司与个人减税（give corporate sponsors and individual donors tax deductions and tax credits as rewards for their contributions to national sports teams）。

## 同类型真题

***Some people think that the government should spend money supporting athletes who take part in international sports competitions. Others think that the government should spend the money helping more children to take part in sports. Discuss both these views and give your own opinion.*** 一些人认为政府应该把钱花在资助运动员参加国际赛事上面。另一些人则认为政府应该把这些钱花在帮助更多的孩子参加运动上面。讨论两种看法并且给出你自己的观点。

### 思路指导

前者的理由可以参考上题，后者的理由则包括：ⓐ 从小时候就参加体育运动可以改善孩子们的健康，减少肥胖症的发病率（Participation in sports from an early age improves children's health and reduces the rate of obesity among them.）；ⓑ 体育运动可以促进孩子们的身体发育（promote children's physical development and），增进他们的力量、耐力、灵活性和协调性（enhance their strength, endurance, flexibility and co-ordination.）；ⓒ 体育人才可以被及早发现，潜力也得到最大程度的发挥（Young sports talent can be identified and developed to full potential.）。

政府应该把更多的资金用于为儿童建立篮球场、足球场、游泳池等运动设施（build sports facilities such as basketball courts, soccer fields and swimming pools for children），而国家运动队则可以更多地由私人资源来资助（should be mainly funded by private sources such as corporate sponsors and individual donors）。

**2** ***As the number of cars increases, more money has to be spent on the road systems. Some people think that the government should pay for this. Others, however, think that car users should pay for the costs. Discuss both these views and give your own opinion.***

随着汽车数量的增加，道路系统需要更多的资金投入。一些人认为政府应该支付所需资金而另一些人则认为应该由汽车使用者承担这些费用。讨论两种观点并且给出你自己的观点。

### 思路指导

政府投资道路系统的理由包括：ⓐ 发展道路运输系统对于国家经济发展具有非常重要的意义（Improving the road transport system is crucial to the economic growth of a country.）；ⓑ 政府应该使用一部分税收来满足纳税人对更加完善的道路交通系统的需求（The government should use part of its tax revenue to meet taxpayers' needs for better road transport systems.）。

另一方面，ⓘ 与经常乘坐公交的人们（frequent users of public transport）相比，频繁使用私家车的人们（frequent users of private cars）更多地使用了公共道路系统。因此，他们应该在每年为自己的汽车进行注册的时候交税（pay an annual vehicle tax when they register or re-register their vehicles）；ⓘⓘ 如果地方政府缺乏建造或者拓宽道路的资金（if the local government does not have sufficient funds for the construction or expansion of the road），但是公众确实希望建造或者拓宽该道路，在英美通常也会采取征收道路使用费的方式（collect tolls for the use of the road）来协助政府偿还贷款（pay off the loan）。

**3** ***Some people think that the government should financially support art programmes. To what extent do you agree or disagree with this opinion?***

有人认为政府应该资助艺术项目。对此你是否同意？

### 思路指导

政府资助艺术项目可以：ⓐ 让艺术家全力投入到艺术创作中（devote themselves to artistic creations）；ⓑ 避免让艺术变得过于商业化（become too commercialised）。

但政府资助艺术有可能会：ⓘ 限制艺术家的创造力（restrict artists' creativity），有些艺术家可能只为申请到资助（grants）而去创作；ⓘⓘ 导致政府对艺术家工作的干涉的审查增加（may lead to government interference in artists' work）。

因此，政府应该资助艺术项目，但同时应该尽量避免对于艺术家工作的干预（should try to avoid interfering in artists' work）。

## 变形题和同类型真题

（a）***The arts such as painting and music cannot improve the quality of people's lives. The government should spend money on other fields rather than on supporting art programmes. Do you agree or disagree?*** 艺术，例如绘画和音乐，并不能提高人们的生活质量。政府不应该资助艺术项目，而应该把钱花在其他领域。你是否同意这一观点？

本题思路请参考今天的第 9 篇范文。

（b）***Today, the advances in science and technology have made great changes to people's lives, but the work of artists such as musicians, painters and writers is still highly valued. What can the arts tell us about life that science and technology cannot?*** 在当代，科学与技术的发展给人们的生活带来了巨大的改变。但是艺术家，例如音乐家、画家和作家们的工作仍然被认为具有很高的价值。关于生活，艺术能告诉我们哪些科学与技术无法告诉我们的内容？

### 思路指导

考生写这道题很容易从艺术培养孩子的想象力与创造性思维（foster children's imagination and creative thinking），并且帮助成年人更有创新性地工作（work more innovatively）这个角度来写。

但如果更紧密地结合本题的提问，则可以想到艺术能够告诉我们而科学技术无法告诉我们的关于生活的内容有：ⓐ 艺术，例如音乐、绘画（painting）、诗歌（poetry）和戏剧（drama）等，提供艺术家对于生活的个人视角与感悟（offer artists' personal perspectives and reflections on life），而科学和技术则努力告诉我们普遍适用的、客观的规律、原则与方法（attempt to provide us with universally-applicable, objective rules, principles and methods）；ⓑ 许多文学作品和电影能够让我们认识到诚实、慷慨、宽容、公正等美德的重要性（Many films and literary works teach us about the importance of virtues such as honesty, generosity, tolerance and fairness.），而科学与技术通常并不会告诉我们关于道德与伦理的价值取向判断（do not teach us about moral or ethical values）；ⓒ 有很多关于战争和自然灾害的艺术描绘（artistic depictions of wars and natural disasters）让人们更清晰地了解到受害者遭受的心理与情感痛苦（help people to better understand the psychological and emotional suffering of the victims），激励人们更加努力地去避免这些灾难的发生（inspire efforts to prevent such disasters）。而科学与技术更多地则是告诉我们这些灾难所带来的物理破坏（the physical devastation brought by wars and natural disasters）。

（c）***The government should not put money in building theaters and sports stadiums. Instead, it should spend money on health care and education. Do you agree or disagree?*** 政府不应投资于兴建剧院和体育场，而应该投资于医疗和教育。你是否同意？

### 思路指导

医疗与教育是人类的基本需求（basic human needs）。发展医疗与教育可以改善人民健康（improve people's health）并提高受教育水平（enhance educational levels），也可以确保国家拥有健康和有竞争力的劳动力（a healthy and competitive workforce）。

体育场与剧院等休闲和娱乐设施（leisure and entertainment facilities）则有助于减轻由工作或学习带来的压力（can help to relieve work or study related stress），对人们的身心健

康也可以带来好处（offer important physical and emotional health benefits）。

因此，政府应该对这两个领域的开支保持合理的平衡（keep a reasonable balance between the spending on those fields），而不应完全忽视其中的某一个领域。

**4** ***Some people think that holding the Olympic Games has positive effects on international relations. Others believe that holding the Olympic Games is too money-consuming so the government should spend the money on other areas. Discuss both these views and give your own opinion.***

一些人认为举办奥运会对国际关系有积极影响，另一些人则认为举办奥运会太花钱，所以政府应该把这些钱用在其他领域。讨论两种观点并给出你自己的观点。

## 关键词透析

- **money-consuming** 是指耗费金钱的，类似的地道英语里还有 **time-consuming** 和 **energy-consuming** 的用法。
- **host the Olympics** 和 **stage the Olympics** 都可以表示主办奥运会。

## 思路指导

双方的观点无疑都有一定道理：从国际关系的角度来看，奥运会可以促进国际交流与和平事业（foster international communication and peace），通过体育比赛在不同文化间搭建桥梁、增进各民族之间的相互了解与合作（bridge cultures and promote understanding and cooperation among nations，请注意这个 bridge 是作及物动词），并且推动国际旅游业的发展（boost international tourism）。

但是举办 the Olympic Games 确实需要巨大的资金投入（Hosting the Olympic Games requires enormous spending.）。例如，奥运场馆建设（construction of Olympic venues），基础设施的改善（infrastructure improvement）和安全措施（security measures）都需要大量资金。举办奥运会确实能够带来旅游消费、门票销售和广告收入等很多经济益处（Hosting the Olympic Games can generate many economic benefits such as spending by tourists, ticket sales and advertising revenue.），但是如果缺乏恰当的预算管理和费用控制（without proper budgeting or cost control），奥运会仍然有可能给举办城市和举办国带来严重的财政亏损（may still carry the risk of serious financial loss for the host city and host nation）。例如，1976 年的蒙特利尔奥运会花了近 30 年才还清债务（paid off the debt），而近几年的希腊债务危机也与 the 2004 Athens Olympic Games 的预算赤字（budget deficit）有关。如果政府把资金用于资助国际学生交换计划（international student exchange program）和国际艺术展（international art exhibitions）等项目，同样也可以发展国际关系，但费用却要低很多。这些资金如果被用于教育、医疗和减轻贫困项目（poverty alleviation programmes）等，则能

够为本国人民带来很多的益处。

因此，正确态度是：在重视举办奥运会对国际交流的积极作用的同时，也应该充分认识到举办奥运会有可能带来的财政风险（fully recognise the financial risks involved）。举办奥运会的国家应该制订理性的预算并避免预算超支（make a sensible budget and avoid going over budget），确保举办奥运会能够为本国带来经济利益而不是损失（can benefit rather than lose economically from hosting the Olympic Games）。

## B 政府管理的权限与责任

**5** ***Economic progress is not the only way to measure the success of a country. What other factors do you think there are in measuring the success of a country? Which do you think is the most important factor?***

经济发展并不是衡量一个国家成功的唯一标准。你认为还有哪些其他的衡量标准？你认为哪一个是最重要的衡量标准？

### 关键词透析

◆ **progress** 是进步的意思，请特别注意它是一个不可数名词，不要加复数-s。

### 思路指导

一个国家成功的真实标准是近年来在英美被大家广泛讨论的问题，特别是"占领华尔街运动"的抗议者们（protesters in the Occupy Wall Street movement）提出的口号（slogan），"We are the 99 percent."更让这个话题成了英美公众关注的焦点。

经济发展确实可以为政府带来更多的财政资源（provide the government with more financial resources），但是它并不应该被等同于一个国家的全面成功（a country's economic growth should not be equated with its overall success）。

为了确保公众生活水平的实际提高（in order to truly improve people's standards of living），国家应该把经济发展所创造的资源用于：ⓐ 促进科学技术的发展和应用（promote the development and application of science and technology）；ⓑ 为公民提供更广泛的受教育和接受职业培训的机会（provide citizens with a wider range of educational and training opportunities）；ⓒ 提高医疗的质量并降低医疗费用（improve the quality of health care and reduce medical costs）；ⓓ 让公民更方便、更低价地参与文化与艺术活动（provide citizens with easier and more affordable access to cultural and artistic programmes）；ⓔ 实行递进税率制，减少收入不公正（implement a progressive tax system to reduce income inequality); ⓕ 保障国家安全，并且与其他国家和平相处（defend its borders and live peacefully with other nations）; ⓖ 确保经济的发展不以环境为代价（achieve environmentally-friendly economic growth）等领域（从这些思路里选择2~3条来论述就可以）。

社会发展的公平、公正原则是否能够得到维护（whether the principles of fairness and equity can be upheld），或者说，民众福祉是否能够被普遍提高（or in other words, whether the general welfare of its citizens can be enhanced），才是衡量一个国家是否成功最重要的标准。

## 同类型真题

(a) ***The gap between the rich and the poor is becoming wider. What problems can this situation cause? Suggest some solutions.*** 贫富差距正在加大。这一状况导致哪些问题？提出一些解决办法。

### 思路指导

贫富差距加大会导致：ⓐ 财物犯罪率与暴力犯罪率上升（leads to higher rates of property crime and violent crime）; ⓑ 增加社会和政治的不稳定因素（increases social and political instability）; ⓒ 有更多的人受到教育水平低和健康不良的困扰（more people suffer from low educational levels and poor health），从而降低劳动生产率（cause labour productivity to decline），并阻碍经济的发展（hinders economic growth）。

在英美受到多数公众支持的解决办法有：ⓘ 实施阶梯税率制（implement a system of progressive income tax rates），对富人增加赋税（raise taxes on rich people）; ⓘⓘ 为低收入家庭提供由政府补贴的医疗与住房（provide low-income families with government-subsidised health care and housing），在一些西方国家政府还为低收入家庭提供食品援助（provide food assistance to low-income families）; ⓘⓘⓘ 为贫困社区里的公立学校提供更多的资金（increase funding for public schools in poor neighbourhoods），并且由政府出资为低收入人群提供职业技术培训（provide low-income people with government-funded vocational and technical training programmes）等。

(b) ***Economic growth has made people richer both in developing countries and developed countries. However, studies show that people in developing countries are happier than before while people in developed countries are not. What are the causes of this phenomenon and what lessons can we learn from it?*** 经济增长让发展中国家与发达国家的人民都变得更加富裕。但研究显示发展中国家人民比过去更幸福，而在发达国家却并非如此。这种现象的原因是什么？我们可以从中学到什么？

### 思路指导

在世界各国都在比拼 GDP（gross domestic product）的年代里，已经有越来越多的人开始转向关注 GHP（gross happiness product）。

在最近半个世纪里，以中国和印度为代表的很多发展中国家已经解决了多数人口的饥饿与贫困问题（hunger and poverty），让民众感到比过去更幸福，因为这些问题可以主要通过提高劳动生产率（increase labour force productivity），促进物质增长与繁荣（promote material growth and prosperity）来解决。

但在同一时期内（during the same period），欧美发达国家所面临的主要问题则是：ⓐ 日益增加的孤立感（an increasing sense of isolation among people），离婚率持续上升（a steady rise in divorce rates）以及对老年人缺乏尊重（elderly people are not treated with the respect that they deserve）；ⓑ 新技术的应用对于环境的潜在威胁（the potential threats posed to the environment by the application of new technologies。※）；ⓒ 伴随着科技发展，越来越缺乏运动的生活方式所带来的各种健康问题（health problems caused by the increasingly sedentary lifestyle）；以及ⓓ 经济的周期性衰退变化给民众生活带来的焦虑和不安（high levels of anxiety and insecurity resulting from the periodic economic recessions）。这些问题已经很难只通过继续提高劳动生产率来解决，甚至生产率的继续提高还有可能导致这些问题变得更加严重。

发展中国家可以从中学到的经验是：更高的 GDP 并不完全等同于更高的民众幸福感（A higher GDP should not be equated with a greater sense of happiness in people's lives.）。当发展的主要问题已经不再是温饱问题（the lack of reliable supplies of food, shelter and clothing）的时候，政府应该投入更多的资源去改进社会福利（improve social welfare）、帮助人们形成健康的生活方式（encourage and educate people to adopt healthy lifestyles）、促进环境保护（promote environmental protection）并且积极维护家庭观念和传统美德（uphold family values and traditional virtues）。

6 ***Some people think that we should keep all the money we earn and not pay tax to the state. To what extent do you agree or disagree?***

有人觉得我们应该把所有挣到的钱都据为己有而不交税给政府。你在多大程度上同意或不同意？

## 关键词透析

◆ 本题中的 **state** 不是状态的意思，也不是州的意思，而是指政府。state 的这种用法很正式，比如美国总统每年要做的“国情咨文演说”英文就叫 the State of the Union Address。

本题的具体写法请看今天的第 4 篇范文。

※注：多数国内同学都知道 technology 通常是作为不可数名词。但在地道英文里当它指“多种不同的科技”时，允许使用复数形式。例如剑桥例句：Some technologies, such as weapons of mass destruction, are of negative impact.

**7 *Some people think that the government should help citizens to adopt healthy lifestyles. Others, however, think that citizens should live in ways that they like. Discuss both these views and give your own opinion.***

有人认为政府应该帮助公民养成健康的生活习惯，而其他人则认为公民应该按他们自己喜欢的方式生活。请对双方观点进行讨论并给出你自己的意见。

## 关键词透析

◆ **adopt** 是接纳，采纳的意思，请特别注意它的拼写与 **adapt** (to) 适应的差别。

◆ **a diet that is rich in protein, fiber and vitamins** (富含蛋白质、纤维和维生素的饮食结构)；**a diet that is low in fat, sodium and sugar** (低脂肪、低钠、低糖的饮食结构)

◆ **healthy lifestyles** 其实是一个很广泛的概念，而且在不同文化里的理解也并不完全相同。在英美普遍被接受的健康生活方式是：❶ 遵循均衡的饮食结构 (have a well-balanced diets)；❷ 经常锻炼身体 (exercise regularly)，减少看电视的时间 (watch less television)；❸ 保持有规律的睡眠习惯 (keep a regular sleep schedule)。

## 思路指导

本题里双方看法都有一定的道理。政府帮助公民形成健康的生活方式可以：ⓐ 确保国家拥有健康而且高效的劳动力 (a healthy and productive workforce)；ⓑ 减轻医疗体系的负担 (reduce the burden on the healthcare system)。

另一方面，在民主社会里，政府应该尽量减少对公民的生活方式决定进行干涉 (In a democratic society, government interference with citizens' lifestyle decisions should be kept to a minimum.)。公民应该有权选择自己的生活方式 (citizens should have the right to make their own lifestyles choices) 并且为他们关于自己的健康所作出的选择负责 (take responsibility for their choices regarding their own health)。

因此，政府应该建立更多的公共体育设施 (public sports facilities such as stadiums, gyms and tennis courts)，并为宣传健康生活方式的媒体节目和社区项目 (media and community programmes that promote healthy lifestyles) 提供资助，通过它们来为公民提供客观的、有科学依据的关于健康生活方式的信息 (provide citizens with objective, science-based information about healthy lifestyles)，还可以立法要求食品公司在食品标签上提供详细的营养成分信息 (make laws to require food companies to show detailed nutritional※ information on food labels)，并且规定不健康的产品，例如香烟和垃圾食品等，携带健康警

※注：请注意 nutrition 营养这个名词有两个形容词形式，经常被国内同学们混淆：**nutritional** 是指与营养相关联的 (例如 nutritional information, nutritional needs, nutritional value 等)，而 **nutritious** 则是指富含营养的。

示标识（make regulations to require that unhealthy products, such as cigarettes and junk food, display health-risk warnings），但同时把基于这些信息去选择自己生活方式的自由留给公众（allow citizens to make their own informed lifestyle choices）。

## 同类型真题

***It is more important for the government to spend public money on the promotion of healthy lifestyles than to spend the money on the treatment of people who are already ill. To what extent do you agree or disagree?*** 政府利用公共资金去促进健康的生活方式比政府把钱用于治疗那些已经生病的人更加重要。在何种程度上你同意或不同意这种观点？

### 思路指导

政府投资于运动设施和对健康生活方式的宣传的好处有：❶ 降低由于不健康的生活方式所导致的疾病，例如肥胖症和心血管疾病的发病率（reduce the rate of lifestyle-induced diseases such as obesity and cardiovascular problems）；❷ 可以减轻医疗体系的负担（ease the burden on the healthcare system）。

尽管如此，ⓐ 有些健康问题，例如遗传疾病（hereditary diseases）与传染病（contagious diseases），很难只通过健康的生活方式来预防（cannot be prevented only with a healthy lifestyle）；而且 ⓑ 很多老年人的健康问题同样难以预防，但往往可以治疗（Many age-related problems are unpreventable but often treatable.）。

因此，政府在促进健康生活方式的同时也应该为医疗体系的发展提供足够的资金，确保为患者提供有效的诊断与治疗（provide effective diagnosis and treatment for patients）。

**8** ***Some people think that the housing shortage in large cities can only be solved by the government. To what extent do you agree or disagree?***

有些人认为在大城市中出现的住房短缺问题只能由政府来解决。对此你多大程度上同意或不同意？

### 思路指导

又是一道 **only** 题。从去年开始，中国政府一直在努力减小房地产市场的泡沫（has been trying to deflate the housing bubble），而且这种努力也同样见于澳大利亚、加拿大等英联邦国家。

西方政府解决住房短缺的常见做法包括：ⓐ 通过与分区规划相关的法律规定来确保合理的城市规划和土地使用（The government can make and implement zoning laws and regulations to ensure proper city planning and land use practices.）；ⓑ 为大城市里的低收入家

庭提供住房补贴或者政府廉租房（provide housing subsidies or low-cost social housing to low-income families in big cities）；ⓒ 通过提高利率（raise the interest rates）与房贷最低首付比例（the minimum down payment for home mortgages）来打击炒房（to discourage real estate flipping）；以及比较少采用的 ⓓ 把一些大公司和工厂搬到乡村以减少城市里的人口。因此，政府对于解决大城市的住房短缺问题确实有非常重要的作用。

另一方面，大城市想要彻底解决居民的住房短缺只依靠政府努力是不够的，还需要：ⓘ 房地产开发商们（housing developers）利用现代建造技术（use modern construction technology）在大城市里建造更多的高层住宅楼（to build more high-rise residential buildings in large cities），其中一些也可以为中低收入家庭（low and middle income families）提供较低价的住房（affordable housing）；ⓘⓘ 生活在大城市的家庭应该合理地控制自己在其他方面的消费（keep other expenses at a reasonable level），以支付住房费用（cover the housing costs）。

**9** ***Tobacco products should be made illegal. To what extent do you agree or disagree?***

烟草制品应该被列为非法。多大程度上你同意或不同意？

## 关键词透析

- **tobacco** 意为烟草，相关词汇有 **smoking** 吸烟、**cigarette** 香烟和 **second-hand smoke** 二手烟。

## 思路指导

烟草制品是否应该被禁始终是极有争议的问题。ⓐ 吸烟会增加患支气管炎、慢性哮喘、肺癌、心脏病等疾病的风险（Smoking increases the risk of bronchitis, chronic asthma, lung cancer and heart disease.）；ⓑ 烟草制品里的尼古丁有成瘾性，对青少年的危害尤其严重（The nicotine in tobacco products is addictive, which makes quitting smoking difficult, especially for young smokers.）；ⓒ 烟草制品不仅对吸烟者有害，不吸烟的人同样有可能被二手烟损害健康（Cigarette smoke causes health problems not only for smokers, but also for non-smokers who inhale second-hand smoke.）。习惯写一边倒的同学可以从这三方面理由来写。

另一方面，由于：ⓘ 烟草制品可以给政府带来税收（tax revenue）；ⓘⓘ 吸烟是个人选择（Smoking is a personal choice.），如果公众确实已经了解吸烟可能带来的健康问题，那么他们应该有权力去自己做出选择。

目前在多数西方国家的做法是对烟草制品收取重税（impose heavy taxes on tobacco products），规定可以买烟的最低年龄（set the minimum legal age for purchasing tobacco products），并且规定在一些特定的公共场所里不允许吸烟（prohibit smoking in specified public places），但并没有通过法律来禁烟（The sale or use of tobacco products has not been prohibited by law.）。这方面的理由也可以供习惯写折中式的同学参考。

# Government 类各分数段范文剖析

## 政府类范文一 不可小视的人口问题

***What are the causes of overpopulation? What should the governments do to solve this problem?***

人口过剩的原因是什么？政府应该如何解决这一问题？

### ▶ 6 分作文

The population of the world is growing faster than **the supply of food and fuel**. There will soon be too many people in the world and this is really serious. Everybody knows overpopulation is one of the greatest challenges we now face. However, the causes of this problem and its solutions are not simple.

6分或以下的作文一大特点就是“该简练的时候啰嗦，该啰嗦的时候简练”。这其实是对语言缺乏控制能力的体现。这个同学能在开头段用出 the supply of food and fuel 这类有一定吸引力的短语还是不错的。6分考生的词汇量其实并不一定小，但6分与7分在语言方面的重要差距在于用词的准确度和写出准确多样的句子的能力。

What causes overpopulation? We could answer, “That's easy. People have too many children.” But I do not believe this is always true. In many Western countries, families are going smaller. I think the main factor is people can live longer. Now the health care is better in most countries. It is one of the main reasons why the population is becoming larger. The second factor is now people can buy better

本段虽然也用到了 nutrition 这样很“到位”的词汇，但该考生进行展开论证和造句的能力显然是较低的，单复数不一致和动词时态等基础语法问题也不少。普遍来讲，6分作文里的行文给人一种“蹦单词”的感觉，而7分或

（续表）

| | |
|---|---|
| food that **has more nutrition**. They makes us healthier than people lived in the past. Let's not forget the medicine and hospital service are more effective. Now many people who have illnesses **can be cured** and live longer lives. | 以上作文里的行文则较为流畅。 |
| Having known the causes, we can suggest some solutions. I think the government should play an active role in family planning. It can make rules to control the size of families. It can even promise the parents of small families their children can get free education or better health care because they are not burdens on the government. Of course, the media can encourage married people to consider having fewer children. People are smart. If they know having fewer children can have benefits for them, for example, more parents' attention and more money on each child, most adults will decide to have smaller families. | “铿锵有力”（其实是略为生硬）的风格延续。本段里有的分论点，比如对孩子少的家庭承诺将有免费教育和更好的医疗比较偏激，如果真的实施，那么对孩子多的家庭将有歧视之嫌。6分范文在论证方面的特点是会有把问题“过于简单化、绝对化”的倾向。 |
| If the government can help parents to know that they can **receive pensions** at old age, parents would like to have a small family and the population problem can be solved quickly. | 结尾段又提出了一个新的解决方案（让家长们确信自己老年时会获得养老金，那么就不必担心养老问题了，家庭规模会更小）。对于对行文控制能力并不算很强的考生来说，最好是把新的分论点放在主体段里，否则很容易导致阅卷人对文章是否确实已经写完产生困惑。 |

## 词汇和短语

（标★的是本类话题的高频词汇或短语）

★ **supply** *n.* 供应

★ **fuel** *n.* 燃料

**factor** *n.* 因素

**nutrition** *n.* 营养

★ **cure** *vt.* 治愈　请注意它与 treat 的不同：treat 是治疗，而 cure 则是治愈

★ **receive pensions** 获得养老金

### 本文量化评分

| | | | |
|---|---|---|---|
| 论证扣题度与充实度 | ★★★☆☆ | 行文连贯性与衔接效果 | ★★★☆☆ |
| 词汇量和用词准确度 | ★★★☆☆ | 语法准确度和多样性 | ★★★☆☆ |

## 政府类范文二　医疗是否应该私有化

***Health is a basic human need so health care should not be provided by private, profit-making companies. To what extent do you agree or disagree?***

健康是人类的基本需要，所以医疗不应该由以营利为目的的私人公司提供。对此你在何等程度上同意或不同意？

### ▶ 6.5分范文

Some people argue that the basic human need for health care should not be met with the service of private companies. I support their opposition to privately-run health care.

It should not be denied that there are some drawbacks to government-provided health care. The costs of a government-run healthcare system increase the burden on taxpayers. The number of people who **request** medical services is also likely to rise because government-run health care is much cheaper than private, profit-making health care, or even free of charge. People would go to hospital more often and **the waiting time for medical services** would become very long.

Despite the above arguments, I believe that the disadvantages of privately-run health care outweigh those of government-run health care. **Private healthcare providers** care more about profit than about patients' health or safety. To increase profit, some employees in private healthcare companies may try to make **minor illnesses** seem serious in order to have the patients believe that they should pay for **expensive treatments**. Private healthcare providers also tend to **exaggerate the effectiveness of** their services. Even if all private companies could tell the truth and **treat their patients responsibly**, the price of their services would be too high for low-income patients. This is likely to result in **serious inequalities in access to** health care.

So overall, although a government-run healthcare system may increase citizens' tax burden and make the waiting time for medical care longer, I believe that citizens' need for health care should be met by government-run medical service rather than by private-run medical service.

**词汇和短语**
（标★的是本类话题的高频词汇或短语）

**opposition** *n.* 反对
**increase the burden on taxpayers** 增加纳税人的负担
**drawback** *n.* 缺点
**request** *vt.* 要求获得某事物
**drawback** *n.* 缺陷
**profit-making** *adj* 营利的
**the waiting time for medical services** 获得医疗服务所需的等待时间
**private healthcare providers** 私营的提供医疗服务的机构
**minor illness** 并不很严重的病
**increase their profit** 增加他们的利润
**expensive treatments** 价格昂贵的治疗
**exaggerate the effectiveness of ...** 夸大某事物的有效性
**treat their patients responsibly** 负责任地治疗他们的病人
★ **serious inequalities in access to health care** （名词短语）获得医疗服务的机会的严重不平等

**本文量化评分**

| | | | |
|---|---|---|---|
| 论证扣题度与充实度 | ★★★★☆ | 行文连贯性与衔接效果 | ★★★☆☆ |
| 词汇量和用词准确度 | ★★★★☆ | 语法准确度和多样性 | ★★★☆☆ |

## ■ 译文

有些人认为人们对医疗的基本需求不应该由私人公司来满足。我赞同他们对于私人医疗服务的反对态度。

不可否认，政府提供医疗服务存在一定的缺陷。政府运作的医疗系统的费用加重纳税人的负担。而且政府运作的医疗系统往往比私人公司提供的价格要低廉很多甚至免费，因此寻求医疗服务的人数会增加。人们会更频繁地去医院，获得医疗服务的等候时间会变得很长。

尽管如此，我认为私营医疗的缺点要比政府运营的医疗缺点更多。私营的医疗机构要比关心病人的健康和安全更关心利润。为了增加利润，一些私营医疗公司的员工可能会让小病显得很严重，以让病人们相信他们需要价格昂贵的治疗。私人医疗机构也往往会夸大他们的服务的效果。即使所有私人公司都讲真话而且负责任地医治病人，他们的服务价格对于低收入病人来说也太昂贵。这很可能会导致获得医疗机会的严重不平等。

所以总体来看，尽管国家运作的医疗系统会增加公民的税收负担，并且会让人们等待获得医疗服务的时间变得加长，我相信公民们获得医疗的需求应该由政府而不是私人运营的医疗服务来满足。

## 政府类范文三 一堆"大词"引发的血案(Big Words Can Hurt)：搞艺术是否就可以为所欲为

***Artists should always be given the freedom to express their ideas. To what extent do you agree or disagree?***

艺术家总是应该被给予表达想法的自由。多大程度上你同意或不同意？

**【解题】**

Pat自己从中学就开始参加乐队，也可以算十分之一个搞艺术的，但我也不能同意创意艺术家应该总是享有表达自由观点的权利，否则岂不要天下大乱，尤其是搞行为艺术的(action artists / performance artists※)。

**这道考题里有两个关键词需要特别提示您一下：**

ⓐ 到底谁是 **creative artists**？官方给出的解释是 independent individuals who mainly engage in the creation of original（原创的）artistic or cultural works. 基本可以翻译成"创意艺术家"，比如搞影视、音乐剧（musicals）、时装设计（fashion design）等的艺术家。

ⓑ 考题里面出现了 **always** 这个绝对词汇。再次提醒您牢记这个规律：如果题中出现 **always**，**all**，**never**，形容词最高级，**only**，**stop altogether/ban**（完全禁止）这些语气过于绝对的词，高分范文一般都会采用折中式写法对两方加以讨论而不是完全支持或者完全反对。

下面我们要来对比两篇得分一样的范文。第一篇是剑桥官方范文，得分是7，不算低，

※请注意它与 performing artists（表演艺术家）相区别。

但是从本文用词和句式的气势来看明显是憋着要冲击更高分数的，甚至考官在评语中也明确写到了：An ambitious（志向远大的）range of vocabulary and sentence patterns is used.

那么到底是什么原因让这只喝了很多八宝粥的烤鸭在“奔8”路上中途遇阻呢？

【问题】用了这么多的“大词”，考官为什么只给7？

| | |
|---|---|
| I agree with the statement that there should be no government **restriction** on creative artists <u>who</u> express themselves in the way they do and that they must be given freedom for the same（此处 reason 缺失）. Expression has always been the **keynote** in a person's life. It is the result of **mere** expression of our thoughts that we are able to communicate. *Restrictions* on **how we present our thoughts** *is* **senseless**.<br>注意restrictions与is主谓语单复数不一致 | 本段提出自己的看法并强调了艺术家表达思想的自由不应被限制。 |
| Creative artists play a major role in our society, be it the government, old people, the youth or the children. Their works **enlighten our minds**, no matter if（此处丢失从句主语）is **factual** or **entertainment-based**. It is **diserving** that after a days（应为 day's）work when we want to take some time off for ourselves, we look out for some leisure. For instance, either pleasant music or a family movie *which* **soothes** the mind. Entertainment give（主谓不一致，应改为单数 gives）us an **overview** of a new side of life *which* every individual respects. There is almost everything good in what is given to us through the media *which* is made up of artists.<br>拼写错误，应为deserving<br>复杂句的使用很密集但形式却比较单调，比如which从句在三句话里连用多达三次 | 本段强调了艺术品对于人们的头脑和精神的重要作用。 |

（续表）

| | |
|---|---|
| On the contrary（Pat 注：这个短语在地道英文里的正确含义是"恰恰相反"，表示在它后面的内容才成立。它**并不是**像 by contrast 那样表示其前后的内容都成立只是存在着对比关系。因此，如果这里使用 on the contrary ╳ 的话，那么就表示该考生在上一段论述的内容都是不合理的。on the contrary 一直是雅思考生用错率最高的连接词之一，这个志在奔 8 的同学也未能免俗），sometimes these artists tend to be **unscrupulous**. They **convert rumors into** facts and present them before us. This might **impair** the **reputation** of some **illustrious** people in today's society. On such **occasions**, certain restrictions are understandable. Nevertheless, we all do know what is right or wrong. **Rules and regulations** not always are the solution to how artists present their own ideas. Hence it is **wrong-headed** to be **impetuous** and the government should **enforce alternative** ways to control the media.<br>本文词汇难度真的远远超出了7分作文对于用词的要求 | 本段提出确实有些艺术家缺乏道德，对他们的行为应该进行限制，但规章制度并不总是好的解决办法。请注意这里本文出现了局部跑题，把考题中要求讨论的创意艺术偷换成了 media，而像"we all do know what is right or wrong"这样明显不严谨的论证也与文中堆砌的大词明显不在一个等级上。<br>在时间紧张的写作考场里像这样在论证过程中"饥不择食"甚至"饮鸩止渴"的情况经常发生。解决的方法没有别的，就是在考试之前多练笔并且严格控制写作时间，适应雅思写作对于写作速度的高要求。 |
| Respect for ones（应为 one's，这个考生很爱丢撇号）ideas is not only **hypothetical**, but must be practised. It is through respect that each one of us can be **recognised** as a **unique** person in the world. This can be achieved by looking at the bright side of what the media **display** for us. Not a day can go by when we don't look out for colorful dreams and a beautiful life when we can find either through music, **poetry**, films, pictures（either…后面本应该有的 or 被丢掉了）everything that the creative artists offer us.<br>在academic essays里使用缩写等于告诉考官对于学术议论文你只是一个"票友" | 应该注意的是：这个结尾段的开始处和结束处风格反差极大。文章前部相当冷峻而后部却极度煽情。Pat 发现很多国内同学在大作文写到最后时由于感觉胜利在望，很容易写出"世界真美好"或者"地球上的最后一滴水将是眼泪"（The last drop of water on Earth would be a tear.）这类句子。<br>请务必注意：在写议论文的最后几句话时仍然要保持头脑冷静、逻辑严谨，行文有整体感的文章才是好文章。 |

**词汇和短语**

（标★的是本类话题的高频词汇或短语）

**statement** *n.* 陈述，宣称

★ **restriction** *n.* 限制 【近义】limitation

★ **keynote** *n.* 主旨，基调

★ **mere** *adj.* 仅仅的，仅有的

★ **senseless** *adj.* 很没道理的

★ **enlighten** *vt.* 启迪

★ **factual** *adj.* 事实的

★ **entertainment-based** *adj.* 以娱乐为基础的

★ **soothe** *vt.* 安抚，抚慰
【近义】calm down

★ **overview** *n.* 总体印象，概观

★ **unscrupulous** *adj.* 不道德的
【近义】unethical

★ **convert** *vt.* 转化，转变成

★ **rumors** *n.* 流言蜚语

★ **impair** *vt.*（*formal*）破坏（健康或机会）

★ **reputation** *n.* 名誉，名望
【近义】fame

★ **illustrious** *adj.* 显赫的
【近义】eminent

★ **occasion** *n.* 场合

★ **regulation** *n.* 规定，规章制度
【固定搭配】rules and regulations

**hence** *conj.*（*formal*）因此

★ **impetuous** *adj.* 鲁莽任性的

★ **enforce** *vt.* 强制执行

★ **alternative** *adj.* 替代性的

★ **hypothetical** *adj.* 设想的，假设的

★ **recognise** *vt.* 认识到

★ **unique** *vt.* 独一无二的

★ **display** *vt.* 展示 【近义】show，present

★ **poetry** *n.* 诗歌，注意：它是不可数名词，具体的一首诗歌叫做 a poem

## ■ 译文

我同意政府不应该对那些以自己独特方法表达自己见解的创意艺术家们强加限制，反而应该给予他们足够的自由。对自身思想的表达永远是一个人生命中的主题。正是因为我们彼此表达出自己的思想，才使得不同人之间可以进行交流。而强加到人们身上的对表达方式的限制实在是显得有些没有意义。

创意艺术家们在社会中扮演着重要角色，为政府、老人、青年以及儿童都带来了种种好处。他们的作品无论是写实派的还是娱乐派的，无疑都启蒙了我们的思想。在我们辛劳一天之后，需要解脱、放松一下自我的时候，应当去找点娱乐。例如：无论是一段轻松的音乐，还是一部家庭电影，都可以放松我们的头脑。娱乐使我们能享受到那种每个人都期待的新生活的美景。艺术家们的作品通过媒体展现出来以后，似乎一切都是那么的美。

有些情况下这些艺术家会有些违反道德，他们把流言当做事实来呈现到我们面前。这样做就会导致损害一些当今社会中著名公众人物的名誉。在这种情况下，对艺术家们的行为施加一些规定和准则也是无可厚非的。尽管如此，我们其实都能分辨是非，规定和准则也不一定总是控制艺术家们言行的好方法。因为如此直接的管理是冲动而鲁莽的。政府应该用一些其他替代手段来控制媒体。

尊重别人的想法不仅是嘴上说说，而且是必须要被付诸于行动的。只有通过相互尊重我们每个人才能被视为世界上独一无二的人。我们可以通过媒体的正面报道来实现这一目标。每天，我们可以通过音乐、诗歌、电影、图画等所有创意艺术家提供给我们的财富去寻找到五彩的梦想与美丽的生活。

## 剑桥对这篇7分考生作文的官方评语

### 论证扣题度和充实度

This answer considers the main issues raised by the question and presents a definite opinion about the statement. However, the response tends to over-generalise.

本文对题目所提出的问题进行了探讨，并给出了明确的观点。但是本文的论证过程并不具体，给人以泛泛而谈的空洞感（例如 we all do know what is right or wrong 和 there is almost everything good in what is given to us 这样缺乏说服力的论证）。

### 行文连贯性与衔接效果

Ideas are generally clearly organised, and paragraphing is clear but the argument is difficult to follow in places. A range of linking words and expressions is used, but there are occasional mistakes.

文章总体上组织合理、分段清晰，但局部缺乏连贯感，而且一些连接词存在错误（例如对 on the contrary 的严重误用）。

### 词汇多样性与准确度

The candidate uses an ambitious range of vocabulary and sentence patterns, but has some problems with word choice and collocations.

这篇范文里大词云集，但剑桥考官却并没有被滥用的大词们"亮瞎双眼"，反而明确指出：虽然这位考生的词汇量很大，但是本文却存在着用词与搭配方面的失误。例如，第二个主体段里的 alternative ways 所指并不明确，故弄玄虚的感觉很强烈。同一段里的 illustrious people 放在它的上下文里看也并不自然，用简单的 famous people 更贴切。

### 语法多样性和准确度

There are only minor grammar mistakes, but there are many examples of expressions used inappropriately.

语法方面的错误较少，但是有很多表达被不恰当地使用（例如第一个主体段里的 entertainment gives us an overview of a new side of life 就是乍一看似乎很高深，仔细看每个词却让人非常困惑它到底想要表达什么意思）。

通过这篇文章的评语，我们可以非常清晰地看出剑桥考官对具体、充实、连贯、准确的高度重视，但官方写作评分标准里并没有"多用大词"这个要求。超出自身的词汇运用水平、生硬地堆砌很多连自己都不能确定其含义和用法的“大词”，阻碍了这位英语水平本来不错的同学向更高的分数冲击。

【对比研究】为什么没用多少大词也能得到7分？

| | |
|---|---|
| Although I agree that creative artists' freedom of expression is important, I do not think that they should always be able to express their ideas without restrictions. | 开头段表明考生对于题中观点的态度。 |
| It is true that artistic freedom of expression is essential to the development of art and culture. Only when artists do not **feel restricted** in **creating their works**, such as **musicals**, **sculptures or photographs**, is it possible for them to produce truly original works of art. Their freedom of expression is therefore crucial for art to develop rather than repeat itself. Also, art, by definition, is **one of the most diversified parts of any culture**. To protect and promote **the diversity of cultural expressions**, the government should respect creative artists' freedom to choose how to express their ideas. | 主体的第1段里从艺术需要原创性和文化需要多元化出发，证明了表达想法的自由对创意艺术家的意义。 |
| On the other hand, some rules set by the government to limit the freedom of artists may be useful because some methods or forms of artistic expression are not widely accepted by the general public. By limiting creative artists' freedom to use these methods or forms, the government protects the people who find these artistic expressions unacceptable or offensive. For example, **the film rating system** in some countries helps to prevent **violent or sexual images** from reaching the audience who may be negatively affected by them. | 主体的第2段从社会的接受能力出发，论证了对于创意艺术家的表达方法应该适当加以控制，以避免创意艺术与社会秩序（social order）之间的冲突。 |
| In conclusion, I believe that creative artists' freedom in expressing their ideas should be protected to the extent that there are effective measures to ensure such freedom does not **pose a threat to social order** or other citizens' well-being. | 在结尾段该考生提出艺术家的自由应该建立在不威胁社会秩序或其他公民良好生活的前提之上。 |

## Pat 评析

这个考生的词汇量绝对比不上前面那位用词“气势如虹”的牛人。但是本文的论证过程始终是扣题的，而且行文衔接更加严密，没有让人看着眼晕的“跳跃思维”，用词和语法的准确度与多样性也已经达到了7分评分标准的要求，因此整体说服力并不比充斥着被误用的“大词”的彪悍型作文弱。

### 词汇和短语

（标★的是本类话题的高频词汇或短语）

★ **feel restricted** 感觉受到限制

**create their works** 创造他们的艺术作品，work的复数形式常被用来指作家或艺术家们的作品

**musical** *n.* 它在本文里是名词，指音乐剧

**sculpture** *n.* 雕塑

★ **truly original works of art** 真正具有原创性的艺术作品，短语work of art（复数形式是works of art）尤其常指绘画、雕塑等艺术品

**one of the most diversified parts of any culture** 任何文化里最具多样性的部分之一

★ **the diversity of cultural expressions** 文化表达形式的多样性

★ **are not widely accepted by…** 并没有被……所广泛接受

**freedom of expression** （名词短语）表达的自由

★ **find these artistic expressions unacceptable or offensive** 感到这些艺术表达难以接受或者带有冒犯性，请注意“find + 宾语 + 形容词”的宾补结构

★ **violent or sexual images** 暴力或者色情的画面

★ **film rating system** 电影评级制度

**pose a threat to social order** 对社会秩序构成威胁

**well-being** *n.* 良好的生活状态

## ■ 译文

尽管我同意创意艺术家的表达自由很重要，我并不认为他们应该总是能自由表达他们的想法而不受任何限制。

创意艺术家们的表达自由对于艺术和文化的发展确实至关重要。只有当创意艺术家们在创作音乐剧、雕塑或者摄影时能够保证自由发挥没有条条框框时，他们才可能创作出真正具有原创性的作品。因此拥有创作自由是保证艺术原创性的关键，否则艺术将只是简单地重复自己。**而且**艺术本应是文化中最具多样性的部分。为了保护与促进文化的多样性，政府应该尊重创意艺术家们选择表达想法的方式的自由。

另一方面，一些政府设立的用来限制创意艺术家的自由的规定也可能是有作用的，因为有一些艺术表达方法或形式还并没有被公众广泛认同。通过限制创意艺术家使用这些表达方法或形

式，政府保护了那些感到这些方法或者形式难以接受或具有冒犯性的人们。例如，在一些国家施行的电影分级制度可以保护不适宜观看的观众群体，让他们不受到暴力或色情画面的影响。

总之，我们应该在有措施能确保创意艺术家们的创作自由不威胁社会秩序和其他公民良好生活的前提之下给予他们表达艺术观点的自由。

## 政府类范文四 纳税是每个公民应尽的义务

***Some people think that we should keep all the money we earn and not pay tax to the state. To what extent do you agree or disagree?***

一些人认为我们应该把所有的收入留给自己，不向政府纳税。多大程度上你同意或者不同意？

### 思路透析

这道题里所给的观点明显带有“无政府主义”（anarchism）的倾向。但是如何才能用英文有力地驳倒它呢？这个考生给出了有力的回应。

本文先论述税收对于社会发展和公民生活的意义：ⓐ 税收对于基础设施建设的必要性；ⓑ 税收对于社会稳定的意义；ⓒ 税收对于发展经济和保护环境的作用。在接下来的一段里又提出尽管政府还有公司税等其他税收来源，这并不应构成免除个人纳税的理由。最后的结论是：工作的个人应该纳税，而且高收入者应该纳税更多。

**▶ 7 分范文**

Some people argue that individuals should stop paying taxes to the government. I do not think this is practical or wise thinking.

Taxes paid by individual citizens are **an important source of government revenue**. In most modern societies, **tax revenue** is mainly used to improve people's lives. For example, tax money is often allocated to **infrastructure development** programmes such as improvements to the **public transport system**, schools and hospitals. Taxpayers can benefit from these programmes and **social welfare programmes** supported by tax money, including **state pensions**.

The government also funds **the military and police forces** which protect us from foreign or criminal threats. It is reasonable that as individual citizens, we pay for our own safety and as a nation, we pay for our national security by paying taxes. Furthermore, to keep the economy and the environment **more sustainable**, the government needs **financial resources** to promote economic growth and reduce pollution. None of these can be achieved without enough tax revenue.

The government also receives taxes from businesses. They make profit by selling products or services, and like individuals, they also benefit from government-funded social and economic programmes. Therefore, they pay **corporate taxes** to contribute to these programmes. However, that should not **exempt individuals from paying taxes**. It would be unfair if businesses alone were made to support programmes that also benefit individuals.

Thus, every working adult should pay taxes, and the top earners should **pay proportionately more taxes**.

## 词汇和短语

（标★的是本类话题的高频词汇或短语）

★ **an important source of government revenue** 政府收入的重要来源之一

**tax revenue** （政府的）税收

★ **infrastructure development** （名词短语）基础设施的发展

【形容词】infrastructural

**social welfare programme** 社会福利项目

★ **allocate** *vt.* 分配

【剑桥例句】*The government has* ***allocated*** *£ 10 million to health education programmes.*

**the public transport system** 公交系统

**state pension** （名词短语）政府养老金

**the military and police forces** （名词短语）军队与警力

**budget** *n.* 预算

**financial resources** 财务资源

★ **more sustainable** 更具有可持续的

★ **promote economic growth** 促进经济的发展

★ **corporate tax** 公司税

**exempt individuals from paying taxes** （动宾短语）免除个人的纳税义务

**top earners** 收入最高的人群

**pay proportionately more taxes** 按收入比例交更多的税

## ■ 译文

有些人认为我们应该把个人的收入留下来，而不向政府纳税。我认为这不是一个现实且明智的想法。

公民个人交税是政府收入的重要来源。在多数现代的社会里，税收主要被用来改善人民的生活。例如，由税收得来的钱经常被投入到对公共交通系统、学校及医院的改善等基础设施发展项目。纳税人可以从这些项目以及社会福利项目、包括政府养老金等中获益。

政府还为军队和警力提供资金。它们保护公民不受其他国家或者犯罪分子的威胁。我们理应为自己的安全和国家安全通过纳税来给予回报。而且，为了保证经济与环境的可持续发展，政府需要财政资源来促进经济发展并减少环境污染。如果缺少足够的税收，这些都将很难实现。

政府也从企业那里获得税收。企业通过出售产品或服务营利，而且像个人一样，它们也从由政府资助的社会及环境项目当中获益。因此，它们缴纳公司税来为这些项目做出贡献。但这不应免除公民个人的纳税义务。如果只有企业为那些也会让公民个人受益的项目提供支持是不公正的。

所以，每一个工作的成年人都应该纳税，而且高收入人群应该按比例多缴纳税款。

## 政府类范文五 纳税并不是每个公民唯一应尽的义务

***Some people think that by paying taxes they have made enough contribution to their society. To what extent do you agree or disagree?***

一些人认为通过纳税他们已经为他们所在的社会作出了足够的贡献。多大程度上你同意或者不同意？

**【说明】**

这道考题很像上一道考题的“续集”。一般来说续集都没有第一部精彩，除了 *The Godfather*。但是本文却写出了同样具备说服力的论证过程。

### ▶ 7分范文

In most countries, it is mandatory for citizens to pay taxes, but I believe that citizens' contribution to society should be more than **fulfilling our tax obligations**.

Taxation is an important way of **redistributing the wealth of a country**. It is beneficial not only to society as a whole, but also to every individual. Workers who do not produce profits directly but nonetheless do important jobs, such as police officers, firefighters and public school teachers, are paid with the government's **tax revenue**. Many public service programmes would have to **be cancelled** if the government did not have enough tax revenue.

However, I would argue that tax revenue cannot cover all **public expenditure**. Other forms of contribution from individuals play crucial roles in keeping society stable and fair. For example, there are **disadvantaged people in need of help** in every country. They may receive support through government **social welfare programmes**, but it is unlikely that the support can meet all their financial, educational and healthcare needs. **Charitable help** from other citizens, such as **donations and volunteer work**, is important to disadvantaged people and the wellbeing of society. Another important responsibility of citizens is to keep our own communities safe from crime. With a strong sense of social responsibility, citizens can set up **neighbourhood watch programmes** to protect neighbourhoods and **report suspicious activities** to the police, which will be very effective in **deterring crime**.

In conclusion, I believe that paying taxes is only part of the contribution that a person should make to society. Citizens other responsibilities to society, including helping the people in need and keeping communities safe, are also essential for the proper functioning of society.

## 词汇和短语

（标★的是本类话题的高频词汇或短语）

**It is mandatory for sb. to do sth.** 某人按规定必须做某事

【剑桥例句】*The British government has* ***made it mandatory to*** *wear seat belts in cars.*

★ **fulfil our tax obligations** 履行我们的纳税职责

**taxation** *n.* 收税或税务制度，请注意它与名词 tax（税）的区别

★ **tax revenue** （名词短语）政府的税收

**redistribute the wealth of a country** 对一个国家的财富进行再分配

**play crucial roles in ...** 在某方面起至关重要的作用

**nonetheless** *adv.* 尽管如此

**public service programmes** 公共服务项目

**cancel** *vt.* 取消

**public expenditure** （名词短语）公共事业支出

**social welfare programmes** 社会福利项目

**disadvantaged people in need of help** 急需帮助的弱势群体，Pat 注意到有大量国内同学误以为 disadvantage 的形容词形式 disadvantaged 是泛指“有缺点的，有弊端的”，从而导致对这个单词的误用。事实上，在地道英文里 disadvantaged 是特指弱势的、贫穷而且缺少教育等发展机会的

【剑桥例句】*A new educational programme has been set up for* ***disadvantaged*** *children.*

**charitable help** 出于慈善目的的帮助

【相关】charitable organisation 慈善组织

**donation** *n.* 捐赠

**volunteer work** （名词短语）义工，在英美也经常被写成 voluntary work

**a strong sense of social responsibility** 很强的社会责任感

**neighbourhood watch programme** 社区居民自发参加的犯罪预防组织

**suspicious activities** 可疑的活动

**deter crime** （动宾短语）震慑犯罪

**the proper functioning of society** 社会的正常运行

**本文量化评分**

| 论证扣题度与充实度 | ★★★★☆ | 行文连贯性与衔接效果 | ★★★★☆ |
|---|---|---|---|
| 词汇量和用词准确度 | ★★★★☆ | 语法准确度和多样性 | ★★★☆☆ |

## ■ 译文

在大多数国家，公民按规定必须纳税，但我个人认为公民应该为社会做的贡献并不只是履行纳税义务。

税收制度是对国家财富进行再分配的重要手段。它不仅对整个社会有利，对个人来说也有益。那些并不直接创造利润，但是同样从事很重要工作的人们，例如警察、士兵和公立学校的教师，是由政府通过税收支付他们的工资。如果没有政府足够的税收支撑，很多公共服务项目就会被取消。

然而，我认为税收并不足以覆盖所有的公共事业开支。个人所做的其他形式的贡献也在保持社会稳定与公平当中扮演着至关重要的角色。例如，各国都存在着急需帮助的弱势群体。他们可以从政府的社会福利项目中得到一些帮助，但是这些帮助很难满足他们所有的财务、教育和医疗需要。来自于其他公民的慈善帮助，例如捐赠和义工等，对于弱势群体和社会的良好运行都起到重要作用。公民所负有的**另一重要责任是**保护自己所在的社区远离犯罪。如果具备很强的社会责任感，人们就可以自发地加入社区安全保障组织，向警方报告可疑的行径，从而有效地震慑犯罪。

总之，我认为纳税只是公民对社会做出的贡献的一部分。公民对社会负有的其他责任，比如帮助困难人群以及保障社区安全等，同样对维持社会的正常运转起到重要作用。

## 政府类范文六 政府是否应该为医疗和教育买单

***The government should pay for people's health care and education. To what extent do you agree or disagree?***

政府应该为人们支付医疗与教育费用。多大程度上你同意或者不同意？

**【说明】**

政府是不是应该“买单”的题在IELTS写作真题库里不少，考生们通常会多次写“be provided by the government”，其实在地道英文里当谈到政府向国民提供某种福利这个话题时经常会用the state（书面语里也可以写成the State）这一写法。例如“Free ... should be provided by the state.”，请注意这里的the state并不是指某个州，而是指向国民提供福利的政府。另外receive financial help from the state和provide a safety net for low-income families也是地道英语里谈到政府为低收入人群提供福利时的习惯用法。

### ▶ 7.5 分范文

Health care and education are basic human rights and needs. Some people think that the government should pay for citizens' health care and education. I partly agree with this view.

There are three main reasons why the government should pay for citizens' medical and educational costs. Firstly, a large proportion of **government revenue** comes from the taxes paid by citizens. The government should **reward taxpayers with** health care and education. Secondly, international **competition** in economic and technological fields **is fierce** today. The educational and health levels of citizens are important factors influencing **the competitiveness of a country's workforce**. By providing citizens with education and health care, the government helps to promote economic and technological development and increase the competitiveness of the workforce in the global economy. Thirdly, there are people who cannot afford basic health care or education in almost every country. If the government did not pay for their basic healthcare or educational needs, they would feel that they are treated unfairly by the government, which would be **a source of social unrest**.

However, the government only has limited financial resources. If it spends too much money on health care and education, other important fields such as scientific research, **infrastructure development** and **the pension system** may **be under-funded and underdeveloped**. It is the responsibility of the government to keep a reasonable balance between the educational and healthcare needs of citizens and other financial needs that are also essential to economic growth and social development.

Overall, I believe that the government should provide free health care and education to citizens who cannot afford them. At the same time, it should encourage businesses to provide **health insurance** to their employees, and fund public schools with **the property tax** that local residents pay. These measures can help the government to keep its budget balanced and achieve more **sustainable economic growth**.

## 词汇和短语

（标★的是本类话题的高频词汇或短语）

**a large proportion of ...** 很大比例的……

★ **government revenue** 政府的收入

**reward taxpayers with ...** 用……来回报纳税人

**fierce competition** 激烈的竞争

★ **the competitiveness of a country's workforce** 一个国家劳动力的竞争力

**is a source of social unrest** 是一种导致社会动荡的因素

★ **infrastructure development** （名词短语）基础设施的发展

★ **the pension system** 养老金体系

**property tax** 物业税

**local residents** 当地的居民

**sustainable economic growth** 具有可持续性的经济增长

**本文量化评分**

| | | | |
|---|---|---|---|
| 论证扣题度与充实度 | ★★★★★ | 行文连贯性与衔接效果 | ★★★★☆ |
| 词汇量和用词准确度 | ★★★★☆ | 语法准确度和多样性 | ★★★★☆ |

## ■ 译文

医疗与教育是基本人权与需求。有些人认为政府应该向公民提供免费的医疗服务和教育服务。我部分同意这一观点。

政府应该负担公民医疗与教育费用的原因主要有三点。首先，政府的收入有很大一部分是来自于公民纳税。政府应该向纳税人提供医疗和教育来作为回报。**第二，**经济和技术领域的国际竞争日益激烈。公民受教育程度和健康状况是影响一个国家的劳动力竞争力的重要因素。通过向公民提供教育和医疗，政府可以促进经济与科技发展，并且提高劳动力在全球经济当中的竞争力。**第三，**几乎在每一个国家都有无力支付基本教育和医疗费用的人群。如果政府不帮他们支付满足基本医疗和教育需求的费用，他们会感觉被政府不公正地对待，这可能会成为一种导致社会动荡的因素。

然而，政府只拥有有限的财政资源。如果将过多的钱投入到公民的医疗和教育上，其他一些像科学研究、基础建设的发展、养老金体系等重要领域就会缺乏资金并发展缓慢。政府有责任在公民的教育和医疗需求与其他对经济与社会发展同样至关重要的财政需求中进行合理地平衡。

整体上，我认为政府应该为无力承担医疗和教育费用的公民提供免费的医疗和教育。同时，政府应该鼓励企业为职工提供医疗保险，并用当地居民交纳的物业税来资助公立学校。这些措施可以帮助政府保持预算的平衡并实现更具有可持续性的经济发展。

## 政府类范文七 / 国防建设的必要性

***The government should stop putting money in national defense. To what extent do you agree or disagree?***

政府应该停止向国防方面投入。你在何种程度上同意或不同意？

## 思路透析

本文是 Pat 在海淀 7 分周末班教的一名已经工作的“大龄”考生的模考作文。他考雅思是为了申请澳洲移民，而且一战写作单项就获得了 7.5 分的好成绩。已经工作的“烤鸭”朋友给 Pat 的普遍印象是思维更成熟，而且知识面更宽。

文章首先提出国防对国家安全是必要的，举了古代欧洲的罗马帝国由于国防过于薄弱而遭到灭亡的实例。接下来又举了当代的 CDMA 技术的例子，说明国防技术也可以被转化成民用技术为社会服务，从而进一步说明了发展国防的意义。在让步段里则承认过度发展军力会威胁世界和平，甚至威胁人类的生存。文章的结论是：适度的国防实力应该被确保。

即使在像加拿大这样并不好战的国家里，defence spending 也经常在民众当中引起激烈的辩论 —— Pat 摄

本文是这名同学在完全按照实战时间要求的模考中完成的。原文存在的一些用词和语法错误已纠正。

### ▶ 7.5 分范文

Many governments today spend large amounts of money and research resources on national defence. Personally, I believe that **defence spending** is of crucial importance to any nation. The real concern should be the amount of defence spending.

Reasonable amounts of money should be spent on developing **military technology** and keeping enough **armed forces** to ensure **the independence and territorial integrity of** a country. Take the fall of the Roman Empire as an example — although there were various reasons, the most direct one was that the Roman army was too weak to protect the empire from being destroyed by **foreign invaders**. Nowadays **confrontations and conflicts** are still frequent in many regions of the world. It would be unlikely for a country to **achieve sustained growth** without an effective national defence system.

Another reason for supporting investment in national defence is that the technology developed for **military purposes** can often **serve civilian purposes** as well. The CDMA technology, for example, was initially used as **telecommunications technology** serving the US army. However, as its networks have been put in place across the world, millions of people are benefiting from the clear voice communication service that it provides.

On the other hand, there are countries that spend too much money on their **military budget**. More **destructive weapons** have been produced, so powerful that they can destroy the earth several times. I believe that all countries should **be wary of this trend** because it **threatens world peace and security**.

How much money would be reasonable for defence budgets still remains a controversial question. But clearly, no country can afford to ignore its national defence.

## 词汇和短语

（标★的是本类话题的高频词汇或短语）

★ **defence spending** （名词短语）国防开支

**concern** *n.* 关注，担忧

★ **develop military technology** 发展军事科技

**armed forces** （名词短语）武装力量

**the independence and territorial integrity of ...** （一个国家的）独立与领土完整

**the Roman Empire** 古罗马帝国

**foreign invaders** 外国侵略者

**achieve sustained growth** 实现持续的增长

★ **civilian purposes** （名词短语）民用的目的，在英美与军用目的相对的民用目的有时也会写成 civil purposes

**initially** *adv.* 起初，特别要注意：initially 不能用来表示逻辑上的首先

**telecommunications technology** 通讯科技

★ **military purposes** 军事的用途，军事的目的

**cannot afford to ignore ...** 不应忽视某事物，如果忽视某事物就将会带来很严重的后果

**confrontations and conflicts** （名词短语）对抗与冲突

**frequent** *adj.* 频繁的

**military budget** 军事预算

**destructive** *adj.* 破坏性很大的

**is / are wary of this trend** 警惕这一趋势可能带来的危害

★ **threaten world peace and security** （动宾短语）威胁世界和平与安全

**Bonus:**

**the prosperity of a country** （名词短语）一个国家的繁荣发展

**weapons of mass destruction** （名词短语）大规模杀伤性武器

**nuclear weapons** 核武器

**biological and chemical weapons** 生化武器

**deploy** *vt.* 部署（部队或武器等）

### 本文量化评分

| | | | |
|---|---|---|---|
| 论证扣题度与充实度 | ★★★★★ | 行文连贯性与衔接效果 | ★★★★☆ |
| 词汇量和用词准确度 | ★★★★☆ | 语法准确度和多样性 | ★★★☆☆ |

## ■ 译文

当今很多政府都在国防上面投入大量的经费与研究资源。我个人认为国防开支对于任何国家来说都是很重要的。真正值得担忧的问题是国防开支的数额。

合理数量的资金应该被用于发展军事科技和保持足够的武装力量以确保国家的独立和领土完整。以古罗马帝国的陷落为例——尽管是有多方面原因的，但最直接的一个原因是古罗马帝国的军队过于羸弱，难以抵抗外国侵略者对于国家的破坏。当前，在世界很多区域里仍然频繁地发生对抗与冲突。一个国家如果没有有效的国防系统，就很难实现持续的发展。

支持政府在国防上投资的另一个理由是以军事为目的开发出的科技往往也能被用于民用目的。例如 CDMA，原本是美国军方开发出的一种通信技术。但是随着它的网络遍布世界各地，成百上千万人都通过它享受到清晰的语音交流。

另一方面，有些国家在军事预算上花费了过多的资金。更多的破坏性武器被生产，它们的威力甚至足以数次摧毁地球。我认为各国都应警惕这一趋势，因为它威胁世界和平与安全。

合理的国防预算到底应该是多少仍然是有争议的问题。但是很显然，没有国家可以忽视自己的国防。

## 政府类范文八 科学研究是否应由政府包办

***Some people think that scientific research should be carried out and controlled by the government instead of private companies. To what extent do you agree or disagree?***

有些人认为应该由政府而不是私人公司来从事与控制科学研究。对此你在何种程度上同意或是反对？

### ▶ 7.5 分范文

Scientific discoveries are essential to the technological, economic and educational development of a country. Some people believe that scientific research should be conducted and controlled by the government rather than by private companies. Overall, I agree with this view.

The government has a wide variety of resources, such as tax-funded financial resources and national and regional laboratories with advanced equipment. These resources are important to the efficiency and effectiveness of scientific research. **Coordination at the government level** can also help scientists who work on research projects with similar purposes to **collaborate closely with each other**. Such collaboration helps to reduce waste of research resources.

Safety and security are significant concerns in many scientific experiments as well. For example, projects that involve **hazardous chemicals** are dangerous not only for the researchers but also for the communities living close to the laboratories. Some other research projects, such as projects whose results may lead to developments in **military or nuclear technology**, involve **national security interests**. Only the government has the power and ability to ensure the safety and security of these research projects.

Private companies also have their advantages in conducting scientific research. They **are profit driven**, which often makes them **more motivated and goal-oriented** in their projects than **government departments and agencies** are. Scientists working for private companies are likely to be well paid if their research is successful and can **generate profit** for their company. However, the focus on profit may make some private companies engage in **highly controversial research**. For example, some privately-funded laboratories have been attempting to do **human cloning experiments** in spite of the ethical issues surrounding them.

In conclusion, it seems to me that scientific research should be conducted and controlled by the government. Private companies can **participate in** government scientific projects, but their research should **be closely monitored by** the government.

## 词汇和短语

（标★的是本类话题的高频词汇或短语）

**financial resources** （名词短语）财政资源

★ **national and regional laboratories** 国家与区域实验室

**advanced equipment** （名词短语）先进的设备，注意：equipment 不能加复数

**the efficiency and effectiveness of scientific research** （名词短语）科学实验的效率和有效性

**coordination at the government level** （名词短语）在政府级别上进行的协调

**research projects** （名词短语）研究项目

**collaborate closely with each other** （动词短语）彼此紧密协作

**scientific experiments** （名词短语）科学实验

**involve** *vt.* 涉及到

**hazardous chemicals** 危险的化学物质

**military or nuclear technology** 军事技术或者核技术

**involve national security interests** 涉及到国家安全利益

★ **be profit driven** 受利益所驱动的

**more motivated and goal-oriented** 更有动力而且更加致力于实现目标的

★ **government departments and agency** 政府部门与机构

**generate profit** （动宾短语）产生利润

**engage in** 从事，参与

**highly controversial research** 有高度争议性的研究

**privately-funded laboratories** 由私人资金资助的实验室

**human cloning experiments** 克隆人实验

**the ethical issues surrounding them** 围绕它们所产生的伦理问题

**participate in ...** 参与到某一过程中

**be closely monitored by ...** 由……严密监督

**Bonus:**

**unethical** *adj.* 不符合伦理规范的

**embryonic stem cell research** 胚胎干细胞研究

本文量化评分

| 论证扣题度与充实度 | ★★★★☆ | 行文连贯性与衔接效果 | ★★★★☆ |
|---|---|---|---|
| 词汇量和用词准确度 | ★★★★☆ | 语法准确度和多样性 | ★★★★☆ |

## ■ 译文

科学上的发现对一个国家的科技发展、经济发展及教育发展都至关重要。有些人认为科学研究应该由政府而不是私人公司来从事并控制。整体来说，我同意这一观点。

政府拥有广泛的资源，例如基于税收的财政资源和装备着先进仪器的国家或区域实验室。这些资源对科学研究效率和有效性很重要。在政府一级的协调还可以帮助从事研究目的相近的研究项目的科学家们紧密协作。这样的协调可以减少科研资源的浪费。

安全性也是在很多科学实验中需要关注的问题。例如，那些涉及到危险化学品的研究项目，不仅对科研人员有危险，而且对实验室附近的社区也很危险。另一些可能带来军事或核技术进步的科学研究项目，则涉及到国家安全利益。只有政府才有能力去保证这些项目的安全性。

私人公司在从事科学研究方面也有它们的优势。私人公司是被利润所驱动的，这让它们相比政府部门和机构在项目进行过程中有更强的动力、而且也更加专注于目标的实现。那些为私人公司工作的科学家们如果研究成功而且能够为公司产生利润，也会更有可能获得高额回报。**但是**，对于利润的集中关注导致一些私人公司从事非常有争议的研究。例如，一些私人公司资助的实验室尝试进行人类克隆实验而不顾其在道德伦理方面可能存在的问题。

总之，在我看来科学研究应该由政府进行并控制。私人公司可以参与到政府的科学研究项目中，但他们的研究应该由政府严密监督。

## 政府类范文九 政府是否应该停止资助艺术

***A*** ***Some people think that the government should stop supporting art programmes financially. To what extent do you agree or disagree?***

一些人认为政府应该停止对艺术项目提供资助。多大程度上你同意或者不同意？

### ▶ 7.5分范文

Some people think that the government should stop funding art programmes. I disagree with their opinion.

Public art **has become an integral part of** urban culture. **Public sculptures**, murals and **creative street furniture** have made parks, streets and communities more energetic. However, their creation is increasingly expensive. If art programmes only relied on private funding, we would see a decline in urban culture.

The arts should still be funded by the government also because they form part of a nation's **cultural identity**. The **visual**, **musical and literary arts** help to define a society and give the members of that society **a strong sense of belonging**. By creating a rich variety of artistic styles that are unique to their culture, artists also help to **strengthen national pride and cohesion**. The government should continue to fund art programmes to contribute to the **cultural richness and diversity** of the nation.

Another reason why art programmes should receive **government grants** is that they **create jobs.** They not only lead to many careers, including painters, musicians, dancers and photographers, but also create employment opportunities through the design, construction and maintenance of museums, art galleries and theaters. Even people who do not have art-related jobs can benefit from art programmes as exposure to the creative arts can help them to **work more innovatively**. Art education in schools also helps to **prepare a creative workforce for** the nation's future.

In conclusion, I believe that art programmes should still receive government funding to keep the progress of society balanced between **achieving material success** and **expressing itself beautifully and creatively.**

## 词汇和短语

（标★的是本类话题的高频词汇或短语）

**fund art programmes** （动宾短语）注意：在这个短语里 fund 是作及物动词，表示 资助的意思

**has become an integral part of ...** 已经成为……不可缺少的一部分

★ **sculpture** *n.* 雕塑

**public art** 公共艺术，这个短语习惯上通常不加复数，但请注意：当泛指各类艺术时，地道英文里则习惯使用 art 的复数形式并且加上定冠词写成 the arts，比如下面这个剑桥词典里的例句简直就是专门为这道雅思考题定制的：

【剑桥例句】*More government money is needed for* ***the arts***.

**mural** *n.* 壁画

**street furniture** 泛指街道上的陈设，例如人行道上的 benches（长椅）

**energetic** *adj.* 有活力的

**creation** *n.* 创造，注意：它的动词形式是 create，而另一个相关名词 creativity 则是指创造力

**rely on** 依赖，依靠

**a decline in urban culture** 城市文化的衰落

★ **cultural identity** （名词短语）文化特性

**visual** *adj.* 视觉的

**musical** *adj.* 音乐的，注意：当名词时 musical 则是指音乐剧

**literary** *adj.* 文学的

**define a society** 赋予一个社会鲜明的特征

★ **a sense of belonging** 一种归属感

**a rich variety of ...** 丰富多样的……

**artistic styles** 艺术风格

**unique to sth.** 是某事物所特有的

★ **cultural richness and diversity** 文化的丰富与多样性

**strengthen national pride and cohesion** （动宾短语）增进国民的自豪感与凝聚力

**government grants** 政府的资助

**create jobs** 创造就业

**career** *n.* 事业

**the design, construction and maintenance of ...** （名词短语）（对于某个建筑的）设计、建造与维护

**art gallery** 美术馆

**exposure to the creative arts** （名词短语）对创意艺术的接触

**work more innovatively** 更富有创新性地工作

**prepare a creative workforce** （为国家的未来）准备具有创造力的劳动力

**material success** 物质方面的成功

**express itself beautifully and creatively** （社会）优美地、有创造力地表达自身的特点

**Bonus:**

**private donations** 私人的捐款

**display** *n.* & *vt.* 展示

**本文量化评分**

| | | | |
|---|---|---|---|
| 论证扣题度与充实度 | ★★★★☆ | 行文连贯性与衔接效果 | ★★★★☆ |
| 词汇量和用词准确度 | ★★★★☆ | 语法准确度和多样性 | ★★★★☆ |

## ■ 译文

一些人认为政府应该停止资助艺术项目。我不同意他们的看法。

公共艺术已经成为城市文化不可缺少的一个部分。公共雕塑、壁画与有创意的街头陈设让公园、街道和社区更有活力。然而，创造这些艺术品日益昂贵。如果艺术项目只能依靠私人资

助，我们将会看到城市文化的衰落。

艺术应该仍由政府资助还因为它们是构成国家文化特性的一个部分。视觉、音乐与文学艺术有助于让社会具有鲜明的特点，并给该社会的成员以强烈的归属感。通过创造该文化所特有的多种艺术形式，艺术家还帮助增进民族自豪感与凝聚力。政府应该继续资助艺术项目来为民族文化的丰富与多样性做出贡献。

艺术项目应该获得政府资金的另一个原因是艺术创造就业。艺术项目不仅带来画家、音乐家、舞者和摄影师等众多职业，也通过博物馆、美术馆和剧院的设计、建造与维护带来就业机会。即使是不从事艺术相关职业的人同样可以从艺术项目中获益，因为接触创意艺术可以让他们更富有创造性地工作。学校里的艺术教育也有助于为国家的未来准备有创造力的劳动力。

总之，我认为艺术项目应继续得到政府的财政支持，以确保社会发展能够在获取物质成功与让社会生活的表现形式变得更美、更有创造力之间保持平衡。

**B** ***Some people think that the government should stop supporting art programmes financially because the arts do not directly improve people's lives. To what extent do you agree or disagree?***

一些人认为政府应该停止对艺术项目提供资助，因为艺术并不能直接改善人民的生活。在多大程度上你同意或者不同意？

### ▶7.5 范文

Some people think that the government should stop funding art programmes because they do not directly improve people's lives. I disagree with this view.

The arts, such as music, painting, poetry and drama, are a vital part of human culture. By appreciating different artistic styles and **participating in** a wide variety of artistic activities, people learn to appreciate cultural differences and become **more open-minded**. Without enough government funding for art programmes, a country is likely to experience a decline in its culture, and become **less tolerant of cultural differences** and less fair.

The arts also **provide inspiration to** their viewers, listeners or readers. **Visual arts and literature** help people to **explore the sensibilities of** artists. They can be an important source of inspiration for adults who feel bored with their daily routine. In classrooms, art activities are important to the development of children's creative skills.

Art programmes can create job opportunities as well, such as jobs in **photography**, **performing arts and graphic design**. In many countries, the unemployment rate has remained high. The creation of jobs is therefore one of the most important contributions that a field can make to the economy and people's lives.

It is true that government funds for some other fields, including **infrastructure development and health care**, also lead to significant improvements in people's lives. However, the view that the development of the arts does not directly improve people's lives is wrong. Art programmes can benefit people emotionally, socially and economically. Government funding for the development of the arts is particularly important **in an age dominated by science and technology**.

## 词汇和短语

（标★的是本类话题的高频词汇或短语）

**poetry and drama** 诗歌与戏剧

**a vital part of …** 极为重要的一部分

**participate in …** 参与……

★ **more open-minded** 思想更加开放的

**government funding** （名词短语）政府资助

**decline** *n.* 本文里指衰落

**become less tolerant of cultural differences** 变得对文化差异较少宽容

**provide inspiration to sb.** （动宾短语）激励或者启迪某人

**viewers, listeners or readers** 观赏者、听众或读者

★ **visual arts** 视觉艺术

**literature** *n.* 文学

★ **explore** *vt.* 探索

**sensibility** *n.* 感性

**daily routine** 日常的惯例

**creative skills** 具有创造性的技能

**photography** *n.* 摄影，注意：photo 或 photograph 是指具体的照片，photographer 则是指摄影师

★ **performing arts** 表演艺术

**graphic design** 平面设计

★ **infrastructure development** （名词短语）基础设施的发展

**the unemployment rate** 失业率

★ **in an age dominated by …** 在一个被……所主宰的时代里

**本文量化评分**

| | | | |
|---|---|---|---|
| 论证扣题度与充实度 | ★★★★☆ | 行文连贯性与衔接效果 | ★★★★☆ |
| 词汇量和用词准确度 | ★★★★☆ | 语法准确度和多样性 | ★★★★☆ |

## ■ 译文

有些人认为政府应该停止向艺术项目提供资助，因为这些项目并不能直接提高人们的生活质量。我不同意这种观点。

艺术，例如音乐、绘画、诗歌与戏剧等，是人类文化极为重要的一个部分。通过欣赏不同的艺术风格并参与各类艺术活动，人们学会欣赏文化差异，而且变得思想更加开放。如果没有足够的政府对艺术项目的资助，一个国家很可能会经历文化上的衰退，并且变得对文化差异较少宽容且不够公平。

艺术还为其观赏者、听众或读者提供启迪。视觉艺术和文学帮助人们去探索艺术家的感性世界。它们可以为那些对生活常规感到厌烦的成年人提供灵感。在教室里，艺术活动则是培养孩子们的创造技能的重要方法。

艺术项目还能创造在摄影、表演艺术和平面设计等领域里的诸多工作机会。在很多国家，失业率居高不下，因此创造就业是一个领域对经济和人民生活能够做出的最重要的贡献之一。

政府向基础设施发展和医疗等领域的财政资助也能对人们的生活水平做出明显的改善。然而，认为艺术的发展并不直接改善人们生活的观点是错误的。艺术项目在心理、社会关系和经济等方面都对人们有益。在一个由科学技术主宰的时代里，政府对艺术发展的资助尤为重要。

## 政府类范文十 援助本国的穷人还是跨国援助

***Some people believe that charities should concentrate on helping poor people in their own countries. Others believe that charities should give international aid to those in greatest need. Discuss both these views and give your opinion.***

一些人认为慈善组织应该集中帮助本国的穷人们。另一些人则认为它们应该为那些最急需帮助的人们提供国际援助。讨论两种看法并给出你自己的观点。

### ▶ 7.5分范文

The issue of whether **charitable organisations** should focus on helping people in their own countries has arisen as a result of the increasing demand for charitable help.

Many people argue that charities should concentrate on **domestic needs**. They think that only when charitable organisations give aid to **disadvantaged people and communities** in their own country can their effort achieve the most success. If charitable aid is provided for people in other countries, it **may be misused** because the charitable organisations are not familiar with the local situations, and are not able to **keep track of how the aid is used**.

However, others believe that charitable organisations should **give priority to** helping people who are in the greatest need, even though many of them may live in other countries. It seems this belief **reflects the essence of true charity**, which is helping people regardless of their race or nationality. By contrast, limiting charitable help to domestic needs would **defeat the fundamental purpose of** charitable organisations. Another good argument in favour of helping those who live in other countries is that we are living in an age of economic and cultural globalisation. It would be wrong to assume that the economic, social or political problems in **poor and unstable countries** would never affect **wealthy and peaceful nations**. Helping people in other countries is a way for charities to protect the people in their own countries from the impacts of these problems.

My own opinion on this issue is that **national boundaries** should not stop charities from helping those in need. True charitable aid should be **need-based rather than nationality-based**. I also believe that charitable organisations should make efforts to ensure proper use of the aid, both domestically and internationally.

## 词汇和短语

（标★的是本类话题的高频词汇或短语）

★ **charitable organisations** 慈善组织
【近义】charities 慈善组织，注意：charity 作为不可数名词时则是泛指慈善事业

**arise** *v.* 注意它的含义并不是上升 ╳，而是指 某种现象出现，它的过去分词是 arisen

**meet domestic needs** 满足国内的需求

**disadvantaged** *adj.* 特指弱势群体的
【剑桥例句】*Head Start is an educational program for* ***disadvantaged*** *preschool children.*

**keep track of ...** 本文里指跟踪某种资源的使用情况

**be misused** 被不恰当地使用

★ **give priority to ...** 把……当成当务之急

**reflect** *vt.* 反映，体现

**even though** 尽管，它是句内连接词，语气要比 although 更强烈

**the essence of ...** 某事物的本质

**regardless of their race or nationality** 不论他们的种族或国籍是什么

**defeat the fundamental purpose of sth.** 导致某事物的根本目的无法被实现

**in an age of economic and cultural globalisation** 在一个经济与文化全球化的时代里

**assume** *vt.* 设想

**poor and unstable countries** 贫穷而且不稳定的国家

**wealthy and peaceful countries** 富有而且和平的国家

**impact** *n.* 影响

**is / are need-based** 是以需求为依据的

**domestically and internationally** 在国内与国际的层面上

## 相关考题

***We cannot help everyone in the world that needs help, so we should only try to help people in our own communities and countries who need help. To what extent do you agree or disagree with this opinion?*** 我们无法帮助世界上每一个需要帮助的人，因此我们应该只努力帮助在我们的社区和国家里需要帮助的人们。多大程度上你同意或者不同意这种观点？

## 语法多样性分析

- **Only** when charitable organisations give aid to disadvantaged people and communities in their own country **can** their effort achieve the most success. 本句里使用了 only 引导的倒装句式

**本文量化评分**

| | | | |
|---|---|---|---|
| 论证扣题度与充实度 | ★★★★☆ | 行文连贯性与衔接效果 | ★★★★☆ |
| 词汇量和用词准确度 | ★★★★☆ | 语法准确度和多样性 | ★★★★☆ |

## ■ 译文

由于对于慈善帮助的需求量越来越大，慈善组织是否应该集中帮助本国人民的问题显露出来。

许多人认为慈善组织应该集中满足国内的需求。他们认为只有当慈善援助为本国困难人群与社区提供援助时，这些援助才能发挥最大的功效。如果慈善援助被提供给其他国家的人们，那么这些援助就有可能被滥用，因为慈善机构并不了解当地的具体情况，并且也没有能力对援助的使用情况进行跟踪。

但是也有一些人认为慈善机构应该将援助给予最需要帮助的人，尽管有很多这样的人们身在异国。看起来这一信念体现出了慈善事业的本质，那就是不分种族与国籍地帮助他人。对比起来，只将援助限定于满足国内需求与慈善机构的根本宗旨是相违背的。另一种对慈善援助应该超越国界的有力支持看法是我们正生活在一个经济和文化全球化的时代。不应假设那些穷困和不安定国家中的经济、社会和政治问题总是不会影响到那些富有、和平的国家。慈善机构向其他国家中急需帮助的人提供援助也是保护本国人民不受这些问题影响的方法。

我关于该问题的个人看法是国界不应阻止慈善组织去帮助需要帮助的人们。真正的慈善援助应该是以需求为依据而不应该以国籍为依据。我也认为在本国与国际上，慈善组织都应确保慈善援助能够得到妥善的使用。

## 政府类范文十一 / 法律与规定是否必不可少

***Society is based on rules and laws. It could not function well if individuals were free to do as they please. To what extent do you agree or disagree?***

社会是基于规章制度与法律的。如果每个人都随心所欲那么社会将无法良好地运行。多大程度上你同意或不同意？

**【说明】**

英文里有个词叫 anarchist，经常被翻译成中文“无政府主义者”。其实它的英文原意除了指反对政府的管理，还有反对各种法律与规章制度的意思。

无政府主义肯定行不通，但是关键在于怎样有理有据地用英语去论证法律和规章制度的重要性。这名考生通过两个支持段和一个让步段圆满地完成了这个任务。

**▶ 8分范文**

Overall, I agree with the view that laws and rules set down by the government are necessary for **the well-being of society**. Society would be **in complete chaos** without due restrictions.

There are two reasons for this. Firstly, as the earth's resources are limited and there are not enough to satisfy everyone, laws provide the necessary criteria to help people to **address conflicts of interest**. For example, **property law** helps citizens to identify property ownership, and help them to avoid fights over a piece of land or personal property as was common in early history. Secondly, laws and rules force people to **live up to their obligations**. Without **the deterrent effect of** heavy fines, drivers would be more likely to exceed the speed limit, despite the possibility of hitting other **cars or pedestrians**. Similarly, without environmental laws and regulations, more factories may **discharge toxic sewage directly into** rivers and lakes, resulting in serious ecological consequences.

On the other hand, although laws and rules are the cornerstone of an orderly society, regulation should be **a means rather than an end**. It is possible that some laws and rules are so harsh that most citizens feel their rights are violated. When this happens, the government should respect **the will of the majority** and change these laws and rules.

In conclusion, I believe that **the rule of law** is essential for any properly-functioning society because it makes society more stable, efficient and fair. Nevertheless, laws and rules should be changed if most citizens believe that they are too strict, so that laws and rules **can be enforced** without denying citizens the freedom that they deserve.

## 词汇和短语

（标★的是本类话题的高频词汇或短语）

**the well-being of society** 社会生活的良好状态，well-being 是泛指个人或社会所处的良好状态，有时在英美也有人把它直接拼成 wellbeing，但本书里按照剑桥官方指定的 Cambridge Learner's Dictionary 里提供的拼写形式为准

【剑桥例句】*People doing yoga benefit from an increased feeling of* ***well-being****.*

★ **in complete chaos** 处在彻底的混乱状态

**without due restrictions** 缺乏应有的限制

**the necessary criteria** 必要的衡量准则

**address conflicts of interest** （动宾短语）解决利益冲突

**property law** 物权法

**identify property ownership** （动宾短语）确定财物的所有权

**personal property** 私人的财物

★ **live up to their obligations** 能够尽到他们的义务 【相关】☆ fulfil their obligations 履行他们的义务

★ **the deterrent effect of …** 某事物所具有的遏制作用

**heavy fines** 高额的罚金

**exceed the speed limit** （动宾短语）超速

**cars or pedestrians** 汽车或行人

**discharge toxic sewage directly into …** 将有毒的废水直接排入（河流与湖泊等）

★ **is / are the cornerstone of …** 是某事物或某种制度的基石

★ **is a means rather than an end** 只是手段而不是目的

★ **harsh** *adj.* （法律或惩罚等）非常严厉的

**is / are violated** （权利等）受到了侵犯

★ **the will of the majority** 大多数人的意愿

**the rule of law** （名词短语）法制，在西方文化里与 the rule of man （人制，在英美有时也被写成 the rule of men）相对

★ **be enforced** （法律、规定等）得到实施、被执行

**deny citizens the freedom that they deserve** 剥夺公民们应该享有的自由

**本文量化评分**

| | | | |
|---|---|---|---|
| 论证扣题度与充实度 | ★★★★★ | 行文连贯性与衔接效果 | ★★★★☆ |
| 词汇量和用词准确度 | ★★★★☆ | 语法准确度和多样性 | ★★★★☆ |

## ■ 译文

总体来看，我同意由政府设立的法律与规章对社会的良好运行是必要的。如果缺少必要的法规限制，社会将陷入彻底的混乱之中。

这个论断基于两点原因，第一，鉴于地球上资源的有限性，不可能人人都对自己的所得满意，而法律就可以为人们解决利益纷争树立必要的标准。例如，物权法帮助公民明确了财产的归属，避免了在早期人类历史上人们为了一片土地或者个人财务而争斗的情况发生。**第二**，法律法规强迫人们遵守法律赋予他们的义务。如果没有重罚的威慑，司机们就会无视撞到其他汽车或行人的危险，肆意超速行驶。类似的作用还体现在环境保护法规上，如果缺少威慑，更多的工厂将会把有毒的工业废水直接倾倒进河流湖泊，从而导致严重的生态后果。

另一方面，尽管法律法规是和谐社会的基石，但它们应该被视为一种解决问题的手段而不是目的。有时候会有一些法律过于严酷，使得大多数公民感觉权益被侵犯。在这种情况下政府就需要尊重大众的意见对其进行修改。

总之，我坚信法律在任何正常运转的社会中都是不可或缺的，它使得社会变得更加稳定、高效、公平。尽管如此，当大多数公民认为法律过于严厉时就应该对其有所改变，这样法律法规才可以在不侵犯公民应得自由的前提下良好地施行。

## 政府类范文十二 一位为民请命的考官关于政府话题的思索：医改应该怎样施行

***Some people think citizens should be totally responsible for their own health costs. Others think it is better to have a health care system which provides free health services for all. Discuss both these views and give your own opinion.***

一些人认为公民应该完全支付自己的医疗费用。而另一些人则认为最好要有一个全民医疗保障系统来为所有人提供免费的医疗服务。请对双方的观点进行讨论并给出你自己的看法。

**【解题】**

在西方国家有三类不同的医疗体制。最爽的是加拿大和澳大利亚等国，除了药费和接受牙医（dentist）的服务之外几乎国家全包。但带来的问题也是很明显的：谁都能免费看病就导致去医院的人数大增，结果医疗体制的效率变得比较低下，而且国家财政负担也会很重。最不爽的则是美国，很多人要靠自己去买医保（privately insured），现在好不容易通过了 Barack Obama 的全民医疗计划（Obama’s Health Care Bill），但距离真正实施还相当遥远。医疗制度一般爽的则是英国等国家，基本介于前两者之间。

这篇满分作文毫不掩饰地使用了“模板”。其实所谓模板就是一个经得起推敲的逻辑框架，在用母语写作时人们也是很难躲开的，真正的问题在于自己写的部分是否与这个逻辑框架的风格和难度格格不入。

▶ **9分范文**　**考题类型：Discuss both views + your own opinion 型**　**结构选择：比较均衡的四段式**

| | |
|---|---|
| A much debated issue these days is whether citizens should **take out private health insurance** or not. In this essay, I argue that people who can afford it should **be privately insured**, but free medical care must be made available to those too poor to do so. | 引出辩论话题并提出自己的观点：能够负担的人应该自己购买医保，但过于贫困的人则应享有免费医疗。 |
| The most important reason for encouraging people to take out private health insurance is the cost to the government. Free **health coverage** for people who are able to pay for it is a waste of public money. Of course, people will only pay **health insurance premiums** if they know that they are getting good value for their money. If they get sick, they will pay little or nothing at all. In addition, the privately insured **are entitled to** special benefits such as having the choice of their own doctors, and being able to avoid **long waiting lists for** hospital beds. | 本段分析了让个人购买医保的好处：减轻政府负担同时也为个人提供了更多的医疗选择。 |
| On the other hand, those who really cannot afford to pay private insurance premiums, which are often very high, should still be entitled as citizens to the best medical care available. They cannot be expected to **pay their own medical bills**. However, if they are working, they should still pay **a percentage of their wages** (for example 1% to 2%) as a tax which pays towards the cost of providing free medical services. | 由于本题是 Discuss both views and give your own opinion. 型的考题，因此本文坚持对双方都进行了讨论（想不坚持也不行，否则就是 partially off-topic）。本段提出穷人享受免费医保的必要性和对于低收入工作者的专门建议。 |

（续表）

| | |
|---|---|
| In conclusion, I think that most people should privately insure their health. But it is unreasonable to suppose that all citizens can afford it. Therefore, **a safety net** in the form of a basic free health care system must exist for **the very poor and the unemployed.** | 结尾段总结。其实本文里提出的方案明显过于简单化，实际的医疗费用分担问题要远比这复杂得多，否则 Obama 的医改方案也不会在国会吵了很多个月才能获得通过了。但对于 IELTS 写作这样以测试语言为主的考试来说本文仍然是一份良好的答卷。 |

## 词汇和短语

（标★的是本类话题的高频词汇或短语）

★ **take out private health insurance** 购买私人医疗保险

**is / are privately insured** 购买了私人保险的

★ **health coverage** 本文里指（公费或者私人的）健康保险

★ **health insurance premium** 健康保险的费用

**long waiting lists for ...** 某种服务的很长的等候名单

★ **are entitled to** 有权利享有……的

★ **a percentage of their wages** 他们工资当中的某一百分比

★ **a safety net** 安全网，这个固定短语在英美讨论国家为公民提供的福利保障措施时极为常用

★ **the very poor and the unemployed** 非常贫穷以及失业的人们

【用法说明】英文里经常用“the + 形容词”来泛指某类人，比如 the rich, the ill, the unemployed 等

## ■ 译文

公民是否需要自己去购买私人健康保险是近些日子里被广泛讨论的一个话题。在这篇文章里，我将阐述我认为那些有能力自己购买私人保险的人应该自我保险，而同时也应该有专门为穷人所设立的免费医疗保险来保证人们的健康。

鼓励人们去自己购买私人健康保险最主要的原因是实行公共医疗保险会使政府开销太大。在人们有能力支付医疗费用的时候提供免费的医疗保障是对政府资金的浪费。当然，如果人们知道购买医疗保险是如此划算的话，他们就只需要支付保费就行。这样在他们生病的时候，他们就只需要支付一点点钱甚至完全不用支付医疗费用。**另外**，私人保险还带有一些特殊的福利，比如有权选择医生，不用为病床排号等。

另一方面，对那些实在支付不起保险金（通常非常昂贵）的人来说，政府还是应该尽力

帮助他们得到最好的医疗服务。他们的确支付不起自己的医疗费用，但如果他们有工作的话，他们就可以通过按百分比（例如1%到2%）支付他们工资的一部分作为税款来补偿政府为提供免费医疗的支出。

综上所述，我认为多数的人应该自己去为自己的健康买保险。但是认定所有的人都买得起保险也是不合情理的。所以对于那些穷人和失业人群来说，一定要有一个像安全网一样的基础免费医疗保障系统来保证他们的健康。

## 学有余力者

对写好政府类作文最有帮助的一个网站

**english. cctv. com/china**

推荐政府类话题网站 Pat 必须格外谨慎，因为今年在英美网站上有关于中国问题的报导明显有增加的趋势，而且有些内容比较敏感。相比之下中国央视 9 套的官网相当纯洁，用来对付 IELTS 作文算是够用了，小盆友们也可以看一看。

# DAY 5

## 不是我不明白，这世界变化快

### 发展类真题库与各分数段范文剖析

Progress or Regress

客观地说，IELTS Writing 的话题并不具备充分的时效性。最新在西方出现、还不具有代表性的社会现象全都没有直接进入雅思作文题库。只有当某种趋势确实已经广泛存在的时候才会有机会成为 IELTS 作文题库的一部分（前提还必须是不涉及宗教信仰或者政治分歧等敏感问题）。所以 IELTS 写作考试题的选择范围其实是相当有限的，这就是为什么作文考题看多了之后就会有“千题一面”的感觉。

Development 类话题按理说本应该是题库中最多变的一类题，但正因为必须是已经成为趋势的社会现象才能考，所以 IELTS 写作中的发展类题反而往往争议性不大，这对于爱思考的同学来说其实是件挺“拧巴”（awkward）的事儿。

## 解读 Development 类真题库

### A 建筑与城市规划

**1** ***An increasing number of people choose to live in big cities. What are the causes of this situation? What problems does it cause?***

越来越多的人选择居住在大城市里。这种状况的原因是什么？它会带来哪些问题？

#### 思路指导

城市化 urbanisation 是全球很多国家都面临的严峻问题。它带来的问题可能有：ⓐ 过于拥挤的城市（overcrowded cities）；ⓑ 城市的犯罪率上升（rising urban crime rates）；ⓒ 城乡收入和基础设施建设的差距加大（widening infrastructure and income gaps between urban areas and rural areas）；ⓓ 农村经济发展缺乏劳动力（labour shortages in the rural economy）等等。

这种现象的产生原因以及本题的具体写法请看今天的第 12 篇范文。

#### 同类型真题

***What are the differences between urban life and rural life?*** 城市与农村生活的区别有哪些？

### 思路指导

本题可以从就业机会（employment opportunities）、公共基础设施（public infrastructure）、购物与休闲选择（shopping and recreational options）、生活节奏（the pace of life）、压力程度（people's stress levels）、邻里关系（neighbour relations）、社区感（sense of community）等方面分析。

**2** ***In many cities, planners tend to put shops, schools, offices, and homes in certain areas. To what extent do you think the advantages of this practice outweigh the disadvantages?***

在很多城市中，规划师倾向于把商店、学校、办公区和住宅区放在特定的区域。多大程度上你认为这种做法利大于弊？

### 思路指导

把城市按照功能来划分区域（这种做法在英文里被称为 functional zoning）的好处有：ⓐ 让城市的布局变得更加清晰易懂（makes the city layout easier to understand, especially for visitors）；ⓑ 让顾客与客户能够更方便地比较商品、服务和价格（makes it more convenient for customers and clients to compare goods, services and prices）；ⓒ 可以优化对同一区域内的基础设施和辅助设施的使用（can optimise the use of the infrastructure and supporting facilities in an area），从而降低它们的运营与维护成本（reduce their operating and maintenance costs）；ⓓ 供应商可以方便地为同一地区的多个客户输送货物或者提供服务（Suppliers can conveniently deliver goods or services to multiple clients in the same area.），从而减少城市里面与货物运输相关的交通和污染（reduce traffic and pollution caused by goods transport）等等。

把很多同类功能的建筑集中到特定区域的做法（the clustering of many buildings of the same function in certain areas）有可能产生的问题则是：ⓘ 可能导致一些区域的交通量很高，造成那些区域中出现频繁的交通堵塞（generate high volumes of traffic in certain areas, which may lead to frequent traffic congestion in those areas）；ⓘⓘ 临近竞争对手有可能导致不良竞争与价格战（The close proximity to competitors may result in unhealthy competition and price wars.），虽然在短期内对消费者有利（can benefit consumers in the short term），但从长期来看对于企业发展和经济增长不利（is counterproductive to business growth and economic development）。

## 同类型真题

(a) ***Small town-centre shops are running out of business because of an increasing number***

***of large out-of-town stores. Without cars, people would find it difficult to access these out-of-town stores. To what extent do the disadvantages of this development outweigh its advantages?*** 由于大型市区外商场的出现，越来越多的小型市中心商店丧失了客源。人们如果没有汽车就很难去这些大型商场购物。这种发展多大程度上弊大于利？

## 思路指导

40分钟的写作时间不容许我们过度纠缠于细节，只要确保扣题、而且做到言之有理就是好文章。按照“裸奔法”顺藤摸瓜，从 **Efficiency**（购物的效率与方便程度），**Space**（购物空间的大小），**Environment**（汽车使用增加带来的环境问题），**Money**（在市中心与市区外经营的成本差异，以及它相应带来的商品价格的差别），**Fun**（购物乐趣的多少）等方面都能获取素材，弹药已经足够。

(b) ***There are an increasing number of cars in cities, which poses serious risks for bike riders and pedestrians. Also, many gardens and parks disappear because of the construction of superhighways. What are the solutions to these problems?*** 城市中有越来越多的汽车，这对于骑自行车者与行人构成严重的风险，而且很多公园与花园也因为修建高速公路而消失。如何解决这些问题？

## 关键词透析

- **biker rider** 在地道英语里的另一种表达是 **cyclist**，在英美媒体中经常会看到关于 car-cyclist crash 的报道。
- **pedestrian** 意为行人，在英美偶尔也能听到有人用 walker 这样的说法，但请切记行人在任何时候都绝不要称为 street walker ☒。
- **superhighway** 是英美对高速公路的称呼之一，但请注意剑桥官方为这个词提供的标准拼写形式中没有任何空格，它在英式英语里的近义词是 **motorway** 。

## 思路指导

汽车保有量的急剧增加（the surge in car ownership）始终是城市化进程（urbanisation）中的难题之一。

目前在英美大城市里对于减少汽车对行人、骑自行车者和公共绿地（public green space / greenbelt）威胁的有效做法是：ⓐ 由城市规划者们（urban planners）把城市划分为居住区（residential areas）、办公商业区（business / commercial districts）和以公园与公共绿地为主的休闲区（recreational zones that mainly consist of parks and public green spaces）；ⓑ 在商业区和休闲区内设立无车的步行区（set up car-free pedestrian zones）；ⓒ 在道路交叉口设立明确的行人过街区域（set up clearly-marked pedestrian crossings at street intersections）；ⓓ 完善公共交通服务（improve the choice of public transport services available to citizens)，特别是地铁系统（the underground railway system），以减少市民对于私家车的依赖（reduce citizens' reliance on private cars）；ⓔ 在城市里对车辆进行严格地限速（strictly enforce vehicle speed limits in urban areas）。从中选择论述即可。

总体来看，对城市进行合理的功能分区（functional zoning），并设立步行区，同时大力发展地下公交系统，是到目前为止减少汽车对行人、骑自行车者和公园绿地所带来的威胁相对有效的方法。

## B 传统和发展之间的关系

3 ***In the past, many people had skills such as making their own clothes and doing repairs to things in the house. In many countries, nowadays, skills like these are disappearing. Why do you think this change is happening? Is this also true in your country?***

过去，许多人拥有诸如自己缝制衣服、自己修理家中物品等技能。但现在，在许多国家里这些技能正在慢慢消失。你认为为什么会发生这样的变化？这种现象在你的国家是否也存在？

这道题特别要注意的是对题目结束处的两个问题都要进行解答，缺一不可。今天的第1篇范文就是因为考生华丽丽地漏掉一问而付出了惨烈的代价。

### 同类型真题

(a) ***Nowadays consumer goods are cheaper to buy. Do you think the advantages of this trend outweigh its disadvantages?*** 在当代，消费品的购买价格更低了。你认为这种趋势是否利大于弊？

#### 思路指导

这种趋势的好处是：ⓐ 给消费者带来了更高的购买力（give consumers more purchasing power），消费者们拥有了更多的购物选择（have more shopping choices），从而有助于提高消费者的生活水平（help to raise their standard of living）；ⓑ 全社会的消费增加也会刺激经济的发展（stimulate economic growth）。

而这种趋势的缺点则是：ⓘ 导致消费主义倾向（lead to the rise of consumerism）。人们很轻易地对自己已经拥有的东西感到不满（become easily dissatisfied with what they have），总是感觉必须再去获得更好的东西（feel compelled to acquire better items）。同时由

于人们可以使用信用卡购物（can buy things with credit cards），很多人不负责任地购买消费品（shop irresponsibly），从而陷入一系列的债务当中（are pulled into a spiral of debt）；ⅱ 从整个社会来看，失控的消费主义倾向与过度借贷有可能会导致债务危机（Rampant consumerism and overborrowing practices may lead to a debt crisis.）；ⅲ 消费者购买的消费品增加也会导致更多的垃圾与环境问题（lead to more waste and environmental problems）。

因此，消费者在享受价格更容易承担的消费品（more affordable consumer goods）的同时，应该努力在收入与开支之间保持合理的平衡（keep a sensible balance between their incomes and spendings），并负责任地处理生活垃圾（dispose of household waste responsibly）。

（b）***Some people think that we live in a consumer society where money and possessions are given too much importance. Others, however, believe that consumer culture plays an important role in improving our lives. Discuss both these views and give your own opinion.*** 有些人认为我们生活在一个消费型社会里，金钱和财产被给予了过多的重要性。另一些人则认为消费型文化在改善我们的生活方面发挥重要的作用。讨论这两种观点并且给出你自己的看法。

## 思路指导

消费型文化可以促进经济的发展（can boost economic growth），可以创造就业（create jobs），也有助于增加国际贸易（helps to increase international trade）。消费者们对于新产品和新服务（new products and services）的需求也会带来更多的科技创新（more technological innovations），让企业能够为消费者们提供更多、更好的购物选择（provide consumers with more and better shopping choices）。这些确实都有助于提高我们的生活水平（improve our standards of living）。

另一方面，有很多人变得过于物质化（become too materialistic），贪婪而且自私（greedy and selfish）。豪车（luxury cars）、名牌服装（designer clothing）、昂贵的手机（expensive mobile phones）等成了身份和地位的象征（have become status symbols）。消费者们也很容易受到广告的影响（are easily influenced by advertisements），或者进行冲动型的购物（often buy things on impulse），不负责任地使用信用卡（use their credit cards irresponsibly），然后才发现自己深陷债务（find themselves heavily in debt）。而且消费型社会要使用更多的自然资源（use more natural resources），也产生更多的工业与生活废料（more industrial and household waste）。

因此，政府和媒体都应该鼓励消费者们更负责任地购物（buy things more responsibly），重新利用或者循环使用废旧的产品（reuse or recycle used products），并努力去帮助那些急需帮助的人们（help people in need）。

（c）***In the past, people repaired broken items and continued to use them. But nowadays people throw away things that are broken. What are the causes of this phenomenon and what are its effects?*** 人们在过去往往将坏掉的东西修补好继续使用。而现在人们在东西坏掉后往往将其扔掉。你认为造成这种现象的原因及影响有哪些？

这个现象产生的原因可以参考第3题的原因，而产生的影响则可以参考同类型真题（a）

里的利弊。

(d) ***The increasing production of consumer goods results in damage to the natural environment. Why is this the case? Suggest some solutions.*** 消费品的生产增加导致对于自然环境的破坏。为什么会如此？提出一些解决办法。

## 思路指导

产生这种现象的原因有：ⓐ 消费品的生产增加会使用更多的自然资源，例如水、能源和原材料等（uses more natural resources such as water, energy and raw materials）；ⓑ 运输更多的消费品需要使用更多的化石燃料，从而导致温室效应气体的排放增加（results in an increase in fossil fuel use, which creates more greenhouse gas emissions）；ⓒ 导致更多的家庭生活垃圾（leads to more household waste）。

相应地，解决办法有：ⅰ 发展加工科技（manufacturing technology），让生产过程中的用水、能耗和对原材料的使用都变得更高效（make the production process more water, energy and material efficient）；ⅱ 发展对燃料的消耗和排放量都更低的货运交通工具，比如混合动力卡车（develop more fuel-efficient and low-emission goods-transport vehicles, such as hybrid trucks※）；ⅲ 鼓励人们再利用或循环使用已经用过的消费品（encourage people to reuse and recycle used consumer items）等。

> **4** ***Some people think that young people should follow the traditional values of their society. Others, however, think that young people should be free to act as individuals. Discuss both these views and give your own opinion.***
>
> 一些人认为青少年应该遵守他们所在社会的传统价值观，而另一些人则认为青少年应该有个人行为的自由。讨论这两种看法并且给出你的观点。

## 关键词透析

◆ 遵守（某种准则），除了 follow 和 obey 之外，还可以考虑使用 **comply with**（侧重于主动地去遵守）和 **conform to**（侧重于被动地遵从）。

【剑桥例句】(i) *There are serious penalties for failure to **comply with** the regulations.*

(ii) *Students were required to **conform to** the rules, and there was no place for originality*（原创性）*.*

◆ 写本题时有可能用到的其他加分单词和词组还有：(1) **have no respect for authority**（authority 在此处是指长辈的权威或者上级的权威）；(2) **moral rules**（道德准则）；(3) **personal values**（个人的价值观）(4) **integrity**（名词，指正直、诚实的品格）；

※注：在英国货运卡车也经常被称作 **lorry**。另外 Pat 在英国时还听到过有的朋友在聊天时把超大型的卡车叫作 juggernaut，但在正式写作里请不要用 juggernaut 指卡车。

（5）**generosity**（名词，慷慨）；（6）**frugality**（名词，节俭）。

【剑桥例句】*Teachers do not possess*（拥有）*absolute authority over their students.*

## 思路指导

青少年遵守传统价值观的好处在于：ⓐ 传统价值观强调纪律、规定和社会秩序的重要性（Traditional values emphasise the importance of discipline，rules and social order.）。遵守传统的价值观念能够帮助青少年避免不服从规定或者扰乱秩序的行为，例如制造噪音和破坏公物等行为（can help them to avoid unruly or disruptive behaviour such as causing noise nuisance and vandalism）；ⓑ 传统的家庭观念重视家庭成员之间的沟通、交流及相互关心、相互支持的家庭关系（Traditional family values stress the importance of communication，interaction and caring and supportive relationships among family members.），能够加深青少年与家人之间的亲情（can help young people to build strong bonds with their family / strengthen young people's connections with their family），增进青少年的心理和情感健康（which improves their psychological health and emotional well-being）；ⓒ 传统的价值观鼓励个人为社区作贡献（encourage individuals to make a contribution to their community），帮助青少年成为积极的、有责任感的社区成员（help young people to become active and responsible members of their community）；ⓓ 遵守传统价值观的青少年通常更尊重他们的长辈与同龄人（tend to have more respect for their elders and peers），有更好的礼仪习惯（have better manners），较少会出现粗鲁或者有进攻性的行为（are less likely to exhibit rude or aggressive behaviour）。而且，他们会更愿意去与他人合作，而不是以个人为中心（are more cooperative and less self-centered）。从这些理由中选择论述即可。

另一方面，青少年的个性（individuality）与个人选择（personal choice）同样应该得到尊重。理由包括：ⓘ 在当代，青少年在学习、事业、娱乐等方面都有非常多样的选择与机会（young people are offered a wide variety of education，career and entertainment options and opportunities）。对于青少年个性和个人选择的尊重能够帮助他们充分地发挥自己的潜力并且实现个人的志向（can help them to reach their full potential and achieve their personal ambitions）。而传统观念则通常要求青少年严格地遵从社会与家庭赋予他们的角色和期望（Traditional values tend to require young people to strictly conform to their social and family roles and expectations.）。这会增加青少年的压力（increase young people's stress levels），甚至有可能会导致他们变得叛逆、喜欢对抗（may even make them rebellious and defiant）；ⓘⓘ 对青少年的个性与个人选择的尊重可以让他们锻炼自己的分析与批判思维能力（allows them to hone their own analytical abilities and critical thinking skills），而且帮助他们为自己所面临的问题找到更具有创造性的解决方案（can help them to develop more creative solutions to their problems），并提升他们的自信与自尊（boost their self-confidence and self-esteem）。相比之下，传统观念则往往要求青少年去遵守既成的惯例和程序（tend to require young people to follow established norms and procedures）。这不仅会减少青少年的创造力、想象力和思维的独立性（not only diminishes young people's creativity，imagination skills and independence of thought），并且会让他们感觉生活枯燥乏味（but also makes them feel that life is dull and monotonous）。

因此，传统价值观能够帮助青少年建立并保持积极的家庭与社会关系（can help young people to develop and maintain positive family and social relationships）。尽管如此，青少年的个性和个人选择同样应该得到重视与尊重（Young people's individuality and personal choice should also be appreciated, valued and respected.）。

## 同类型真题

（a）***The older generations have traditional ideas about the correct ways of life, thinking and behaviour. Some people argue that these ideas are not helpful for the younger generation to prepare for modern life. To what extent do you agree or disagree with this opinion?*** 老一辈的人们对于正确的生活、思维和行为方式持传统的观念。一些人认为这些观念无法帮助更年轻的一代来准备他们未来的生活。你在多大程度上同意或者不同意这种观点？

### 关键词透析

◆ 本题的思路不难想，但是在实际写作时你很可能会需要用到下面这些较为专门的词汇和词组：（1）**moral values**（道德观念）；（2）**standards of behaviour**（行为准则，它的单数形式则是 **a standard of behaviour**。此外，在英美还有很多机构为员工或成员明文规定出更加正式的 code of conduct）；（3）**way of thinking**（思维方式）；（4）**mentality**（名词，某种心态，某人关于某一事物或者话题的具体态度则是 **sb.'s attitude to / towards something**）；（5）**innovation**（名词，创新）；（6）**be indifferent to**（对于某事物漠不关心的，请注意 indifferent 其实不是 different 的反义词）；（7）**a good work ethic**（敬业精神）；（8）**trustworthy**（形容词，值得信赖的）；（9）**virtues**（名词，美德）；（10）**wisdom**（名词，智慧）等；（11）**be adaptable to change**（能够适应变化的，adaptable 的名词形式 **adaptability** 则是指适应能力）；（12）**increasingly diverse**（越来越多样化的）。

【剑桥例句】*He hopes that closer links between Britain and the rest of Europe will change the British **mentality** towards foreigners.*

### 思路指导

本题与上题有相似之处，但在主体段论述时还可以再考虑：老一辈中的很多人（many members of the older generations）对生活方式、社会问题与道德问题持保守的态度（hold conservative views on lifestyle, social issues and morality）。然而在当代，社会与生活方式的变革速度却比历史上任何时期都更快（the pace of social and lifestyle change is faster than it was at any time in history）。因此，对正确的生活、思维与行为方式具有传统观念的年轻人很可能会感觉难以跟上生活方式与社会价值观的变化步伐（are likely to find it difficult to keep pace with the change in lifestyles and social values）并且感到孤立（may feel isolated from their peers）。

因此，老一辈的人们可以利用自己的人生经历去告诉年轻一代们怎样去发展积极的家庭与社会关系（The older generations can draw on their life experiences to advise the younger generation on how to develop positive family and social relationships.）。同时，年轻人应该被鼓励去独立、有创造性地思考，并且对于不同的生活方式、观点和行为持豁达的、宽容的态度（young people should be encouraged to think independently and creatively, and be open-minded and tolerant towards different lifestyles, opinions and behaviour）。

（b）***Individual greed and selfishness has been the basis of modern society. Some people think that we should return to the traditional values of respecting family and the local community in order to create a better world for us to live in. To what extent do you agree or disagree?*** 个人的贪婪与自私是现代社会的基础。一些人认为我们应该回归尊重家庭与当地社区的传统价值观，以创造一个更加美好的世界。在多大程度上你同意或不同意？

## 关键词透析

◆ 本题的思路不难想，但是在实际写作时你会发现下面这些较为专门的词汇和词组很有用：（1）**be motivated by self-interest**（被个人利益所驱动）；（2）**material pursuit**（对物质的追求，相关表达还有 **the pursuit of material wealth** 对于物质财富的追求和 **materialism**，这个词在英美日常生活中不是指唯物主义，而是指对物质、财富等的膜拜态度，是个很常用的词）；（3）**provide an incentive for sb. to do sth.**（incentive 是名词，指能够给人提供动力去做某事的激励物，请注意看例句仔细体会它和 **motivation** 动力的区别）；（4）**unhealthy competition**（不良的竞争，它的反义短语是 **healthy competition** 或者 **constructive competition**）；（5）**counterproductive**（形容词，不利于目标的实现的）；（6）**conflict**（名词，冲突）；（7）**self-centred**（以自我为中心的）；（8）**restore**（及物动词，恢复某事物，比如 restore traditional values）；（9）**common goals**（共同的目标）；（10）**neighbour relations**（邻里关系，相关：**a close-knit community** 成员之间联系非常紧密的社区）；（11）**cohesion**（凝聚力）；（12）**mutual trust**（相互信任）；（13）**achieve work-family balance**（实现工作与家庭之间的平衡）；（14）**strengthen the emotional bonds between family members**（增进亲人们之间的情感联系）；（15）**priorities in life**（人生里要优先完成的任务）。

【剑桥例句】（i）*Bonus*（额外的奖金）*payments* ***provide an incentive for*** *employees to work harder.*

（ii）*In fact, these safety measures* ***can be counterproductive*** *as*（注意 as 在本句里是因为的意思，后面接从句）*they encourage people to drive faster.*

## 思路指导

一方面，回归传统的家庭与社区观念确实能够增进个人的情感健康与良好状态（can improve individuals' emotional health and well-being）：ⓐ 传统的家庭观念强调亲人之间的沟通与交流的重要性（emphasise the importance of communication and interaction among family members），并且鼓励人们去实现工作与家庭生活的平衡（encourage people to achieve work-family balance）。因此，回归传统的家庭观念能够帮助个人加强与亲人们之间的情感纽带（help individuals to strengthen their emotional ties with their family）并从家人那里得到

关爱与支持（receive love，care and support from their family members）；ⓑ 传统的社区观念鼓励人们去发展并保持良好的邻里关系（encourage people to develop and maintain good relationships with their neighbours）并为社区从事义务工作（to volunteer for their community），这不仅可以促进他们所在社区的和谐与发展（which not only helps to promote community harmony and development）而且能够带给个人安定的生活环境和归属感（but also gives individuals a peaceful living environment and a strong sense of belonging）。

另一方面，在自由的市场经济中，人们对于个人利益的追求（people's pursuit of self-interest in a free market economy）是经济与社会发展的重要推动力（is an important driving force of economic and social development）。它让个人变得更加独立（make individuals more independent），激励人们去努力地工作（provides them with the incentive to work hard），给他们动力去提升自己的学术或者工作技能（motivates them to improve their academic or professional skills），并让他们成为高效率、能够做出贡献的社会成员（makes them productive and contributing members of society）。

结论是：人们追求个人物质利益的权利（individuals' right to pursue self-interest）应该受到尊重。同时个人不应该忽视家庭的共同目标和他们对于社区发展的共同责任（should not lose sight of the common goals of their family and the shared commitment to community development）。

（c）***Some people think that nowadays we are more dependent on each other, while others believe that we are more independent. Discuss both these views and give your own opinion.*** 一些人认为在当代我们彼此之间更加相互依赖，而另一些人则认为我们变得更独立了。讨论这两种观点并且给出你自己的看法。

## 关键词透析

◆ 注意：虽然形容词 **dependent** 依赖的和形容词 **independent** 不依赖的、独立的是一对反义词，但它们后面搭配的介词却是不同的。dependent 后面如果接介词的话要用 **dependent on** …，而 independent 后面接介词则是常用 **independent of** …。

## 思路指导

很多考生都觉得这道考题特别抽象。事实上，一个人独立还是不独立本身就是有一定主观性的判断，并没有绝对可量化的标准。而且，在当代社会里每个人的生活都包含着许多不同的方面，在某一个方面独立的人很可能在另一个方面就是不独立的。但 IELTS 写作本来也不要求考生写出“绝对真理”，只要是扣题、充实、言之成理的素材在雅思作文里就是好素材。

从雅思考官所熟悉的英美社会的实际情况来看，您可以从以下这些思路当中选择最适合您自己的 ideas：

论述当代人们变得更独立的理由有：❶ 有更多的人，特别是更多的年轻人，选择到其他地区去学习或者工作，而不与自己的家人住在一起（live away from their family members）。他们独立地生活（live independently），并且在学习与工作中也更多地由自己来做出各种决定。而且还有很多年轻人在上学期间就开始从事兼职工作并取得收入（do part-time jobs and earn money)，他们在经济上也更早地独立于父母（become financially independent of their parents at an earlier age）。由政府发放的养老金（state pensions）则帮助退休后的父母们（retired parents）在经济上也不必依赖于自己的成年子女（their adult children）；❷ 公共医疗体系的改善（the improvements in the public healthcare system），以及电动轮椅（electric wheelchairs）、可遥控的家用电器设备（remote-controlled home appliances）、无障碍设计和通用设计（barrier-free design and universal design）等的流行都让老年人和残疾人（elderly people and people with disabilities）在生活当中获得了远比过去更多的独立性；❸ 伴随着通讯科技的快速发展（the rapid development of telecommunications technology），电子商务（e-commerce）以及在家上班（telecommuting）都变得比过去更加流行，消费者们和员工们也拥有了比过去更多的独立性；❹ 有比过去更多的女性参加工作并且获得经济上的独立（achieve financial independence）；❺ 当代的家长们通常允许孩子拥有更多做决定的自由（give them more freedom to make their own decisions），而且教师们也比过去更加鼓励学生去独立地思考（think independently），探索并独立找到问题的答案（explore and find answers for themselves）等等。

论述人们彼此之间变得更加依赖的理由则可以有：ⓘ 在工作中，员工们往往需要从事比过去更多的团队工作（teamwork），企业的成功也在更大程度上取决于集体协作的努力（The success of a business depends more on collaborative efforts.）。有些产品，例如电子产品（electronic products）和汽车等，甚至是由许多不同国家所生产出的零部件组装起来的（are assembled from parts made in many different countries）；ⓘⓘ 在学校里，学生们被要求从事比过去更多的集体演示（group presentations）和团队研究项目（team research projects）；ⓘⓘⓘ 在休闲方面，更多的人参加篮球、足球等团体运动（team sports）以及需要集体合作的电子游戏（cooperative video games），只有依靠来自于队友们的支持（support from their teammates）才能够取得胜利；ⓘⓥ 纳税人们（taxpayers）共同为政府的税收（the government's tax revenue）做出贡献，从而帮助政府改善公共基础设施和公共服务（help the government to improve public infrastructure and services），并且帮助低收入家庭（low-income families）获得由政府资助的医疗和教育（government-funded health care and education）。此外，需要帮助的人们也可以得到慈善组织和志愿者们（charities and volunteers）的帮助；ⓥ 有很多问题，例如环境问题（environmental problems）和上升的犯罪率（the rising crime rates）等问题，同样也很难仅仅通过个人的努力来解决，而是需要人们共同的努力才能找出真正有效的解决办法。

(d) ***Most countries want to improve the standard of living through economic development. However, some people think that social values are lost as a result. Do you think the advantages of economic development outweigh the disadvantages?*** 大多数国家都想通过经济发展来提高生活水平。但一些人认为社会价值观由此被丧失了。你是否认为经济发展的利大于弊？

> **5** ***A hundred years ago, many people thought that the human race was improving in every area of life. Nowadays people are less certain about this. In what areas has the human race made important progress? In what areas do we still need to make progress?***

一百年以前，当时很多人认为人类正在生活的各个方面进步。当今的人们则不那么肯定了。你觉得人类在哪些方面取得了重要的进步？在哪些方面我们仍需进步？

## 思路指导

其实越是大得恐怖的话题用《十天突破雅思写作》Day 5 里介绍的思路提示线索就越容易解决。比如人类已经取得重要进展的领域有：**Technology**，**Efficiency**，**Space**（space research / space exploration），**Health**（healthcare services），**Fun**（more diverse and exciting entertainment options）。

而人类仍需要改善的方面有：**Soul**（stress and anxiety levels），**Crime**（rising crime rates），**Environment**，**Employment**（high unemployment rates），**Population**（overpopulation and overcrowding），**Money**（the widening income gap between the rich and the poor）等。思路瞬间搞定。

## 同类型真题

***Some people are optimistic about the 21st century and see it as an opportunity to make positive changes to the world. To what extent do you agree or disagree with their view?*** 许多人对21世纪很乐观，并将21世纪视为对世界做出各种积极改变的良好契机。对于他们的这种观点，你在何种程度上同意或者不同意？

**6** ***Many charities and other organisations have set up some special days, such as National Children's Day and National Anti-Smoking Day. What are the purposes of these special days? Are they effective?***

很多慈善组织和其他组织都创立了一些特殊的节日，如全国儿童节和全国反吸烟日等。这些特殊节日的目的是什么？它们有效么？

## 关键词透析

- **charity** 这个单词当表示慈善组织的时候单数形式是 **a charity**，复数形式是 **charities**；而当它表示慈善事业的时候则通常作不可数名词。
- **National Children's Day**，国内通常都说“六·一国际儿童节”，其实在英国、美国和加拿大等国的儿童节全都不在六月一日，所以本题里说 National Children's Day 而不是 International Children's Day 是很准确的。

## 思路指导

慈善机构和其他各类机构创立特殊节日的目的有三点：ⓐ 提高公众对于这些问题的意识（raise public awareness of these issues）；ⓑ 吸引更多人来参加这些组织的活动（increase public participation in their activities）；ⓒ 为他们所努力的事业筹集资金（raise funds for their causes）。

这些特殊节日的有效性（effectiveness）则不能一概而论。例如，儿童节、反对吸烟日、地球关灯一小时（即著名的 Earth Hour）等与公众普遍关注的问题（issues that the majority of people are concerned about）密切相关的活动很容易得到公众的支持。但是像“魔兽世界日”这样并不会给大多数人带来益处的活动却不太容易得到公众的普遍支持（is unlikely to win public support）。

## C 现在与未来之间的关系

7 ***Some people think that for individuals, planning for the future is a waste of time. It is more important for individuals to focus on the present. To what extent do you agree or disagree?***

一些人认为对于个人来说为未来做计划是浪费时间。对个人来说集中于现在更加重要。多大程度上你同意或者不同意？

本题写法请看今天的第 13 篇范文。

### 变形题

***An American actor once said, "Tomorrow is the most important thing in life." Why is it important for individuals and countries to plan for the future rather than focusing on the present?*** 一个美国演员说过：“明天是生命中最重要的。”为什么对于个人和国家来说为将来做计划比聚焦于现在更加重要？

### 思路指导

本题除了在一个主体段里讨论上题里所讨论的充分计划未来对于个人的重要性之外，在另一个主体段里则需要讨论国家在促进当前发展的同时更应该对未来做好计划的必要性：ⓐ 帮助政府在不同的领域，比如科研、医疗、教育、国防等之间进行合理预算分配（help the government to balance its spending in various areas such as scientific research, education, health care, public transport and national defence）；ⓑ 帮助国家实现环境资源的可持续发展（achieve environmental sustainability）。

缺少对于未来的计划的国家很容易施行短视的政策（implement short-sighted policies），从而出现：ⓘ 导致社会不平等和收入差距的加剧（result in an increase in social inequality and income gaps）；ⓘⓘ 引发更频繁的经济衰退（lead to more frequent recessions），威胁政治稳定（threaten political stability），并导致社会动荡（cause social unrest）；ⓘⓘⓘ 对于资源不负责任的消耗（irresponsible consumption of resources）以及 ⓘⓥ 对生态系统的破坏与生物多样性的减少（destruction of the ecosystem and loss of biodiversity）。

## D 少年、青年与老年

**8** ***In many countries, the proportion of old people is increasing. Do you think the positive effects of this trend outweigh its negative influence on society?***

在很多国家，老年人口比例在增加。你是否认为这种趋势对于社会的积极作用大于负面影响？

本题写法请看今天的第10篇范文。

### 同类型真题

(a) ***Surveys show that in many countries, people are living longer. What are the possible effects of the increasing life expectancy on individuals and society as a whole?*** 调查显示在很多国家，人们变得更加长寿。增长的人口平均寿命对个人以及全社会的可能影响有哪些？

(b) ***It is reported that the proportion of old people will be higher than that of younger people in many countries in the future. Some people think that the positive effects of this trend on society will outweigh the negative effects. To what extent do you agree or disagree?*** 在未来，很多国家的老年人比例会比年轻人更高。一些人认为这种趋势对社会的影响会利大于弊。你多大程度上同意或不同意？

(c) ***In some countries, the proportion of people aged 15 or younger is increasing. What effects will this trend have on these countries?*** 在一些国家，15岁或以下的人口比例在增加。这种趋势对于这些国家的影响将是什么？

### 思路指导

低龄人口增加可能带来的问题是社会对：ⓐ 教育，ⓑ 儿童医疗（child health care），以及 ⓒ 儿童福利（child benefit，请注意在这个固定短语里的benefit通常不加-s）等体系（systems）的资金投入必须增加，否则将会导致这些体系能够为儿童提供的服务减少（result in a decline in the services that they can provide to children）。此外，这种趋势还有可能会导致适合工作年龄的人口比例下降（cause a decrease in the proportion of working-age people），引起劳动力短缺（lead to labour shortages），从而阻碍经济发展（hinder economic growth）。

而这种趋势的正面影响是：如果政府能够为儿童提供发展完善（well-developed）的教育、医疗和福利体系，则可以为将来的社会发展准备更多、更有竞争力的劳动力（can prepare a larger, stronger and more competitive workforce for the future）。

**9** ***Some people think that it is the responsibility of individuals to save money for their own care after retirement. To what extent do you agree or disagree?***

一些人认为个人应该对为退休之后的养老而存钱负责。在何种程度上你同意或不同意此看法？

### 思路指导

公民向政府纳税（pay taxes to the government），而且为自己所工作的公司或者机构发展做贡献（contribute to the growth of their companies or organisations）。因此，政府和雇主有责任为退休后的人们提供经济支持（The government and employers have an obligation to provide financial support to retirees.）。

尽管如此，由于：ⓐ 医疗费用的快速上升（the sharp rise in healthcare costs）；ⓑ 人均寿命的持续增长（consistent increase in life expectancy）和 ⓒ 通货膨胀率居高不下（high inflation rates），个人养老所需要的费用越来越高。如果个人养老只由政府、公司和机构负责，将会给它们造成沉重的负担，因而缺乏可持续性（would be unsustainable）。事实上，如果不改变养老的方式，大多数西方国家的政府养老基金（government pension fund）都将在 20 年之内枯竭（would be exhausted within the next 20 years）。

因此，个人同样有责任为退休之后的养老存钱，避免不负责任的消费行为（avoid irresponsible spending），并且积极参加由他们的雇主提供的养老金储蓄计划（actively contribute to their employer-sponsored retirement plans）。只有把为退休之后的需求进行储蓄当成一项重要的任务（make saving for retirement one of their main priorities），人们才能确保退休后的财务稳定（financial security after retirement）。

## 同类型真题

***Many people move to another country or a different region of the same country after retirement. Discuss the advantages and disadvantages of this phenomenon.*** 很多人退休后迁至其它国家或者本国的其它地区。讨论这种现象的好处与坏处。

### 关键词透析

◆ 一些同学写本题时写 move 直到手软，其实 **relocate** 搬迁这个动词用在本文里也很合适。

【剑桥例句】*That is especially true for people who have **relocated** to the UK.*

### 思路指导

在英美，退休老人的迁移（retirement relocation）已经成为重要的社会现象之一。退休老人通常倾向于迁移至气候温暖（places with mild climate）、犯罪率低（regions with low crime rates）、生活节奏较为安逸（can offer a relaxed pace of life）的地区。Pat 自己就认识不少加拿大老人在退休之后迁至美国佛罗里达或者加州。

这种现象的好处在于：ⓐ 对于他们迁移目的地（their relocation destinations）的经济和就业无疑都是一种促进（can stimulate the local economy and create job opportunities），而且 ⓑ 也增进了不同文化之间的交流（promote cultural communication）。

这种搬迁（relocation）的坏处则是：ⅰ 导致在他们过去居住的地区消费需求与就业机会减少（cause a decline in consumer demand and an increase in the unemployment rate），阻碍当地的经济发展（hinder economic growth）；而且 ⅱ 也容易让很多退休老人与自己的子女进一步减少交流（further reduce the communication between many retirees and their children），搬到自己并不熟悉的地方也可能会增加他们的孤立感和脱离社区的感觉（increase their sense of isolation and loss of community）。

10 ***Some people believe that in order to give opportunities to the younger generations, companies should encourage employees who work in high positions to retire at 55. To what extent do you agree or disagree?***

一些人认为公司应该鼓励拥有高级职位的员工在达到55岁时退休为年轻人创造机会。你在多大程度上同意或不同意？

## 思路指导

年轻人作高级职员的优势在于：ⓐ 他们更容易更新自己的知识和技能（It is easier for them to keep their knowledge and skills up to date.）；ⓑ 精力更充沛，工作的效率更高（tend to be more energetic and efficient）；ⓒ 他们通常更善于找到针对企业难题的有创新性的解决方案（tend to be better at finding innovative solutions to difficult business problems）。

尽然如此，55岁以上拥有高级职位的员工仍然具有一些优势，例如：ⅰ 丰富多样的工作经验和对于企业运营的洞察力可以帮助他们避免严重的策略失误（their varied and rich work experience and their insights into business operations can help them to avoid serious strategic mistakes）；ⅱ 他们通常对企业更加忠诚，更可靠（more loyal and reliable）。

因此，企业是否鼓励高级职员在55岁退休应该分析每个人的不同情况来决定，而不应该按照统一的规定来进行（should be decided on a case-by-case basis rather than by the application of a general rule）。

## 同类型真题

(a) ***Nowadays an increasing number of young people hold important positions in the government. Some people think this is a positive development. To what extent do you agree or disagree?*** 在当代，越来越多的青年获得了重要的政府职位。一些人认为这是积极的进展。多大程度上你同意或者不同意？

## 关键词透析

- **本题里有可能会用到三个加分词：naive** 天真的（这个形容词略含贬义，常用来形容缺乏社会经验或者政治经验的人，形容儿童天真可爱的则要用 innocent），**sophisticated** 形容词，老练的和 **conservative** 形容词，保守的 。

### 思路指导

青年从事重要政府工作的优势在于：ⓐ 精力更充沛（more energetic），而且更有工作热情（more enthusiastic about their jobs），因而工作效率也更高（can work more efficiently）；ⓑ 对新思想和看法的态度更开放（more open-minded towards new ideas and opinions），对于进行改革的建议反应通常也更积极（tend to react more positively to reform proposals）。

而青年从政的缺点则在于：ⓘ 缺乏政治经验（lack political experience），难以充分地理解公共政策制定过程的复杂性（are not sophisticated enough to fully understand the intricacies of public policy-making）；ⓘⓘ 通常性格还不够成熟，在出现紧急情况或者危机时难以做出理性的决策（are not mature enough to make rational decisions in times of emergency or crisis）。

因此，公众应该支持青年参加国家的治理（support young people's participation in the governance of the country），但同时应该确保担任政府领导职位的人（people who hold leadership positions in the government）具有广泛的公共政策制定与危机处理的经验（have extensive experience in public policy-making and emergency and crisis management）。

（b）***Over the past fifty years, young people have been gaining the status and power lost by elderly people. What are the causes of this trend? Is it a positive or a negative development?*** 在过去的五十年里，青年人逐渐获得老年人所失去的地位与权力。形成这种趋势的原因是什么？它是积极还是消极的发展？

### 关键词透析

◆ **status** 是地位的意思，在地道英语里有一个词组 **a status symbol**，是指地位的象征。

【剑桥例句】*The association works to promote the status of retired people as useful members of the community.*

### 思路指导

本题是 **Report + Argument** 的题型，因此可以在主体第1段分析现象的原因，在主体第2段比较利弊。

本题的思路可以参考前两道题里已经谈到的青年人与老人在体力、技能、经验、效率、性格、对待创新与变革的态度等等方面的差别。

## E 交 通

*11* ***The speeding up of life in many areas, such as travel and communications, has negative effects on society at all levels — individual, national and global. To what extent do you agree or disagree?***

在很多领域，如旅行和通讯等，生活节奏的加快在社会各层面——个人、国家与全球——均产生负面影响。多大程度上你同意或不同意？

## 关键词透析

- **speeding up** 是加速的意思，近义词是 **acceleration**。
- **communication** 的复数形式是指通讯，也经常写成 **telecommunications**。

【剑桥例句】*We need to encourage cities to develop **communications** networks of their own.*

## 思路指导

生活节奏加速的缺点在于：ⅰ 导致人们的压力与焦虑程度上升（increase people's stress and anxiety levels）；ⅱ 很多人的饮食结构以快餐为主（have a diet high in fast food），这会增加患心脏病、高血压等健康问题的风险（increase the risk of developing health problems such as heart disease and high blood pressure）；ⅲ 亲人、朋友们在一起的时间减少（Families and friends spend less time together.），很多人感到孤单而且孤立（Many people suffer from an increased sense of loneliness and isolation.）。

尽管如此，生活节奏加快：ⓐ 帮助人们更高效率地工作、旅行和交流（help people to work, travel and communicate more efficiently）；ⓑ 可以提高劳动生产率（increase labour force productivity），促进国家的经济发展（help to promote economic growth）；ⓒ 从全球的角度看，对于国际贸易、文化交流和全球旅游业的发展也都有重要的促进作用（is an important contributing factor to the growth of global trade, international communication and world tourism）。

12 ***Cars cause many problems. What are these problems? Should we discourage people from using cars?***

汽车会导致很多问题。这些问题是什么？我们是否应该让人们放弃使用汽车？

## 擦亮眼睛

这道题又是两问，如果在考场中遇到类似题目一定要注意不要因为过于紧张而忽略其中的任何一问。"烤鸭"们的年龄普遍偏低，实战里有些孩子甚至能把大小作文的位置都给写反了，真令人匪夷所思。

## 思路指导

汽车带来的问题有：ⓐ 尾气（exhaust fumes）导致的环境问题；ⓑ 燃料消耗（fuel consumption）；ⓒ 严重的塞车给人民生活与经济发展带来的影响（如果用腻了 traffic jam

不妨改写 traffic congestion）等。

第二问则需要同时考虑汽车给人们带来的方便选择和高效率。结论则是应该积极发展公交（public transport），并且开发更环保、低能耗的车辆（more environmentally-friendly and fuel-efficient vehicles），但同时也应该尊重个人选择使用汽车的权利。

### 同类型真题

***The only way to improve safety on the road is to impose severe punishment on driving offenders. To what extent do you agree or disagree?*** 一些人认为改善道路安全的唯一方法是对肇事司机施加严厉的惩罚。在多大程度上你同意或不同意？

#### 思路指导

给肇事司机严厉的惩罚对于不考虑后果的驾驶行为确实能够产生震慑的作用（has a deterrent effect on reckless driving behaviour），让人们更负责任地开车（make people drive more responsibly），从而减少由汽车所导致的事故（reduce car accidents）。

但这并非改善交通安全的唯一方法，ⓐ 政府还应该对行人和骑自行车的人们制定规则（introduce safety rules for pedestrians and cyclists），避免行人违规穿越马路的行为（jaywalking）和不考虑他人的骑车行为（offensive cycling behaviour）等行为；ⓑ 对交通控制设备进行升级（upgrade traffic control equipment）；以及 ⓒ 通过媒体和社区活动提高人们的交通安全意识（promote traffic safety awareness）等，也都是改善道路安全的有效方法。

## F 饮食、健康和体育运动

13 ***Some people think that sports games are important to society while others think that they should be taken as leisure activities. Discuss both these views and give your own opinion.***

一些人认为体育比赛对于社会很重要，而另一些人则认为体育应该被当成休闲活动来进行。讨论这两种观点并给出你自己的观点。

#### 思路指导

体育比赛的意义在于：ⓐ 发展一种良好的竞争意识（develop a healthy sense of

competition among players)；ⓑ 发展团队合作的技能（develop teamwork skills)；ⓒ 帮助有运动天赋的人充分发挥自己的潜力（help athletically-talented people to achieve their potential)；ⓓ 培养自律意识与责任感（foster self-discipline and a sense of responsibility）等。

作为休闲活动（leisure activities / recreational activities），体育则可以：ⓘ 增进身体健康（improve physical fitness)；ⓘⓘ 帮助人们减轻压力与焦虑（help people to relieve stress and anxiety)；ⓘⓘⓘ 加强运动参与者间的关系（strengthen the relationships between sports participants)。

多数人可以把体育作为休闲活动来参与（participation in recreational sports)。但是，对于确实有运动天赋的人们（athletically talented people）来说，则应该鼓励他们参加竞技体育比赛（competitive sports games)。

## 同类型真题

(a) ***Staying healthy by playing sports and eating well should be an individual's duty to society rather than a habit for personal benefits. To what extent do you agree or disagree?*** 通过体育运动和健康饮食来保持健康应该是个人对于社会的义务而不是为自己获益而保持的习惯。在多大程度上你同意或不同意这种观点？

### 思路指导

ⓐ 拥有健康的劳动力对于一个国家的生产力与竞争力至关重要（A healthy workforce is vital to a country's productivity and competitiveness.)；ⓑ 公民拥有更好的身体健康状况也能够减轻公共医疗体系所承受的压力（An overall improvement in citizens' health can relieve the burden on the public healthcare system.)。因此，个人通过参加体育运动并且遵守健康的饮食习惯来保持身体健康（staying healthy by participating in sports and following a healthy diet）确实应该是个人对社会的责任。

另一方面，个人同样可以从运动和良好的饮食习惯当中获益：ⓘ 体育运动（participation in sports）和营养均衡的饮食（a healthy, well-balanced diet）可以让人精力更充沛、更高效率地工作或者学习（work or study more energetically and efficiently)；ⓘⓘ 可以减少个人在医疗方面的花费（reduce healthcare costs)；ⓘⓘⓘ 经常运动与合理的饮食还可以帮助个人减轻压力与焦虑程度（significantly reduce stress and anxiety levels)。

(b) ***Some people say that the best way to improve public health is by increasing the number of sports facilities. Others, however, say that this would have little effect on public health and that other measures are required. Discuss both these views and give your own opinion.***（《剑9》Test 3 真题）一些人认为改善公共健康的最好方法是增加运动设施。而另一些人则认为这样做对公共健康的影响很小，应该采用其它措施。讨论两种观点并且给出你自己的看法。

## 思路指导

建造更多的运动设施，例如体育场（stadiums），体育馆或健身房（gyms，更正式的写法是 gymnasiums），篮球场（basketball courts），网球场（tennis courts），游泳池（swimming pools）等等，可以为喜欢运动的人们提供更方便地使用运动设施的机会。但是，在英文里含有 the best，the greatest 等形容词最高级的逻辑命题往往存在着逻辑漏洞，因为听起来太绝对了。那么是否可以证明这种看法其实并不完善呢？请看今天的范文 20。

**14** ***Nowadays, an increasing number of sports events are televised live. Do you think the advantages of this trend are greater than the disadvantages?***

在当代，越来越多的体育赛事被电视直播。你是否认为这一趋势的利大于弊？

## 关键词透析

◆ **be televised live** 是指被通过电视直播。

【剑桥例句】*The match will **be televised live** on BBC Scotland.*

◆ 写本题时需要认真区分两个名词：在现场观看体育比赛的观众叫做 **spectators**；而看电视的观众则叫 **TV viewers**，或者统称为 **the TV audience**。

## 思路指导

电视直播体育赛事的好处在于：ⓐ 让全球的大量电视观众都能观看到这些赛事（make these sports events accessible to millions of TV viewers around the world），可以让被直播的体育运动变得更加流行（increase the popularity of the televised sports）；ⓑ 看电视直播可以省钱，电视观众也不需要再花很多时间去其它地区观看这些比赛了，而且摄像设备还可以为观众提供重要动作的慢动作特写回放（the videotape machines can replay important actions from close-up angles in slow motion for the TV audience），让观众看得更清晰；ⓒ 被电视直播的体育赛事可以带来大量的广告收入（generate large amounts of advertising revenue），其中一部分会被体育赛事的组织者们（organisers of these events）所获得，这对于体育运动的长期发展有促进作用。

而观看直播体育赛事的缺点则显然是：ⅰ 不像在现场和成千上万其他观众一起观看体育赛事那么令人兴奋（is not as exciting as watching a sports event with thousands of other spectators in a stadium）；ⅱ 有可能减少被直播的体育赛事的门票收入（may result in lower ticket sales for the televised sports events）。

因此，电视台在对体育赛事进行直播的同时，应该保证体育赛事的组织者们从直播的广告收入里获得足够的收益，只有这样才能确保我们今后能够看到更多精彩的体育赛事。

**15** ***In many countries, traditional foods are being replaced by international fast foods. This is having a negative effect on both families and society. To what extent do you agree or disagree?***

在许多国家，传统食品正在被国际化快餐所替代。这对家庭和社会都造成了不良的影响。对此，你在何种程度上同意或不同意这种观点？

### 思路指导

吃快餐帮助人们省去了在厨房里做饭所花费的大量时间（do not have to spend a large amount of time in the kitchen preparing and cooking meals），可以提高人们工作和学习的效率。

尽管如此，ⓐ 由于快餐变得流行，在很多家庭里家庭成员们一起进餐的机会减少（family members are less likely to have meals together），有可能导致家庭成员间的情感联系减少（may weaken family bonds）；ⓑ 快餐往往会牺牲掉（compromise / sacrifice）食品的营养价值（the nutritional value of food），导致不均衡的饮食结构（an unbalanced diet）。经常吃快餐还会增加患肥胖症和心血管疾病的风险（increase the risk of obesity and cardiovascular disease）。因此，从整个社会来看，快餐的流行有可能增加医疗系统的压力并且降低劳动生产率（increase the burden on the healthcare system and reduce workplace productivity）；ⓒ 在一些国家，国际快餐的日益流行有可能导致传统食品工业的衰落（In some countries, the increasing popularity of fast foods may lead to a decline of the traditional food industry. 注意：在地道英文里当指很多不同种类的食物时 food 可以使用复数形式）。

## 同类型真题

***Scientists find that nowadays people eat too much junk food. Some people think that the solution to this problem is to educate people to eat less junk food, while others think that education will not work. Discuss both these views and give your own opinion.*** 科学家们发现在当代人们吃过量的垃圾食品。一些人认为这个问题的解决办法是教育人们少吃垃圾食品。而另一些人则认为教育不会有作用。讨论这两种观点并且给出你自己的看法。

### 思路指导

垃圾食品里脂肪、糖和钠的含量很高，而蛋白质、纤维与维生素却很少（high in fat,

sugar and sodium but low in protein, fiber and vitamins)。有很多方式可以对人们进行关于垃圾食品危害的健康教育(educate people about the negative health effects of junk food)。通过:ⓐ 媒体,比如介绍健康知识的电视节目(health programmes on TV)和主要介绍健康信息的网站与杂志(health-oriented websites and magazines);ⓑ 学校里的健康课(health class);以及 ⓒ 由公立医院和社区中心组织的促进健康意识的活动(health promotion activities provided by public hospitals and community centers),都可以让公众更了解与垃圾食品密切相关的肥胖症、心脏病、高血压、糖尿病等健康问题(junk food related health problems such as obesity, heart disease, high blood pressure and diabetes),并且为公众推荐广泛的健康食物选择(recommend a wide range of healthy food choices),从而帮助人们形成健康的饮食习惯(help people to adopt healthy diets)。

另一方面,有些人,特别是一些儿童,即使接受了关于垃圾食品危害的教育,但是由于缺乏自制力,仍然很难做到不去吃有害的垃圾食品(lack self-discipline to refrain from unhealthy junk food)。而且现在儿童们能够接触到更多的垃圾食品广告(children's exposure to junk food advertising has been increasing),这同样容易导致关于垃圾食品危害的教育缺乏效果。

因此,在为公众提供关于垃圾食品可能带来的健康风险(health risks of eating junk food)教育的同时,政府应该为快餐食品设立更高的食品营养标准(set and enforce higher nutrition standards for fast food items),以减少汉堡(hamburger)、热狗(hot dog)、甜甜圈(doughnut)等垃圾食品对消费者健康的损害,并且限制电视上的垃圾食品广告数量,并立法要求垃圾食品在外包装上面写明健康风险(make laws to require that fast foods display health-risk warnings on their packaging)。

**16** ***In some countries the average weight of people is increasing and their levels of health and fitness are decreasing. What do you think are the causes of these problems and what measures should be taken to solve them?***

在一些国家,人们的平均体重上升而健康水平下降。你认为这些问题的原因是什么?可以采取哪些措施来解决?

## 关键词透析

- 相当多的同学误以为 **fitness** 是"苗条",但其实剑桥官方对于这个词的定义是 the condition of being physically strong and healthy,即身体结实、健康的良好状态,与体型并没有必然的关系。
- 写好本题您很可能会需要下面的 6 个表达:**overweight**(形容词,一定要注意它与

outweigh 的拼写差别），**obese**（也是形容词，但肥胖程度比 overweight 更加严重）和 **obesity**（名词，它不仅指肥胖，而且会让人联想到与肥胖有关的各种病症），**diet**（名词，饮食结构），**high-calorie**（形容词，高热量的），以及 **a sedentary lifestyle**（词组，缺乏运动的生活方式）。

【剑桥例句】*A healthy, balanced **diet** includes fresh vegetables.*

## 思路指导

本题的素材不算难想，但用“裸奔法”可以让素材更为充实。比如肥胖人数上升的原因就可以从 **Technology**（尤其是 office and factory automation 办公室与厂房中的自动化），**Time**（公众的 leisure time 休闲时间的增加），**Health**（lack of health consciousness 健康意识的缺乏与 addiction to junk food 依赖垃圾食品等），**Money & Fun**（人们用于饮食的消费增加，但却缺乏运动，看电视的时间过长 excessive TV viewing，而且对汽车的依赖也越来越严重 increasing reliance on cars）等多方面去选择讨论。

相应的解决办法可以有：ⓐ 通过媒体、学校、社区活动等鼓励大家少吃多运动（encourage the public to exercise regularly and avoid high-calorie diets）；ⓑ 鼓励人们更多地步行或骑车（encourage people to walk and cycle more often），减少公众对于汽车的依赖（reduce the public's reliance on cars）等。

**17** ***Some people think that the government should ban dangerous sports. Others, however, believe that citizens should be given the freedom to choose their sporting activities. Discuss both these views and give your own opinion.***

一些人认为政府应该禁止危险运动，而另一些人则认为公民应有选择其体育活动的自由。讨论这两种看法并给出你自己的观点。

## 关键词透析

- 目前在英美最常见的 **dangerous sports** 有攀岩（**rock climbing**），登山（**mountain climbing / mountaineering**），漂流（**white water rafting**，在英美生活里有时被简称为 **rafting**），蹦极（**bungee jumping**），滑翔翼（**hang gliding**），水肺潜水（**scuba diving**）等。如果“危险程度”降低一些的话则还有滑板（**skateboarding**），山地自行车（**mountain biking**）和冲浪（**surfing**）等运动。
- 写本题时您很可能还会用到 **engage in / participate in** 参与（某项活动）这两个挺拿分的动词短语以及 **adventurous** 爱冒险的这个形容词。

## 思路指导

当考题的观点中出现了 **ban**（完全禁止）这个词，那么就可能存在着逻辑漏洞，因为它很可能过于绝对了。

不可否认，危险运动确实有高风险（Dangerous sports involve high risks.）。例如：攀岩容易导致肩肘受伤（shoulder and elbow injuries），骑山地自行车可能伤及头和膝盖（head and knees），玩滑板有可能 hurt the skateboarder's legs，登山时有可能出现急性高原病（acute mountain sickness），甚至遭遇雪崩（Even though avalanches are rare, mountain climbers should be well aware of such hazards.），而水肺潜水如果对设备操作不当（improper use of scuba equipment）则有可能发生溺水（drowning）等危险。

但问题在于，如果只是简单地"绊掉"（ban）这些 dangerous sports，那么对于喜欢极限挑战（extreme challenges）的人们来说，将会彻底失去享受危险运动所带来的高度兴奋感与心理满足感的机会（the heightened excitement and the overwhelming sense of satisfaction that they cannot find in safe activities or sports）。而且，所谓的"安全运动"事实上同样是有风险的（also carry risks）。例如，Pat 在北美就经常看到骑自行车锻炼的人被汽车撞伤的报道（news reports about crashes between fitness cyclists and cars），Yao 也正是因为脚部与踝部的多处伤痛（foot and ankle injuries）才退役（retired）的，而林书豪（Jeremy Lin）则曾经由于左膝受伤而接受手术（had surgery on his left knee）。

因此，人们应该被允许参加危险运动。同时，危险运动的参与者们应该被充分地告知危险运动有可能带来的风险程度（the participants in dangerous sports should be well informed about the levels of risk involved in them），并采取相关的预防措施（Proper safety precautions should be taken by people who engage in dangerous sporting activities.），而且购买运动伤害保险（sports injury insurance）。只有这样，才能确保他们更负责任地参与危险运动（participate in dangerous sporting activities more responsibly）。

## G 工作与就业

**18** ***People have different expectations for job. Some people prefer to do the same job for the same company while some other people prefer to change their jobs frequently. Discuss both these views and give your own opinion.***

人们对工作的期望不同。一些人喜欢在同一家公司做相同的工作，而另一些人喜欢频繁地换工作。讨论这两种看法并且给出你自己的观点。

本文的具体写法请看《十天突破雅思写作》Day 8。

## 变形题和同类型真题

(a) ***Some people think that job satisfaction is more important than job security. Others believe that it is more important to have a permanent job. Discuss both these views and give your own opinion.*** 一些人认为工作满意度比工作稳定性更重要。而另一些人则认为拥有稳定的工作更重要。讨论两种看法并且给出你自己的观点。

### 思路指导

与爱储蓄的中国人民不同，Pat 身边的很多老美朋友都是 surviving from pay cheque to pay cheque（也就是中文里说的“月光族”甚至更超前的“下月光族”和“下下月光族”）。一旦失业，生活对他们来说简直就是 the end of the world。在全球经济低迷的年代里，保住饭碗无疑是员工们的首要任务（The stagnant economy and high unemployment rate have put job security at the top of most employees' priority list.）。

但另一方面，如果一份工作并不提供令人满意的薪水（an under-paid job），工作时间还超长（the employee is required to work overtime on a regular basis），没有提升机会（a job with little or no promotion opportunity），而且一不小心还会成为“办公室政治”的牺牲品（fall victim to office politics），难以给员工带来最基本的工作满意度（The employees are offered minimal job satisfaction for their efforts.），员工也感到自己难以发挥潜力（are unlikely to achieve their potential），这样的工作不干也罢。

(b) ***The world of work is changing rapidly. People today cannot rely on a job for life. What are the causes of this? Give your suggestions on how people should prepare for jobs in the future.*** 职场在不断地变化。现在人们不能再终生只依靠一份工作。这种趋势的原因是什么？请对人们应该如何准备未来的工作提出你的建议。

### 关键词透析

- **a job for life** 是地道英文里的固定短语，指过去在职场变化较慢的年代里人们终生从事的一份工作

### 思路指导

这种趋势的原因包括：ⓐ 科技的发展导致很多工作所需要的技能快速地变化（The skills that many jobs require change rapidly with the development of technology.）；ⓑ 频繁的经济波动使得就业的稳定性下降（Frequent fluctuations in the economy has caused job security to decline.）；ⓒ 职场压力增加也可能导致人们更换工作或者就业行业（High levels of job-related stress may also cause people to make job or career changes.）。

相应地，员工们应该：ⅰ 通过继续学习不断地升级自己的工作技能和专业知识（regularly upgrade their technical skills and increase their professional knowledge through continuous learning）；ⅱ 企业应该努力为员工提供有竞争力的薪水与明确的事业发展方向，

以提高员工的工作满意度（improve employees' job satisfaction by providing them with competitive salaries and well-defined career paths）。

（c）***Some people think that it is better to be self-employed. Others, however, think that it is better to work for a company or institution. Discuss both these views and give your opinion.*** 一些人认为自雇更好，而另一些人则认为为公司或者机构工作更好。讨论两种看法并且给出你自己的观点。

## 关键词透析

◆ 本题里的 **institution** 是指机构，例如 **an educational institution**，**a scientific research institution** 等。

## 思路指导

这个话题目前在英美是大家讨论得超多的话题。自雇（being self-employed）的好处有：ⓐ 比在公司或者机构工作享有更大的自由度、灵活性和独立性（offers greater freedom, flexibility and independence than working for a company or an institution）。自雇人士可以选择自己真正感兴趣的事业发展道路（Self-employed people can pursue the career path that really interests them），并决定自己的工作时间安排（can set their own schedule）；ⓑ 自雇人士通常能够节省交通费用和上下班所花的时间（save on transport costs and commuting time）；ⓒ 更容易保持工作和家庭间的平衡（It is easier for self-employered people to maintain a work-life balance.）

而在公司或者机构工作的好处则是：ⅰ 涉及的风险较小（involves less risk），而且员工有定期的收入（have a regular income）；ⅱ 能提供界定清晰的事业发展道路（can provide a clearly defined career path）；ⅲ 很多公司或者机构的员工能够享受带薪休假，可以请病假（are entitled to paid holiday and sick leave※）等。

（d）***Some people think that personal happiness is directly related to economic success. Others, however, think that personal happiness depends on other factors. Discuss both these views and give your own opinion.*** 一些人认为个人幸福与经济成功直接相关，而其他人则认为个人幸福取决于其它因素。请讨论双方的观点并给出你自己的看法。

## 关键词透析

◆ 本题里的 **economic success** 通常是指一个国家或地区的经济成功，但从本题的上下文不难

※注：**paid holiday** 是英国公司里的常用说法，而在美国和加拿大公司里带薪休假则常被称为 **paid vacation**。同时国内同学们还请注意：在英美公司里指员工福利最常用的词并不是 welfare，而是 **benefits**，对于公司员工福利待遇的统称则是 **benefits package**。

看出，它在这里是指 **personal economic success** 个人经济成功。事实上，GRE 的 Issue 题库里就曾经专门有一道题是讨论实现 **personal economic success** 所需要的条件的。

## 思路指导

economic success 可以带给个人更高的购买力（give a person more purchasing power），并且为个人提供更多的选择（leads to more options in life）。实现 economic success 成功的人可以买到自己喜欢的物品，并且在教育、医疗、旅行等方面获得更高质量的服务，而且多数获得经济成功的人也拥有较高的社会地位（tend to have a high social status）。

但是，个人幸福并不仅仅取决于财富（wealth），很多人富有但是并不快乐。影响个人幸福的其它重要因素还有：ⓐ 是否有明确的人生目标并为之积极地努力（have clear goals in sight and work hard towards them）；ⓑ 身体健康（good health）；ⓒ 是否能保持与家人、邻居、朋友、同事的良好关系（maintain positive relationships with family members, neighbours, friends and coworkers）；ⓓ 是否能够将自己的压力和焦虑情绪保持在可控的范围内（whether his or her stress and anxiety can be kept at manageable levels）等等重要因素。如果缺少这些因素，那么由经济成功所带来的幸福将是短暂的（happiness achieved through economic success would be transient and short-lived）。

**19** ***Some people prefer to have temporary jobs. They only work for a few months in a year and use the rest of time to do what they want to do. To what extent do you think the advantages of doing this outweigh the disadvantages?***

有些人更愿意做一些临时的工作。他们每年只工作几个月，用剩下的时间做他们想做的事情。在何种程度上你认为这种做法是利大于弊的？

## 思路指导

作临时工的好处是：ⓐ 工作安排更加灵活（a more flexible work schedule），有更多可供自己支配的自由时间（more free time at their disposal），可以去从事个人喜欢或努力实现的事情（have more time for their personal interests and commitments）；ⓑ 有更多的工作选择（have more job options）；ⓒ 能够亲身体验多种不同的工作环境（can gain first-hand experience of a wide variety of working environments），并且有机会去发展广泛的工作技能（have opportunities to develop a wide range of job skills）。

缺点则是：ⓘ 临时工的工资通常要比相同职位的固定员工的工资低（Temporary employees tend to be paid lower wages than permanent employees in the same positions.），而且临时工一般不能享受企业养老保险或带薪休假（Temporary employees are normally not eligible for company retirement plans or paid vacations.）；ⓘⓘ 临时工获得升职的机会很小（have little chance of promotion）；ⓘⓘⓘ 很容易缺乏工作稳定感和财务稳定感（are likely to lack a sense of job security and financial stability)；iv 多数从事临时工作的员工缺乏明确的事业发展方向（Most temporary employees do not have clear career paths ahead of them.）；v 通常也缺少与同事的密切联系（tend to lack a strong connection with their co-workers）等等，从中选择论述即可。

因此，选择不让自己长期固定于工作岗位的人们（people who choose not to commit themselves to long-term employment）通常难以获得很高的工作满意度（are unlikely to achieve a high level of job satisfaction）。但另一方面，他们能够获得更加多样的人生与工作体验（have a wide variety of life and work experience）。

20 ***After leaving school or university, young people should choose a job that they love, rather than one that pays a high salary. To what extent do you agree or disagree?***

离开学校或大学之后，年轻人应该选择他们自己热爱的工作，而不是薪酬高的工作。你多大程度上同意或者不同意？

## 思路指导

这个话题并没有绝对“正确”的答案，只要能充分地写出自己的理由即可。

选择自己热爱的工作的好处是：a 年轻人会对工作更有热情（are more enthusiastic about their jobs），也往往会对发展自己的事业更加投入（tend to be more dedicated to building their careers）。b 选择自己热爱的工作的年轻人更容易实现较高的工作满意度（are more likely to achieve job satisfaction），而且当工作做得好时也能够获得更大的成就感（feel a greater sense of fulfilment when they manage to do it successfully）。

但另一方面，工作之后年轻人会有更多的责任，例如：i 需要钱去支付住房、水电气等的账单、食品、服装等生活基本需求的费用（need money to pay for their basic necessities, such as accommodation, utility bills, food and new clothing），而且 ii 还会有娱乐方面的开支（entertainment costs），iii 如果有了孩子，支付孩子的生活和教育费用同样也要依靠他们的薪金（depend on the wages that they earn）。

因此，在选择工作时（when making job choices），年轻人应该主要考虑一份工作是否适合自己的兴趣与才能（place more importance on whether the job suits their interests and talents），但同时也应该考虑一份工作所能提供的薪酬（consider the salary that a job offers）。

## 同类型真题

***Some people think that young people should be free to choose their jobs, while others think that young people should be more practical about their future. Discuss both these views and give your own opinion.*** 一些人认为年轻人应该自由地选择工作，而另一些人

则认为他们应该对未来更加现实。讨论两种观点并且给出你自己的看法。

### 思路指导

请注意这道考题所涉及的话题比上一题更宽，因此在讨论年轻人是否应该更现实的一段里除了讨论薪酬因素之外，还应该加上：ⓐ 一份工作是否可以为年轻人提供清晰的事业发展方向（offer a well-defined career path）和充分的事业发展空间（provide ample room for career growth），例如升职机会（opportunities for promotion），以及 ⓑ 一份工作是否会有助于让他们很好地保持事业与生活之间的合理平衡（help them to achieve a good work-life balance）。

**21** ***Employees' social skills are often required by employers in addition to good qualifications. Do you think that social skills are as important as good qualifications?***

雇主在要求员工具有良好职业资格的同时经常也要求员工具有社会技能。你是否认为社会技能与良好的职业资格同等重要？

### 思路指导

一方面，拥有良好职业资格（在英美招聘时最常见的是 educational qualifications 与 work experience）的员工更有可能具备完成工作所需要的专业知识与技能（are more likely to possess the specialised knowledge and technical skills needed to perform the job）。

另一方面，社会技能，例如沟通能力（communication skills），active listening skills（积极听取他人意见的能力），presentation skills（介绍项目或任务进展的能力），协调冲突的能力（conflict resolution skills），领导才能（leadership skills）等等，则可以让员工：ⓐ 有效地与同事进行沟通（communicate effectively with their coworkers）；ⓑ 在必要时能够进行妥协（make compromises when necessary）；ⓒ 与团队的其他成员协调努力（coordinate efforts with other members of the team）。

因此，员工的社会技能对于企业成功同样至关重要（Employees' social skills are also crucial to the success of a business.）。它可以让员工与其他员工合作去建立团队的共同目标，并且共同努力去实现这些目标（these skills enable employees to collaborate to establish team goals and work together to achieve them）。

**22** ***Some countries have introduced laws to limit the working hours of employees. Why do you think such laws have been introduced? Is this a positive or a negative change?***

一些国家已通过立法来限制员工们的工作时间。你认为为什么会有这样的立法？这是一个积极还是一个消极的变化？

## 关键词透析

◆ 请注意 **introduce** 在本题中并不是介绍区，而是 **put sth. into use** 引入的意思，类似搭配还有 **introduce changes to** … / **introduce reforms**（改革）**to** … / **introduce a new system to** …等。

◆ 立法反对某事物除了 make a law（or make laws）against sth. 之外，在正式的英式写作中还经常可以用 **legislate against sth.** 来替换。它的名词形式 **legislation** 在英式写作中同样很常见，但要注意这个单词只能用作不可数名词。

【剑桥例句】（i）*They have promised to* ***legislate against*** *cigarette advertising.*

（ii）*70% of citizens support* ***legislation*** *that includes improved fuel-economy rules.*

◆ 法律明确规定…… 除了可以写成 **The law makes it clear that** … 之外，在英式写作里还经常会使用 **The law stipulates that** …（后面接宾语从句）来表达。如果要表示法律应该明确规定……，则是 **The law should stipulate that**…：

【剑桥例句】***The law should stipulate that*** *new cars must have seat belts for the driver and every passenger.*

◆ 本题写作中还可能用到（1）**labour relations**（劳资关系，即管理者与员工之间的关系），（2）**exhausted**（筋疲力尽的），（3）**work-induced fatigue**（由于工作而导致的严重疲劳状态），（4）**exceed**（及物动词，超出），（5）**excessive**（形容词，过多的），（6）**positive/negative outcomes**（这个词在本文里用来替换 results 不错）等加分表达。

【剑桥例句】*It will prevent employees from working* ***excessive*** *hours.*

## 擦亮眼睛

◆ 本题是 **Report + Argument** 的题型，因此不妨写两个主体段。在主体段 1 中写引入这种法律的原因，在主体段 2 里讨论这种法律的利弊。

## 思路指导

本题思路可以用“裸奔法”很快解决。

立法限制员工工作时间的原因：**Time**（工作时间过长的员工没有足够的时间与家人在一起，很容易导致家庭生活被破坏 is likely to damage family life）；**Health**（长时间工作对于员工的身体与心理健康产生负面影响 Long working hours have negative effects on employees' health, both physically and psychologically. 甚至导致工作当中的事故发生率上升 increase the rate of workplace accidents）；**Rights & Fun**（雇主应该尊重员工获得休息和在业余时间享受娱乐的权利）等等。

此类法律的利弊则有：

好处：**Health**，**Fun**（员工有更多的时间去休闲、娱乐和旅游 Employees are left with more time for recreation，entertainment and travel. 而且这也能够帮助员工减轻与工作相关的压力和焦虑情绪 help them to relieve work-related stress and anxiety，并实现工作与家庭生活之间的平衡 achieve work-family balance），**Efficiency**（员工获得更多的休息时间可以提高他们在工作时的效率），**Employment**（减少现有员工的工作时间还可以为没有工作的人增加就业机会 increase employment opportunities for the unemployed）等等。

弊端：**Money**（对于 hourly employees / employees who are paid on an hourly basis，即按工作的实际小时数来获得薪酬的员工来说，限制工作时间也就限制了他们能够获得的收入 limit their earnings）。

因此，此类法律应该明确规定雇主不能强迫员工加班（should stipulate that employers cannot force their employees to work overtime），而且员工有拒绝加班的权利（employees have the right to refuse to work overtime）。但同时法律应该规定如果加班确实是出于员工自愿的（if overtime work is done on a voluntary basis），那么员工应按更高的单位时间薪酬率获得加班报酬（be paid at a higher rate for the overtime hours）。

## 同类型真题

（a）***Many people fail to achieve a balance between work and other parts of life. What are the causes of the situation? How can this problem be solved?*** 很多人无法在工作与生活的其它方面实现平衡。这种状况的原因是什么？这个问题怎样解决？

### 思路指导

人们难以在工作与生活的其它方面找到平衡的原因有：ⓐ 经常加班或者把工作任务带回家完成（often need to work overtime or take their projects home），没有足够的时间与亲友在一起（do not have enough time to spend with their family or friends）；ⓑ 工作压力增大（Many employees experience higher levels of job-related stress.），下班后感到非常疲惫（feel exhausted after work），没有精力去做其它的事情（have little energy left for personal interests or activities）；ⓒ 生活费用持续上涨（the cost of living has been rising）而工作的稳定性却在下降（job security has declined），人们只能通过更努力地工作去保住工作（have to work harder to keep their jobs）。

解决方法是雇主应该努力提高员工的工作满意度（promote employees' job satisfaction），减少员工的规定工作时间（reduce the required weekly working hours），并且允许他们有更灵活的时间安排（give employees more flexibility in their schedules）。工作与生活之间的平衡可以带来更高的员工忠诚度和更高的生产率（Better work-life balance can lead to improvements in employee health，more employee loyalty and greater productivity.）。

（b）***Many people are busy with work and do not have enough time to spend with families and friends. Why does this happen? What are the effects of this on life and society as a whole?*** 很多人忙于工作，没有足够的时间和家人与朋友在一起。这种情况为什么会发生？这对于生活和社会整体会有哪些影响？

### 思路指导

这种现象的产生原因可以参考上题，而它对于人们的生活和社会整体的影响则有：ⅰ 破坏他们／她们的身体和情感健康（cause damage to their physical and emotional health）；ⅱ 导致亲情和友情淡化（weaken the family bonds and the ties of friendship）；ⅲ 导致离婚率上升（cause the divorce rate to rise）；ⅳ 导致青少年反社会行为发生率与青少年犯罪率增加（leads to higher rates of youth anti-social behaviour and juvenile delinquency）等。

（c）***The most important thing in a person's life is his or her work. Without a satisfying career, life is meaningless. To what extent do you agree or disagree?*** 一个人的人生中最重要的就是工作。如果没有令人满意的事业，人生就是没有意义的。多大程度上你同意或者不同意？

### 思路指导

看到 **the most important** 这样绝对的说法，我们就立刻知道可以挑它的逻辑漏洞了。

成功的事业对于个人幸福确实具有重要的意义（is an important contributor to personal happiness）。ⓐ 努力工作能够给人们一种目的感和使命感（provides us with a sense of purpose and commitment）；ⓑ 工作中的进步会给我们成就感和满足感（gives us a strong sense of fulfilment and satisfaction），并且增加我们的自信与自尊（increase our self-confidence and self-esteem）；ⓒ 工作还能带给我们挑战（also presents us with challenges），从而帮助我们去充分地发挥自己的潜能（helps us to achieve our full potential）；而且 ⓓ 成功的事业也能帮助人们获得更多的收入（earn higher incomes），给人们带来财务上的稳定与安全（financial stability and security）。

然而，更重要的是努力去实现在工作和生活之间的良好平衡（achieve a good balance between work and life）。本段理由请参考上几道题里面的 ideas。

## 23 *In some countries, it is now illegal for employers to reject an applicant because of his or her age. Is this a positive or negative development?*

在一些国家，雇主仅仅因为一个申请者的年龄去拒绝录取他/她是违法的。这是积极还是消极的发展？

## 关键词透析

◆ **applicant**是指申请人。例如，不管你考雅思是为了申请大学还是申请移民，都是 an applicant。

◆ 在英美，禁止雇主由于年龄而歧视职位申请者或员工的法律被称为 **age discrimination law**或者更正式的 **age discrimination legislation**。在本题里为了避免一再地重复使用 illegal，也可以换用近义词 **unlawful**。

◆ 仅仅由于年龄而去歧视一个人的心态或者做法在英语里被称为 **ageism** 或者 **age discrimination**。关于各年龄段的思维定势被称为 **age stereotypes**，而关于年龄的偏见则是 **age bias**。

## 擦亮眼睛

在英美，这类立法主要是为了保护40岁以上的求职者（job applicants who are 40 years of age or older）的权利。但具体从本题内容来看，为了确保扣题，应该避免只针对中老年求职者进行讨论，而应该对禁止招聘过程中的年龄歧视现象进行更广泛的讨论。

## 思路指导

禁止雇主仅仅因为申请人的年龄而拒绝求职申请的好处在于：ⓐ可以防止由于年龄原因而对申请者进行的歧视（prevent discrimination against an applicant on the basis of age），确保所有符合要求的求职申请者的机会平等（ensure equal opportunities for all qualified job applicants）；ⓑ可以帮助雇主避免因为对年龄存在偏见而错过合格的申请人（help employers to avoid overlooking qualified applicants due to age bias）；ⓒ促进企业职工的年龄多样化（promotes age diversity in the workplace），从而丰富企业文化（can enrich corporate culture）。

这类法律的缺点则是：ⅰ一些企业可能会被未获得面试资格的求职者错误地甚至虚假地指控为年龄歧视（Some businesses may be wrongly or falsely accused of age discrimination by job applicants who are not selected for a job interview.），给企业带来很高的法律费用（legal costs，这种现象在英美其实并不罕见，尤其是在失业率高的年代里）；ⅱ不同年龄段之间的员工通常沟通更少（There tends to be less communication between employees of different age groups.）。

总体来看，这是一种积极的进展。企业应该关注申请者的教育背景、工作经验和所取得的成就（educational background, work experience and achievements），而不应该只因为申请者的年龄就拒绝他/她的申请。

# Development 类各分数段范文剖析

## 发展类范文一 审题不清的后果到底会有多严重：DIY 为什么不像过去那么流行

***In the past, many people had skills such as making their own clothes and doing repairs to things in the house. In many countries, nowadays, skills like these are disappearing. Why do you think this change is happening? Is this also true in your country?***

在过去，许多人都拥有诸如自己缝制衣服、自己修理家中物品的技能。但现在在许多国家里，这些技能正在慢慢消失。你觉得为什么会发生这样的变化呢？这种现象在你的国家是否也存在？

**【解题】**

本题要求考生分析此现象发生的原因，并且说明在自己的国家这个现象是否也存在。

这种技能逐渐消失的原因包括：ⓐ 科技进步（没必要再 DIY 了）；ⓑ 工作学习紧张导致业余时间减少（没时间再 DIY 了）；ⓒ 工作、学习或者娱乐得太累（没精力再 DIY 了）；ⓓ 收入增加，购买力上升（没动力再 DIY 了）；ⓔ 学校里不再教这类技能（没本事再 DIY 了）等等。

请您仔细看一下这篇被剑桥考官评为 6 分的作文。

### ▶ 6 分作文

In the past, people used to make clothes and doing repairs on things in the house more than nowadays. This is caused by the aspects like the quantity of other activities **available**, the differences in jobs and in lifestyle.

> used to 表示“过去经常怎样做”，是个不错的短语，但to后面的make与and后面的doing形式“不平行”，doing应改为do

When in the past days people finished their workday, it was still early and they had not too many other activities to do, so they spended (拼写错误，spend 的过去式是 spent) their free time doing some of the repairs while most of the women used to make clothes.

> 把people和women对比是错误的，因为women也是people的一部分，只有men才能和women对比，这也是国内同学们常犯的错误

Nowadays, the number of women that work

is bigger, the workday is longer and more stressing（英文里并不存在这个形容词，是“烤鸭”们常见的考场造词行为，应该改为 stressful） for everybody, so the people are **getting used to** live as fast as possible.

请注意get used to与used to不同，前者的后面跟动名词而后者的后面跟动词原形

Another element that is pushing this situation is that as the people are having less and less time for a hobby, any hobby will require more time. Because everything that people want to try to repair is **more technical and complicated,** to do some repairs people almost have to be **qualified technician**（这里丢失了复数 s）.

On top of all that, the tradition is being lost because people learn the tradition when they are young and from their parents, but nowadays the young people have too many distractions and hobbies like sports, going to shopping malls, video games, computers, cinema, **amusement parks**, email and chat rooms, instead of spending their free time with their parents.

This situation is happening in the entire world and it is caused in part by globalisation and the advance of technology at home.

So the situation is that when the people need more knowledge for their hobbies, they have less time to acquire it because of their work. And that to transmit the tradition to other generations, the adults need the young people's attention which they do not have because of **new distractions** for the youngs.

请注意young虽然偶尔也可以作名词，但它当名词时是指动物幼崽而不能指青少年，应改为young people

## 词汇和短语

（标★的是本类话题的高频词汇或短语）

**used to** 表示“过去常怎样做”，请注意它与 get used to “适应某种做法” 的含义不同，而且 used to 的后面跟动词原形，而 get used to 的后面则跟名词或者动名词

**quantity** *n.*（*formal*）数量

**available** *adj.* 可利用的

**element** *n.* 因素，元素

**require** *vt.* 需要，要求

★ **technical** *adj.* 专业的，技术的

★ **complicated** *adj.* 复杂的

★ **qualified technician** 合格的技术人员

**transmit** *vt.* 输送，传送

★ **distraction** *n.* 分散人注意力的事物

★ **amusement park** 游乐场

**entire** *adj.* 完整的，全部的

**in part**（**because**）【固定短语】部分地（因为……）

## 关于考官对本文的评分是否合理的追问

这篇6分范文虽然也存在一些低级错误，但是与我们在Day 1开头看到过的另一篇官方6分范文相比，本文的用词、造句和论证深度都强过了几条街，考官在**词汇量与用词准确度**和**语法多样性与准确度**这两项甚至毫不吝惜地给出了“a fairly wide range of language”，“there are some good idiomatic expressions”和“some accurate（准确的）complex sentences”这些相当褒义的评价。那么，为什么这两篇essays却得分相同呢？

剑桥考官在给本文给出的评语里明确指出，“The writing focuses on the first question but does not address the second one directly. The candidate（考生）loses marks for this.”原来是这只烤鸭在写第一问时飞得太high，根本就没有直接回应原题里的第二问“这种现象在你的国家是否也存在?”，只是非常“含蓄”地在第6个自然段用一句话提了一下这种现象在全世界都在发生。可惜，考官并不喜欢这样的“含蓄”。考官要看的是针对考题所提出的写作任务进行的清晰、有力的回应。而且本文写出了7段，局部划分也缺乏合理性（例如第2段和第3段之间的划分从全文整体来看就缺乏依据）。

严重审题不清并且漏掉考题中的一个问题、加上分段也经不起推敲，导致这位本应该有实力拿到6.5分的考生分数被悍然降档。**论证的扣题度与充实度**和**行文连贯性与衔接效果**这两条评分标准再次成为分数杀手，过于重视词句而轻视论证过程的同学一定要引以为戒。

### 本文量化评分

| 论证扣题度与充实度 | ★★☆☆☆ | 行文连贯性与衔接效果 | ★★★☆☆ |
|---|---|---|---|
| 词汇量和用词准确度 | ★★★★☆ | 语法准确度和多样性 | ★★★☆☆ |

## 发展类范文二 陷入危机的美德

***There is not enough respect for elderly people. What are the causes? Suggest some solutions.***

现在老年人并没有得到足够的尊重。产生这种现象的原因是什么？提出一些解决办法。

【说明】

这道题让人想起王小贱的名言："大学老师没教过你要尊重人啊？小学老师没教过你要讲文明，懂礼貌啊？"但老人得不到应有的尊重，除了学校教育对传统价值观的教育强调得不够之外（not much emphasis has been placed on the teaching of traditional values），更主要的原因还是过快的社会生活节奏以及年轻人和老人之间缺少沟通。

雅思写作中指老人，除了 old people 这个并不算太客气的写法之外，还可以写 **senior citizens** 或者 **elderly people**（**elderly** 也经常可以当作名词用，但请注意如果把它当名词时是集合名词，前面可以加定冠词 the，但是后面却不能加-s）。此外还有一个经常被国内同学们用错的形近词是 elder，其实 **someone's elders** 是指某个人的长辈，是一种较为客气的说法。

### ▶ 6.5 分范文

We tend to agree that being kind to elderly people **is a virtue**. However, today not many young people treat elderly people with respect.

The most obvious cause of the lack of respect for elderly people is young people's **misunderstanding of** them. Elderly people no longer have good looks or quick minds. Some young people laugh at them for this, and even play tricks on them. The competition in today's society also results in less patience for senior citizens. Young working people have to **lead fast-paced lifestyles** and pay more attention to their own work instead of showing respect for and taking care of their elders. In addition, some elderly people may be **too stubborn to accept new ideas** so they often **feel isolated**.

It is a widespread problem, but I believe that various measures can be taken to solve it. If the government can set down some rules about caring for senior citizens and provide more **public facilities, equipment and services well suited to their needs**, the situation can be improved. Special organisations for senior groups may help them to communicate better with people of different ages. **Public libraries and community centres** can also provide lectures on the latest technology and trends, such as using the Internet, to senior citizens. This can help them to keep up with the changes in lifestyles and share more common interests with young people.

No matter how perfect the rules and **policies** are, if there are no people to follow them, they cannot work effectively. Both young people and the government should pay more attention to senior citizens' **physical and emotional needs**.

## 词汇和短语

（标★的是本类话题的高频词汇或短语）

★ **is a virtue** 是一种美德

★ **misunderstanding** *n.* 误解

★ **attractive** *adj.* 有吸引力的

★ **lead fast-paced lifestyles** 过快节奏的生活

**their elders** 他们的长辈

★ **is / are too stubborn to accept new ideas** 太顽固而不能接受新的想法

★ **feel isolated** 感到孤立的

**organisation** *n.* 组织，机构

★ **public facilities, equipment and services** 公共设施、设备和服务

**is / are well suited to their needs** 是能够很好地满足他们的需求的

**public libraries and community centres** 公共图书馆与社区中心，这里的 centre 使用的是英式拼写

**keep up with...** 跟上某事物的发展

**share common interests** 拥有共同的兴趣

★ **policy** *n.* 政策

**their physical and emotional needs** （名词短语）他们的身体与情感的需求

**Bonus:**

**are respectful of their elders** 尊敬他们的长辈的

【区分】**respectable** 值得尊敬的

### 本文量化评分

| | | | |
|---|---|---|---|
| 论证扣题度与充实度 | ★★★★☆ | 行文连贯性与衔接效果 | ★★★☆☆ |
| 词汇量和用词准确度 | ★★★★☆ | 语法准确度和多样性 | ★★★☆☆ |

## ■ 译文

我们多半会认同尊重老人是一种美德。但是，现在的年轻人却没有多少能做到尊重老人。

产生这种不尊重老人的现象的一个最明显的原因就是年轻人对老年人所带有的误解。许多老人都不再拥有吸引人的外貌或者敏捷的思维。一些年轻人因此嘲笑他们，甚至捉弄老人。当今社会的竞争也导致了人们对老人的耐心减弱。年轻人的生活节奏很快，而且需要把更多注意力投入到他们的工作中而不是去尊重或照顾长辈。除此之外，一些老人也许过于顽固而不能接受新想法，因此往往会感到被孤立。

这是一个广泛存在的问题，但我相信可以采取多种措施去解决它。如果政府能够为照料老人制定一些制度，并提供更多满足老人需要的公共设施、设备与服务，那么情况就会得到改善。为老年人服务的特殊机构可以帮助老年人更好地和其它年龄段的人进行沟通。公共图书馆与社区中心也可以为老年人举办一些介绍例如互联网等最新科技和趋势的讲座。这可以帮助他们跟上生活方式的变化并与年轻人分享更多的兴趣爱好。

无论规定和政策有多么完美，如果没有人去遵循它们，它们也不能起到作用。年轻人和政府都应该更关注老年人的身心需求。

## 发展类范文三／人均寿命上升之困

***Surveys show that in many countries, people are living longer. What are the possible effects of the increasing life expectancy on individuals and society as a whole?***

调查显示在很多国家，人们变得更加长寿。增长的人口平均寿命对个人以及全社会的可能影响有哪些？

**【说明】**

在英语国家里，对于 life expectancy 的惯例解释是 the expected number of years of life remaining at a given age。但是考虑到中文里习惯把它称为人口平均寿命或者人均寿命而不是人口预期寿命，因此 Pat 在本书里采用了人口平均寿命这一说法。不论译法怎样，本题的讨论对象都是由：ⓐ 医疗的发展（development of health care）和 ⓑ 生活水平的提高（improvements in the standard of living）而带来的 increase in the average length of time that people can expect to live。

**▶ 7 分范文**

The increase in life expectancy is an important issue in many countries.

The rising life expectancy means that individuals are generally healthier and living longer. Also, as people are living longer, many children are not only cared for by their parents, but also looked after by their grandparents. This generally makes children more **emotionally secure** and better prepared for school.

On the other hand, the increasing life expectancy is leading to **population ageing**. An ageing population can put heavy burdens on society and the government. For example, the increasing numbers of pensioners in many European countries have put great pressure on their **pension systems**. The governments of these countries have to **raise the retirement age** to prevent their national pension systems from **collapsing**.

The ageing of the population will threaten the healthcare system as well. Elderly people are more likely to have health problems that need **medical treatment**. As the healthcare services available to the public are limited, this means that many people of other age groups will not receive the medical services that they need.

Apart from these problems, population ageing is also likely to **increase the unemployment**

**rate** among the younger generation. The raised retirement age means elderly people will continue to work past the age of 65 or even 67. This will reduce the number of **job opportunities** available to younger people.

In conclusion, although the increase in life expectancy means that individuals generally live longer and enjoy life more, it also causes population ageing, which is likely to negatively affect people's quality of life. Policy-makers should be well prepared for the challenges that population ageing presents.

## 词汇和短语

（标★的是本类话题的高频词汇或短语）

**more emotionally secure** 情绪上更有安全感的

★ **population ageing** （名词短语）人口的老龄化 【对比】an ageing population 老龄化的人口

**pensioner** *n.* 领取养老金的老人

★ **the pension system** 养老金体系

★ **raise the retirement age** 提高退休年龄

**collapse** *v.* 崩溃

**medical treatment** （名词短语）医疗 【相关】medical examination（名词短语）医疗体检

**increase the unemployment rate** 增加失业率 【反义】increase the employment rate 增加就业率

**job opportunities** 就业机会

**policy-makers** *n.* 政策制定者

**the challenges that sth. presents** 某事物提出的挑战

**Bonus:**

**chronic health problems** 慢性的健康问题

★ **unsustainable** *adj.*（发展）不具备可持续性的 【反义】sustainable

**threaten** *v.* 威胁某事物或者某一体系

**medical examination** （名词短语）医疗体检

**本文量化评分**

| | | | |
|---|---|---|---|
| 论证扣题度与充实度 | ★★★★☆ | 行文连贯性与衔接效果 | ★★★★☆ |
| 词汇量和用词准确度 | ★★★★☆ | 语法准确度和多样性 | ★★★☆☆ |

## ■ 译文

人均寿命的上升是很多国家面临的重要问题。

人均寿命上升意味着人们普遍更健康、更长寿。而且，由于人们的寿命更长了，许多孩子不仅能被父母照料，还能受到祖父母的呵护，这让他们更有心理安全感，也能更好地为上学做准备。

另一方面，人均寿命上升也带来人口老龄化。老龄化的人口会给社会和政府带来沉重的负担。例如，在很多欧洲国家里，领取养老金的老年人数量增加给它们的养老金系统造成巨大压力。这些国家的政府只能通过提高退休年龄来避免养老金系统的崩溃。

人口的老龄化还会威胁到医疗系统。老年人更容易患需要医学治疗的健康问题。由于公众所能享受到的医疗服务总体是有限的，这意味着其它年龄段的很多人将不能及时得到他们需要的救治。

除了这些问题，人口老龄化也很可能会增加年轻一代人当中的失业率。被提高的退休年龄意味着老年人将继续工作到65甚至67岁以后。这将减少较年轻的人们所能获得的就业机会。

总之，尽管更长的平均寿命意味着个人通常能够活得更久而且更多地享受生活，这一趋势也带来人口老龄化并给生活品质带来负面影响。政策的制定者们应该为人口老龄化带来的挑战做好准备。

## 发展类范文四 远亲不如近邻

***An increasing number of people do not know their neighbours and never feel a sense of community. What are the causes of the situation? How can we change it?***

如今越来越多的人都不认识他们的邻居，对自己所在的社区也缺乏归属感。造成这一情况的原因是什么？如何才能改变这种状况？

### ▶ 7分范文

Many people today do not know their neighbours, and they feel that community spirit is weak in their neighbourhoods.

There are several reasons why we have little or no contact with our neighbours. Firstly, modern **residential buildings** do not help to promote communication between neighbours. In my country, most people live in **blocks of apartments**. This makes them **feel isolated from** other families because there is little public space near their homes. People even find it hard to ask their neighbours for help. Secondly, few people have the time to chat with their neighbours because they are too busy with their studies or work. After they return home from school or workplace, they feel so tired that they hardly have the energy to **have light conversations with** their neighbours or **take a stroll** in the neighbourhood. People also move more often for study or work, which makes them less connected to their neighbours. Another reason for the trend is that the modern forms of entertainment such as watching television and **browsing the Internet** do not **encourage interaction between neighbours**. People rarely spend time in public facilities like parks and **community centers**.

To solve this problem, we need a variety of measures to change the lifestyles of neighbourhood residents. Architects should introduce more public space into residential buildings. We should try to spend more time **interacting with** our neighbours and **building a good relationship with** them. Community activities can be organised regularly by community centers and schools to give residents opportunities to communicate with each other about **matters of common interest or concern**.

A good relationship with neighbours and a strong sense of community can make every resident's life more comfortable. Although we cannot reduce the time spent on work or study, we can make better use of our spare time to **develop strong ties with** our neighbours and community.

## 词汇和短语

（标★的是本类话题的高频词汇或短语）

**a sense of community** 社区感

**community spirit** 社区精神

【名词短语】disappearance of community spirit 社区精神的消失

★ **neighbourhood** *n.* 社区，请注意与 neighbour 邻居区分

★ **residential buildings** 居住用的建筑，住宅建筑

**a block of apartments / a block of flats** 公寓住宅体

**promote communication between neighbours** 促进邻居之间的交流

★ **resident** *n.* 居民

★ **feel isolated** 感到被隔绝的

**have light conversations with ...** 与某人进行轻松的谈话

**take a stroll** 散步

**is / are less connected to their neighbours** 与他们的邻居联系更少

★ **browse the Internet** 在互联网上浏览

★ **encourage interaction between neighbours** 促进邻里之间的相互交流

**rarely** *adv.* 罕见地，极少地

★ **community center** 社区中心

★ **interact with ...** 与某人交流、互动

**architect** *n.* 建筑师

**a variety of** 多种多样的

**matters of common interest or concern** （名词短语）共同关心或者担心的事情

**develop strong ties with ...** 与……发展紧密的联系

**Bonus:**

**regularly** *adv.* 定期地，经常地

**leisure activity** 休闲活动

**a sense of loneliness and isolation** 孤独与孤立感

**people who live next door** 住在隔壁的人们

**have an argument with a neighbour** 与一个邻居发生争吵

**the decline in neighbourly relations** （名词短语）邻里之间原有的友善关系的减弱

**friendly neighbours** 友好的邻居

【反义】unfriendly neighbours 不友好的邻居

本文量化评分

| | | | |
|---|---|---|---|
| 论证扣题度与充实度 | ★★★★☆ | 行文连贯性与衔接效果 | ★★★☆☆ |
| 词汇量和用词准确度 | ★★★★☆ | 语法准确度和多样性 | ★★★★☆ |

## ■ 译文

当今，很多人们都不认识他们的邻居，而且感觉他们所在社区的社区精神很薄弱。

我们和邻居间很少联系或根本不联系的原因有几点。首先，现代住宅建筑并不促进邻里之间的沟通。在我的国家，大部分人都生活在公寓住宅里面。这让居民们感到被和其他家庭隔离开，因为附近缺少公共活动的空间。人们甚至感觉去找邻居帮忙都很困难。**其次**，人们由于忙于学习或者工作，很少有时间与邻居聊天。当他们工作或学习结束后回到家时，已经疲劳得没有力气再和邻居们闲谈或是在社区里散步。人们搬家也更常见，这也使得他们感到与邻居缺乏联系。这个趋势的**另一个原因是**像看电视、上网等现代娱乐形式并不促进邻里之间的互动。人们很少花时间在像公园和社区中心这样的公共场所。

为了解决这一问题，我们需要多种措施来改变社区居民的生活方式。建筑师应该把更多的公共活动空间引入到住宅建筑里。我们则应该尽量多花时间和邻居们交流并建设良好的邻里关系。社区活动中心以及当地学校可以通过定期组织社区活动来给社区居民们机会就他们共同关心或者担心的问题进行沟通。

良好的邻里关系与社区感会让每个居民的生活变得更舒适。尽管我们不能减少工作或学习的时间，但我们可以用好我们的空闲时间来发展与邻居和社区间的紧密联系。

## 发展类范文五 通过搬迁来解决城市病是否可行

***Traffic and housing problems in major cities could be solved by moving large companies and factories and their employees to the countryside. To what extent do you agree or disagree with this opinion?***

> 可以通过将大型公司和工厂以及其雇员搬迁到农村地区来解决大城市内的交通和住房问题。在何种程度上你同意或反对这一观点？

### ▶ 7分范文

The rapidly growing populations and **car ownership** have caused **frequent traffic congestion** and **housing shortages** in major cities. Some people think that the traffic and housing problems can be solved by relocating large companies and factories in these cities to rural areas. I completely agree with this view.

Employees commuting by car is an important contributing factor to traffic congestion in urban areas. Moving large companies and factories to rural areas can significantly reduce the number of company and factory employees' **private vehicles** on city streets, especially during rush hours. The amount of **leisure-related traffic** will also decline because many employees will relocate to the countryside to live closer to their workplace. Another benefit is that the amount of traffic caused by the transport of **office supplies** and factory products is also likely to fall if large companies and factories are moved to rural areas.

Moving large companies and factories to the countryside also helps to solve housing problems in cities. In urban areas, a high percentage of housing is owned or rented by employees of large companies and factories and their families. Moving these firms and factories to the countryside is likely to lead to the relocation of their employees. This means that more accommodation would become available to other **residents of large cities**, and would help to reduce **the housing bubble** in many large cities.

For these reasons, I agree that moving large companies and factories from major cities to the countryside can significantly reduce the commuting and leisure-related traffic, and the demand for accommodation, which would make it an effective solution to the **chronic traffic and housing problems** in these cities.

## 词汇和短语

（标★的是本类话题的高频词汇或短语）

**car ownership** 对汽车的所有权，车主身份

**frequent traffic congestion** 频繁的交通堵塞

housing shortages （名词短语）住房短缺

★ **relocate** *v.* 搬迁

【剑桥例句】*Many businesses in the region have relocated abroad.*

【剑桥例句】*Most production has been relocated to Hungary, Tunisia and China.*

★ **commute** *v. & n.* 上下班的过程，通勤

**an important contributing factor to …** 某事物的重要导致因素

★ **private vehicle** 本文里指私人车辆

**leisure-related traffic** 与休闲相关的交通

**office supplies** （名词短语）办公室用品

**residents of large cities** 大城市的居民

**housing bubble** 住宅市场的泡沫

★ **chronic** *adj.*（负面现象）长期存在的

【搭配】chronic traffic and housing problems

**本文量化评分**

| | | | |
|---|---|---|---|
| 论证扣题度与充实度 | ★★★★☆ | 行文连贯性与衔接效果 | ★★★★☆ |
| 词汇量和用词准确度 | ★★★★☆ | 语法准确度和多样性 | ★★★☆☆ |

## ■ 译文

迅速增长的人口与汽车拥有量在主要城市里导致了频繁的交通堵塞和住房短缺。一些人认为交通与住房问题可以通过把这些城市里的大公司和工厂搬到乡村去解决。我完全同意这种看法。

城市里的员工开车上下班是导致交通堵塞的重要因素。把公司和工厂搬到乡村可以显著降低街道上的员工汽车数量，特别是在上下班高峰时段。与休闲相关的汽车交通同样会减少，因为一些员工也会搬至乡村以便更加靠近他们的工作地点。另一个好处是如果大公司和工厂被搬至乡村，那么办公用品和工厂产品的运输交通量也会减少。

把城市里的大公司和工厂搬到乡村也有助于解决城市里的住房问题。在都市里，很多住房是由大公司和工厂的员工拥有或租住的。将这些公司或工厂搬至乡村很可能会导致他们的员工搬迁。这意味着会有更多住房能够被大城市的其他居民使用，并减少大城市里的住宅市场泡沫。

由于上述原因，我认为把大城市里的大公司和工厂迁至乡村能够减少大城市里的上下班和休闲相关交通量，并且减少对于住房的需求，这会让它成为解决大都市里长期存在的交通与住房问题的有效方法。

## 发展类范文六 交通量增加的原因与解决办法

***In most cities and towns, the high volume of road traffic has become a problem. What are the causes and what actions should be taken to solve the problem?***

> 在大多数城镇地区，高交通量已经成为一个问题。请分析造成这一问题的原因有哪些，并提出解决的方法。

▶ **7分范文**

Heavy road traffic has become a challenging problem in many cities and towns. This essay will discuss the causes of this problem and suggest some solutions to it.

There are several reasons why the volume of traffic has increased in urban areas. In many countries **people's income levels** have been rising steadily, especially in cities and towns, while car prices are gradually decreasing. As a result, more people can afford a car. Also, many people today live far away from their workplaces because of **the expansion of** modern cities and towns. Driving to work has become one of the few reasonable choices that they have if they wish to arrive at work on time. Rapid population growth is one of the main reasons as well. The high growth rates of urban population have made owning two or even more cars increasingly common to urban families.

Actions should be taken to tackle this problem on both government and individual levels. The government should improve **public transport services** available to citizens, **especially commuters**. For example, by providing **convenient and affordable** underground and bus services, the government can significantly **reduce people's dependence on cars** and traffic on the roads. **Live traffic updates** for roads and motorways can also be delivered to drivers by government-funded radio stations, which can help drivers to avoid heavy traffic.

In conclusion, although the high volume of traffic is a serious problem in urban areas, it can be solved by **the construction and running of** efficient public transport systems, encouraging citizens to use them more frequently and providing drivers with **real-time traffic information**.

## 词汇和短语

（标★的是本类话题的高频词汇或短语）

**rise steadily** 稳定地上升

★ **expansion** *n.* 扩张

**household** *n.*（常用于介绍一个国家或地区的人口构成情况）住户

**tackle this problem** 努力地解决这一问题

**public transport services** （名词短语）公共交通服务

★ **commuter** *n.* 每天上下班距离的较远者，通勤者

**convenient and affordable** 方便而且价格能够承担的

★ **reduce people's dependence on cars** 减少人们对汽车的依赖

**live traffic updates for roads and motorways** 对于道路与高速公路交通信息的实时更新，注意：这个短语里的 live 读音是 / laiv/

**deliver** *vt.* 输送

★ **the construction and running of …** (名词短语) 某事物的建造与运营

**real-time traffic information** 实时路况信息

**Bonus:**

**traffic congestion** 交通堵塞，注意：congestion 是不可数名词，而 traffic jam 则是可数的

**walk or cycle to work or school** 走路或骑自行车去上班或上学

**本文量化评分**

| 论证扣题度与充实度 | ★★★★☆ | 行文连贯性与衔接效果 | ★★★★☆ |
|---|---|---|---|
| 词汇量和用词准确度 | ★★★★☆ | 语法准确度和多样性 | ★★★☆☆ |

## ■ 译文

如今道路的高交通量已经是困扰许多城镇的问题。这篇文章将探讨造成这个难题的原因并提出相关解决方法。

有几点原因造成了城市地区的交通拥堵。在许多国家，特别是在城镇地区，人们的收入水平在稳步提升，而汽车价格却在逐渐下降。结果就是越来越多的人有能力购买汽车。由于现代城镇的不断拓展，许多人居住在离工作地点很远的地方，所以为了能按时到达办公地点，开车上班就成了为数不多的合理选择之一。人口的高速增长**也是主要原因之一**。市区人口的高增长导致拥有两辆或更多汽车的情况对于城市家庭日益普遍。

要解决这一难题，需要政府和个人双层面上的努力。政府应努力改善市民们、特别是通勤者所能够使用的公共交通服务，例如，政府提供方便、价格合理的地铁和公共汽车服务可以显著减少人们对于汽车的依赖与路面交通。关于道路与高速公路的现场路况信息**也**应由政府资助的广播电台播送给司机们，以便让他们能够避开密集的交通。

总之，尽管大交通量是城市里的一个严重问题，但通过建立与运营高效的公交系统，鼓励人们更多地使用这些系统，并且为司机提供实时路况信息，这一问题能够得到解决。

## 发展类范文七 人人都拥有汽车与家电是否会让世界变得更美好

*It is suggested that everyone in the world wants to own a car, a TV and a fridge. Would the advantages of such a development to society outweigh the disadvantages?*

有人提出世界上的每个人都想要拥有一辆汽车，一台电视和一个电冰箱。这样的发展对于社会是否会利大于弊？

▶ 7分范文

It is suggested that everyone in the world wants to own a private car, a TV set and a refrigerator. I think whether the advantages of such a development would outweigh its disadvantages would depend on advances in technology.

**Popular consumer goods** can generally make individuals' lives more convenient and enjoyable. A car owner can have **a more flexible schedule** than people who **rely on public transport**. Television **gives viewers access to** a wide range of information and entertainment, while refrigerators can help people to **preserve food longer** than leaving it at room temperature. This is why **universal ownership of** these consumer products is often associated with a higher standard of living.

On the other hand, the possible risks of everyone owning these consumer products **should not be underestimated**. With current technology, more energy is consumed when the number of consumer products rises, which also **produces more pollution**. Sometimes increasing ownership of consumer products does not even lead to greater convenience or higher efficiency. In large cities such as Beijing and Paris, the ever-rising number of cars has caused serious **traffic congestion** and a significant increase in the amount of time that **urban commuters** spend on the road. As a result, many of them take public transport instead and leave their cars in their garage. There is also the risk that universal TV and fridge ownership would result in an increase in sedentary lifestyle habits and people buying less fresh food.

Therefore, I believe that unless future technological breakthroughs could make popular consumer goods far **more environmentally-friendly and healthy choices** than they are now, universal ownership of cars, TV sets and fridges would bring more problems than benefits.

## 词汇和短语

（标★的是本类话题的高频词汇或短语）

★ **consumer goods** 消费品
【近义】consumer products

★ **a more flexible schedule** 更灵活的日程安排

★ **rely on public transport** 依赖于公共交通

**give viewers access to ...** 让观赏者能够获取（信息或娱乐等）

**preserve food longer** 更长时间地保存食品

**universal ownership of ...** 人们普遍拥有……的状态

**is often associated with ...** 经常被与……联系到一起

**be underestimated** 被低估

**current** *adj.* 现在的，目前的

**traffic congestion** 交通堵塞

**significant** *adj.* 显著的

**commuter** *n.* 通勤者，每天上下班路途较远的人

**garage** *n.* 车库

**sedentary lifestyle habits** 缺乏运动的生活习惯

★ **technological breakthrough** （名词短语）科技的突破

**more environmentally-friendly and healthy choices** 更有益于环保和健康的选择

**Bonus:**

**energy-efficient** *adj.* 能耗很低的

**eco-friendly** *adj.* 有益于环保的

本文量化评分

| | | | |
|---|---|---|---|
| 论证扣题度与充实度 | ★★★★☆ | 行文连贯性与衔接效果 | ★★★★☆ |
| 词汇量和用词准确度 | ★★★★☆ | 语法准确度和多样性 | ★★★☆☆ |

## ■ 译文

有人认为这个世界上每个人都想拥有一辆私人汽车、一台电视和一个冰箱。我认为这种发展是否会利大于弊将取决于科技的发展。

流行消费品通常会让个人的生活变得更方便、更愉悦。拥有汽车的人可以比依赖公交的人拥有更灵活的日程安排。电视可以让观赏者获取广泛的信息与娱乐，而电冰箱则可以帮助人们比在室温下将食品保存更长时间。这就是为什么普遍拥有这些消费品会经常被与更高的生活水平联系到一起。

另一方面，每个人都拥有这些消费品可能带来的风险不应被低估。以现有的科技，当消费品的数量上升时，就会造成更多的能源耗费并产生更多的污染。有时消费品拥有率的上升甚至不能带来更多的便利或更高的效率。在北京、巴黎这样的大城市，数量持续上升的车辆造成严重的交通拥堵，让通勤者们在路上耗费了更多的时间。许多上班族都改乘公共交通，而将汽车留在了自己的车库里。电视机和电冰箱的普及也可能会带来人们缺乏运动的生活习惯增加并减少购买新鲜食品等问题的风险。

因此，我认为除非未来的科技突破能够让流行消费品比现在远远更加环保、更健康，否则每个人都拥有汽车、电视和电冰箱只会带来比好处更多的问题。

## 发展类范文八 / 修高铁还是改善现有的公共交通

***In a number of countries, some people think it is necessary to spend large sums of money on constructing new railway lines for very fast trains between cities. Others believe the money should be spent on improving existing public transport. Discuss both these views and give your own opinion.***

在一些国家里，一些人认为有必要为兴建新的城际高铁投入大量的资金。另一些人则认为这些资金应该被用于改善现有的公共交通。讨论这两种观点并给出你自己的看法。

### ▶ 7.5 分范文

For many people, the preferred **method of transport** is high-speed rail. Commuters can **rely on** the safety and efficiency of high-speed rail, while tourists appreciate the convenience that high-speed trains provide. Others, however, believe that highways, buses and regular trains should be improved before new, high-speed lines are added.

Safety is **the chief concern** for those who travel to work or school **on a regular basis**. People who drive cars have to concentrate on the road, not only to avoid accidents but also to prevent other drivers from causing a problem. High-speed rail allows **commuters** to leave the driving to the professional who controls the train, allowing them to get some work done while getting to work safely.

In addition, people tend to move further and further away from city centers, where land and houses are **more affordable**. High-speed rail allows them to travel greater distances in a shorter amount of time. If we can reduce the number of cars on the road, we can also **reduce traffic jams** and **road delays**.

On the other hand, high-speed trains are expensive, and some believe this money could be spent on repairing motorways that are used by cars, buses and motorcycles. Another possibility would be to use this money to build more regular trains and buses to serve the **ever-expanding** urban populations. Boats and ferries could also benefit from a budget that focuses more on existing forms of transport.

Public transport is an issue that affects us all. The taxes which we pay should be spent on the type of transport that has the most benefit to all citizens. In addition, we need to **take into account** how much the environment is damaged by **fossil fuels** and pollution. I believe that we need to embrace the idea of high-speed rail so that future generations can continue to live safely and efficiently.

## 词汇和短语

（标★的是本类话题的高频词汇或短语）

★ **method of transport / mode of transport** （名词短语）交通方式，transport 在英式英语里的动词和名词形式都是 transport，而在美式英语里它的动词形式是 transport，名词形式则是 transportation

★ **rely on** （动词短语）依靠

**the chief concern** （名词短语）首要关注的问题

**on a regular basis** 定期地

★ **commuters** *n.* 每天上下班路途较远的人们，通勤者

**professional** *n.* 同学们一般都知道 professional 是形容词“专业的”，作名词的时候它则是指专业人士

**tend to** 倾向于做某事，多半会做某事

★ **more affordable** 价位更合理的

**motorway** *n.* 高速公路

**ever-expanding** *adj.* 不断扩张的

**urban populations** （名词短语）城市人口

**ferry** *n.* 轮渡

**budget** *n.* 预算

**take into account ...** 考虑……

★ **fossil fuels** （名词短语）化石能源，例如：石油，天然气，煤（oil, natural gas and coal）

### 本文量化评分

| | | | |
|---|---|---|---|
| 论证扣题度与充实度 | ★★★★☆ | 行文连贯性与衔接效果 | ★★★★☆ |
| 词汇量和用词准确度 | ★★★★☆ | 语法准确度和多样性 | ★★★★☆ |

## ■ 译文

对于很多人来说，高速铁路是他们更偏爱的交通方式。通勤者们可以依赖于高铁的安全与高效，而游客们则很欣赏高铁提供的便利。但另外一些人却认为在增加新的高铁线路之前，高速公路、公共汽车和常规的火车应该得到改善。

对于经常去单位和学校的人们来说，安全是**首要关注的问题**。开车的人们必须集中精力在路况上面，不仅要避免事故，而且还要防止别的司机造成麻烦。高铁让通勤者们把驾驶的任务转交给了控制火车的专业人士，而他们则可以在安全抵达的同时完成一些工作。

**再者**，人们多半搬到了距离市中心越来越远的地方，那里的地价和房价更容易负担。高铁

让他们可以更快地抵达更远的距离。如果我们减少路上的车辆，我们还可以减少交通堵塞和路上的延误。

另一方面，高铁很昂贵，而且一些人认为这些资金应该被用来维护汽车、公共汽车与摩托车使用的高速公路。另一种可能性则是用这些资金来建造更多的火车与公共汽车，为不断扩张的城市人口服务。更集中于现有交通方式上的预算还可以让船只和轮渡获得发展。

公共交通影响我们所有的人。我们纳的税应该被用于能够造福全体公民的交通方式。再者，我们需要考虑环境在多大程度上受到化石燃料和污染的破坏。我认为我们需要积极采用高铁方案，以便让未来的世世代代都能够继续安全、高效地生活。

## 发展类范文九 变还是不变，这是个问题

***Some people prefer to spend their lives doing the same things and avoiding change. Others, however, think that change is always a good thing. Discuss both these views and give your own opinion.***

一些人喜欢一生都做同样的事情，避免变化。而另外一些人则认为变化是好事。讨论这两种看法并且给出你自己的观点。

### ▶ 7.5 分范文

Some people like to **seek new experiences** and **explore different things**, while others prefer to always do familiar things and **resist change**. I will examine both these attitudes towards change in this essay.

Change can often **bring fresh perspectives to us** because it involves new situations. For example, travelling to another place can enable us to experience a new culture and different lifestyles. This kind of change is normally beneficial because not only does it make us **feel more energetic**, it also **deepens our thoughts** and makes us **more open-minded**.

Young people tend to seek change also because change often means more opportunities for us. Nowadays many Asian students **further their education** in other countries as they believe this experience can make themselves **more competitive** in their future careers. Even many elderly people choose to move after their retirement for better health care or a better environment. It seems changes in different stages of our lives generally help us to live more healthily and happily.

However, sometimes change can **be time-consuming**. People may need a long time to **adjust to** their new lifestyles and new roles. Sudden changes such as being laid off from a job may even leave some people homeless. People who do not have a positive attitude towards life may not be able to **recover from** this type of change easily.

Personally, I always look forward to new challenges in my life because they bring me hope. I also believe that it is the positive attitude towards change that helps us to achieve our best.

## 词汇和短语

（标★的是本类话题的高频词汇或短语）

**seek new experiences** 寻求新的经历

★ **explore** *vt.* 探索

**resist change** （动宾短语）抵抗变化

**examine** *vt.* 本文里指深入探讨

**bring fresh perspectives to …** 带来新的视角

**involve** *vt.* 涉及到

**feel more energetic** 感到更有活力的

**deepen our thoughts** 让我们的思想更深刻

**open-minded** *adj.* 思维开放的

★ **enable sb. to…** 让某人有能力去做某事

**normally** *adv.* 通常

**further their education** 请注意作动词时 further 是“深化，推进”的意思，固定搭配 further someone's education 很像中文里说的“求学深造”

★ **more competitive** 更有竞争力的

**elderly people** 老年人

★ **time-consuming** *adj.* 消耗时间的

★ **adjust to…** 适应 【近义】adapt to

**homeless** *adj.* 无家可归的

★ **attitude** *n.* 态度

★ **recover from …** *vt.* 从某种负面情况当中恢复过来

## 对于特殊句式的运用

◆ **It is the positive attitude towards change that** helps us to achieve our best.

本句是 It is… that… 就是……导致了某种效果的强调句式

**本文量化评分**

| | | | |
|---|---|---|---|
| 论证扣题度与充实度 | ★★★★☆ | 行文连贯性与衔接效果 | ★★★★☆ |
| 词汇量和用词准确度 | ★★★★☆ | 语法准确度和多样性 | ★★★★☆ |

## ■ 译文

一些人喜欢寻求新的体验并探索不同的事情，而另一些人则更愿意做熟悉的事情并且抵制变化。在本文里我将讨论这两种对于变化的态度。

变化涉及到新的情况，因此它经常可以给我们带来新的视角。例如，去另一个地方旅行可以让我们体验新的文化与不同的生活方式。这种变化通常是有益的，因为它不仅仅使我们更有活力，而且还能让我们的思维变得更深刻、更开放。

年轻人往往寻求变化还因为变化意味着更多的机会。当前，很多亚洲学生去别的国家求学深造，因为他们相信这一经历会增加他们在未来事业里的竞争力。甚至许多老年人也会为了更好的医疗或更好的环境而选择搬家。看起来在人生的不同阶段选择改变可以帮助我们生活得更健康、快乐。

然而，变化有时很花时间。人们需要很长时间才能适应他们的新生活方式与新角色。像被解雇这样突然的改变甚至可能会使人们无家可归。对于那些对生活并不抱有积极态度的人来说，他们也许不能很快地从这样的变化中恢复过来。

我个人一直在期待着生命中新的挑战，因为它们能给我带来希望。同样我也相信对待变化我们要有一份积极的态度，这样才能帮助我们发挥出自己的最佳状态。

## 发展类范文十 人口老龄化的危与机

***In many countries, the proportion of old people is increasing. Do you think the positive effects of this trend outweigh its negative influence?***

在很多国家，老年人口比例在增加。你是否认为这种趋势对于社会的积极作用大于负面影响？

### ▶ 7.5 分范文

The proportion of elderly people in the population is rising in many countries. I think this trend creates more problems than benefits for society.

An ageing population puts a heavy burden on the **social welfare system**. The more retired people there are in a society, the more claims are made for **state pension**. The government will have to increase funds for the state pension system, while reducing funds for other social programmes, including **financial support** for low-income families, **unemployment benefits** and **student loans**.

A higher proportion of elderly people in the population is also likely to **cause labour shortages**, resulting in lower productivity. Not only will this **hinder economic growth**, it will also cause labour costs to rise. To cover higher labour costs, companies will have to raise the prices of their products and services — a burden that will be borne by consumers.

It is true that an ageing population may lead to a rising demand for **healthcare workers** and therefore may create job opportunities in healthcare-related fields such as **nursing and pharmacy**. However, compared with the negative impacts that population ageing would have on economic activities in other industries, the possible growth in healthcare-related jobs would seem insignificant.

In conclusion, the rising proportion of senior citizens is a direct result of **progress in health care** and improvements in the standard of living, but I believe that the overall effects of population ageing on the social welfare system, the healthcare system and the economy are negative. The government should **extend the retirement age** to prevent serious labour shortages. **Marriage and childbearing** should also be encouraged.

## 词汇和短语

（标★的是本类话题的高频词汇或短语）

**social welfare system** 社会福利体系

★ **state pension** （名词短语）政府养老金
【相关】pensioner *n.* 领取退休金的老人

**financial support** （名词短语）财务上的支持

**unemployment benefits** 注意：它并不是指“失业的好处”，而是指失业救济金

**student loan** 学生贷款，在英美这个写法比 students' loan 更加常见

★ **cause labour shortages** 导致劳动力的短缺

★ **hinder economic growth** （动宾短语）阻碍经济的发展

**healthcare workers** 医疗工作者

**nursing and pharmacy** 本文里指护理与药学

**create job opportunities** 创造就业机会

★ **insignificant** *adj.* 不重要的
【反义】significant *adj.* 显著的，重要的

★ **progress in health care** 医疗领域的进展，注意：progress 是一个不可数名词

★ **extend the retirement age** 推迟退休年龄，注意：不要误解成“延长退休后的阶段” 【近义】raise the retirement age
【英美实例】*They are working on plans to **extend the retirement age** to 68 and switch from final salary to average earnings-related benefits.*

**marriage and childbearing** （名词短语）结婚与生育

本文量化评分

| | | | |
|---|---|---|---|
| 论证扣题度与充实度 | ★★★★☆ | 行文连贯性与衔接效果 | ★★★★☆ |
| 词汇量和用词准确度 | ★★★★☆ | 语法准确度和多样性 | ★★★★☆ |

## ■ 译文

在很多国家，老人在人口中所占的比例在上升。我认为这种趋势给社会带来的问题多于益处。

老龄化给社会福利系统带来沉重的负担。一个社会里的退休老人越多，对政府养老金的申请也就越多。政府只能加大对于政府养老金的投入，同时减少其它如对低收入家庭的财务帮助、失业救济金和学生贷款等社会公益项目的资金投入。

过高的老年人口比例还很可能会造成劳动力短缺，导致生产率的降低。这不仅会阻碍经济的发展，还会拉高劳动力成本。而公司为了支付高昂的劳动力成本会提高产品和服务的价格，这一负担将会由消费者来承担。

的确，社会老龄化可以增加对医疗行业人员的需求，从而在医疗相关行业，例如护理和药学等，产生就业机会。但是相对于给其它产业所带来的负面影响，医疗相关就业的增长将是次要的。

总之，老龄人口比例的提高是医疗进步和生活水平提高的直接结果，但我认为人口老龄化对于社会福利系统、医疗系统和经济都会起到消极作用。政府应该推迟规定的退休年龄以避免严重的劳动力短缺，同时鼓励结婚和生育。

## 发展类范文十一 食品也旅行

***Today, food travels thousands of miles from the farm to the consumer. Why is this? Is it a positive or a negative development?***

在当代，食品从农场到达消费者手中需要被运送很远的距离。这种现象的原因是什么？它是积极的还是消极的发展？

**【感悟】**

最近几年来在英美媒体里经常出现一个词组叫做 food miles，专门特指食品被从生产地运送到消费者手中所途经的距离。去年中秋节，Pat 在美国买到了中国产的“冰皮月饼”，心想：这 food miles 上升可真好，咱们在北美的土人们也终于都能吃上经典的月饼了，就算吃不到传说中的切糕也值了。没想到立刻被一个朋友告知“冰皮月饼”其实并不是传统的月饼，Pat 顿时感到端着一大盒“冰皮月饼”的手温度降到了冰点。没办法，土人就是土人……

近几年在英美还有两个词经常被和长距离运输的食品联系在一起：asthma（哮喘）和 attention-deficit hyperactivity disorder（在英美生活里常被简称为 ADHD，中文俗称“多动症”），因为有不少研究人员认为长距离运输的食品里所含有的化学防腐剂（chemical preservatives）很可能会导致这两种疾病的发病率上升。

### ▶ 7.5 分范文

In recent years, there has been a significant increase in the distance over which food travels from its producer to its consumer.

There are three main reasons for this trend. Firstly, the rapid development of farming technology and **the economies of scale** have helped large **industrial farms** to produce food at much lower costs than small farms do. As large industrial farms are mostly located far from the areas that they serve, food produced by these farms has to be transported over long distances to reach consumers. Secondly, in many parts of the world, consumers' rising purchasing power has increased **the demand for food variety**. With more efficient means of food transport, consumers in economically developed regions now have **a much wider selection of food** all year round. Thirdly, **the removal of trade barriers** between many countries has made it easier for food to be supplied to markets thousands of miles away from **their places of origin**.

In spite of the lower food prices and more variety that increasing food miles can bring us, this trend has also led to environmental, economic and health concerns. More **fossil fuels** are used as a result of the longer food miles, which **increases greenhouse gas emissions**. From an economic perspective, food supplies from large industrial farms drive local food producers out of business and lead to local job losses. Long-distance food has also been linked to many health problems because it often has **chemical preservatives** which **prevent it from spoiling**.

Supplies of long-distance food items are not likely to be reduced because of the lower prices and wider selections of food that they provide to consumers. I think that overall, the increase in food miles is a positive development. However, the government can introduce higher environmental standards of food transport and **subsidise local food producers** to address the negative impacts of longer food miles.

## 词汇和短语

（标★的是本类话题的高频词汇或短语）

**food producer** 泛指食品生产者，但是如果更细致地划分那么 food producer 是特指农产品等未经过加工食品的生产者，而 food manufacturer 则是特指生产经过加工的食品的加工食品制造者

**industrial farm** 工业化的农场，地道英文里还可以更细致地划分为 industrial crop farm（工业化的庄稼种植场）和 factory farm（集约化养殖场）等

the economies of scale （固定短语）规模经济所特有的成本优势

rising purchasing power 上升的购买力

★ the demand for food variety 对食品多样化的需求

food item 食品

means of food transport 食品运输的方式，means 在这个短语里作名词，指从事某事的方式

★ a wider selection of ... 对某事物的更加广泛的选择

★ the removal of trade barriers （名词短语）对贸易壁垒的取消，remove trade barriers 则是动宾短语

from an economic perspective 从经济的角度来看

food supplies （名词短语）食品的供应

place of origin 原产地

★ fossil fuel 化石燃料，指石油，天然气，煤炭（oil, natural gas and coal）等

★ increase greenhouse gas emissions （动宾短语）增加温室效应气体的排放

is / are linked to ... 被与某事物联系到一起

★ chemical preservatives （名词短语）化学防腐剂

★ spoil *v.*（食物）腐败，注意：这里不是"溺爱"的意思

drive local ... out of business 导致当地的（某类企业）倒闭

subsidise local farmers （动宾短语）为当地的农民提供补贴

**本文量化评分**

| | | | |
|---|---|---|---|
| 论证扣题度与充实度 | ★★★★☆ | 行文连贯性与衔接效果 | ★★★★☆ |
| 词汇量和用词准确度 | ★★★★☆ | 语法准确度和多样性 | ★★★★☆ |

## ■ 译文

近年来，食品被从生产者那里运送到消费者手中所要经过的距离显著上升。

造成这一趋势的主要原因有三方面。首先，农业科技的迅猛发展以及规模经济的成本优势使得大型工业化农场能够以比小农场低得多的成本来生产食品。由于大型工业化农场多数位于远离其供应市场的地区，它们生产的食品需要经过长途运输后才能到达消费者手中。**第二**，在世界的许多地区，消费者不断增长的购买力导致了对食品多样化的需求增加。由于有更加高效的食品运输方式，经济发达地区的人们如今全年都能有更多样的食品选择。**第三**，许多国家之间贸易壁垒的取消也让食物可以更方便地从原产地运送到消费市场中。

尽管更长的食品运输距离可以给人们带来价格更低的食品和更多样的选择，这一趋势也带来环境、经济以及健康方面的担忧。食品运输距离增加导致对化石燃料的使用增加，这会增加温室气体的排放。**从经济的角度来看**，由大型工业化农场供应食物会导致本地食品生产商倒闭，并在当地造成失业。远距离运输的食品**也**被与很多健康问题联系到一起，因为为了防止食品变质，长途运输的食品往往被添加防腐剂。

由于其更低的价格以及为消费者提供的更丰富的食品选择，远程运输的食品供应不太可能被减少。我认为总体上，食品被运输的距离更长是积极的发展。但政府可以对食品运输过程中的环境影响设立更高的标准，并且补贴本地食品生产商，以应对远程食品运输造成的负面影响。

## 发展类范文十二 城市病了

***Today, more and more people are living in big cities. What are the causes of this trend? What problems has it caused?***

在当代，越来越多的人生活在大城市里。这种趋势的原因是什么？它带来了哪些问题？

【说明】

北美和欧洲的主要大城市 Pat 基本已经全都去过。人口向这些大城市集中的原因是因为它们：❶ 可以提供更多的就业机会，特别是在高科技（the high-tech industry），金融业（the financial industry）与服务业（the service industry）里；❷ 完善的教育、医疗和娱乐休闲设施（well-developed educational, healthcare, recreational and leisure facilities）；❸ 提供远远更多样化的购物选择（provide a much wider range of shopping choices）。

与此同时，人口向大城市集中的趋势也导致了：ⓐ 高交通量（higher volumes of traffic）；ⓑ 高污染；和 ⓒ 高房价（higher housing prices）的“三高”现象，而且导致乡村与小城市的劳动力短缺（labour shortages in small towns and rural areas），阻碍当地的经济发展（hinder economic growth in these areas）。

另外值得一提的是：雅思写作真题库里也包含考查大城市人口增加的产生原因和解决办法的考题形式，所以请您务必看清到底是哪种提问方式之后再动笔。目前，在英美对于这一趋势的常见解决方法包括：ⅰ 在大城市周围建立卫星城（build satellite towns around large cities）；ⅱ 改善小城市和农村地区的基础设施（improve the infrastructure in small towns and rural areas）；ⅲ 鼓励公司与工厂迁移到这些地区去（encourage companies and factories to relocate to these areas）。这些措施不仅可以为当地创造就业机会，而且可以刺激当地的经济发展（stimulate local economic growth），提高生活水平（raise the local standard of living），从而吸引更多的大城市居民（more residents of large cities）迁移到这些地区去。

### ▶ 7.5 分范文

Each year, many people **relocate to** large cities. This has caused rapid population growth in these cities.

The main cause of this trend is the **infrastructure gap between** large cities **and** other areas. As **economic centers** and **transport hubs**, large cities offer well-developed public infrastructure, including schools, hospitals, parks and airports, with qualities that are generally far better than those in small towns and rural areas.

Another reason why large cities attract more and more people is that the culture and lifestyle of large cities are more exciting, especially for the younger generation. They have a wide range of shopping centers, **sports facilities**, cinemas, concert halls and museums. Residents of large cities generally have access to **a much wider variety of leisure and cultural activities** than residents of other areas.

Large cities also provide more **career opportunities**, and most jobs in large cities offer **better salaries and benefits** than similar jobs in other areas. As a result, it is widely believed that people in large cities lead wealthy lives.

On the other hand, the rapid population growth in large cities is not necessarily a positive trend. In fact, **increasing household waste**, rising crime rates and **frequent traffic congestion** in overcrowded large cities are making them unpleasant places to live in or visit. **Overpopulation** in these cities has also put great pressure on resources such as public transport systems, schools, **healthcare services** and housing, and has made the competition for jobs tougher than ever. On a regional or national level, the **population boom** in large cities often means a decline in the young population and **labour shortages** in small towns and rural areas, which damages the economy in these areas.

In conclusion, people are attracted to large cities because of the well-developed infrastructure, exciting lifestyles and job opportunities in these cities. Nevertheless, the overall quality of urban life may decline due to the environmental and social problems caused by this trend.

## 词汇和短语

（标★的是本类话题的高频词汇或短语）

**relocate to ...** （尤其指由于工作的原因）搬迁至……

★ **infrastructure** *n.* 基础设施，注意：在雅思作文里它经常作不可数名词

【固定搭配】the infrastructure gap between ... and ... 两个区域之间在基础设施方面的差距

★ **transport hub** 交通枢纽

【英美实例】*London is a major* ***transport hub****, providing access to Europe and the rest of the world.*

**a wide range of ...** 多种多样的……

**have access to ...** 可以利用（某种资源）

a much wider variety of ... 远远更加丰富多样的……

sports facilities 运动设施

residents of large cities 大城市的居民们

leisure and cultural activities （名词短语）休闲与文化活动

career opportunities 事业的发展机会

better salaries and benefits 更高的工资与更好的员工福利，注意：这个固定短语里的 benefits 不是泛指好处，而是特指员工福利

wealthy *adj.* 富有的

is / are not necessarily... 并不一定是……

increasing household waste （名词短语）增多的住户生活垃圾

frequent traffic congestion 频繁的交通堵塞，注意：congestion 是不可数名词

★ overcrowded *adj.* 过度拥挤的

overpopulation *n.* 人口过多的状态

healthcare services （名词短语）医疗服务

population boom （名词短语）人口的快速增长

decline *n.* & *vi.* 减少，下降

nevertheless *adv.* 尽管如此

due to ... 由于……，注意：它的后面通常接名词或动名词

**Bonus:**

metropolitan area 大型的都市圈

amenities *n.*（经常使用复数）生活的配套服务设施，例如社区中心（community centers）、购物中心（shopping centers）、餐馆、游泳池等

uneven population distribution （名词短语）人口的不均匀分布

本文量化评分

| | | | |
|---|---|---|---|
| 论证扣题度与充实度 | ★★★★☆ | 行文连贯性与衔接效果 | ★★★★☆ |
| 词汇量和用词准确度 | ★★★★☆ | 语法准确度和多样性 | ★★★★☆ |

## ■ 译文

每年都有许多人搬迁到大城市。这造成了这些大城市人口的快速增长。

造成这一趋势的主要原因在于大城市在基础设施方面与其它地区存在着差距。作为经济中心和交通枢纽，大城市能够提供发达的基础设施，包括学校、医院、公园和机场等，而且设施的整体质量也要远比小城镇和农村里的基础设施质量更好。

大城市吸引越来越多人的另一个原因是大城市的文化与生活方式更加令人兴奋，特别是对于年轻人。它们有各种各样的购物中心、体育设施、电影院、音乐厅和博物馆。大城市里的居民通常能比其它地区的人们参加远远更丰富多样的休闲与文化活动。

大城市也提供更多的事业发展机会，而且即使是相似的工作在大城市的薪水和福利也要高于其它地区。所以，人们普遍认为生活在大城市的人过着富有的生活。

另一方面，大城市人口的快速增长未必就是积极的趋势。事实上，过于拥挤的大城市里面不断增加的家庭生活垃圾、上升的犯罪率和频繁的交通拥堵使得这些大城市成为了不适宜居住或者到访的地方。人口过多也对大城市的资源，例如公交系统、学校、医疗服务和住房造成很

大压力，而且对就业机会的竞争变得比以往任何时候都更激烈。在地区或国家层面上，大城市人口的激增意味着小城镇和农村地区的青年人口减少并产生劳动力短缺，这会对这些地区的经济发展造成危害。

总之，人们被吸引至大城市是因为城市中更好的基础设施、更令人兴奋的生活方式和更多的工作机会。尽管如此，城市的整体生活质量有可能因为这种趋势所造成的环境与社会问题而下降。

## 发展类范文十三 为未来做计划是否浪费时间

***Some people think that for individuals, planning for the future is a waste of time. It is more important for individuals to focus on the present. To what extent do you agree or disagree?***

一些人认为对于个人来说为未来做计划是浪费时间。对个人来说集中于现在更加重要。多大程度上你同意或者不同意？

**【说明】**

关注现在可以：ⓐ 让个人做事更有条理（become more organised）；ⓑ 帮助个人克服干扰（overcome distractions）。

尽管如此，对将来做计划也并不是浪费时间，因为对未来的计划可以：ⓘ 给工作者们明确的目标（clear objectives）；ⓘⓘ 保持学生们学习的动力（keep students motivated to learn）；ⓘⓘⓘ 缺乏计划的人很容易在生活当中失去方向感（are likely to feel disoriented in life），有可能会导致不健康或者缺乏责任感的生活方式（lead to unhealthy and irresponsible lifestyles）。对未来没有计划的人即使成功了，其成功也往往是缺乏可持续性的（the success tends to be unsustainable and short-lived）。

### ▶ 7.5 分范文

Some people argue that individuals should focus on the present and it is a waste of time to plan for the future. While I agree that the present is important, I do not think it is pointless to plan for the future.

The importance of paying close attention to the present is obvious. It makes us more focused and efficient because it gives our tasks **a sense of urgency**. Appreciating the importance of the present also makes us **cherish every moment** and try to spend it wisely, and **relieves our anxiety and tension** caused by **demanding tasks**.

However, focusing on the present does not mean that we should not plan for the future.

Making a plan and being committed to it can give us a healthy level of pressure to work hard and **make progress towards** the goal set in the plan. With **a specific target** ahead, we tend to be **more motivated and self-disciplined**.

**Well-thought-out plans** can also help us to **set priorities**, be clearer about our tasks and **avoid time-consuming mistakes**. For example, if university graduates have clear career plans, they will not waste time applying for positions that do not suit their career plans. Instead, they will concentrate on job opportunities that will allow them to carry out their career plans, which will help them to achieve their career goals faster.

In conclusion, I believe that focusing on the present makes us work harder and enjoy life more fully. However, if we only focus on our present interests, we **become short-sighted in life**. Making plans for the future is an important way to keep us **on the right track to reaching our** educational, professional and personal **goals.**

## 词汇和短语

（标★的是本类话题的高频词汇或短语）

**It is pointless to ...** 去做某事是毫无意义的

**make us more focused and efficient** 让我们更加专注而且高效

**pay close attention to sth.** 密切关注某事物

★ **a sense of urgency** 一种紧迫感

★ **cherish every moment** 珍惜每一个时刻

★ **relieve our anxiety and tension** （动宾短语）减轻我们的焦虑与紧张感

**demanding tasks** 要求很高的任务，艰巨的任务

★ **be committed to sth.** （**or doing sth.**）致力于某事，很投入地去做某事

**make progress towards our goals** 向我们的目标迈进

**a specific target** 一个明确的目标

★ **motivated** *adj.* 有动力的

【剑桥例句】*Gracie is **motivated** by a desire to help people.*

**self-disciplined** *adj.* 有自制力的

★ **well-thought-out plans** 考虑得很周全的计划

★ **set priorities** （动宾短语）确定应该优先完成的任务

**avoid time-consuming mistakes** （动宾短语）避免耗费时间的错误

**short-sighted** *adj.* 短视的

**keep us on the right track to reaching our educational, professional and personal goals** 让我们保持在实现自己的教育、职业和个人目标的正确道路上

※Pat 注：在英美也有些人喜欢在 on the right track to 的后面接动词不定式，但这位考生选择的接动名词的形式，也就是把 to 视为介词的做法从语法角度看也是合理的

### 语法多样性分析

◆ **Appreciating the importance of the present** also makes us cherish every moment and attempt to spend it wisely, and relieves our anxiety and tension **caused by demanding plans**. 本句里出现了用动名词短语作主语和用过去分词短语作后置定语的语法结构

**本文量化评分**

| 论证扣题度与充实度 | ★★★★★ | 行文连贯性与衔接效果 | ★★★★☆ |
|---|---|---|---|
| 词汇量和用词准确度 | ★★★★☆ | 语法准确度和多样性 | ★★★☆☆ |

## ■ 译文

有些人觉得个人应该聚焦于现在，为将来做计划只是浪费时间。尽管我同意现在很重要，但我并不认为对未来做计划没有意义。

密切关注现在的重要性是显而易见的。它让我们更加专注而且高效，因为它给了我们的任务一种紧迫感。充分认可现在的重要性还让我们珍惜现在的每个时刻，尽量明智地使用时间，并减轻艰巨的任务给我们带来的焦虑与紧张感。

然而，关注现在并不意味着我们就不应该对未来做计划。对未来做计划并且努力实施能够给人一种良性的压力，让人去努力工作并向着计划所确立的目标前进。当前方有明确的目标时，我们会更有动力与自制力。

考虑周全的计划还能帮助我们确定应该优先完成的任务，并且避免耗费时间的错误。例如，如果大学毕业生拥有清晰的事业规划，他们就不会浪费时间去应聘那些并不适合他们事业计划的岗位。他们会集中于那些能够让他们实施自己的事业规划的机会，这样他们就能更快地达成事业目标。

总之，我认为关注现在能让我们更加努力地工作而且更充分地享受生活。但是如果我们只关注当前的利益就会在人生中变得短视。对未来的计划是保证我们沿着正确的道路向我们的教育、职业和个人目标迈进的重要方法。

## 发展类范文十四 致我们还未逝去或已经逝去的青春

***Youth is highly valued in some cultures, while in other cultures old age is more valued than youth. Discuss both these views and give your own opinion.***

在一些文化里，青少年阶段获得了高度重视，而在另一些文化里老年阶段更受重视。讨论这两种观点并且给出你自己的看法。

### ▶（A）7分范文

Some people argue that old age should be respected and valued, while others believe that youth is more important than old age.

I agree with the view that elderly people can play very significant roles in society and therefore should be respected and valued. Even after they retire, senior citizens can still offer many good suggestions to the government and various organisations because they have **a wealth of knowledge and experience**, and tend to have a strong sense of responsibility. They can help the government and organisations to make better decisions and policies. Many elderly people can also care for and teach their grandchildren very effectively. Most of them **are patient and caring**, and can provide their grandchildren with care that the children's parents do not have the time or energy to provide. Some grandparents even set the values by which their families live. They **are positive role models** for young family members because they are **polite and family-oriented**.

At the same time, I believe that youth is also valuable. Young people's energy and creativity have made important contributions to the development of science, technology and **social and political reform**. They are more willing to make changes to lifestyles and accept new technology and ideas. Although sometimes young people **make rash decisions** and take too much risk, they generally have more opportunities than elderly people to **correct their mistakes** and continue to grow and develop their full potential.

In conclusion, I would argue that we should value both old age and youth. The government should try to create opportunities for people of all ages to **achieve their potential**.

### 词汇和短语

（标★的是本类话题的高频词汇或短语）

**a wealth of ...** 本文里指丰富的（知识与经验）

★ **patient and caring** 有耐心的而且很爱护别人的

★ **positive role model** （名词短语）榜样

★ **polite and family-oriented** 有礼貌而且以家庭为中心的

**social and political reform** （名词短语）社会与政治改革

★ **make rash decisions** 做出仓促的、鲁莽的决定

**correct their mistakes** （动宾短语）纠正他们的错误

**achieve their potential** （动宾短语）充分实现他们的潜力

**本文量化评分**

| | | | |
|---|---|---|---|
| 论证扣题度与充实度 | ★★★★☆ | 行文连贯性与衔接效果 | ★★★☆☆ |
| 词汇量和用词准确度 | ★★★★☆ | 语法准确度和多样性 | ★★★☆☆ |

## ■ 译文

有些人认为老年应该被尊重和重视，而其他人则认为年轻更重要。

我同意老年人可以在社会中扮演重要的角色，因此应该被尊重而且被重视的看法。老年人即使在退休后也能为政府和其它组织提供很多建议，因为他们有丰富的知识与经验，而且往往有很强的责任感。他们可以帮助政府和组织做出更好的决定与政策。很多老人**还**能够有效地照看并教育他们的孙辈。他们很有耐心与爱心，能提供孩子的父母没有时间或精力提供的关爱。有些祖父母**甚至**确定他们的家庭生活所遵循的价值观。他们是年轻家庭成员的榜样，因为他们有礼貌并且以家庭为重。

与此同时，我认为年轻同样可贵。年轻人的活力和创造力为科技的发展和社会、政治的变革都做出了重要的贡献。他们更愿意改变生活方式并接受新潮的科技和思想。虽然有时候年轻人容易做冲动的决定并且过多地冒险，他们普遍比老年人拥有更多的机会去改正错误，能够继续成长并充分发挥出他们的潜力。

总之，我认为老年人和年轻人都非常有价值。政府应该为所有年龄的人创造充分发挥他们潜力的机会。

### ▶（B）8分范文

In this essay, I will discuss whether youth is more valuable than old age.

Youth is valued in many modern societies where social change is much faster and competition is much more intense than in traditional societies. Young people are **more energetic**, both physically and mentally. Most of them have a better memory and **a more agile mind** than those of elderly people. These advantages often lead to **higher productivity** at work. Young people also tend to **be more motivated to pursue change** in their lives, not only because of their **relative inexperience** and their wish to gain more experience, but also because they are generally **more open-minded**. This can be proved by the fact that some of the most creative firms in the world today **were established by** "**kid entrepreneurs**", such as Facebook co-founder Mark Zuckerberg, Google co-founder Larry Page, and Kevin Systrom, the young CEO of Instagram.

In more traditional countries, however, old age is more appreciated than youth. This is mainly due to the belief that elderly people have gained more life and work experience that young people can **draw on**. Also, it is generally thought in these societies that the older generation is **more calm and rational** when making decisions, which can help families, organisations and governments to avoid the negative consequences of **rash actions** or plans.

My own opinion is that both the younger and the older generations **make their share of contributions to** society. It is important for individuals to **be enthusiastic about** what they do, regardless of their age.

## 词汇和短语

（标★的是本类话题的高频词汇或短语）

**more energetic** 更有活力的

**physically and mentally** 在身体方面与脑力方面

★ **a more agile mind** （名词短语）更加敏捷的头脑，更加敏捷的思维

★ **productivity** *n.* 生产率

★ **be more motivated to pursue change** 更有动力去追求改变

★ **relative inexperience** （名词短语）相对缺乏经验的状态

**establish** *vt.* 建立

★ **kid entrepreneur** 习惯短语，指非常年轻的创业者

**co-founder** *n.* 共同创立人之一

**draw on** 借鉴

【剑桥例句】*She had a wealth of experience to* ***draw on****.*

**is mainly due to …** 主要是由于，注意：它的后面接名词或动名词

【剑桥例句】*Her unhappiness* ***is mainly due to*** *boredom.*

★ **calm and rational** 冷静的、理性的

**negative consequences** 负面的后果

★ **rash actions or plans** 仓促的、鲁莽的行动或计划

**make their share of contributions to …** 为某事物做出他们的一份贡献

★ **be enthusiastic about …** 对某事物很有热情的

**本文量化评分**

| | | | |
|---|---|---|---|
| 论证扣题度与充实度 | ★★★★★ | 行文连贯性与衔接效果 | ★★★★☆ |
| 词汇量和用词准确度 | ★★★★☆ | 语法准确度和多样性 | ★★★★☆ |

## ■ 译文

在本文中，我将讨论青少年阶段是否比老年阶段更值得珍惜。

年轻人在社会变革明显更快而且竞争远远更加激烈的现代社会当中更受重视。年轻人在身体和脑力方面都更富有活力。他们大多比老年人有着更好的记忆力和更敏捷的思维。这些优点经常会带来工作中更高的生产率。年轻人通常**也**更有动力去追求生活中的变化，不仅是因为他们相对缺乏经验并希望获得更多的经验，还因为他们通常思想更加开放。当今的现实也证明世界上一些最富创造力的公司也是由“少年创业者”们开创的，比如Facebook的创始人之一马

克·扎克伯格，Google的创始人之一拉里·佩奇，还有Instagram年轻的CEO凯文·斯特罗姆。

然而在那些更为传统的国家，老年人却比年轻人更受重视。这主要是因为人们相信老年人拥有更为丰富的人生和工作经验来供年轻人借鉴。同样，在这些社会中人们普遍认为老年人在做决定时更为冷静和理性，这能帮助家庭、组织和政府避免由于仓促行动或政策而导致负面结果。

我自己的看法是年轻人和老年人都为社会发展作出他们应有的一份贡献。对于个人来说重要的是不管年龄如何，都能有热情地从事他们的事务。

## 发展类范文十五 / 体育获胜之道

***Some people believe that only the fittest and strongest individuals and teams can succeed in sports. Others think that success in sports depends on mental attitudes. Discuss both these views and give your own opinions.***

有些人认为只有最健康、最强壮的运动员和运动队才能在体育运动中获得成功。另外一些人则认为心态才是在体育运动中成功的关键。请讨论这两种观点并给出自己的看法。

### ▶ 8分范文

Winners in sports competitions are often regarded as heroes. However, people have different views about **the decisive factor for victory in** a sports competition.

Some believe that only the fittest and strongest participants can achieve success in sports competitions. This belief is based on the understanding of sports as **purely physical activities** and the fact that the results of sports competitions are often determined by the **strength**, **speed**, **endurance**, **flexibility or balance** that participants display. It is the **objective comparisons of** participants' performance **according to these criteria** that make many sports competitions worthwhile and fair. This is particularly true of individual sports such as swimming, track and field and weightlifting.

Others, however, think that success in sports depends on mental attitudes. **Stamina-based sports** such as cross-country cycling and triathlon are so demanding that even participants in the best physical condition **need strong willpower** to carry themselves through the competition and win. Without **enough perseverance**, a competitor would give up before the end of the race.

When it comes to team sports such as basketball and volleyball, cooperation among team members is so crucial that even teams consisting of players with the best physical abilities may lose if the individual players **lack team spirit**. For example, if the members of a basketball team only care about how to score points by themselves and **refuse to** share the ball with and help other members who have better scoring opportunities, the team is not likely to be successful on the court, no matter how **tall**, **strong or agile** its members are.

My own opinion is that success in sports requires more than good physical condition. It needs **a combination of** great physical energy, a winning attitude and a bit of good luck. If two teams **are evenly matched** in terms of **physical abilities**, then the one with **more cooperative and determined** players is more likely to win.

## 词汇和短语

（标★的是本类话题的高频词汇或短语）

★ **the decisive factor for ...** 是否能够取得某一结果的决定因素

**victory** *n.* 通过激烈竞争所获得的胜利

**participant** *n.* 参加者

**is based on ...** 是基于……

**is / are purely physical activities** 是纯粹的体力活动

**is determined by ...** 由（某因素）决定，请注意：determined 作形容词时是指有决心的

★ **strength, speed, endurance, flexibility or balance** 力量、速度、耐力、灵活性或平衡性

**display** *vt.* 表现出

【剑桥例句】*The British traditionally tend not to **display** much emotion in public.*

**objective comparisons** （名词短语）客观的比较

**participants' performance** （名词短语）参加者们的表现，请注意：这个短语里的 performance 不是指表演，而是指在某方面的表现

【剑桥例句】*With a record of 2 wins and 3 defeats, the team's **performance** has been disappointing.*

**these criteria** 这些衡量标准

**make ... worthwhile and fair** 让某种活动是值得进行的而且公平的

**track and field** 田径运动

★ **stamina-based sports** 基于耐力的运动

**cross-country cycling** 越野自行车运动，注意：不是“跨国自行车运动”

**triathlon** *n.* 铁人三项

★ **demanding** *adj.* 要求很高的，艰巨的

★ **strong willpower** 顽强的意志力

★ **perseverance** *n.* 毅力

**competitor** *n.* 这里指一个参加竞赛的人，请注意它和 competition 竞赛的拼写区别

★ **lack team spirit** （动宾短语）缺乏团队精神

**score points** （动宾短语）得分

**refuse to ...** 拒绝去做某事

**on the court** 本文里指 on the basketball court

**agile** *adj.* 敏捷的

**a combination of …** 某几种事物的结合

★ **is / are evenly-matched** 是势均力敌的

**more cooperative and determined players** 更有合作精神而且更有决心的球员

## 语法多样性分析

◆ **It is** the objective comparisons of participants' performance according to these criteria **that** make many sports competitions fair and worthwhile. 本句使用了 It is … that …的强调句式

**本文量化评分**

| | | | |
|---|---|---|---|
| 论证扣题度与充实度 | ★★★★★ | 行文连贯性与衔接效果 | ★★★★☆ |
| 词汇量和用词准确度 | ★★★★☆ | 语法准确度和多样性 | ★★★★☆ |

## ■ 译文

体育竞赛中的胜利者往往被视为英雄。然而人们对赢得体育竞赛的决定因素却有着不同的看法。

有些人认为只有身体最健康强壮的参加者才能获得体育比赛的胜利。这一观点是基于认为体育运动只是单纯的体力活动的理解，以及体育比赛的成绩往往是由运动员们所展示出的力量、速度、耐力、灵活性或平衡性来决定的事实。很多体育比赛正是由于对运动员们的这些衡量标准的客观比较而变得有价值而且公平。尤其典型的是像游泳、田径运动和举重这样的个人项目。

然而其他人却认为竞技体育的成功取决于心态。像越野自行车及铁人三项这样的基于耐力的运动要求非常高，即使是身体状态最好的运动员也需要很强的意志力才能完成整个赛事并获得胜利。如果没有足够的毅力，竞争者就可能会半途而废。

至于篮球、排球这样的集体运动，队员间的合作是如此关键，以至于如果队员间缺乏团队意识，即使他们拥有最好的身体条件也有可能输掉比赛。例如，如果篮球队的队员只关心自己得分而不去和有更好得分机会的队员分享球权并且协助他们，那么不论这支队伍中的队员有多么高大、强壮或灵活，球队也很难在篮球场上取得好成绩。

我认为要想在体育竞赛中获得成功，所需的因素不只是良好的身体状况。它需要非常好的体能、胜出对方的心态和一点好运气的结合。如果两支队伍在体能方面势均力敌，那么更加积极配合、更有决心的一方则更可能获胜。

## 发展类范文十六 一位擅长“套模板”的考官关于发展话题的表态：传说中的工作满意度

***As most people spend a major part of their adult life at work, job satisfaction is an important element of individual well-being. What factors contribute to job satisfaction? How realistic is the expectation of job satisfaction for all workers?***

多数成年人都把生活中很重要的部分用在了工作上，所以工作满意度对个人生活质量至关重要。有哪些因素能提高员工对工作的满意度？让所有的员工都满意是否现实？

### ▶ 9 分范文

Nowadays many adults have full-time jobs and the proportion of their lives spent doing such jobs is very high. So feelings about one's job must reflect how an individual feels about his or her life as a whole, and because of this, job satisfaction is indeed very important to the well-being of that person.

Employees get job satisfaction in a number of ways. Firstly, a person needs to feel that they are doing valued and valuable work, so **positive feedback from superiors** is very important in this respect. **A sense of fulfillment** is also encouraged if a worker feels the job is worth doing because it contributes to the society or the economy as a whole. Secondly, when employees feel that they are improving or developing their skills through training opportunities, for example, then there is **a sense of progression** that **rewards** them. **The sense of belonging** to a team or a working community also contributes to job satisfaction because **colleagues help each other** to enjoy their working lives. Satisfaction is also increased by **a sense of responsibility for** and loyalty to a team.

Of course not everyone enjoys their work. **Hard economic realities** mean that many people have little choice in the kind of job they can get. In some cases an employee is working in a job that suits neither their skills nor their personality. Some jobs **are repetitive and boring**, and **labor relations** may be poor and **lead to resentment and insecurity** rather than to job satisfaction.

However, even though it is unlikely that all workers do feel happy in their work, I think **it is not unrealistic to** promote more job satisfaction in any job. If the factors identified above **are implemented**, then any job can be improved and more workers can feel greater degrees of job satisfaction.

## 词汇和短语

（标★的是本类话题的高频词汇或短语）

**job satisfaction** 工作满意度

★ **element** *n.* 元素，因素

★ **well-being** *n.* 良好的状态

**realistic** *adj.* 现实的 【反义】unrealistic

★ **proportion** *n.* 比例

★ **reflect** *vt.* 反映，体现

★ **positive feedback** 积极的反馈，请注意这个词是不可数名词，不能加-s，很多同学用错

★ **superior** *n.* 上司

**as a whole** 作为整体，整体上

★ **in this respect** 在这方面（请注意这里的respect不是尊重的意思，而指某方面）【近义】in this regard

★ **reward** *vt.* 回报

★ **a sense of fulfillment** （名词短语）成就感

**a sense of progression** 一种取得进步的感觉

★ **a sense of belonging** 一种归属感

★ **colleague** *n.* 同事

**a sense of responsibility** 责任感

★ **loyalty (to)** 对于……的忠诚 【形容词词组】be loyal to

**hard economic realities** 艰难的经济现实

★ **repetitive and boring** 重复的而且枯燥的

★ **It is not unrealistic to ...** 去做某事并非不现实

**labour relations** 劳资关系，雇主与员工们之间的关系

★ **lead to resentment and insecurity** 导致怨恨和不安全感

**identify** *vt.* 确认 【名词】identity 身份

★ **implement** *vt.* 实施，开展

## ■ 译文

如今，很多成年人都有一份全职工作，并且这份工作占据了他们生活中非常大的比例。所以一个人对他工作的感觉能反映出他对自己整个生活的感觉，也正因为如此，工作满意度对个人生活质量来说是至关重要的。

员工们可以通过许多方式来获得工作满意度。首先，一个人需要觉得他做的工作是有价值的也是为人所认可的，所以从主管那里得到的积极回馈就是良好工作满意度的一个重要方面。对工作的满足感也同样可以激励员工的工作满意度，例如他们觉得自己的工作很值得做，因其可以对社会及整体经济作出贡献。**第二，**当员工们觉得他们的技能可以通过培训等机会得到提升和发展，就会有一种取得了进步的感觉让员工们得到满足。**此外**对工作团队或工作群体的归属感同样可以增加员工满意度，因为同事们可以相互帮助并享受由此所带来的工作生活。工作满意度还可以由对于一个团队的责任感和忠诚来得以提升。

当然并不是每一个人都那么享受自己的工作。残酷的经济环境意味着许多人在工作上并没

有太多的选择余地。有些时候一位员工所做的工作既不适合他的技能结构也不适合他的性格。有些工作是简单重复和无聊的，**而且**糟糕的劳资关系也往往会导致憎恨和不安全感，而不是工作满意度。

然而，尽管并不是所有的员工都对他们的工作感到高兴，我仍然认为在所有的工作中设法提高工作满意度并不是不现实的。如果上文提到的那些可以促进工作满意度的条件可以在工作中被实施的话，那么任何工作都能够被改善，而且更多的员工可以在工作中享受到更高的工作满意度。

## Pat 评析

这篇满分范文开头段的第一句是对原题的改写，请认真比较下列句子：

**原题里的措辞：** ***Most people spend a major part of their adult life at work***，…

**考官范文里的对应措辞：** Nowadays many adults have full-time jobs and the proportion（比例）of their lives spent doing such jobs is very high.

看起来更充实，但含义是一样的。

接着看：

**原题里的措辞：** … ***job satisfaction is an important element of individual well-being.***

**考官范文里的对应措辞：** So feelings about one's job must reflect how an individual feels about his or her life as a whole, and because of this, job satisfaction is indeed very important for the well-being of that person.

字数多了不少，但仔细一看，仍然是对原题措辞进行的改写。

接下来，在**主体段 1** 中，该考官分析了促进工作满意度的因素，写了 4 条。前两条是通过 Firstly，… 和 Secondly，… 来进行衔接的，而后两条则通过 Also 引出，而且有一些难度不大的展开支持句，属于较为典型的“雅师”（IELTS）写法。

该考官在**主体段 2** 里分析了有哪些因素会妨碍提高员工的满意度：ⓐ 工作性质不适合员工的能力或个性；ⓑ 工作过于单调或者劳资关系紧张。

**结尾段**不长，用两句话概括了上文内容，但措辞又与上文不尽相同，是典型的官方写法。

## 发展类范文十七 一位健康意识很强的考官关于儿童平均体重上升的吐槽

***In developed countries, the average weight of children is increasing. Some people think that this is due to the growing number of fast food restaurants. Others believe that parents should be blamed for not looking after their children's health. Discuss both these views and give your own opinion.***

在发达国家，儿童的平均体重正在上升。有些人认为这是由于数量增加的快餐店。另外一些人则认为这应该怪父母没有照顾好儿童的健康。请对两种观点进行讨论并给出自己的观点。

▶ **9分范文**　　考题类型：Discuss both views + your own opinion 型　　结构选择：较为均衡的四段式

Many children are overweight in developed countries and the situation has been worsening.

Some people think the main reason for this situation is that children have been surrounded by **fast food outlets** selling unhealthy foods such as cheeseburgers and hot dogs. Almost all **fast food items** are **high in calories**, **sugar**, **salt and saturated fat**, and are served with a great deal of **artificial flavoring**. These people believe that if there were fewer fast food outlets, then children would not eat so much fast food.

Others, however, believe that **healthy eating habits** need to be formed at a young age, long before children begin to visit fast food restaurants. If young children are given chocolate bars and potato crisps instead of **nutritious food**, they are likely to **become addicted to sugary and salty foods**, which can **last into adulthood**.

It seems that the two reasons discussed play an equal role in contributing to the problem, but I think a third **contributing factor** is that these days, most children do not get enough exercise to keep themselves healthy and **prevent obesity**. They do not **walk or cycle to and from school**. At home, they spend long hours sitting in their room watching TV or playing non-active computer games, which also gives them time to eat more junk food. It has been scientifically proven that **inactive lifestyles** can lead to **a buildup of fat**, which **causes weight gain**. Thus, we should encourage children to be more active, as well as **steering them away from** fast food outlets and unhealthy eating habits.

## 词汇和短语

（标★的是本类话题的高频词汇或短语）

**has been worsen**　在持续地恶化

★ **fast food outlet**　快餐店

★ **high in calories**　热量很高的，卡路里很高的

**saturated fat**　（名词短语）饱和脂肪

**artificial flavouring**　人造的调味品

**fast food item**　快餐食品

★ **healthy eating habits**　健康的饮食习惯

★ **nutritious food** 营养很丰富的食品

**become addicted to sugary and salty foods** 对多糖和多盐的食品上瘾

**last into adulthood** 一直延续到成年时期，注意：这个短语里的 last 是作动词，延续的意思

**walk or cycle to and from school** 走路或骑自行车从学校往返

★ **cause weight gain** （动宾短语）导致体重增加

★ **a contributing factor** 一个导致的因素

★ **prevent obesity** 预防肥胖症

**inactive lifestyle** 不活跃的、缺少运动的生活方式

**a buildup of fat** （名词短语）脂肪的聚积

**steer sb. away from sth.** 让某人远离某事物

## ■ 译文

在发达国家中，大量儿童体重超标的问题正在日益严重。

有些人认为造成这一状况的主要原因是孩子周围存在着太多的快餐店，它们不断地向孩子们销售着汉堡包、热狗等不健康食品。几乎所有的快餐食品都含有高卡路里、高糖分、高盐分并富含脂肪，还辅以大量的人造调味品。这些人认为如果能减少快餐店的数量就能控制儿童食用快餐食品的数量。

然而另外一种看法是应该让儿童在很小的时候，即在还不能光顾快餐店的时候就养成良好的饮食习惯。如果儿童小时候总被给予巧克力棒或薯片等零食而不是那些有营养的食物，长大后他就很容易对那些糖分和盐分高的快餐食品上瘾。

看来以上两点原因都是造成这一问题的症结所在，但我认为还存在第三个因素，那就是大多数儿童缺乏足够的体育锻炼来使他们保持身体健康和匀称。他们从不走路或骑车上下学。他们在家时也长时间坐在自己的房间里看电视或是玩缺乏身体运动的电脑游戏，这也会导致他们吃更多的垃圾食品。科学已经证明，缺乏运动的生活模式会使身体堆积脂肪，体重增加。所以我们应该鼓励儿童更加活跃一点，同时让他们远离快餐店和不良的饮食习惯。

## 发展类范文十八 医疗预算应该主要用于治病还是防病

*A large proportion of a country's health budget should be diverted from treatment to spending on health education and preventative measures. To what extent do you agree or disagree?*

国家医疗经费的一大部分应该从治疗疾病转移到健康教育和疾病预防措施上面。在何种程度上你同意或不同意该观点？

**【说明】**

本题是典型的 agree or disagree 题型，但是本文的结构却比较特殊。开头段对原题里

的观点进行了转述，但并没有提出自己对于这种观点的态度。第 1 个主体段论证了预防和尽早干预疾病从人道、经济和社会角度都有重要的意义。第 2 个主体段从更现实的角度论证了具体应该有多大比例的资金被用于预防疾病并不是非专业人士所能决定的。结尾段则提出问题的关键在于确定到底哪些健康教育宣传活动和预防措施是最有效的，从而帮助我们做出合理的决定。

灵活的结构同样是以行文逻辑严密为前提的。

▶ **9 分范文**

In recent years, there have been a growing number of people in favour of putting more resources into health education and **preventative health measures**.

There are numerous arguments for **intervening in** any **medical condition** as early as possible. Firstly, obviously there is a strong humane argument for **the relief of suffering**. There is also an economic argument for preventative health measures. Statistics demonstrate **the cost-effectiveness of** treating a disease in the earliest stages rather than delaying until expensive treatment is necessary. In addition, there are social or economic costs of **medical treatment**, perhaps in terms of loss of earnings for the family of the patient or **unemployment benefits paid by the state**.

However, the difficulties start when we try to find out what the proportion of the budget should be, particularly if the funds will **be diverted from** medical treatment. Decisions on exactly how much of the health budget should be spent in this way are not a matter for the non-specialist, but should be made on the basis of an accepted health service model.

This is the point at which real problems occur — **the formulation of** the model. I personally believe that it would be hard for us to **accurately measure** which **health education campaign** would be the most effective in both financial and medical terms. It would also be unlikely that we could agree on the medical effectiveness of various **screening programmes**. **A highly rigorous process of evaluation** is needed so that we can make **informed decisions**.

## 词汇和短语

（标★的是本类话题的高频词汇或短语）

| | |
|---|---|
| **intervene in ...** 干预（某事物） | **humane** *adj.* 人道的 |

a medical condition　本文里是指某个人长期患有的某种健康问题

the relief of suffering　（名词短语）对痛苦的减轻

physical suffering　（名词短语）身体所遭受的痛苦

statistics　*n.* 本文里指统计数字

★ the cost-effectiveness of ...　某事物的成本效益

★ treat a disease in the earliest stages　（动宾短语）在尽可能早的阶段治疗一种疾病

unemployment benefit　失业救济，注意：它不是指“事业的益处”，在英美benefit常指由政府发放的某种福利金，除了失业救济之外还有child benefit 儿童福利金和disability benefit 残疾人福利金等

medical treatment　（名词短语）医学治疗

the state　在讨论社会福利问题时地道英文里经常用the state来指政府

★ be diverted from ... to ...　（某种资源）被从一个领域改用于另一领域

the formulation of ...　（名词短语）（某种政策或者法规的）制定

accurately measure ...　准确地衡量……

health education campaign　大规模的健康教育宣传活动

screening programmes　筛查项目

rigorous　*adj.* 严格的

★ evaluation　*n.* 评估

an informed decision　基于有效信息做出的决定

## ■ 译文

在最近几年，越来越多的人赞成将更多资源投入到健康教育和预防疾病的措施上面。

有很多根据去支持尽早地干预疾病的出现。首先，从人道角度来说，显然减轻病痛是合理的。**从经济角度来说**，提前预防疾病的做法也是有益的。统计数据表明在疾病初期治疗要比推迟治疗一直到不得不用昂贵的手段治疗更经济。**此外**，医疗救治还会造成社会和经济上的成本，也许包括病人的家庭会失去收入而政府在病人患病期间发放的失业救济。

然而，问题的困难之处在于我们很难决定应该有多大比例的财政预算花在预防上面，特别是当资金需要从医疗费用中调拨的时候。决定具体要在这方面投入多少资金并不是非专业人士所能决定的，而是应该基于一个被广泛接受的医疗服务模式。

这就是真正的问题所在——这种模式的制定。我认为我们将很难准确地测定哪个健康教育宣传活动从经济与医学角度看是最有效的。我们也不太可能对各种筛检项目的医学有效性达成意见上的一致。我们需要一种非常严格的评估过程来帮助我们做出基于有效信息的决定。

## 发展类范文十九　体育赛事是否可以给国际关系带来正能量

*Some sporting events, such as the World Cup, may help to reduce the tension and prejudice between countries and keep the peace of the world. What is your view?*

像世界杯等此类重要体育赛事可以帮助缓解国家间的紧张和偏见，并维护世界和平。对此你的观点是怎样的？

▶ **9分范文**　　考题类型：你怎么看型　　结构选择：带有明显倾向性的五段式

Many **friends are formed** through playing or watching sports, and sporting rivalries, although keen, can be friendly. But this is **on the individual, amateur level**. By contrast, the effect of international professional sports on prejudice between countries presents a much more mixed picture.

On the surface of the issue, it would seem that the sheer exuberant fun of sports should **release such energy and excitement** that people would **leap over the barriers** which divide them and embrace each other in the joy of sharing a common humanity in this directly physical way. That, from what I read, is exactly what Baron de Coubertin expected when he founded the Olympic Games and wrote about **his ideals**.

However, the problem is that without some other strong **social bonding mechanisms** such as **a shared ideology** that takes people and nations out of themselves and **makes them devoted to** wider goals, sports on their own, except at some very rare moments, cannot make much of a contribution to peace.

The reason for this is that sports are never played in a political vacuum. All kinds of other factors are involved — cultural, commercial, diplomatic and nationalistic. Indeed, the recent history of football competitions illustrates the fact that sports can often **worsen relations between countries** rather than improve them. **The tragic consequences of** these competitions only serve to **cause hatred and contempt between countries**.

In summary, I regret to admit that experience shows sports do little to **overcome mutual national stereotypes** or **promote peace** between nations.

## 词汇和短语

（标★的是本类话题的高频词汇或短语）

**friendship** *n.* 友谊
★ **rivalry** *n.* 相互竞争的状态
**keen** *adj.* 本文里指激烈的
★ **amateur** *n.* & *adj.* 业余爱好者（的）

**surface** *n.* 表面
**sheer** *adj.* 本文里它是用来突出情感的强烈程度
**exuberant** *adj.* 情绪热烈的

release *vt.* 释放

leap *v.* 跳跃，跨越

★ **barrier** *n.* 障碍

**embrace** *vt.* 拥抱，真诚地接受

★ **humanity** *n.* 本文里指人类的共有属性

**found** *vt.* 建立（机构或政权等），注意：它的过去式是 founded

**ideal** *n.* 所追求的理想

**social bonding mechanism** （名词短语）社会凝聚力机制

★ **be devoted to sth.** 全心全意地投入某事物

**political vacuum** （名词短语）政治的真空，完全不受政治影响的状态

★ **diplomatic** *adj.* 外交的

**nationalistic** *adj.* 民族主义的

**tragic consequences** 悲剧性的结局

**cause hatred and contempt** （动宾短语）导致仇恨与鄙视

**overcome mutual national stereotypes** （动宾短语）克服对于对方国家所持有的思维定势

**promote peace** （动宾短语）促进和平

## 译文

许多人都是通过一起参与或观看比赛结交了很多朋友，而体育竞技尽管激烈，但比赛依然是非常友好的。但这只存在于个人的、业余的竞技环境。与之相反，国际职业体育竞技在面对国家间的偏见时往往会复杂得多。

从表面上看，趣味横生的体育运动能释放人们身体的能量和激动的心情，从而帮他们跨越那些阻碍他们拥抱在一起并分享愉悦的障碍。据我所知，这是顾拜旦先生在创立现代奥运会时所写下的理想。

然而，问题在于如果缺乏另外一些强有力的社会凝聚力机制，比如能够让人们和国家从自身利益当中走出来、追求更宽广目标的共同信念，体育本身除了在极少数时刻之外，是很难对和平作出重要贡献的。

其原因是体育永远不会存在于一个政治真空中。有各种其它因素影响着体育——文化的、商业的、外交的和国家主义的。的确，近代足球比赛的历史证明了体育事实上往往会恶化国家间的关系而不是改善它们。这些赛事竞争的悲剧性结果就是在国家间导致了仇恨与鄙视。

总之，我遗憾地承认，经验表明运动对于克服国家间的偏见及促进和平成效并不明显。

## 发展类范文二十 运动设施增加了人民是不是就更会健康

***Some people say that the best way to improve public health is by increasing the number of sports facilities. Others, however, say that this would have little effect on public health and that other measures are required. Discuss both these views and give your own opinion.***

有些人认为提高公共健康最好的办法是增加公益运动设施的数量。其他人则认为，这起不到什么作用，要提高公共健康还需要采取其它措施。请讨论这两种观点并且给出你的看法。

发展类范文

**【题目分析】**

本题是《剑 9》Test 3 的考题。

拿到考题之后，首先必须要认真地读题。读题不认真只会有两种结果：❶ 写到考试快要结束时突然发现自己全部或者部分跑题，但是已经来不及擦掉重写了，追悔莫及；❷ 考试结束后跟同学“集体回忆”考题时突然惊觉自己全部或者部分跑题，但是想改也改不了，追悔莫及。

当确信已经看清了题目里的每个部分之后，我们可以迅速作出如下判断：ⓐ 本题属于典型的 **D & G** 型考题（讨论双方的观点并且给出你自己的看法）。因此，必须对题目里所给出的双方观点都进行讨论，否则必然会被判为 **partially off-topic**；ⓑ 题目所含的第一种观点里赫然写着 **the best** 这个绝对词，因此这种观点很可能存在着逻辑漏洞（可能还有更好的改善公众健康的方法）。因此，我们可以对两种观点的理由都进行适当论证，但是把论证的重点放在第二种观点上。

剑桥的官方范文会怎样写呢？身为考官，是不是会像“平民”一样认真地审题呢？我们拭目以待。

**▶ 9 分范文**

**考题类型：Discuss both views + your own opinion 型**
**结构选择：带有明显倾向性的五段式**

A problem of modern societies is the declining level of health in the general population, with conflicting views on how to tackle this worrying trend. One possible solution is to provide more sports facilities to **encourage a more active lifestyle**.

第一句话是介绍背景，第二句话是提出辩论话题。考官范文的开头段一般都不长，主体段的实质性论证才是真正展现实力并且形成说服力的位置。同时由于本题是一道 D & G 型考题，因此考官没有在开头段提出自己的看法，多数官方 **D & G 型考题**范文的开头段都是这样写的（cf.《十天突破雅思写作》Day 8）。

值得注意的是：这篇《剑 9》官方满分范文里用到了不少被一些国内教师斥为“模板”的结构性语句。其实在写议论文时，辅助行文的结构性语句谁也离不开，剑桥考官们自己在用母语写作时也是一样的（有兴趣的话您也可以看看自己在中学时写过的中文议论文里是否能够彻底摆脱这样的结构性语句）。“套模板”的真正问题在于：结构性语句比实质性论证的语句还要长、还要难、还要“抢眼球”。远远超过考生实际写作能力的结构性语句只会让考官确信这根本不是考生自己所为。合理的结

（续表）

| | |
|---|---|
| | 构性语句是**宁易勿难**的，因为高分作文里的**结构性语句的作用本来就不是“拿分”，而只是争取“不扣分”**，一篇文章里真正能拿分的内容永远都是针对具体话题进行实质性论证的部分。对于英语基础一般的同学来说，结构性语句应该是在学习成功范例之后自己去思考、尝试、推敲、比较、修改出来的。只有这样，才能确保自己完全理解每句话的意思，而不会“前言不搭后语”甚至“张冠李戴”。也只有这样，才能实现结构性语句与实质性论证语句之间在用词风格、难度和句式风格、难度上的协调统一。 |
| Advocates of this believe that today's **sedentary lifestyle** and **stressful working conditions** mean that physical activity is no longer part of either our work or our leisure time. If there were easy-to-reach local sports centres, we would be **more likely to** make exercise a regular part of our lives, rather than just collapsing in front of a screen every evening. The variety of sports that could be offered would **cater for all ages**, levels of fitness and interests: those with painful memories of PE at school might be happier in the swimming pool than the **football pitch**. | 本段对第一种观点进行讨论，像我们预计的那样写得比较短（the best 从逻辑上看过于绝对，从而导致这种观点本身就存在着逻辑漏洞）：指出目前人们普遍缺少运动，而且工作压力很大。如果有可以方便前往的运动中心，也许会有更多的人去运动，而不再是每晚面对着电视或者电脑屏幕。由运动中心提供的活动将能满足不同年龄、体质和兴趣的人们的需求。并且考官还举出了例子：那些从小就不喜欢上体育课的人也许会更喜欢游泳池而不是足球场。 |
| However, there may be better ways of tackling this problem. Interest in sport **is not universal**, and additional facilities might simply attract **the already fit**, not those who most need them. **Physical activity** could be encouraged relatively cheaply, for example by **installing exercise** | 本段讨论第二种观点：可能有更好的增进公众健康的方式。在本段里所给出的理由是：并不是每个人都喜欢运动，增加运动中心的数量有可能只会吸引到本来就已经很健康的运动爱好者们。可以用更低价的方式鼓励人们参加运动，例如在公园里安装健身器械，会有更多的父母带着孩子一起健身，这也有助于孩子们从小形成对运动健身的积极心态。 |

（续表）

| | |
|---|---|
| **equipment** in parks, as my local council has done. This has the added benefit that parents and children often use them together just for fun, which **develops a positive attitude to exercise** at an early age. | |
| As well as physical activity, high **tax penalties** could **be imposed on** high-fat food products, **tobacco and alcohol**, as excessive consumption of any of these **contributes to poor health**. Even improving **public transport** would help: it takes longer to walk to the bus stop than to the car. | 本段对考官更倾向的第二种观点提出了更多的理由：除了鼓励人们参加运动健身之外，还可以对高热量食品、烟草和酒类征收惩罚性的高赋税，甚至连改善公交服务也有助于让人们多走路，这些都会对增进公众健康有益。 |
| In my opinion, focusing on sports facilities is too narrow an approach and would not have **the desired results**. People should be encouraged not only to be more physically active but also to **adopt a healthier lifestyle** in general. (303 words) | 考官在结尾段提出自己的看法（到结尾段再提出自己的看法是剑桥官方对 **D & G 型考题**的常用写法）：只聚焦于运动设施的方法适用面过窄，不仅应该鼓励人们去多运动，而且还应该鼓励他们去接受更加健康的生活方式。<br>全文写了 303 words，在考官范文当中算是比较长的一篇，本题里的 **the best** 这个从逻辑上看过于"绝对"的词给了考官更多的论证理由。认真读题确实是一篇好作文的基石。 |

## 词汇和短语

（标★的是本类话题的高频词汇或短语）

★ **the declining level of health** （名词短语）下降的健康水平

**conflicting views** 相互冲突的看法

**tackle this worrying trend** 努力解决这一令人担心的趋势

★ **encourage a more active lifestyle** 促进有更多身体运动的生活方式，请注意当 encourage 一词的后面不是人物而是事物的时候它并不是鼓励的意思，而是指促进或催生某种抽象事物的出现

advocate *n.* 倡导某种观点或某类事物的人

★ sedentary lifestyle　缺乏运动的生活方式，久坐的生活方式

★ stressful working conditions　压力很大的工作条件

★（is / are）more likely to ...　更加有可能去做某事

collapsing in front of a screen　本文里指身体乏力地"瘫软"在电视或电脑屏幕前

cater for all ages　（某种服务或设施）满足各年龄段的需求

football pitch　足球场

is not universal　并不是人人都拥有或者人人都适用的

the already fit　在地道英文里，the + 形容词是泛指具有某种属性的一类人，这里是泛指身体已经很健康的人群

★ physical activity　身体活动

install exercise equipment　（动宾短语）安装锻炼用的器械

★ develop a positive attitude to exercise　形成对锻炼的积极心态

★ tax penalties　税务惩罚（搭配：impose high tax penalties on ... 对某类人或事物征收高赋税作为处罚）

tobacco and alcohol　烟草与酒类

★ contributes to poor health　导致不良的健康状况，请特别注意在地道英文里 contribute to 的后面其实也经常可以接负面事物，它并不总是"做贡献"的意思

★ public transport　公共交通，请注意 transport 在英式英语里既可以作名词也可以作动词；而在美式英语里，它只能作动词，名词形式则是 transportation

too narrow an approach　适用面过窄的方法（approach 作名词时指去做某事的途径）

★ the desired results　希望达到的结果

★ adopt a healthier lifestyle　接受一种更健康的生活方式

## 对于这篇《剑9》范文的四项评分探讨

### 论证扣题度和充实度

本题是一道 D & G 型（双方讨论型）的考题。因此，本文严格按照题目要求对于题目里给出的两种观点都进行了讨论，并在结尾段提出了自己的看法，做到了 fully addresses all parts of the task。

同时，在主体段里对于双方观点分别给出了相关的理由，均进行了展开论证，并且举出了有说服力的例子。在结尾段里考官所给出的态度也是充分基于主体段的论证过程，符合官方评分细则里 presents a fully developed position in answer to the question with relevant, fully extended and well supported ideas 的要求。

### 行文连贯性与整体感

段落分为五段，划分明确、合理，对自己倾向的一方进行了侧重论证。在行文

连接过程中，考官使用了一些“明连接”的方法（即明确使用连接词来进行上下文之间的衔接），例如对 for example，rather than，however，as 和 as well as 等连接词的使用。同时，在这篇满分范文里剑桥考官也应用了“暗承接”的手段（即不直接使用连接词，而是利用上下文之间的语义承接关系来进行自然衔接。例如，在全文第三段里的第 3 句话开始处，考官使用 This 来指代上一句里增加公园健身器械的做法，虽然并没有直接出现连接词，但在两句话之间仍然建立了严密的逻辑承接关系，从而实现了行文衔接“明暗结合”的多样化衔接效果，cf. Day 1 的范文 21）。

> 词汇多样性与准确度

考官准确地使用了 collapse，universal 和 approach 等对于 IELTS 这个等级的作文来说比较 uncommon 的词汇。文章里对于构词法的运用精确（例如 conflicting，relatively，excessive 等），没有出现任何违反地道英文里的构词规则去“造字”的情况，而且使用了（today's）sedentary lifestyle，stressful working conditions，leisure time，physical activity，adopt a healthier lifestyle，high tax penalties 和 the desired results 等地道英文里常用的短语和搭配。

> 语法多样性和准确度

本文使用了多样化的语法结构，既有简单句（例如 However，there may be better ways of tackling this problem. 和 One possible solution is to provide more sports facilities to encourage a more active lifestyle.），又有复杂句。而且考官还使用了 not only ... but also ... 的平行结构（People should be encouraged not only **to** be more physically active but also **to** adopt a healthier lifestyle in general.），状语前置，虚拟语气等多样的语法结构，使用准确度高，达到了 uses a wide range of structures with full flexibility and accuracy 的要求。

**总结：**作为剑桥提供的官方范文实例，本文当然好，但我们必须知道为什么好，而不是盲目地唱赞歌。事实上，有些剑桥官方范文并没有能够在四项评分标准上都做到很出色（例如有的考官范文在**论证扣题度和充实度**和**行文连贯性与整体感**这两项上没有达到评分细则里的满分要求，出现了扣题不够严谨、行文衔接局部显得机械、或者上下文局部指代不够清晰等细节问题）。而这篇范文在四项评分标准上都体现出了较高的水准，属于剑桥范文里的佳作。

## 词汇与语法的多样化分析

- A problem of modern societies is the **declining** level of health in the general population, with **conflicting** views on how to tackle this **worrying** trend. 这句话里连用了三个现在分词作定语，均表示主动含义，表达的意思分别是“下降的”、“相互冲突的”和“令人担心的”，在文章后部则出现了过去分词作定语的实例，表示被动含义（例如：the desired results）

◆ Interest in sport is not **universal**, and **additional** facilities might simply attract **the already fit**. 本句里使用了 universal 和 additional 两个以-al 结尾的形容词，在英语里这类形容词多数比较书面，以及 the already fit（身体已经很强健的人们）这样用 the + 形容词泛指某一类人的形容词特殊用法

### 本文里的"明连接"和"暗承接"应用实例

（适合需要写作单项7分的同学）

◆ **If** there were easy-to-reach local sports centres, we would be more likely to make exercise a regular part of our lives, **rather than** just collapsing in front of a screen every evening. 本句里使用了表示假设的句内连接词 if 和表示取舍关系的句内连接词 rather than

◆ High tax penalties could be imposed on high-fat food products, tobacco and alcohol, **as** excessive consumption of any of these contributes to poor health. 本句里使用了句内连接词 as 表示"因为"，它的语气要比 because 稍弱一点，而且在 IELTS 作文里它通常是用来引出某种人们都熟知的现象或事实。

◆ Physical activity could be encouraged relatively cheaply, **for example** by installing exercise equipment in parks, as my local council has done. **This** has the added benefit that parents and children often use them together just for fun, **which** develops a positive attitude to exercise at an early age. 前一句话里出现了连接词 for example 举例，第二句话里出现了连接词 which 引导定语从句。但在第一句话和第二句话之间，考官没有直接使用任何句间连接词，而是用 This 来指代第一句话所论述的内容，是典型的暗承接形式

◆ Interest in sport is not universal, **and** additional facilities might simply attract the already fit, not those who most need them. 这句话里使用了 and 来承接前后两部分，虽然 and 本身也是一个连接词，但因为很常见所以并不会特别引起阅卷人的注意，因此也具有暗承接的低调、自然的衔接作用

## ■ 译文

现代社会的一个问题是人口整体健康水平在下降，关于如何解决这一令人担忧的趋势也有很多相互冲突的看法。一种可能的解决方法是提供更多的健身设施来促进人们更多运动的生活方式。

倡导这种方法的人们认为如今久坐、缺乏运动的生活方式和压力很大的工作状况使得身体活动不再是我们工作和休闲生活的一部分。如果有能够方便地到达的当地的运动中心，我们更有可能让锻炼成为我们日常生活中的常规部分，而不是每晚都乏力地瘫软在屏幕前。所提供的体育运动的多样性可以满足各年龄段、体质和兴趣的需求：那些对学校体育课有痛苦回忆的人们，也许会在游泳池里玩得更开心而不是在足球场上。

然而，解决这一问题也许还有更好的方法。并不是所有人都对运动感兴趣，增加的体育设施也许只会对身体已经很强健的人有吸引力，而并不是那些最需要它们的人。鼓励身体活动也

许可以用相对便宜的办法，比如在公园里安装健身设施，就像我所在地区的行政委员会所做的那样。这样还有额外的益处，能让家长与孩子一起健身娱乐，从而帮助孩子们在很小的时候就对锻炼形成积极的心态。

在体力活动之外，对高脂肪食品、烟草和酒精的惩罚性高税收也是一个方法，因为对它们的摄入量过多都会对健康造成破坏。**甚至**改善公共交通也是有帮助的：去公共汽车站所步行的时间要比直接去开车的步行时间长。

在我看来，只关注运动设施是过于狭隘的做法，可能不会达到希望达到的效果。人们不仅仅应该被鼓励去多锻炼身体，还应该被鼓励去广泛形成更健康的生活习惯。

## 发展类范文二十一 一位敢于把哲学问题平民化的考官的追问：捉摸不定的幸福

***Happiness is considered very important in life. Why is it difficult to define? What factors are important in achieving happiness?***

幸福在生活中非常重要。它为什么难以定义？对于实现幸福很重要的因素有哪些？

**【说明】**

这道题的讨论对象非常抽象。幸福一直是哲学家们关注的话题。例如，柏拉图（Plato）在他的哲学名著《理想国》（*The Republic*）中就对幸福的来源进行了深入的探讨。而叔本华（Arthur Schopenhauer）则犀利地概括，“It is difficult to find happiness within oneself, but it is impossible to find it anywhere else.”还有民间哲学家把幸福定义成：“幸福就是猫吃鱼，狗吃肉，奥特曼打小怪兽。”

当代名人们对幸福的理解同样各有特色。李安导演对于幸福的定义就是得了奥斯卡奖之后还能陪太太去市场买菜，杨幂对幸福的理解则是“爱生活，爱大幂幂。”所以，对于“你幸福吗？”这个问题，诺贝尔文学奖获得者（Nobel laureate in literature）莫言（现在时髦叫 Mr. Shut-up）特实在地回答：“我不知道。”而这位普通雅思考官却大大方方地讨论影响幸福的各种因素，给人一种“无知者无畏”的悲剧感。但这正是 IELTS writing 的魅力所在；雅思作文对于论证的要求从来就只是扣题 + 充实，而非“入木三分”。

### ▶ 9分范文

| | |
|---|---|
| Happiness is very difficult to define, because it means so many different things to different people. While some people link happiness to | 开头段按照常规写了背景，并介绍了不同人的看法。 |

（续表）

| | |
|---|---|
| **wealth and material success**, others think it lies in emotions and **loving personal relationships**. Yet others think that **spiritual paths**, rather than either the material world or relationships with people, are the only way to true happiness. | |
| Because people interpret happiness for themselves in so many different ways, it is difficult to give any definition that is true for everyone. However, if there are different kinds of happiness for different individuals, then the first step in achieving it would be to have **a degree of self-knowledge**. A person needs to know who he or she is before being able to know what it is that makes him or her happy. | 在本段里，考官对于题目里的第一问“幸福为什么难以定义?”给出了相当惊人的回答：“因为人们用很多不同的方式去理解幸福，所以很难对幸福给出适合每个人的定义。”仔细想想，这其实是循环论证（circular reasoning），跟什么都没写没有本质区别。如果按这种循环逻辑，那么世界上任何事物都是无法定义的，因为全球70多亿人对任何事物几乎都存在着很多种不同的理解方式。<br>接着，考官提出：如果要获得幸福，首先要知道自己是谁。道理是平实的，但却是合理的，而且思路也是清晰的，更何况还连着用了由who和what引导的宾语从句。 |
| Of course, factors such as loving relationships, good health, **the skills to earn a living** and **a peaceful environment** all contribute to our happiness, too. But this does not mean that people without these conditions cannot be happy. | 在本段里，考官列出了一些常见的影响幸福度的因素，例如亲友之情、良好的健康、谋生的能力和安定的环境。然后概括地说影响幸福的因素还不止这些。 |
| Overall, I think that an ability to **keep clear perspectives in life** is a more essential factor in achieving happiness. By that I mean an ability to have a clear sense of what is important in our lives (the welfare of our families, the quality of | 在这一段，考官提出要获得幸福更关键的是清楚哪些对自己是重要的，哪些对自己是不重要的。道理依然是平实的，但两个what从句，两个括号和两个etc.（拉丁词：等等）让论证显得很充实。 |

（续表）

| | |
|---|---|
| our relationships, making other people happy, **etc.**) and what is not (a problem at work, getting annoyed about trivial things, **etc.**). | |
| Like self-awareness, this is also very difficult to achieve, but I think these are the two factors that may be the most important for achieving happiness. | 结束语概括上文：清楚地意识到自己的身份与自己的需求是实现幸福最重要的两个因素。全文虽然并无哲理，但是对于一项语言能力测试来说已经具备足够获得高分的说服力。 |

## 词汇和短语

（标★的是本类话题的高频词汇或短语）

**wealth and material success** 财富与物质成功

**loving personal relationships** 充满关爱的人际关系

**spiritual** *adj.* 精神的（在英美文化里这个词常与信仰或宗教相关）

**path** *n.*（比喻）通向某一目标的路途

**interpret** *vt.* 把某事物解释为……，诠释

【剑桥例句】*A jury*（陪审团）*should not interpret the silence of a defendant*（被告）*as a sign of guilt.*

**a degree of self-knowledge** （名词短语）对于自身的一定程度的了解

**the skills to earn a living** 谋生的技能

**a peaceful environment** 安定、和平的环境

**keep clear perspectives in life** 在人生中保持清醒的视角

**etc.** 等等

【剑桥例句】*They ask for your personal details — age, sex, nationality, etc.*

## 发展类范文二十二 自然资源的消耗与消费之辩

***The world is consuming natural resources faster than they can be renewed. Governments should discourage people from constantly buying more up to date or fashionable products. To what extent do you agree or disagree?***

全世界消耗自然资源的速度比这些自然资源再生的速度更快。政府应该劝阻人们去不断地购买更新潮、更时尚的商品。在多大程度上你同意或者不同意？

▶ **9分范文**　　考题类型：agree or disagree 型　　结构选择：较为均衡的四段式

Most countries **encourage consumer spending** to **boost economic growth**. However, many of the products purchased **are discarded** after only a few months' use.

The more developed the economy, the more people are encouraged to buy. If people did not change their **consumer durables** such as **household appliances**, computers and cars every few years, the industries which **manufacture these goods** would **be threatened with bankruptcy**. Also, when demand is insufficient, governments **face a shortfall in tax revenue** and are unable to **fund public services**, including health care, education and transport.

On the other hand, natural resources such as **rainforests**, **oil**, **coal and natural gas** are being used up **at an unsustainable rate**, and **alternative sources of power** are slow to establish themselves. At the same time, pollution and **waste disposal** are becoming a major problem. Many products **have built-in obsolescence**. Cars, for example, are made to last only a few years but they **are intensively advertised**. As a result, people's needs have long **outstripped their real needs** and have **become artificial**. People are being turned into commodities. Given the world's **fast-dwindling natural resources**, throw-away products may seem immoral and impractical in the long run.

Although society currently **relies heavily on consumption**, I think it is crucial that we **undergo a major shift of attitude** and begin to rethink our ideas about economic growth. Consumption is desirable up to a point, but not beyond the point where it threatens to **exhaust the world's resources**, **make our environment unsustainable** and turn people into mere passive consumers.

## 词汇和短语

（标★的是本类话题的高频词汇或短语）

★ **encourage consumer spending**
（动宾短语）鼓励消费者进行消费，注意：consumer spending 这个名词短语里的 consumer 可以不用加所有格形式，类似地道英文里的固定短语还有 consumer goods（消费品），consumer demand（消费者的需求）等

★ **boost economic growth**　（动宾短语）
促进经济增长
【近义】promote economic growth

**are discarded**　被丢弃

**is wasteful of natural resources**　是浪费自然资源的

**consumer durables** （名词短语）耐用消费品

★ **household appliances** （名词短语）冰箱、洗衣机、微波炉等家电

★ **manufacture these goods** （动宾短语）制造这些商品

**be threatened with bankruptcy** 遭受破产的威胁

**face a shortfall in tax revenue** 面对税收的不足

★ **fund public services** （动宾短语）资助公共服务

★ **rainforests, oil, coal and natural gas** 热带雨林、石油、煤和天然气

★ **at an unsustainable rate** 以不可持续的速度

★ **alternative sources of power** （名词短语）替代性的能源

**establish themselves** 本文里指确立自身的地位

★ **waste disposal** （名词短语）垃圾处理

★ **have built-in obsolescence** （某种产品）在生产时就已经被厂家安排好将会被淘汰的特点，“内在过时性”，它本来是工业设计界的术语，但现在已经广泛地被用于英美日常生活里，产品的这种特点会使得消费者不断去追求新品，例如很多种类的汽车每年都推出新款就是“内在过时性”的典型实例

【近义】have planned obsolescence

★ **is / are intensively advertised** 被广告密集地宣传

**outstrip their real needs** （动宾短语）超出了他们实际的需求

**become artificial** 变成人为制造的

**commodity** *n.*（*formal*）商品，本文里指消费者们的需求本身也成了消费社会里被人为制造出的产品

**fast-dwindling natural resources** 快速减少的自然资源

**throw-away products** 一次性产品，被设计成只用很短的时间就被丢弃的产品

**immoral and impractical** 既不道德也不现实的

★ **rely heavily on consumption** 严重地依赖消费

**undergo a major shift of attitude** （动宾短语）经历心态上的重大转变

**rethink our ideas about ...** （动宾短语）反思我们关于某事物的看法，注意：rethink（反思）在地道英文里经常可以用作及物动词

**is desirable up to a point** 只在一定限度上是值得鼓励或积极的

★ **threaten to exhaust the world's resources** 很有可能会导致世界上的资源枯竭

★ **make our environment unsustainable** 让环境变得不可持续

**mere passive consumers** （名词短语）只会被动消费的消费者

## 发展类范文二十三 对一只“板鸭”的救赎：新建筑是否应该仿古

*Some people think that all the new buildings should be built in traditional styles. Others, however, believe that new buildings should be built in modern styles. Discuss both views and give your own opinion.*

一些人认为新建筑应该用传统风格建造，但是，另一些人认为新建筑应该用现代风格建造。请讨论这两种观点并给出你的看法。

我们先来看一篇关于本题失败的考生作文：

In contemporary society, whether the buildings in cities should be built in traditional ways has been fiercely debated by people from all walks of life. Some individuals hold that traditional style buildings should be recommended, but other indiviuals maintain that modern style buildings outweight traditional ones. I wholeheartedly believe that both concepts about this hot-button issue deserve consideration.

Undoubtedly, some buildings should not be built in traditional styles. In the first place, the merits of modern buildings outweight traditional buildings because of the cutting-edge structures and materials they have. A case in point is modern industrial buildings, like factories, with advanced materials and structures, increasingly productivity. Most modern factories own large warehouses containing tremendous and heavy equipment for assembly line manufacture which traditional factories do not have. Hence it becomes self-evident traditional factories will not meet the expectation of modern industry development. In the second place, modern buildings can give citizens more agreeable living. Modern business buildings, like modern shopping malls and meeting centers, can enable individuals to enjoy better lives and better the city view and so on.

As is known to all, there is no denying that many buildings should still be built in traditional styles. Initially, some buildings for example churches and temples stand for certain culture identities. So their traditional styles should be preserved. Besides, new buildings surrounded by old buildings, in my point of view, should be built in traditional styles. Designers should be alert if their work is done in traditional, historical areas due to living buildings and business buildings built in fashionable styles will make the their old neighbours look strange and do not deserve attention and care.

Considering all the aforementioned elements, buildings in modern styles having irreplaceable and incontrovertible importance. However, buildings in traditional styles have their special significance too. As far as I am concerned, I am committed to the notion that whether buildings should be built in traditional styles should depend on their environment and their types.

## Pat 评析

使用模板痕迹过重的"烤鸭"被统称为"板鸭"。

Pat 对于模板问题的态度始终是非常鲜明的：有能力原创就坚决原创，套用模板只会束缚住自己的思路。没能力原创就用模板搭框架以确保考试时能写完而且结构不至于彻底混乱。一切从实战出发，空话说得再漂亮也还是空话。

上面这篇习作失败的根本原因就在于从主体段里有些非模板的部分可以看出这名同学尽管也犯了一些用词和语法错误，但他的英语基础并不算是很差，在主体段的有些分论点之后还举出了合理的例子。可他却过度地依赖与本题论证过程并没有实质关系的模板，导致句子读起来很生硬而且论证显得非常空洞，很多词句对于这道题目来说并没有实际意义，明显只是为了凑字而写。因此 Pat 帮他修改了全文，去掉了过重的模板痕迹。

Frank Gehry 设计的麻省理工学院 Stata Center
— Pat 摄

下面是修改之后的版本：

Architects often find themselves in a dilemma when deciding whether **the exterior of their design** should **convey a traditional feel**.

Modern architectural styles are generally superior to traditional styles in terms of **structure, materials and functionality**. Modern industrial buildings, such as factories with **large-span, reinforced-concrete structures**, can **increase productivity** because they accommodate large workshops where heavy equipment can be stored and used for **assembly-line production**. The superiority of modern architecture is also confirmed with the example of **high-rise residential complexes** that are **more compact** and therefore help urban developers to save land.

Modern-style buildings also offer city dwellers better living conditions. This can be illustrated with modern **commercial buildings**, such as shopping malls, department stores and exhibition and conference centers that are wrapped in **exquisite curtain walls**. These buildings not only enable city residents to enjoy their lives more but also **liven up the cityscape**.

However, a traditional style of architecture may still be **a sensible option** for some urban projects, such as new churches and temples that represent specific cultural identities.

Urban developers and architects should also carefully consider the location and surroundings of new buildings. New building projects in traditional neighbourhoods should not **destroy the historical fabric** with **starkly contrasting designs**. For a telling example, see the complaints against Frank Gehry's odd-shaped Stata Center on the MIT campus.

Overall, my conclusion is that **the decision to** design buildings in traditional styles **should be made on a case-by-case basis**, with specific consideration given to their location and the exact purposes that they serve.

## 词汇和短语

（标★的是本类话题的高频词汇或短语）

★ **architect** *n.* 建筑师

**find themselves in a dilemma** 感到自己处于两难的境地中

★ **the exterior of their design** 他们设计的外观

**convey** *v.* 传达（某种信息）

【剑桥例句】*Erin always* ***conveys*** *a sense of enthusiasm for her work.*

**feel** *n.* feel作名词时经常被国内考生和feeling弄混，其实feeling是指人自身的感受，而feel作名词则是指 某个事物给人的感受。它在地道英文里描述建筑设计或者产品设计所产生的效果时非常常用，而且经常是出现在a + 形容词 + feel这个结构里，一般不用复数形式

【剑桥例句】*They hope the restaurant can have a homely* ***feel.***

**is / are superior to** 比……优越

★ **structure, materials and functionality** 结构、材料与功能，其中的functionality基本就是function的同义词，但是更书面而且指代的范围更广泛，这个词被评为去年全美最流行的词汇之一

**large-span** *adj.* 大跨度的

**reinforced concrete** 钢筋混凝土

**can increase productivity** 可以提高生产率

**accommodate** *v.* 容纳

**assembly-line production** （名词短语）装配线生产

**high-rise residential complex** （名词短语）高层的住宅综合体

★ **more compact** 更加紧凑的

**urban developers** 本文里指城市开发商，在英美有些政府机构里从事与城市开发相关事务的专业人士也被称为urban developers

**city dwellers** 生活在城市里的人们

★ **commercial buildings** 商业建筑

**exhibition and conference centers** 会展中心，请注意：center的英式拼写形式是centre

**exquisite curtain walls** 精美的玻璃幕墙

**liven up the cityscape** （动宾短语）活跃城市景观

★ **a sensible option** （名词短语）明智的选择

## ■ 译文

建筑设计的外观是否应该体现出一种传统的感觉往往是让建筑师们感到两难的问题。

现代建筑风格在材料选用和功能方面普遍优于传统建筑。大型工厂等现代建筑能够提高工厂的生产率，因为它们拥有大型的车间可以存放重型设备并用这些设备进行装配线生产。现代建筑的这一优点也被当今的高层住宅建筑所证明，因为更紧凑的建筑结构能够帮助开发商更加节省宝贵的土地资源。

现代风格的建筑还能为城市居民提供更好的生活条件。这一点可以被现代商业建筑所证实。例如被精美的玻璃幕墙包裹的购物中心、百货公司和会展中心等，它们不但帮助居民们生活得更好，还能提升城市的景致。

但是对于像教堂、寺庙等代表特定文化元素的城市建筑，使用传统的建筑风格不失为明智之选。建筑开发商和建筑师**也**应该认真地考虑新建筑的位置与周边环境。新的建筑项目应该避免用对比强烈的设计破坏当地的历史脉络。Frank Gehry 为麻省理工学院设计的形状怪异的Stata Center 遭到的各种抱怨就是很有说服力的例子。

总的来说，我认为建筑是否应按传统形式建造应该根据每个项目的具体情况而定，而且尤其需要考虑它们所处的地段位置和建筑的具体用途。

## 发展类范文二十四 Pat 对发展类话题的诠释：老房子未必一定是发展的绊脚石

***Some people think that old buildings should be protected by law because they are part of a nation's history. Others, however, think that old buildings should be knocked down to make way for new ones because people need houses and offices. What is your opinion? Should history stand in the way of progress?***

一些人认为老建筑应该受法律保护，因为它们是一个国家历史的一部分。但另一些人则认为老建筑应该被拆除以让位于新建筑，因为人们需要住房和办公室。保护老建筑到底有多重要？历史是否应该阻碍发展的步伐？

People have different views about whether or not old buildings should be razed to make way for progress.

Some argue that old buildings should be removed so that the development of modern cities, both in population and functionality, can be achieved. This seems reasonable. Many modern cities **are overcrowded with residential, commercial and recreational buildings**. As the land available for new construction becomes increasingly scarce, some old buildings should **be demolished** to make room for **more compact, function-specific high-rise structures**. The **fast-paced and automated urban life** has also made many old buildings redundant. Although architects can retrofit these buildings to **meet the demands of modern lifestyles**, the usefulness of such retrofitted buildings pales in comparison with that of new buildings, which are designed to serve modern needs **in every detail of form and function**.

Those opposed to **the demolition of** historic buildings believe that historical and cultural considerations should **take precedence over their utilitarian value**. Some historic buildings uniquely represent specific historical events or **have exceptional aesthetic value**. There is also historic architecture that reminds us of **distinctive lifestyles of the past**. If all historic buildings were demolished, many **irreplaceable pieces of our history**, culture, and tradition would be lost.

Personally, I think that urban development requires the demolition of some old buildings, but **the needs of** progress today **should not be met at the expense of** the remarkable historical and cultural value of many historic structures. **The decision to** remove a historic building should **be made on a case-by-case basis**, not **based on universally applied regulations**.

## 词汇和短语

（标★的是本类话题的高频词汇或短语）

**be razed** 被拆毁

★ **be removed** 被移除

**functionality** *n.* 泛指某事物的功能

【剑桥例句】*Banks have realised they need to provide additional* ***functionality*** *at ATMs.*

**are overcrowded with residential, commercial and recreational buildings** 由于各种住宅建筑、商业建筑和休闲建筑而变得过于拥挤

★ **increasingly scarce** 越来越稀缺的

★ **be demolished** 被拆毁

【名词形式】demolition

★ **compact** *adj.* 紧凑的

**function-specific** *adj.* 使用功能十分具体的

★ **high-rise** *adj.*（建筑）高层的

**structure** *n.* 本文里指建造物

【剑桥例句】*The new head office is an impressive glass and steel* ***structure***.

**fast-paced** *adj.* 快节奏的

**automated** *adj.* 自动化的

★ **make many old buildings redundant** （某种变化）让很多老房子变成多余的

**retrofit** *vt.* 对旧建筑的设备与功能进行改进

【比较】renovate *vt.* 对旧建筑进行修复

**meet the demands of modern lifestyles** 满足现代生活方式的需求

**usefulness** *n.* 有效性，是 useful 的名词形式

**pale in comparison with sth.** 【固定短语】与某事物相比相形见绌

【剑桥例句】*I thought I was badly treated but my experiences* ***pale in comparison with*** *yours.*

**those opposed to sth ...** 英语中的习惯用法，指反对某事物的人们，相当于 those people who are opposed to sth ...

**historic building** 有一定历史意义的建筑

**take precedence over sth.** 相比某事物受到优先考虑

【剑桥例句】*Business people often think that fluency and communication* ***take precedence over*** *grammar when speaking.*

**in every detail of form and function** 在形式与功能的每一个细节里

**take precedence over the utilitarian value of old buildings** 在考虑老房子的使用价值之前被优先考虑

**uniquely** *adv.* 独特地，它是 unique 的副词形式

**represent** *vt.* 代表（某事物）

★ **has / have exceptional aesthetic value** 具有出色的美学价值

**distinctive lifestyles of the past** 过去独特的生活方式

**at the expense of ...** 以（某事物）为代价
【剑桥例句】*He spends a lot of time at work,* ***at the expense of*** *his marriage.*

★ **irreplaceable parts** 无可代替的部分

**The needs of ... should not be met at the expense of ...** （某人或者某事物）的需求不应以付出某种代价来满足

**remarkable** *adj.* 出色的

★ **The decision to ... should be made on a case-by-case basis.** 去做某事的决定应该根据具体情况来做出。

**are not based on ...** 不是基于……

**universally applied regulations** （名词短语）被普遍应用的规章制度

**Bonus:**

**current building codes** （名词短语）当前使用的建筑规范

## ■ 译文

人们对于老建筑是否应该被拆毁以便为发展去创造条件持有不同的看法。

有些人认为老房子应该被移除以实现当代城市在人口与功能方面的发展。这看起来合乎情理。很多现代城市都由于住宅、商业建筑和休闲设施而变得过于拥挤。由于可供建造新建筑的土地变得日益稀缺，一些老建筑就需要被拆除，以便为更加紧凑、使用功能具体的高层建筑让出空间。快节奏、自动化的城市生活也使得一些老建筑变得多余。尽管建筑师可以对它们进行一些改造来迎合当代生活的需求，但改造后的旧建筑与那些从形式和功能的各个细节都是为满足现代生活需要而设计的新建筑比起来就相形见绌了。

反对拆掉有一定历史意义的建筑的人们则认为历史与文化因素应该被放在它们的实用功能之前被优先考虑。例如，有的建筑是某些历史事件的独特代表，还有一些历史建筑具有出色的美学价值。有一些则会让我们联想到过去特殊的生活方式。如果所有历史建筑都拆除，我们的历史、文化与传统里面的一些无法代替的部分将会被失去。

我个人的看法是当代城市的发展需要清除一些老建筑，但是满足发展的需求不应以很多历史建筑所具有的优秀历史与文化价值为代价。拆除历史建筑的决定应该针对具体情况来做出，而不是照搬被广泛应用的规章制度。

## 学有余力者

**www. globalissues. org**

如果有“野心”要在发展类作文中举出高分的例子，那么这个网站就是不二之选。请注意：“More Articles”，“More Updates” 和 “More Issues” 这些链接点击之后都会再引向无数新的 database，子子孙孙无穷尽也。

# DAY 6

# 明朝那些事儿

## 文化类真题库与各分数段范文剖析

Putting Culture in Perspective

IELTS 写作中的文化类考题涉及了语言、时尚、博物馆、美术馆与音乐等诸多方面。尽管这些话题离我们的生活并不遥远，而且雅思作文也并不要求具备专业知识，但对于相关领域的基础知识还是应该有所了解的。效率比较高的方法就是尽快熟悉文化类题库，确保在考场里碰到这些题时不会因为完全无话可说而导致考官觉得咱们“没文化”（illiterate）就行了。

## 解读 Culture 类真题库

**1** ***Multicultural societies are mixtures of different ethnic groups. Some people think that the advantages of multicultural societies outweigh the disadvantages. Do you agree or disagree?***

多元文化社会是由多民族混合而成的社会。一些人认为，多元文化社会的利大于弊。你是否同意这种观点？

### 思路指导

multicultural society 的文化非常多样（are culturally diverse）。它的优势在于：ⓐ 在多元文化社会里接受教育的儿童思想更开放（are more open-minded），能够认可并且尊重不同的生活方式与见解（appreciate and respect different viewpoints and lifestyles）；ⓑ 文化多元的工作团队通常更加富于创造力和创新性，而且能够满足更广泛的消费者需求（Multicultural work teams tend to be more creative and innovative, and can meet a wider array of consumer needs.）；ⓒ 人们可以享受形式多样的娱乐选择（can enjoy a wide variety of entertainment options）；ⓓ 文化多元的国家能够提供丰富的旅游景点与活动（offer a wide range of tourist attractions and activities）。

multicultural society 可能存在的弊端则有：(i) 文化与生活方式的差异有可能导致在学校、工作地点和社区里出现沟通障碍（Cultural and lifestyle differences may cause barriers to communication in schools, workplaces and communities.）；(ii) 在教育、就业、医疗和公共服务等领域中有可能存在对于少数族裔的偏见歧视（There may be bias and discrimination against minority groups in the areas of education, employment, health care and public services.）；(iii) 一些多元文化社会还受到民族关系紧张、民族冲突甚至战争的困扰（suffer from strained ethnic relations, ethnic conflicts or even ethnic wars）等等。

因此，多元文化社会是否利大于弊的关键在于政府、媒体、学校和雇主是否能够努力去增进民族平等（improve ethnic equality），并且促进不同民族之间的沟通、理解与相互信任（facilitate communication, understanding and trust between ethnic groups）。

值得注意的是：本题是要求辩论这种现象的利弊，但是在真题库里也曾经出现过考查该现象产生原因的变形题，所以审题时一定要看清楚再开始动笔。**切记**：认真读题永远不是浪费时间。我们把该现象的产生原因也来思考一下：❶ 很多国家采取了更加开放的移民政策（Many countries have adopted more open immigration policies.）；❷ 经济全球化导致了更多的跨国劳动力迁移（Economic globalisation has led to increasing labour migration between countries. 这句话里的 labour migration 是固定搭配：劳动力迁移）；❸ 在很多国家里，国际学生（international students）的人数显著增加；❹ 国际交通和通讯网络的发展（the development of international transport and telecommunications networks）让去其它国家学习或者工作变得更加方便等等。

本题具体写法请看今天的第 4 篇范文。

## 同类型真题

***Some people think that people who immigrate to a new country should accept the new culture as their own rather than live as separate minority groups with different lifestyles. To what extent do you agree or disagree?*** 一些人认为，新移民应该将新的文化接受成自己的文化，而不是生活在少数民族团体里，过不同的生活。多大程度上你同意或不同意这种观点？

### 关键词透析

◆ 本题的思路不难想，但是在实际写作时你会发现下面这些较为专门的词汇和词组很有用：（1）**the dominant culture / the mainstream culture**（占主导地位的文化），（2）**cultural assimilation**（文化同化，在本题里指移民们被当地的主导文化所同化的过程），（3）**maintain their original culture / retain their culture of origin**（保持他们原来的文化），（4）**cultural separation**（文化上的脱离），（5）**community**（名词，社区），（6）**cause barriers to communication**（导致沟通上的障碍），（7）**new members of a society**（一个社会里的新成员们），（8）**be socially marginalised**（在社会生活中被边缘化），（9）**a sense of isolation**（孤立感），（10）**inconvenience**（名词，不方便），（11）**misunderstanding**（名词，误解），（12）**hostility**（名词，敌意），（13）**be treated unfairly**（受到不平等的待遇），（14）**lead a new lifestyle / follow a new lifestyle / adopt a new lifestyle**（遵循一种新的生活方式），（15）**adapt to sth. / adjust to sth.**（动词短语，努力

去适应某事物），（16）**gradual changes**（逐渐发生的变化），（17）**fully integrate themselves into a new society / blend into a new society**（让自己完全融入一个新的社会），（18）**a sense of belonging**（归属感），（19）**ethnic harmony**（民族之间的和谐）等。

### 思路指导

这道题用“裸奔法”来解决特别快。新移民接受当地文化的好处明显有：

◆ **Efficiency**（提高移民在当地的工作、学习和生活里的效率）；◆ **Employment**（接受当地文化的移民找工作会更容易，而且也更有可能获得事业上的成功 are more likely to achieve career success）；◆ **Mind**（与当地人沟通交流更加方便）。

而新移民保留自己过去的生活方式的好处则是：

◆ **Soul**（帮助移民保持他们的民族特性 help immigrants to maintain their ethnic identity）；◆ **Culture**（让当地的文化变得更多样 increase the local cultural richness and diversity，并且会带来新的食品选择、娱乐形式和节日活动等 bring new food choices, entertainment options and festival activities）。

因此，政府应该通过移民政策（immigration policy）帮助新移民尽快地适应当地文化。例如，政府可以为成年的新移民提供免费的社会与文化适应课程（provide free social and cultural integration courses to new adult immigrants），并且向新移民家庭的孩子所在的学校提供额外资助（give additional funding to schools attended by new immigrant children）等。同时，移民们的传统、风俗与价值观也应该受到尊重（the traditions, customs and values of immigrants should be appreciated and respected）。

2 ***Some people believe that there should be a single international language. Others believe that would make it difficult to preserve cultural identities. Discuss both these views and give your own opinion.***

一些人认为应该有一种通用的国际语言。另一些人则认为那将会导致很难保持各种文化的特性。讨论这两种看法并给出你自己的观点。

本题范文与评析在今天的第9篇。

## 同类型真题

（a）***English is increasingly used by people whose first language is not English. To what extent do you think the advantages of this trend outweigh the disadvantages?*** 英语正越来越多地被母语非英语的人们所使用。在多大程度上你认为这种趋势利大于弊？

（b）***Every year several languages die out. Some people think that this is not important because life will be easier if there are fewer languages in the world. To what extent do you agree or disagree with this opinion?*** 每年都有一些语言灭绝。一些人认为这并不重要，因为如果世界上的语言更少，生活会变得更简单。在何种程度上你同意或不同意这种观点？

## 关键词透析

◆ 写本文时您可能用到的加分短语有：（1）**endangered languages**（濒危的语言）；（2）**become extinct**（灭绝，灭绝的形容词形式是 **extinct**，名词形式是 **extinction**，例如 **the extinction of a language**）；（3）**language assimilation**（名词短语，语言同化，也就是说一种少数语言 a minority language 的人们逐渐改说一种主流语言 a dominant language 的过程）；（4）**cultural heritage**（文化遗产）；（5）**a sense of cultural identity**（文化认同感）；（6）**native speakers of minority languages**（以少数语言为母语的人们）等。

## 思路指导

写本题需要探讨这种现象的利弊，但在这里 Pat 把一些语言消失的原因也一起解释一下，以防在考试时遇到考题“变形”。

世界上平均每年有超过 20 种语言消失。语言消失最常见的原因包括：❶ 为了获得更多的教育和就业机会，以少数族裔语言为母语的人们逐渐改说主流语言（many native speakers of minority languages have shifted from using their own languages to using the dominant language，请注意 shift from… to…里面的 to 是介词，而不是动词不定式的标志）；❷ 少数族裔的语言不断地从主流语言中借鉴词汇和语法（some minority languages keep borrowing words and grammar from the dominant language），最终导致它们无法再和主流语言区分（it becomes impossible to separate them from the dominant language.）。

本题的 ideas 也可以用《十天突破雅思写作》Day 5 里讲过的思路提示线索快速解决。对于native speakers of minority languages 来讲，改说占主导地位的语言（the dominant language）的好处有：**technology**（help them to gain access to more information about scientific and technological developments 帮助他们获得更多关于科学技术发展的信息），**efficiency**（remove language barriers 消除语言障碍，提高他们在工作、学习与生活中的效率），**employment**，**mind**（lead to more educational and employment opportunities for them 给他们带来更多的受教育机会与就业机会），而对他们所在的社区（communities）或者地区（regions）来说则可以有 **money**（help them to increase trade and economic ties with the outside world 帮助它们增加和外界的贸易与经济联系）等。

这一现象的负面影响则包括：**culture**（reduce cultural diversity 减少文化的多样性，例如会导致很多民间传说 folk tales 与民间医疗方法 folk remedies 的消失），**soul**（diminish their sense of identity 对母语灭绝了的人们来说这会削弱他们的身份认同感）等等。

紧扣原题，结论是一些语言的灭绝确实会让生活变得更简单（life will be easier），但语言灭绝的问题却并非不重要。政府应该为 native speakers of minority languages 提供学习主导语言的免费课程，同时说主流语言的人们应该也尊重他们的语言与文化传统。

（c） ***Some people think that we should invent a new language for international communication. Do you think the benefits would outweigh the problems?*** 一些人认为我们应该为国际交流创造一种新的语言。你是否认为其利大于弊？

> **3** ***Some people think that history should be a compulsory subject at schools while others think that history has little or nothing to tell students. Discuss both these views and give your own opinion.***
>
> 一些人认为历史应该是学校里的必修课程而另一些人则认为历史能教给学生的很少。讨论两种看法并且给出你自己的观点。

本题的具体写法请看今天的第 6 篇范文。

## 同类型真题

***Some people think that studying history can help us to better understand the present. To what extent do you agree or disagree?*** 一些人认为学习历史可以让我们更好地理解现在。多大程度上你同意或者不同意？

### 思路指导

作为个人，我们不断地借鉴自己过去的经历来判断现在的状况与事件（As individuals, we constantly draw on our past experiences while judging present situations and events.），而且过去所做的决定和实施的行动也为我们未来的计划提供先例（Our past decisions and actions also serve as precedents for our plans for the future.）。

历史则是我们对于过去的共同记忆（History is our collective memory of the past.）。学习历史可以：ⓐ 帮助我们更加客观地看待当代的问题（view current issues more objectively），并且为我们提供解决当代问题的新思路（provides us with fresh ideas for addressing these issues）。例如研究科技史可以为发明家们和工程师们提供创新的灵感（inspirations for innovation），研究艺术史也可以为艺术家们提供艺术创作的灵感（inspirations for artistic creations）；ⓑ 可以让我们更深刻地了解社会是怎样运行的（deepens our understanding of how society functions），并帮助决策者们（policymakers）做

出合理的政治与经济决策（make sound political and economic decisions）；ⓒ 可以提示我们对于潜在的危险与风险采取预防措施（reminds us to take precautions against potential dangers and risks）。例如，研究二战（World War II）的历史可以让我们更清楚地理解维护和平、避免军事冲突的重要性（the importance of preserving peace and preventing military conflicts）；ⓓ 了解人类文明史也会让我们更好地理解并珍惜当代的发明、发现与变革（Understanding the history of civilisation enables us to better understand and appreciate the inventions, discoveries and reforms that are shaping our lives today.）。

**4** ***Some people think that the appearance of a building is more important than its function. To what extent do you agree or disagree?***

一些人认为建筑的外观比它的功能更重要。你多大程度上同意或者不同意？

本题具体写法请看今天的第 7 篇范文。

## 变形题

***It is more important for a building to look beautiful than to serve a purpose. Architects should not worry about producing buildings as works of art. Do you agree or disagree?*** 建筑看起来美观比满足功能更加重要。建筑师不必担心像创造艺术品那样来设计房子。你是否同意？

### 思路指导

本题除了可以参考上题范文里的思路之外，还可以在结尾指出好的建筑设计应该是功能与美学之间的合理平衡（A good building design should be the result of a reasonable balance between functionality and aesthetics.），建筑师们应该注意不要沉迷于创造无法满足它们功能作用的艺术形式（Architects should be careful not to indulge in creating artistic forms that cannot serve their functional purposes.）。

**5** ***Some people think that music is only a form of individual entertainment. Others, however, think that music plays an important role in society. Discuss both these views and give your own opinion.***

一些人认为音乐只是一种个人娱乐形式，而另一些人则认为音乐在社会里扮演重要的角色。讨论这两种看法并给出你的观点。

## 关键词透析

◆ 本题的思路不难想，但是在实际写作时你很可能会迫切需要用到下面这些较为专门的词组：(1) **individuals' musical preferences**（个人的音乐偏好）；(2) **express emotions**（表达情感）；(3) **arouse emotions**（唤起情感）；(4) **an important part of a nation's cultural identity**（一个国家文化认同感的重要组成部分）；(5) **is an important social and cultural bonding mechanism**（是一种重要的社会与文化凝聚力机制）；(6) **music festival**（音乐节，Glastonbury Festival 和 Bestival 都是英国的著名音乐节，据统计在英国每年音乐会和音乐节能够吸引超过 7 million visits。因此，认为音乐只是个人娱乐形式的看法显然缺乏说服力）。

## 思路指导

音乐确实是重要的个人娱乐来源（is an important source of individual entertainment）：ⓐ 听音乐能够给人带来乐趣、享受和对压力的缓解（Music provides its listeners with fun, enjoyment and stress relief.）；而且 ⓑ 听音乐相对较低的费用（the relatively low cost of enjoying music），当代音乐带给我们的多样化的体验（the wide variety of experiences that contemporary music offers）以及收音机、电视、互联网和便携式播放器给听音乐带来的方便（the ever-increasing availability of music via the radio, TV, Internet and portable media players）都让音乐作为一种个人娱乐形式变得比过去更加流行（make music even more popular today than in the past as a form of individual entertainment）。

另一方面，音乐的作用并不仅限于娱乐个人（the role of music is not limited to entertaining individuals）：ⓘ 在很多国家，音乐产业都是规模最大的文化产业之一（In many countries, the music industry is one of the largest cultural industries.）。唱片销售、巡回演唱会和音乐下载都在国家和区域范围内为经济发展做出重要的贡献（Album sales, concert tours and digital downloads all make significant contributions to economic growth, at both national and regional levels.）。而且音乐产业也是创造就业的重要产业（The music sector has been a major contributor to job creation.）；ⓘⓘ 在教育领域音乐同样有重要的作用。科学已经证明音乐课能够增进学习者的注意力、记忆力和想象力，从而帮助学生们提高学术课程的学习效果（It has been scientifically proven that music lessons can enhance academic learning by improving learners' brain functions ranging from concentration to memory to imagination.）。而且学习乐器还可以让儿童认识到耐心、自制力与毅力的重要性（Learning to play a musical instrument teaches children the importance of patience, self-discipline and perseverance and helps them to develop good study habits.）；ⓘⓘⓘ 音乐是人类的共通语言，能够跨越文化的障碍（Music is a universal language that transcends cultural barriers.）。在多元文化社会里，不同文化背景的人们经常可以欣赏并认同相同的音乐（In multicultural societies, people from different cultural backgrounds can often appreciate and identify with the same music.）。因此，音乐是形成社会凝聚力的重要力量（is a powerful force for building social cohesion）。

因此，音乐不仅是个人的娱乐形式，它在经济、教育以及产生社会和文化凝聚力（social and cultural bonding）等方面也扮演着越来越重要的角色。

**6** ***People should only read non-fiction books. Reading fiction books is a waste of time. To what extent do you agree or disagree?***

人们只应该阅读介绍事实的书籍。读内容虚构的书是浪费时间。你在多大程度上同意或不同意？

## 关键词透析

- fiction books 是指内容虚构的书籍，例如 **novels** 小说，**fairy tales** 童话，**science fiction** 科幻故事，**fantasy literature** 奇幻文学（比如 *The Lord of the Rings* 和 the *Harry Potter* series，*The Hunger Games* trilogy 等）都被视为 fiction。
- 介绍事实的书籍则是 non-fiction books，例如 **history books** 历史书，**biographies** 传记，**memoirs** 回忆录，**nature and geography books** 自然与地理类书籍，**scientific journals** 科学期刊，**encyclopedias** 百科全书等在英美普遍都被视为 non-fiction。
- 写本文可能用到的加分词汇和词组有：（1）**factual**（形容词，以事实为基础的，也可以写 **be based on facts**），（2）**informative**（形容词，信息量很大的），（3）**accurate**（形容词，准确的），（4）**provide their readers with accurate information on a wide range of subjects**（为读者提供关于很多主题的准确信息），（5）**widen and deepen people's knowledge about nature, science and society**（扩展并且深化人们关于自然、科学与社会的知识），（6）**help children to understand and explore the world around them**（帮助儿童理解和探索他们身边的世界），（7）**help people to perform their tasks more efficiently at work, at school or at home**（协助人们在工作中、学校里或者在家中更高效地从事各项事务），（8）**veracity**（名词，真实性，近义词 truthfulness），（9）**rational**（形容词，理性的），（10）**real events**（真实发生的事件），（11）**historical figures**（历史上的人物），（12）**imaginary**（形容词，只存在于想象中的，请注意它和 **imaginative** 想象力丰富的一词的含义与拼写都不同），（13）**hone their imagination skills**（锻炼他们的想象力），（14）**entertaining**（形容词，富于娱乐性的，它的名词形式是 **entertainment**，而动词形式则是 **entertain sb.**，休闲阅读在地道英文里则被称为 **leisure reading** 或 **recreational reading**），（15）**provide their readers with a temporary escape from the boredom of everyday life**（为读者提供暂时逃离乏味的日常生活的机会），（16）**a vicarious**

**experience**（读者通过书里的人物而获得的间接体验），（17）**Fiction books enable their readers to experience a wide variety of roles, emotions, and lifestyles vicariously.**（虚构的书籍让它们的读者通过书中人物去间接地体验多种角色、情感和生活方式。），（18）**emotional**（形容词，情感的，感性的），（19）**foster creativity**（培养创造力），（20）**draw inspiration from sth.**（从某事物当中汲取灵感）等等。

结论是以事实为内容的书籍带给人们丰富的信息和知识（offer a wealth of information and knowledge），而虚构的书籍则是一种重要的娱乐来源（is an important source of entertainment），并且能够增进读者的想象力和创造力（enhance their readers' imagination and creativity）。因此，人们的读书选择（people's reading choices）不应该只限于介绍事实的书籍。

***7 Some people think that foreign visitors should be charged more than local visitors when they visit tourist attractions in another country. Do you agree or disagree?***

一些人认为国际游客在其它国家参观旅游景点时应该被收取比本地游客更高的费用。你同意还是不同意？

## 思路指导

有 **more** 就意味着要对两类人进行比较而不能只抱着其中的一类不放，这样才能符合严格的推理逻辑。

在思考这道题时，除了可以考虑国际游客和本地游客的旅行预算（travel budget）是不同的，因此他们/她们愿意承担的观光费用（the sightseeing expenses they are willing to bear）也会不同之外，两类游客的真正本质区别在于到底是不是当地的 taxpayers。

英美各城市处理这一问题的方式其实不尽相同，有些城市（例如 London）为两类游客都提供很多的免费景点，政府为这些景点提供补贴（subsidies），国际游客则主要通过住宾馆和购物来为当地的经济发展做贡献。

但是从写出系统论证的角度来看，更值得为本题推荐、而且在英美城市当中也很常见的另一种思路则是：政府为 local residents 提供打折甚至免费的旅游景点通票（discounted or even free attractions passes），并且让很多旅游景点在每周的特定时间对当地居民免费开放（offer free entrance to local residents at certain times every week），作为对于当地纳税人和他们家人的回报（as rewards for local taxpayers and their families）。

而对于国际游客，由于他们并未在当地纳税，则可以向他们收取常规的门票费（charge them regular admission fees），以用做当地旅游景点的运营费用（cover the running costs of local tourist attractions）。

## 同类型真题

(a) ***In some cities, museums offer free admission to visitors. To what extent do you think the advantages of this outweigh the disadvantages?*** 在一些城市，博物馆向参观者免费开放。多大程度上你认为这样做的利大于弊？

### 关键词透析

◆ 在本题里你很可能会用到这几个表达：门票费 **admission fee**，运营费用 **running costs**，政府补贴 **government subsidies**，以及为游客提供免费参观的另一种写法 **offer free entry to visitors**

### 思路指导

本题与上题有相关性，但是集中讨论博物馆，而且提问的角度也不同，我们就需要从不同的角度来讨论。

在伦敦等城市，确实有很多博物馆是免费向参观者们开放的，最著名的实例就是大英博物馆（the British Museum）。这样做的好处是：❶ 让每个人都能去参观博物馆（make museums accessible to everyone），更好地发挥博物馆的教育与休闲功能（help museums to better fulfil their function as important providers of educational and recreational experiences）；❷ 吸引更多的游客来当地旅游（attract more tourists to the city），从而对当地经济发展与创造就业起到促进作用（contributes to local economic growth and job creation）。

尽管如此，博物馆完全免费也有可能会带来一些问题：ⓐ 由于参观博物馆的人数上升，博物馆必须雇佣更多的服务人员或者延长开放时间来满足增长的参观需求（have to hire more staff members or extend opening hours to meet the increasing demand for visits），从而会增加博物馆的运营费用（increase the operating costs for museums）；ⓑ 为博物馆提供补贴以确保游客能够免费参观（subsidising museums to ensure free entry）可能会给政府带来沉重的财政负担（place a heavy financial burden on the government）。

结论是考虑到博物馆提供的教育与休闲作用（their educational and recreational benefits to the visiting public）以及它们对当地旅游业发展的促进作用（the contribution that they can make to the growth of the local tourism industry），政府应该为博物馆提供补贴（provide subsidies for museums）。但是当政府补贴无法满足某个博物馆的运营需求时（cannot meet the operating needs of a museum），该博物馆就应该对游客收取门票费用（charge its visitors for admission）。

(b) ***Some people think that museums should be enjoyable places to entertain people. Others, however, think that the purpose of museums is to educate. Discuss both***

***these views and give your own opinion.*** 一些人认为博物馆应该是令人愉快的地方，能够为人们提供娱乐。而其他人则认为博物馆的目的应该是教育。请讨论这两种看法并给出你的观点。

## 思路指导

博物馆应该具有教育功能，因为：❶ 博物馆里的展品（museum exhibits）能够为参观者们提供关于社会、科学技术、历史、文化与环境等领域的第一手信息（can provide visitors with a wide range of first-hand information on society, science, technology, history, culture and the environment）。其中的很多信息是参观者们无法在教室或图书馆里找到的；❷ 在很多博物馆里有讲解员（museum guides），他们可以与参观者们分享对于该领域的深刻了解（share their insights with visitors）并且回答参观者们的提问。而且很多博物馆为参观者们提供的录音讲解（recorded commentaries）和展品说明牌（exhibit signs）也都会提供详细的信息。因此，博物馆作为教育资源（educational resources）会是非常有效的。

另一方面，博物馆也应该具有娱乐性。理由是：ⓐ 很多博物馆也是重要的旅游点（tourist attractions），如果游客们看到过多的教育内容（educational content），有可能会对展览失去兴趣；ⓑ 如果展览可以为参观者们提供带有互动性、娱乐性的活动或者设备（offer interactive, entertaining activities or equipment），例如团体游戏、带有互动性的展品和互动展示屏（group games, interactive exhibits and interactive displays）等，既可以鼓励参观者们的亲身参与（to encourage visitor involvement），也能够为参观者们提供涉及多种感官的、生动有趣的学习体验（provide visitors with multi-sensory, stimulating learning experiences）；ⓒ 在科学技术、艺术等博物馆工作的讲解员如果能让自己的解说带有适度的幽默感（add an appropriate sense of humour to their commentaries），也能够帮助参观者更好地理解展品（help visitors to understand the exhibits better）。

因此，这两种目的其实并不相互排斥（are not mutually exclusive）。博物馆的娱乐功能也能够让它们的教育功能更加充分地被实现（can help museums to better fulfil their educational purposes）。

（c）***We live in cities or towns that have museums displaying objects of historical and cultural value. However, not many people visit local museums. What do you think about this? What is the importance of museums to society?*** 我们所在的城镇里有展出具备历史和文化价值的物品的博物馆。但是，并没有很多人去参观当地的博物馆。你怎样看待这一情况？博物馆对于社会的重要性是什么？

## 思路指导

人们不喜欢参观当地博物馆会导致这些博物馆的门票收入难以支付它们的运营费用

(their admission revenues are not enough to cover their operating costs)，从而让当地博物馆缺少资金去增加它们的藏品并改善它们的服务（lack the money to increase their collections and improve their services），由政府资助的博物馆（government-funded museums）如果缺少资金则会进一步增加政府的财务负担（place a heavier financial burden on the government）。

但人们不愿意参观当地博物馆也是有理由的：ⓐ 一些博物馆致力于满足研究人员的需要（are committed to meeting the needs of researchers），但却没有提供足够的有教育作用或者娱乐性的活动（do not provide enough educational or entertaining activities）；ⓑ 一些博物馆只介绍当地的主题（focus on local themes），例如当地的历史（local history），或者只展出当地艺术家的作品（only display works by local artists），从而导致它们的展览缺乏多样性（lack diversity in their exhibitions）；ⓒ 人们忙于工作或者学习（are busy with work or study），没有时间去参观当地博物馆。

而博物馆的意义在于：ⅰ 保护具有历史与文化价值的物品（preserve objects of historical and cultural value）；ⅱ 协助和开展历史、文化或者科学研究（facilitate and carry out historical, cultural or scientific research）；ⅲ 向普通公众传播历史、文化、社会、科技等方面的知识（promote the dissemination of historical, cultural, social or scientific knowledge to a general audience※）。因此，为了能够更好地为当地社区（local communities）服务，博物馆应该更加努力地去了解和满足当地居民的需求（do more work to better understand and meet the needs of local people），并且广泛地提供有教育作用的展览与讲座（provide a wide range of educational exhibitions and lectures）以及鼓励参观者们亲身参与的活动（hands-on activities that encourage visitor participation），还可以在周末与节假日（weekends and holidays）增加互动活动（interactive activities）以吸引更多的本地参观者。

(d) ***What are the purposes of museums? How should they be funded?*** 博物馆的用途是什么？它们应如何获得资金？

## 思路指导

本题的第一问上题里已经有所论述。对于第二问，在英美，博物馆常见的获得资金的方式包括：❶ 来自政府的补贴（government subsidies）；❷ 来自私人的捐款（donations from private patrons）；❸ 博物馆自身的门票收入和场地设施出租收入（revenue from ticket sales and facility rentals）。

---

※ 很多国内同学都知道 **audience** 是泛指听众的意思，但在地道英文里它还可以泛指电视节目的观众、书籍或报纸杂志的读者群，以及博物馆展览的受众（要具体地指参观者则是 **a visitor / visitors**）。

【例句】*The museum has promised to take its resources to a wider* ***audience****.*

# Culture 类各分数段范文深入讲解

## 文化类范文一 Internet 是否能代替博物馆和美术馆

***It is sometimes claimed that public museums and galleries are not necessary because people can see the historical objects and works of art in those places on the Internet. Do you agree or disagree?***

一些人认为由于人们可以从互联网上看到公共博物馆和画廊里的历史文物与艺术品，那些场所对于人们就不是必需的了。你是否同意这个观点？

### 本题思路透析

这名6.5分考生所持的态度是：互联网不能完全代替博物馆和美术馆。给出的理由包括：ⓐ 尽管通过网络来欣赏展品更方便、更经济，但并不是直接的体验，而且很多展品在网络上也找不到。ⓑ 尤其是对于小朋友们来说，参观博物馆和美术馆给他们/她们所带来的激动和教育意义是互联网至少在目前仍然无法提供的。ⓒ 此外，博物馆和美术馆对一个城市、甚至一个国家的文化象征意义也不容忽视。

对于这种观点，Pat 举双手赞同。我今年去看的最酷的展览就是正在欧洲和北美火得不行的 BODIES Exhibition。这个展览中展出的全都是真正的人体标本，而且还设计出了各种各样的故事情节，甚至还有在打网球的，胆儿小的参观者直会吓出一身冷汗。这类具有强大视觉冲击力（visually striking）的展览如果改成在互联网上看，不管电脑的屏幕是多大分辨率（high-resolution），恐怕也跟看教科书里的图片没有本质区别。

### ▶ 6.5 分范文

Many cities own museums or art galleries. Some people think that they are unnecessary today when there is already **widespread access** to the Internet. I disagree with this opinion.

Nowadays, museums and galleries still provide the public with first-hand experiences. However, by surfing the Internet, people cannot enjoy the **antiques** or paintings as much as those who can look around in the **exhibition rooms**. First-hand experience is particularly attractive to children. Visiting a museum or an art gallery is always a piece of good news to children, teacher and parents.

It is also obvious that not all the information offered by museums and art galleries is available on the Internet. We may only be able to find some photos of a famous painter's **masterpieces** on the Internet while we can get access to a large amount of information about the paintings and the painter by reading the description and listening to the professional guide in the art gallery.

Furthermore, the museums and art galleries **are symbols of** the culture of a city, or even a country. They are places where travellers can learn about the local culture and history. For example, the most famous museum in France, the Louvre, not only has **thousands of artworks** but also **represents the history of** Paris. It greatly helps to **promote the reputation of** the city and attracts more people to visit the city.

I admit that it is cheaper and more convenient to **browse the Internet** than to visit museums or art galleries. However, I believe that there is still a great demand for museums and art galleries because they provide the public with first-hand experience and more excitement.

## 词汇和短语

（标★的是本类话题的高频词汇或短语）

**art gallery** 美术馆

**at present** 目前

★ **widespread access to …** 对于（某种资源）的广泛的使用机会

**first-hand experience** （名词短语）第一手的体验，直接的体验

★ **antique** *n.* 古董

★ **exhibition room** 展厅

**masterpiece** *n.* 杰作

**attractive** *adj.* 吸引人的

**are symbols of …** 是某事物的象征

**artwork** *n.* 艺术品，尤其常指绘画与雕塑等

★ **represent the history of …** 代表着……的历史

★ **promote the reputation of …** 提升……的声誉

**the Louvre** 巴黎的卢浮宫，注意：它虽然是专有名词，但是按照惯例要加 the，这名考生的原文这里就丢掉了 the，为防止读者误学，Pat 替这里补上了 the

**excitement** *n.* 兴奋

★ **browse the Internet** 在网上浏览（这个短语比 surf the Internet 在中国考生作文里出现的频率要少一些）

**Bonus:**

**irreplaceable** *adj.* 不可代替的

**on display** 被展出

**本文量化评分**

| 论证扣题度与充实度 | ★★★★☆ | 行文连贯性与衔接效果 | ★★★☆☆ |
|---|---|---|---|
| 词汇量和用词准确度 | ★★★★☆ | 语法准确度和多样性 | ★★★☆☆ |

## ■ 译文

许多城市都拥有博物馆或美术馆。但是在互联网普及的今天，一些人对这些博物馆或美术馆存在的必要性提出了质疑。我不同意他们的看法。

当今，博物馆和美术馆仍能为公众提供亲身的体验。但是，人们通过互联网浏览古董或绘画时，就无法获得在展厅参观时的那种享受。特别是对儿童来说，亲身体验更具有吸引力。对孩子们、老师和家长来说，去参观博物馆或美术馆始终是一条好消息。

也显而易见的是人们在互联网上并不能获得博物馆和画廊所能提供的全部信息。在互联网上，我们可能只会找到一个画家的杰作的图片，而在美术馆里，我们则可以通过阅读介绍和听取专业导游讲解获得关于这些绘画与该画家的大量信息。

而且，博物馆和美术馆是一个城市甚至一个国家的文化象征。它们是游客了解当地文化和历史的场所。例如法国最著名的博物馆卢浮宫不仅有成千上万件艺术品，而且也代表了巴黎的历史。它极大地提升了城市声誉，可吸引更多人来此参观。

我承认与参观博物馆或美术馆相比，浏览互联网的方式更便宜和方便。不过我仍然认为，博物馆和美术馆拥有着巨大的需求量，这是因为博物馆和画廊为公众提供了直接体验和令公众兴奋的参观经历。

## 文化类范文二 为什么不能让传统艺术自生自灭

***In some countries, traditional arts are becoming extinct. Some people think that we should try to keep them. What is your opinion?***

在一些国家，传统艺术正在消亡。一些人认为我们应该设法保护它们。你的看法如何？

### 本题思路透析

写这道题的倾向性不难选择，用大脚趾想也能知道传统艺术是值得保护的。但如果想深入论证则需要一定的表达能力。

这名高分考生通过传统艺术给一个民族带来的归属感、传统艺术消失后的不可再生性和传统艺术可以带来的经济效益三方面十分有力地证明了保护 traditional arts 的紧迫性。

### ▶ 7 分范文

Today, many types of traditional arts are **facing extinction**. I personally believe that traditional arts should **be valued and preserved**.

Traditional arts, such as traditional music, dance and painting, form an important part of **a nation's cultural identity**. They help to express a traditional culture and make it unique. This is particularly important in an age when globalisation has made cultures very similar. A nation without a rich variety of traditional arts would **feel rootless and disconnected from its own traditions**.

Apart from cultural value, traditional arts also have significant **educational value**. They help young people to understand the customs and history of their country. Introducing traditional arts such as **pottery and weaving** into art class is also very useful in helping children to develop **creative crafting skills**.

Another reason why traditional arts should be preserved is that they **are irreplaceable resources**. Once a form of traditional art disappears in history, it can never **be truly revived**. Only until then will the people who do not think it should be preserved realise that is a great loss and regret their attitude.

People who are against preserving traditional arts may argue that it would **place a heavy financial burden on** the government. These people fail to understand **the economic value of** traditional arts. In my country, for example, many traditional arts are famous internationally. They attract many international tourists each year. The traditional arts and crafts industry also contributes to **economic growth** and **government tax revenue**.

In conclusion, traditional arts have high cultural, educational and economic value. Their extinction would be a great loss to a nation. The government should provide funding to traditional arts programmes, and the media and schools should try to make the value of traditional arts better understood by the public.

## 词汇和短语

（标★的是本类话题的高频词汇或短语）

**become extinct** 灭绝，消亡
【近义】die out
【比较】face extinction 濒临灭绝

**be valued and preserved**
受到重视与保护

★ **a nation's cultural identity** 一个国家的文化特性

**unique** *adj.* 独特的

**be truly revived** （某种消失的艺术形式）真正被复活

**feel rootless and disconnected from its own traditions** 感到没有根基并且脱离了自己的传统

★ **educational value** （名词短语）教育方面的价值

★ **economic value** 经济方面的价值

**pottery and weaving** （名词短语）陶艺与编织

**creative crafting skills** 有创意的手工制作技能

**are irreplaceable resources** 是不可替代的资源

**place a heavy financial burden on the government** 给政府带来沉重的财务重担

**regret their attitude** （动宾短语）本文里指对他们自己的态度感到遗憾

**economic growth** （名词短语）经济的增长

**government tax revenue** （名词短语）政府的税收，在英美有时也写成 the government's tax revenue

**the traditional arts and crafts industry** 传统艺术与手工艺产业

**Bonus:**

**ancestor** *n.* 祖先（请注意这个词经常用复数）

**ethnic handicrafts** 民族手工艺品

**a sense of belonging** 归属感

**本文量化评分**

| 论证扣题度与充实度 | ★★★★☆ | 行文连贯性与衔接效果 | ★★★★☆ |
|---|---|---|---|
| 词汇量和用词准确度 | ★★★★☆ | 语法准确度和多样性 | ★★★☆☆ |

## ■ 译文

在当代，很多种类的传统艺术面临灭绝。我个人认为传统艺术应该受到重视和保护。

像传统音乐、舞蹈和绘画等传统艺术构成一个国家的文化特性的重要部分。它们有助于表达一种传统的文化并且让它变得独特。这在全球化让文化变得非常相似的时代里尤其重要。没有丰富多样的传统艺术的国家会感到缺乏根基而且与自身的传统脱节。

除了文化意义之外，传统艺术还有重要的教育价值。他们帮助年轻人理解自己国家的风俗与历史。将陶艺和编织等传统艺术引入艺术课堂也有助于帮助孩子们发展有创意的手工制作技能。

传统艺术应该受到保护的另一个原因是它们是不可替代的资源。一旦一种形式的传统艺术在历史上消失，它就再也难以被复活了。只有到那时那些认为它不应被保护的人们才会意识到那是重大的损失，并且对自己的态度感到后悔。

反对保护传统艺术的人们也许认为它会给政府带来沉重的财务负担。这些人没有理解传统艺术的经济价值。例如在我的国家，很多传统艺术都在国际上非常著名。它们每年都吸引很多国际游客。传统的艺术与手工艺产业也为经济发展和政府税收做出贡献。

总之，传统艺术有很高的文化、教育和经济价值。它们的灭绝将是一个国家的重大损失。政府应该为传统艺术项目提供资助，而媒体和学校则应该帮助公众更好地了解传统艺术的价值。

## 文化类范文三 拯救濒临灭绝的语言

***The widespread use of English is threatening the existence of many minority languages. Do you agree or disagree? What are the solutions to this problem?***

英语的广泛使用正在威胁很多仅有少数人使用的语种的生存。对此看法你是否同意？这一问题的解决方法是什么？

### ▶ 7 分范文

Some people are concerned that the widespread use of English may cause many **minority languages** to become extinct. I believe their concern is well justified.

Many minority languages are being threatened by English today. Small communities where these languages have been spoken are trying to **increase economic**, **social and cultural ties with** the outside world. Young people in these communities tend to **lack motivation to** learn their native language well because **proficiency in English** can bring them more **educational and job opportunities** than proficiency in their native language. People from these communities are also likely to find it easier to make friends with people who cannot speak their language through **conversations in English**. Another benefit of learning English instead of their own language is that they can enjoy a much wider variety of entertainment, such as English songs, TV shows and films, if they **have a good command of English**. As a result, many minority languages are losing speakers, especially young ones, to English and therefore **being endangered by it**.

Governments and schools should take measures to prevent the extinction of minority languages. Governments should provide funding to programmes that promote the art and culture of **linguistic minorities**, and **give tax benefits to** companies that hire employees who can speak minority languages. Public schools in regions where linguistic minorities live should provide courses on their native languages. Teachers of these courses should try to make learning interesting and make their students feel proud of the culture and language.

In conclusion, although the increasing **communication across cultural boundaries** has made English more important than ever, I believe that governments and schools should **create opportunities for** speakers of minority languages to learn and use their native language well.

## 词汇和短语

（标★的是本类话题的高频词汇或短语）

**minority language** 只有少数人说的语言

**is / are concerned** 担忧的

**become extinct** 灭绝，特别注意：extinct 是形容词，extinction 是名词，它们都不是动词

**is / are well justified** 是很有根据的

**are being threatened by ...** 正在受到……的威胁

★ **increase economic, social and cultural ties with ...** 增加与……的经济、社会与文化联系

★ **lack motivation to ...** 缺乏去做某事的动力

**is / are also likely to ...** 也很有可能会……

★ **proficiency in English** （名词短语）对于英语技能的熟练掌握

**conversation** *n.* 谈话

**a wide variety of ...** 多种多样的……

★ **have a good command of ...** 对于某类技能（经常是指语言技能）掌握得很好

★ **educational and job opportunities** 教育和工作机会

**be endangered by ...** （某类事物的良好发展）受到……的威胁

★ **give tax benefits to ...** 给予……在税务方面的好处

**region** *n.* 区域，它的形容词形式是 regional

**linguistic minorities** 说少数语言的人们

【近义】language minorities

★ **communication across cultural boundaries** （名词短语）跨越文化界限的交流

★ **create opportunities for ...** 为……创造机会

## 语法多样性分析

◆ Public schools in regions **where** linguistic minorities live should provide courses on endangered ethnic languages. 本句里使用了由 where 引导的定语从句，修饰 regions

**本文量化评分**

| 论证扣题度与充实度 | ★★★★☆ | 行文连贯性与衔接效果 | ★★★★☆ |
|---|---|---|---|
| 词汇量和用词准确度 | ★★★★☆ | 语法准确度和多样性 | ★★★☆☆ |

## ■ 译文

一些人担心英语的广泛使用会导致很多只有少数人才说的语言灭绝。我认为这种担忧是有根据的。

很多小语种在当今正受到英语的威胁。说这些小语种的小规模社区在努力增加与外界的经济、社会和文化联系。这些社区里的青少年往往对于学习母语缺乏动力，因为熟练掌握英语可以给他们带来更多的教育和就业机会。这些社区里的人们**也**很可能会感到与说不同语言的人们通过英语对话会更容易成为朋友。他们学习英语而不是自己的语言的**另一个好处**是如果能够很好地掌握英语，他们就可以享受远远更加丰富多样的娱乐，例如英语歌曲、电视节目和电影等。因此，很多说小语种的人，特别是青少年，改说英语，从而导致小语种受到英语的威胁。

政府和学校应采取措施来防止小语种的消亡。政府应该拨款给能够促进小语种族裔的艺术和文化的项目，并为那些雇佣会讲小语种的员工的公司提供税务优惠措施。**另外**，那些小语种族裔居住区的公立学校应该开设传授他们的母语的课程。讲授这些课程的老师要努力让学生感到学习是能够令人产生兴趣的，并让学生为这些文化和语言感到骄傲。

总之，尽管跨越文化界限的交流使得英语比过去任何时候都更加重要，我相信政府与学校应该为以小语种为母语的人们创造机会去学好、用好他们原有的语言。

## 文化类范文四 / 多元文化社会的利弊

***Multicultural societies are mixtures of different ethnic groups. Some people think that the advantages of multicultural societies outweigh the disadvantages. Do you agree or disagree?***

多元文化社会是由多民族混合而成的社会。一些人认为，多元文化社会的利大于弊。你是否同意这种观点？

### ▶ 7 分范文

Continuous immigration has made many societies increasingly multicultural. I agree with the view that the advantages of multicultural societies outweigh the disadvantages.

A multicultural society has a range of economic, cultural and social advantages. In a society with various ethnic groups, many companies and organisations **have a culturally-diverse workforce**. This leads to **dynamic collaboration**, **innovative products** and **creative solutions** to problems at work. Another economic benefit of a multicultural society is that many people are bilingual or even multilingual. This gives them significant competitive advantages in an age of economic and trade globalisation.

A multicultural society is also more exciting to live in because people can **participate in** a wide variety of entertainment, artistic and sports activities. These activities represent different cultures and values. As a result, people who live in a multicultural society tend to be **more open-minded and cooperative**.

Multicultural societies also face unique challenges. The language difference often makes communication and interaction between members of different ethnic groups less effective, while cultural differences make it more difficult for them to **discover common interests and shared goals**. In the twentieth century, the lack of communication and understanding between ethnic groups even resulted in **ethnic segregation** in some multicultural societies. Nowadays the differences between ethnic groups may still **cause misunderstanding and conflict**. However, these problems can be reduced and overcome by efforts from the government, media, employers and communities to encourage communication and **promote equality** among ethnic groups.

In conclusion, cultural differences may cause some social problems for multicultural societies, but it seems to me that these problems are outweighed by the economic and cultural benefits of multicultural societies.

多元文化社会的典型缩影：在这5个参加活动的孩子里，有一个非裔，一个意大利裔，一个俄罗斯裔，一个荷兰与丹麦混血，一个英国、爱尔兰与法国混血，还有照片的华裔拍摄者——Pat

## 词汇和短语

（标★的是本类话题的高频词汇或短语）

continuous immigration （名词短语）持续的移民

★ a culturally-diverse workforce 文化多样的劳动力

★ dynamic collaboration 富有活力的协作

★ innovative products 有创新性的产品

★ multilingual *adj.* 多语种的

【相关】bilingual 双语的

gives them significant competitive advantages 带给他们竞争中的显著优势

★ participate in 参与

【剑桥例句】*The teacher tries to get everyone to* ***participate in*** *the classroom discussion.*

represent different cultures and values （动宾短语）代表不同的文化与价值观

★ more open-minded and cooperative 思想更加开放、更愿意合作的

★ communication and interaction （名词短语）沟通与互动

cause misunderstanding and conflict （动宾短语）导致误解与冲突

discover common interests and shared goals （动宾短语）发现共同关注的问题与一致的目标

★ promote equality （动宾短语）促进平等

ethnic minorities 少数民族

segregation *n.* 基于种族、性别等进行的隔离

**Bonus:**

cultural diversity （名词短语）文化的多样性

build consensus （动宾短语）建立一致的看法

a barrier to communication （名词短语）对沟通的一种障碍

discrimination *n.* 歧视

【短语】discrimination against sb. 针对某人的歧视

prejudice *n.* 偏见

### 本文量化评分

| | | | |
|---|---|---|---|
| 论证扣题度与充实度 | ★★★★☆ | 行文连贯性与衔接效果 | ★★★★☆ |
| 词汇量和用词准确度 | ★★★★☆ | 语法准确度和多样性 | ★★★☆☆ |

## ■ 译文

持续移民让很多社会的文化变得越来越多元。我同意多元文化社会利大于弊的看法。

多元文化社会有一系列的经济、文化与社会优势。在一个由多民族构成的社会里，很多公司和机构拥有文化多元的劳动力。这带来了有活力的协作、具有创新性的产品和对工作中出现的问题有创意的解决方法。多元文化社会的**另一个经济优势**是很多人会双语甚至多语种。这让他们在经济与贸易全球化的时代里拥有显著的竞争优势。

在多元文化社会里生活也更令人兴奋，因为人们可以参加丰富多样的娱乐、艺术与体育活

动。这些互动代表着不同的文化与价值观。因此生活在多元文化社会里的人们往往思想更开放而且更乐于合作。

多元文化社会也面临特有的挑战。语言差异让不同民族的成员间的沟通与互动不那么有效，而文化差异则让他们很难发现共同关注的问题与一致的目标。在二十世纪，由于民族间缺乏交流甚至在一些多文化社会里导致了民族隔离。当今不同民族之间的文化差异也仍然可能引起误解和冲突。但这些问题可以通过由政府、媒体、雇主和社区在各民族间鼓励沟通、促进平等来减少并得以克服。

总之，文化差异会给多元文化社会带来一些社会问题，但在我看来多元文化社会所带来的经济与文化益处比这些问题更加重要。

## 文化类范文五 语言、文化不分家

***When students study a foreign language, they should also study the culture and lifestyles of the people who speak the language. To what extent do you agree or disagree?***

当学生们学习一门外语时，他们应该同时学习说这门语言的人们的文化与生活方式。多大程度上你同意或不同意？

### ▶ 7.5 分范文

Some people think that while studying a foreign language, the learner should also study the culture and lifestyles of the people who speak **the target language**. I fully support their opinion.

Learners' ability to use a foreign language can be significantly improved if they also study the culture and lifestyles of the countries where the language is spoken. **The meaning and usage of words and phrases** are always influenced by culture and social customs. For learners who are not encouraged to understand **the cultural and social background of** a foreign language, foreign language learning is likely to be limited to **rote memorisation of words, phrases and grammar rules** from textbooks and dictionaries. As a result, they often **use the language incorrectly**. For example, visitors to China who are native English speakers often find street signs that carry wrong English translations. These translations have been produced because the translators do not fully understand the **cultural and lifestyle differences between** China **and** English-speaking countries.

Studying cultural background and lifestyles in a foreign language class can also make learning **more fun and stimulating**. Students become bored easily if the teacher only read grammar and pronunciation rules to them without **giving them lively examples** related to the culture and life in the country where the language is the native language. By contrast, if the teacher could introduce materials and activities about films, music, literature and folk tales that **are unique to** that country into the classroom, students would **be more motivated to learn** and can **learn more efficiently**.

To conclude, I completely agree that helping students to **gain knowledge about** the culture and lifestyles of countries where the language is the native language should be **an integral part of** a foreign language course.

## 词汇和短语

（标★的是本类话题的高频词汇或短语）

★ **the target language** （外语教学中的）目标语言

**is / are significantly improved** 得到显著的提高

**the meaning and usage of words and phrases** 单词和短语的意义与用法

**the cultural and social background of ...** 某事物的文化与社会背景

**be limited to ...** 被限于……的范围内

★ **rote memorisation** （名词短语）重复的机械记忆

★ **social customs** 社会风俗

**grammar rules** 语法规则

**street sign** 路牌，道路标识

**use the language incorrectly** 不正确地使用该语言

**English translations** 英语的翻译

**more fun and stimulating** 更有趣而且更能激发学习者兴趣的

**lively examples** 生动的例子

**literature and folk tales** 文学和民间故事

**be more motivated to learn** 更有动力去学习

★ **gain knowledge about ...** 获取关于……的知识

**is an integral part of sth.** 是某事物当中不可缺少的一部分

**本文量化评分**

| | | | |
|---|---|---|---|
| 论证扣题度与充实度 | ★★★★☆ | 行文连贯性与衔接效果 | ★★★★☆ |
| 词汇量和用词准确度 | ★★★★☆ | 语法准确度和多样性 | ★★★★☆ |

## ■ 译文

有些人认为在学习一门外语时，学习者应该同样学习说目标语言的人们的文化和生活方式。我对此完全支持。

学习者对于外语的运用能力可以通过学习该语言使用国家的文化与生活方式得到显著提高。单词和短语的意义与用法总是会受到文化和社会习俗的影响。对于未被鼓励去理解一门外语的文化和社会背景的学习者们来说，外语学习很可能会被限制在对来自课本和字典的单词、短语和语法规则的死记硬背的狭小范围内。因此他们就很容易用错这种语言。例如，以英语为母语的游客经常发现中国城市的路牌常常带有错误的英文翻译。这些错误翻译正是因为翻译者并没有完全理解中国和英语国家间文化和生活方式的区别才造成的。

在外语课堂上学习国外的文化背景和生活方式同样可以让学习变得更有趣而且更能激发学生的学习兴趣。如果老师只是向学生灌输语法规则和发音规则，而不向他们提供以该语言为母语国家的风土人情的生动实例，那学生在课堂上就很容易感到乏味。与此形成对比的是，如果老师能将关于该国独特的电影、音乐、文学和民间故事的材料和活动引入课堂，那么学生会更有动力而且更加高效。

总之，我完全同意帮助学生了解以该语种为母语国家的文化和生活方式应成为外语教学课程的必备部分。

## 文化类范文六 学史明智

***Some people think that history should be a compulsory subject at schools while others think that history has little or nothing to tell students. Discuss both these views and give your own opinion.***

一些人认为历史应该是学校里的必修课程而另一些人则认为历史能教给学生的很少甚至毫无用处。讨论两种看法并且给出你自己的观点。

**【说明】**

学历史能锻炼学生们的分析能力与辩证思维能力，培养正确的价值观，而且历史知识本身也很有趣味，比如对唐太宗"朕略萌"的误读。了解历史的意义并不只是让人们爱看《甄嬛传》，或者能看出《陆贞传奇》的剧情和历史事实的不同。

这篇范文的论证扣题、充实，语言的准确度也比较不错，是一篇典型的 7.5 分范文。

### ▶ 7.5 分范文

In this essay, I will discuss both sides of the debate about whether history should be a compulsory school subject.

Some people think that all students should be required to study history. They argue that in history class, students try to understand many **historical periods** and evaluate a wide range of **historical events** in discussions and in writing, which can **improve their analytical** skills. History class also provides students with opportunities to **hone their values** by studying the challenges faced by **historical figures**. As a school subject, history can, in fact, be very interesting. It consists of events in the lives of real people but **has many dramatic developments**, and even reminds learners of the storylines of **bestselling novels**.

Others believe that history teaches students little or nothing. Their skepticism about **the relevance of history to students' lives** results from the fact that history is the study of the past, while students tend to be more concerned about the present and the future. However, it can be argued that an effective way to understand the present and to plan for the future is to learn from the past. For example, learning about the disasters caused by the Cold War can help students to better appreciate the importance of international understanding and cooperation, and make them committed to **promoting world peace**.

My own view is that history is a collection of **historians' descriptions and explanations of** historical events, so even historical facts may **contain bias**. This is why students should be offered different views on these events. However, overall I believe that history helps students to **develop a sense of national and cultural identity** and to **understand social change**. Therefore, history should be a compulsory subject in schools.

## 词汇和短语

（标★的是本类话题的高频词汇或短语）

★ **a compulsory school subject** 必修的学校课程

【近义】a mandatory school subject

**evaluate a wide range of historical events** 评价各种历史事件

**hone their values** （动宾短语）磨炼他们的价值观

★ **improve their analytical skills** 增进他们的分析能力

【相关】critical thinking skill 辩证思维能力

★ **historical figures** 历史人物

**consist of ...** 由……组成

★ **dramatic developments** 戏剧化的发展

**remind sb. of sth.** 让某人想起某事物

**the storylines of bestselling novels** 畅销小说的故事情节

**the relevance of history to students' lives** 历史与学生们生活的相关性

【形容词形式】relevant 具有相关性的

★ **their skepticism about ...** 他们对于……所持的怀疑态度

★ **appreciate the importance of ...** 充分地认可某事物的重要性

**be committed to ...** 致力于某事物

★ **promote world peace** 促进世界和平

historians' descriptions and explanations of historical events 历史学家们对历史事件的描述与解释

★ contain bias （动宾短语）含有偏见

★ help students to develop a sense of national and cultural identity （帮助学生们）发展国家与文化认同感

★ understand social change （名词短语）理解社会变革

**本文量化评分**

| | | | |
|---|---|---|---|
| 论证扣题度与充实度 | ★★★★★ | 行文连贯性与衔接效果 | ★★★★☆ |
| 词汇量和用词准确度 | ★★★★☆ | 语法准确度和多样性 | ★★★☆☆ |

## ■ 译文

在本文中，我将从辩论双方的角度探讨历史是否应该成为学校中的必修课。

有些人认为所有的学生都应该被要求学习历史。他们认为学生们在历史课的课堂讨论以及书面作业中会努力去理解很多历史时期，并对各种各样的历史事件进行评估，这对培养学生的分析能力很有益处。历史课**也**向学生提供了学习历史人物面对的挑战从而去磨炼自己的价值观的机会。作为一门课程，历史课**事实上**可以十分有趣。它由真实人物生活中的事件构成，但却有很多戏剧化的发展，甚至让学习者想到畅销小说的故事情节。

另一些人则认为历史并不能教给学生什么。他们对历史与学生生活相关性的质疑来自于历史是研究过去的学科这一事实，而学生们则通常更加关注现在及未来。**然而**，向过去学习本身就是一种了解现在并且计划未来的有效手段。例如，学习冷战带来的灾难能帮助学生们更充分地认可国际理解与合作的重要性，并让他们致力于去促进世界和平。

我个人的观点是历史是历史学家们对历史事件的描述与解释的汇总，所以即使是史实也可能存在着偏见。这就是为什么应该向学生提供关于这些事件的多种不同的观点。但是，总的来说我相信历史能帮助学生发展对国家及文化的认同感，而且能帮助他们理解社会变革。因此，历史应该是学校中的必修课。

## 文化类范文七 建筑的外观是否比功能更加重要

***Some people think that the appearance of a building is more important than its function. To what extent do you agree or disagree?***

一些人认为建筑的外观比它的功能更重要。你多大程度上同意或者不同意？

【说明】

著名建筑师 Louis Sullivan 曾经说过“Form follows function.”（外观追随功能）。建筑应该在满足使用要求的同时努力做到美观，而不是把外观漂亮放在满足使用者对建筑功能的需求之前，这是一种更理性的设计原则（a more rational design principle）。

而从 IELTS 写作应试的角度讲，问题的关键则在于怎样用英语把扣题的观点论证得清晰、有说服力。

▶ 8 分范文

In my opinion, there are significant benefits if a building has an attractive exterior. However, I do not agree that the appearance of a building is even more important than its function.

It is true that a good appearance increases the **cultural and commercial value of** a building. Building exteriors **form part of the cityscape** and **bring artistic experiences into people's everyday life**. A building that **is visually pleasing** makes its users feel comfortable and helps them to work more energetically. In the design process of some commercial buildings, the clients may request unique or even unusual exteriors to make their buildings **distinctive landmarks** in order to **attract more business**.

However, the priority in building design should be to produce functionally efficient buildings. In modern times, the function of buildings is far more complex than just providing shelter from bad weather. The **layout**, **structure and building materials** of a residential building need to make its residents feel comfortable, while office buildings are expected to **offer well-organised and efficient user experiences**. There are also **industrial buildings** that need large spaces to meet the needs of industrial production. If a building could not **satisfy its users' needs**, its running costs would rise. Its users would **feel frustrated** with living, working or relaxing in and around the building. This is likely to lead to **financial loss** for the owner of the building.

Therefore, although I think that buildings should **integrate functionality with beauty**, I believe that compared with the functionality of buildings, **aesthetic considerations** should be secondary. If architects **compromised function for form**, buildings would **cause their users inconvenience** and even **health and safety problems**.

## 词汇和短语

（标★的是本类话题的高频词汇或短语）

★ **an attractive exterior** 吸引人的外观（exterior 的反义词是 interior，指建筑物的内部）

★ **increases the cultural and commercial value of ...** 增加……的文化与商业价值

**form part of the cityscape** 构成城市景观的一部分

★ **bring artistic experiences into people's everyday life** 把艺术体验带进人们的日常生活里

**is visually pleasing** 在视觉上令人愉悦的

**work more energetically** 更有活力的工作

【相关】work more productively 更有效地工作；work more efficiently 更高效地工作

★ **commercial buildings** 商业建筑

**client** *n.* 客户，本文里指请建筑师设计建筑的委托人

**request** *vt.* 提出某种要求

**unique or even unusual exteriors** 独特的甚至反常的外观

**distinctive landmarks** （名词短语）本文里指非常与众不同的标志性建筑

**attract more business** 吸引更多的业务

★ **functionally efficient buildings** （名词短语）功能非常高效的建筑

★ **complex** *adj.* 复杂的

**provide shelter from bad weather** （动宾短语）提供遮风挡雨的庇护所

★ **the layout, structure and building materials of residential buildings** 住宅建筑的布局、结构和建筑材料，**layout** 是指某事物的布局

【剑桥例句】*Jake does not like* ***the layout of*** *the kitchen.*

★ **residential** *adj.* 居住的，名词形式是 resident 居民

**well-organised and efficient user experiences** （名词短语）组织良好而且高效的用户体验

★ **industrial buildings** 工业建筑

★ **meet the needs of ... / satisfy sb.'s needs** 满足（某人或某事物的）需要

**running costs** （名词短语）运营费用

【相关】maintenance costs 维护费用

**the owner of a building** 一幢建筑的业主

**feel frustrated with ...** 对某事物或某种体验感到沮丧的

**financial loss** 财务损失

**integrate functionality with beauty** （动宾短语）把功能与美观结合起来

**aesthetic** *adj.* 美学的，审美的

**aesthetic considerations** （名词短语）美学方面的考虑

★ **functionality** *n.* 某事物的功能的统称

★ **compromise function for form** （动宾短语）为了好的外观而牺牲合理的功能

★ **secondary** *adj.* 第二位的，不是最主要的

★ **cause their users inconvenience and even health and safety problems** 为它们的用户带来不方便甚至健康和安全问题

**Bonus:**

**is / are aesthetically pleasing** 在审美方面令人愉悦的

**the intended function of ...** 既定功能，使用者希望某事物能够满足的功能

**ease of use** （名词短语）使用上的方便

**本文量化评分**

| | | | |
|---|---|---|---|
| 论证扣题度与充实度 | ★★★★★ | 行文连贯性与衔接效果 | ★★★★☆ |
| 词汇量和用词准确度 | ★★★★☆ | 语法准确度和多样性 | ★★★★☆ |

## ■ 译文

在我看来，如果建筑有吸引人的外观是会有显著的好处的。然而，我不同意建筑的外观甚至比它的功能更重要的看法。

好的外观确实可以提升建筑的文化和商业价值。建筑外观构成城市景观的一部分，而且把艺术体验带进人们的日常生活里。一个视觉上令人愉悦的建筑让它的使用者感到舒适并且帮助他们更有活力地工作。在一些商业建筑的设计过程中，委托人也许会要求设计独特的甚至是反常的外观来让他们的建筑成为非常与众不同的标志性建筑以吸引更多的业务。

然而，建筑设计中的首要任务应该是设计功能上高效的建筑。在现代，建筑的功能远远不仅是提供遮风挡雨的庇护所。一幢住宅建筑的布局、结构和建筑材料需要让住户感到舒适，而办公建筑则被希望提供组织有序并且高效的用户体验。还有需要大空间的工业建筑去满足工业生产的需求。如果一幢建筑不能满足它的用户需要，它的运营成本将会上升。它的使用者将会对在该建筑内部或周围生活、工作或休闲感到沮丧。这很可能会给业主带来财务损失。

因此，尽管我认为建筑应该将功能与美观结合在一起，我相信和建筑的功能相比，审美方面的考虑应该是次要的。如果建筑师为了外观而牺牲功能，建筑将会给它们的使用者带来不方便，甚至带来健康与安全问题。

## 文化类范文八 着装应该跟风还是追求个性

***Fashion trends are difficult to follow these days and it is widely believed that these trends exist just to sell clothes. Some people argue that we should not follow fashion trends and we should dress in the way we like. To what extent do you agree or disagree?***

如今人们很难跟得上时尚潮流，并且人们普遍认为时尚潮流的存在只是为了服装销售而服务的。一些人认为，我们不应该跟风潮流而是应该穿成自己喜欢的样子。你在何种程度上同意或不同意这种观点？

## 思路透析

这道题其实真的无所谓对错，就是一个人偏好。“时尚女魔头”（*The Devil Wears Prada*）里面的Andrea Sachs 就是为了迎合上司的时尚品位而丧失了自我（suffers from an identity crisis）。

穿衣服到底是应该跟风还是觉得怎么舒服就怎么穿好呢？顶级大牌儿 Versace（范思哲）的创始人说，“When a woman changes her look too much from season to season, she becomes a fashion victim（时尚受害者）.” 因此，问题的真正关键在于适度（moderation）。过度追求时尚会导致经济和精力上的损失；但如果完全无视特定场合对于衣着的规定（dress code），也可能给个人发展带来不必要的麻烦。

关于本文还需要特别提醒大家注意的是：这篇满分范文里使用了一些模式化表达。事实上，大家到国外上学后会发现这些表达其实都是地道英语写作里常用的逻辑语句。

### ▶ 9分范文

It is widely believed in today's world that the latest fashion trends hold great significance. On the other hand, such trends are believed to be set only in **the pursuit of profits** for large designer companies. Personally I think that we should pay more attention to **individuality and comfort** in the way that we dress.

Firstly, fashion designs exist as **a form of creative artistic expression** of the designer. Although this may be true, undoubtedly such designs take away individuality once a trend is set in place. There is nothing unique about wearing what everybody else does. If everyone wears the latest colour and design in summer skirts, do we not look the same?

Secondly, it is possible that fashion trends can look extremely stylish to the general public. However, the main purpose of wearing clothes is for **more functional reasons**. Clothes were traditionally worn to protect people from climatic conditions. For instance, even today clothes are still worn basically to keep people warm and dry in winter and cool in summer.

Finally, fashion certainly gives us a sense of confidence and pride in **our appearance**. While this is certainly a good point, it also means that following such changeable trends proves to be expensive. For example, purchasing every latest season's fashion clothing will of course blow the budget of many people, especially young people.

In conclusion, there are various arguments to support **the dismissal of** fashion trends, including not following others, comfort and price, which I strongly agree with.

**词汇和短语**
（标★的是本类话题的高频词汇或短语）

★ **significance** *n.* 重要性

★ **pursuit** *n.* 追求 【动词】pursue

**profit** *n.* 利润

**a form of creative artistic expression** 一种创意艺术表达形式

★ **individuality** *n.* 个性

**exist** *v.* 存在

**creative** *adj.* 有创意的

★ **artistic** *adj.* 艺术的

**expression** *n.* 表达

★ **unique** *adj.* 独一无二的

**more functional reasons** 更加着重于功能方面的原因

★ **stylish** *adj.* 时尚的

★ **climatic** *adj.* 气候的

★ **confidence** *n.* 自信

**appearance** *n.* 外貌

★ **purchase** *n.* & *vt.* 购买

★ **item** *n.* 物品

**blow the budget of...** （带口语化的表达）超出某人的预算

★ **dismissal** *n.* 认为……不值得考虑

## 同类型真题

***The tendency of human beings to copy one another is shown in the popularity of fashion in clothing and other consumer goods. To what extent do you agree or disagree?*** 从时装及其它消费品时尚的流行可以看出人类之间相互模仿的倾向。在多大程度上你同意或者不同意？

### 思路指导

本题与这篇9分范文的话题有相似之处，但是本题的侧重点在于时装与消费品时尚的流行是否体现出人类之间相互模仿的倾向。

这种看法具有明显的合理性：ⓐ 有很多消费者是因为在电视广告中（TV commercials）或者在时尚杂志里（fashion magazines）看到明星们穿的时装或者明星们使用的消费品（例如cosmetics 化妆品，bags 包，sunglasses 太阳镜，furniture 家具等）之后，希望自己也能看起来像那些明星们一样，或者希望自己也能够有类似的生活方式（lead similar lifestyles），才去购买那些产品的。这直接体现出这些消费者们的模仿倾向；ⓑ 还有很多人是因为看到自己的朋友们、同学们或者同事们穿的时尚服装或者用的时尚消费品而决定去购买这些产品的，这同样明显地体现出人们彼此相互模仿的倾向；Ⓒ 有些消费者为了追求时尚不惜牺牲舒适甚至牺牲健康（sacrifice comfort or even health for fashion），或者在追求时尚时花费过多（overspend on fashion），这些都显示出一种强烈的模仿别人的倾向。

如果写这道题时还希望涉及反方，则可以论述当代时尚趋势变化非常迅速（fashion trends change rapidly）。新的时尚趋势（new fashion trends）往往是具有创意或者有创新性的（are creative or innovative），而且喜欢新时尚趋势的消费者通常也是希望和别人不一样（want to look unique），而不是去模仿别人。等到有很多人都已经开始追随某种时尚趋势时，再去追随这种趋势（following this trend）才变成了缺乏创造力与原创性的标志（becomes a sign of lack of creativity and originality）。

## ■ 9 分范文译文

人们普遍认为，在当今世界上那些最新的有创意的时尚潮流具有很大意义。而另一方面，人们也认为，这种潮流之所以存在，只是为了适应大型设计公司追求利润的需求。我个人认为，我们的着装风格更应注重个性和舒适度。

首先，时装设计是以设计师创造性的艺术表现形式而存在。虽然这种形式可能是正确的，但是一旦潮流形成，这种设计就会夺走个性与别人穿着雷同而失去特色。如果夏天每个人都穿着最新色彩和款式的裙子，那么我们看起来不就都一样了吗?

其次，时尚潮流可能对普通公众来说显得极为时髦。**然而**，着装的主要目的更多是为了功能。服装在传统上是为了保护人们不受气候状况的影响。比如，甚至直到如今人们穿衣服还主要是为了在冬季保持温暖干燥，在夏季保持凉爽。

最后，时装的确在外表上给了我们信心和自豪感。虽然这无疑很好，**但**也意味着，追随这种多变的潮流的代价是昂贵的。譬如，购买每一季的最新时装当然会超出许多人，特别是年轻人的预算。

总之，有各种理由支持追求时尚潮流是不明智的，这些理由包括做人不要随波逐流，还要有我强烈赞成的舒适度和价格方面的考虑。

## 文化类范文九 一位喜欢罗列事实的考官关于文化类话题的看法：国际通用语言是否威胁文化认同感

***Some people believe there should be a single international language. Others believe that would make it difficult to maintain the identity of cultures. Discuss both these views and give your own opinion.***

一些人认为，应该有一种国际通用语言。而其他人则认为，这将难以保持文化认同感。讨论这两种看法并给出你自己的观点。

【解题】

本文的一大特点是对相关事实掌握得很多。但本文的一个弱点则是在主体段第 1 段里把 firstly / secondly / thirdly / fourthly 等分论点一条条排出之后，都**没有**跟支持句(supporting sentences)，这就不可避免地导致分论点看起来很单薄，缺乏足够的说服力，甚至给人一种“流水账”的感觉。像这样在分论点之后不写支持句的写法在满分范文中是相当罕见的。

▶ **9 分范文**

考题类型：**Discuss both views + your own opinion 型**

结构选择：**带有明显倾向性的四段式**

| | |
|---|---|
| In the past, several languages have acted as the **lingua franca** in different areas of the world, but the growth of modern communications and the development of **air transport** have **created a demand for** a single international language to cover the whole world. | 本段使用了一个长句，介绍过去在世界不同地区曾有过一些区域性的通用语言，并指出这一趋势已经扩大到世界范围。 |
| There are several reasons to believe that a single international language has become **a practical necessity**. Firstly, trade is becoming increasingly international, involving **multiple partners** who have **mutually incomprehensible** mother tongues. Secondly, there has been a huge **proliferation of international organisations**, such as UNICEF, the WHO and the European Union. Thirdly, scientific research, such as space and **genetic research**, is becoming more of **an international cooperative effort**. Although multiway translation is technically available and sometimes practised, it is often expensive and inconvenient. Fourthly, it is<br>这里对分论点1没有进行哪怕是最简短的支持<br>对分论点2仍然不进行任何形式的支持，勇气可嘉但说服力确实不强<br>这里对分论点3展开写了一句，看起来就不像前两点那么生硬 | 本段是论述国际语言的现实必要性。 |

（续表）

| | |
|---|---|
| arguable that if we all make use of one language to communicate, **prejudice and misunderstandings** will **be overcome** and **world peace will be promoted.** | |
| Many people fear that **the spread of a single international language** threatens individual cultures. It is argued, for example, that the spread of one language will cause others to die out. However, there is evidence to the contrary. History suggests that the use of one or more official languages has in fact **sharpened the sensitivity of** speakers **to** other languages. More broadly, people fear that a single language will spread a single culture over the world, a movement sometimes called "language colonisation". But we should keep in mind that the purpose of an international language is for use **in international contexts**, not everyday ones. Any international language is likely to **remain superficial**. | 本段从两点回应了一种国际语言是否会减少文化认同感的担心（在More broadly的之前与之后各提出一点）。这两个分论点后各自进行了适当的展开支持，因此比上一段读起来更自然，没有"流水账"感。 |
| Therefore, my conclusion is that the enormous benefits of a single international language vastly outweigh the **potential risks** it presents. | 这个结尾段带有明显的模板痕迹。其实在高分范文当中使用"模板"的倾向并不少见，但问题的关键在于它们除了用模板之外，总是还含有很多自己的东西，而不是"全程套模板"。 |

## 词汇和短语

（标★的是本类话题的高频词汇或短语）

**lingua franca**　母语不同的人们之间用来沟通的通用语言

【剑桥例句】*The international business community sees English as a lingua franca.*

**become a practical necessity**　成为实际需要的东西

**air transport**　（名词短语）空运

★ **create a demand for ...**　产生了对……的需求

**mutually incomprehensible** 相互间都无法理解的

**It is arguable that ...** 请注意这个句型的含义并不是"值得争论的是……"，而是"有一定道理的是……"

【剑桥例句】*It is arguable that another route would be just as bad.*

**prejudice** *n.* 偏见

**misunderstanding** *n.* 误解

★ **overcome** *vt.* 克服

**sharpen sb's sensitivity (to sth.)** 提高对于某事物的敏感程度

**in international contexts** 在国际交流的语境中

★ **superficial** *adj.* 表面化的

【反义】thorough（彻底的）

**potential risks** 潜在的风险

## ■ 译文

在过去，有几种语言在世界不同地方扮演着通用语的角色，但是随着现代通信和航空运输的发展，人们产生了对一种世界范围内通用的国际语言的需求。

从以下几种理由可以看出，创造同一种国际语言已经成为了一种实际需求。第一，贸易日益国际化，但许多合作伙伴母语互不相通。**第二**，国际组织大量激增，如联合国儿童基金会、世界卫生组织和欧盟。**第三**，空间和遗传研究之类的科学研究，正在更大程度上成为国际合作。尽管多向翻译在技术上是可行的，并且有时也被采用，但这往往是昂贵的和不方便的。**第四**，如果大家都使用同一种语言，那么偏见与误解将被克服，世界和平也将得到促进，这也具有一定的合理性。

但是许多人担心，同一种国际语言的传播会威胁到个体文化。譬如，有人认为，一种语言的传播会造成其它语言的消亡。**然而**，有证据显示情况与此相反。历史表明，一种或更多种官方语言的运用，实际上会增加使用者对其它语言的敏感度。更广泛地说，人们担心，同一种语言将导致同一种文化在世界上的传播，有时这种运动被称为"语言殖民"。**但是**我们应该牢记，国际语言的宗旨正是为了在国际范围内使用而不是日常使用。任何国际语言都很可能只是停留在表面。

因此，我的结论是，使用同一种国际语言的所带来的巨大收益远远大于其潜在风险。

## 文化类范文十　一位文艺青年考官的慷慨陈词：国家之间的相似度越来越高是喜还是忧

***Countries are becoming more and more similar because people are able to buy the same products anywhere in the world. Do you think this is a positive or negative development?***

因为人们在世界各地都能买到相同的产品，各国之间正变得越来越相似。你认为这是积极的还是消极的发展？

【说明】

这个考官的文学功底不错，即使在剑桥考官当中也算是比较出色的。相应地，我们不难想象这位“文艺青年”对国与国之间变得越来越相似、缺乏特色的现象是反感的。确实，从这篇《剑 10》Test 3 范文的行文思路可以清晰地看出：这名考官从文化、就业、旅游业这三个方面逐一论证了国家之间相似度越来越高的弊端。看法虽然略显偏激，但行文过程有根据、有实例，语言也很准确，已经达到了 IELTS 作文的高分要求。

▶ **9 分范文（剑 10 范文）**　　**考题类型：利弊型**　　**结构选择：一边倒（认为该现象完全消极）的五段式**

| | |
|---|---|
| It is said that countries are becoming similar to each other because of the global spread of the same products, which are now available for **purchase** almost anywhere. I strongly believe that this modern development is largely detrimental to culture and traditions worldwide. | 这位考官在开头段写了两句话，是极为明显的“改写题目 + 提出自己态度”的写法。考官在本文里所持的态度是一边倒（认为这种现象完全消极），所以在提出自己的态度时语气也就比较强硬。 |
| A country's history and language are inextricably bound up in its manufactured artefacts. If the relentless advance of international brands into every corner of the world continues, these packages might one day completely oust the traditional objects of a nation, which would be a loss of **richness and diversity** in the world, as well as the sad disappearance of the manifestations of a place's **character**. What would a Japanese tea ceremony be without its specially crafted teapot, or a Fijian kava ritual without its bowl made from a certain type of tree bark? | 考官在本段写了三句话。第 1 句是本段的 topic sentence（主题句），指出一个国家的历史和语言与它制造的传统工艺品密不可分。第 2 句是展开支持句，指出国际品牌向世界各地扩张的趋势会减少世界文化的丰富性和多样性，并且导致各地的自身特色消失。第 3 句是本段里的第二个展开支持句，给出了日本茶道使用的茶壶和斐济卡瓦仪式上使用的特制碗的实例，例子同样很“文艺”。 |
| Let us not forget either that traditional products, whether these be medicines, cosmetics, toys, clothes, utensils or food, **provide employment for** local people. The spread of multinational products can often bring in its wake a loss of jobs, as people turn to buying the new brand. This eventually puts old-school craftspeople out of work. | 考官在本段里通过传统产品和跨国产品对于就业的影响对比有力地说明了各国变得越来越相似对于传统工匠的负面影响。 |

（续表）

| | |
|---|---|
| Finally, tourism numbers may also be affected, as travellers **become disillusioned with** finding every place just the same as the one they visited previously. To see the same products in shops the world over is boring, and does not impel visitors to open their wallets in the same way that trinkets or souvenirs **unique to** the particular area do. | 考官在本段里论证了各国变得越来越相似对旅游业的打击。短语 become disillusioned with ... 是"对于……的幻想破灭"的意思，语气非常强烈，"文青"考官自己旅游时明显也对世界各地的雷同景象感触颇深。 |
| Some may argue that all people are entitled to have access to the same products, but I say that local objects **suit local conditions best**, and that faceless uniformity worldwide is an **unwelcome and dreary** prospect. | 作为一篇一边倒写法的范文，本文只是在结尾段提了一句人们有权购买相同的产品，但紧接着仍然是把考官自己在主体段里所论述的态度作为全文的落脚点，充分展示了"一边倒"写法坚定、有力的特点。 |

## 词汇和短语

（标★的是本类话题的高频词汇或短语）

★ **purchase** *n.* &*vt.* 购买

**is detrimental to ...** 是对于……有害的

**be inextricably bound up in ...** 与……密不可分

**manufactured** *adj.* 制造的

**artefact** *n.* 年代久远的制品

**relentless** *adj.* 毫不停息的，毫不松懈的

**oust** *vt.* 原意是"推翻"，本文里是取而代之的意思

★ **richness and diversity** （名词短语）丰富性与多样性，它的形容词形式是 rich（丰富的）and diverse（多样的）

**manifestation** *n.* 展现

★ **character** *n.*（一个地方或者一个物品的）特色

**ceremony** *n.* 仪式

★ **provide employment for ...** 为……提供就业

**multinational** *adj.* 跨国的

【短语】multinational corporations 跨国公司

**bring in its wake ...** 在它的所到之处留下……（通常是留下负面的结果）

**eventually** *adv.* 最终

**old-school** *adj.* 这个形容词不是指"老学校"，而是指老式的，老派的

**craftspeople** *n.* 手艺人，工匠

**become disillusioned with ...** 对于……所抱的幻想破灭

**previously** *adv.* 之前

**impel ... to ...** 促使……去……

**trinket** *n.* 小装饰
**souvenir** *n.* 旅行纪念品
**unique to ...** ……所特有的
**are entitled to ...** 有权……
**have access to ...** 获取或者利用……（某种资源）
**faceless** *adj.* 缺乏个性特色的
**uniformity** *n.* 各个部分看起来相同或者非常相似的状态，均质性
**unwelcome** *adj.* 不受欢迎的
**dreary** *adj.* 非常沉闷、令人不快的

## ■ 译文

据有些人说，因为相同的产品在全球的扩散以及在各地销售的普及，各国之间正在变得彼此相似。我坚定地认为这一现代潮流对于各国文化和传统主要产生有害的作用。

一个国家的历史和语言与它制造的传统工艺品密不可分。如果国际品牌持续扩张到世界各地的趋势继续下去，这些包装制品也许终有一天会彻底取代民族传统物品，这将意味着世界文化的丰富性和多样性的丧失，而且各地区的自身特色也会随之消失。如果日本的茶道仪式不使用为它特制的茶壶将会怎样？如果在斐济的卡瓦仪式上却没有使用特殊种类的树皮制成的碗又将如何？

我们不应忘记传统的产品，不论是药物、化妆品、玩具、服装、厨具还是食品，都为当地人提供就业。跨国产品所到之处留下的常常是就业机会的损失，因为人们改去购买新的品牌。这最终会导致传统工匠们失业。

最后，随着旅游者对于自己去的每个地方都和之前去过的地方雷同感到大失所望，旅游业的数据也可能会受到影响。看到世界各地的商店里出售相同的产品是枯燥乏味的，而且也无法像具有地方特色的小装饰品或者纪念品那样能够让旅游者们心甘情愿地消费。

一些人可能会认为所有的人们都应有权去获取相同的产品，但我想说，地方产品是最适合当地情况的，而世界各地千篇一律则是一种不受欢迎、令人不快的前景。

## 学有余力者

对写好文化类作文最有帮助的一个网站

**portal. unesco. org/culture/**

关于世界文化，联合国是最有发言权的机构。这个页面上侧的 Themes 会把你指引向不同的具体专题，而页面右部的 News 栏则提供了最新的 examples。

# DAY 7

# 低碳生活

环境类真题库与各分数段范文剖析

Going Green

环境恶化（environmental degradation）是二十一世纪里人类面临的最大威胁之一，好在雅思写作的 Environment 话题还没有构成对考生的最大威胁。IELTS 写作中环境类的考题不少，但细看会发现考查范围很单一，本质都是要求论证人类对于目前存在的环境问题是否有能力去改变，或者到底怎么改变。因此准备 Environment 类话题只要提前浏览一下真题库再看几篇范文就够用了，一旦考到也不必惊慌。

## 解读 Environment 类真题库

**1** ***Environmental problems cannot be solved by one or a few countries. Instead, they should be solved with international effort. To what extent do you agree or disagree?***

环境问题不能只由一个或几个国家解决，而应通过国际上的共同努力来解决。多大程度上你同意或者不同意这种观点？

这是近十年中环境类出现频率最高的一道题，而且如果把这道题搞定了那么环境类的常用词也就基本掌握了。本文具体写法请看今天的第 1 篇范文。

### 变形题

***Environmental problems are too big for individual countries and individual people to address. We have reached the stage where the only way to protect the environment is to address environmental problems at an international level. To what extent do you agree or disagree?*** 环境问题对于单个国家和个人来说是个很难解决的大问题。现阶段保护环境的唯一途径是在国际层面上解决环境问题。多大程度上你同意或者不同意？

**2** ***The development of technology has caused many environmental problems. Some people believe the solution to this is that everyone leads a simpler way of life, while others think that technology itself can solve these problems. Discuss both these view and give your own opinion.***

科技的发展导致了很多环境问题。一些人认为解决方法是让每个人遵循更简单的生活方式，而其他人则认为科技自身能够解决这些问题。讨论这两种观点并给出你的意见。

## 思路指导

仔细想想，这两种观点其实并非截然对立。

我们一方面确实可以通过让生活变得更简单来改善环境，比如：ⓐ 步行或者骑车去上学或上班（walk or cycle to school or work，今年很多北美自行车俱乐部的 slogan 就是 Drive less and ride more.）；ⓑ 乘坐公交而不是私家车（use public transport instead of private cars）；ⓒ 避免使用抛弃型物品，例如一次性餐具和抛弃型剃须刀等（avoid disposable products such as disposable utensils and throw-away razors），选用更加耐用的产品与材料（use more durable products and materials）；ⓓ 重复使用购物袋，并循环使用罐装容器（reuse shopping bags and recycle cans and bottles）；ⓔ 选择当地的新鲜食品而不是远距离运输的带包装食品（select local, fresh food over packaged food that has been transported over long distances）；ⓕ 手洗衣服并自然晾干（hand-wash and air-dry laundry）；ⓖ 减少看电视和打游戏的时间，并且充分地利用天然光线，减少家中的用电量（reduce TV viewing and video game playing, and take advantage of natural light whenever possible to lower electricity consumption at home，请注意本句里的 lower 是及物动词，降低的意思）等等。这些都是减少浪费、污染和“碳足迹”的简单却有效的方法（simple but effective ways to reduce waste, pollution and carbon footprint）。

另一方面，新的科技也在出现，以解决过去的科技所带来的环境挑战，并且为我们的需求与担心提供有益环境的解决办法（new technologies are emerging to address the environmental challenges caused by past technologies, and to offer green solutions to our needs and concerns）。具体地说，新科技为我们提供更加环保的能源、工具、设备和材料（provide us with more environmentally-friendly energy, tools, equipment and materials）：ⓘ 绿色能源科技正在快速进步（green energy technology is evolving rapidly），并帮助我们开发风能、太阳能、水电和地热等清洁、可再生的能源（helping us to harness clean, renewable sources of power such as wind, solar, hydro and geothermal energy.）。例如，风力发电机（wind turbines）、太阳能电板（solar panels）、水力发电机（hydroelectric generators）和地热泵（geothermal heat pumps）等设备都可以帮助我们减少由于煤、天然气和石油等化石燃料所带来的污染（enable us to reduce the pollution from fossil fuels such as coal, natural gas and oil）；ⓘⓘ 混合动力发动机技术（hybrid engine technology）能够提高车辆的燃料使用效率，并且减少废气的排放（can improve vehicle fuel efficiency and reduce exhaust emissions）；ⓘⓘⓘ 照明技术的发展（the progress of lighting technology）可以帮助人们减少用电量（lower electricity consumption）。例如，LED 灯泡不仅比传统的照明方式寿命更长，而且更加省电（LED light bulbs not only last longer but also are more energy-efficient than traditional lighting products.）；ⓘⓥ 可循环包装技术的发展（the development of recyclable packaging technology）会为我们提供解决白色污染的根本途径（can lead to fundamental solutions to the environmental problems caused by non-biodegradable packaging materials）等等。

因此，结论是解决现有的环境问题需要科技进步与改变生活方式的结合（solving current environmental problems requires a combination of technological advances and lifestyle changes）。

## 同类型真题

（a）***Many people think that we have entered a "throw-away" society and are filling the environment with plastic bags and rubbish that we cannot fully dispose of. To what extent do you agree or disagree? Suggest some solutions to this problem.*** 一些人认为我们进入了一个"抛弃型"的社会，并让我们无法处理的塑料袋和垃圾充斥环境。你多大程度上同意或不同意？提出解决这个问题的方法。

本题写法请参考本章的第5篇范文。

（b）***Individuals cannot do anything to improve the environment. Only governments and large companies can make a difference. To what extent do you agree or disagree with this opinion?*** 对于改善环境个人无法做出贡献。只有政府和大公司才能发挥作用。多大程度上你同意或者不同意这种观点？

### 思路指导

本题关于个人是否能为改善环境做出贡献的一方可以从上面两道题的分析里获得很多思路，而政府和大公司对于改善环境的作用则可以参考今天的范文2和范文3。

（c）***Natural resources such as** crude oil**, forests and** fresh water **are being consumed** at an alarming **rate. What problems does this cause? How can we solve these problems?*** 自然资源，比如原油、森林和淡水正在以令人警觉的速度被消耗。这导致哪些问题？我们怎样解决这些问题？

### 关键词透析

◆ **crude oil** 是指原油，汽油的英文则是 **petrol**（**BrE**）/**gasoline**（**AmE**）。

◆ **fresh water** 不是新鲜的水，而是指淡水，它的反义词是 **salt water**。

◆ **at an alarming rate** 是固定短语，意为以令人警觉的速度：

【剑桥例句】*Inflation*（通货膨胀）*is rising at an alarming rate.*

◆ 本题是 Report，要求分析这种现象所带来的问题和解决办法。而下一道考题则要求分析该现象的产生原因和解决办法，所以在审题时一定要看清到底是要求分析什么。这两道题的思路不难想，但是在实际写作时你会发现下面这些较为专门的词汇和词组很有用：（1）**continuous population growth**（持续的人口增长），（2）**industrial development**（工业的发展），（3）**economic growth**（经济增长），（4）**the rising standard of living**（得到提高的生活水平），（5）**the increase in private car ownership**（拥有私家车数量的增长），（6）**the rapidly increasing demand for consumer goods**（对消费品的快速上升的需求），（7）**severe depletion of natural resources**（对于自然资源的严重消耗），（8）**non-renewable resources**（不可再生的资源），（9）**will be exhausted**（将被耗尽），（10）**the scarcity of natural resources**（自然资源的稀缺，自然资源的供应短缺英文则是 supply shortages of natural resources），（11）**the demand for natural resources will far exceed the supply**（对于自然资源的需求将远远大于供给），（12）**a surge in natural resource prices**（自然资源价格的急剧攀升），（13）**inflation**（名词，通货膨胀），（14）**hinder economic growth**（阻碍经济发展），（15）**unsustainable development**（不可持续的发展），（16）**cause social instability**（造成社会不稳定），（17）**panic buying**（名词短语，指由于恐慌而导致的抢购），（18）**significant sources of international tension and conflicts**（造成国际关系紧张与冲突的重要起因）（19）**large-scale deforestation**（名词，砍伐森林），（20）**tropical rainforests**（热带雨林），（21）**environmental degradation**（环境恶化），（22）**disrupt ecological balance**（破坏生态平衡），（23）**diminish biodiversity**（减少生物的多样性），（24）**Family planning should be promoted in countries suffering from overpopulation.**（应该在受人口过量困扰的国家推行控制家庭规模的措施。），（25）**scientific research**（科学研究），（26）**fully harness the potential of renewable sources of energy such as wind, solar, hydro and biomass energy**（充分开发可再生能源的潜力，例如风能、太阳能、水电和生物能等），（27）**reduce car dependency**（减少对于汽车的依赖），（28）**make public transport more convenient, reliable and affordable**（让公共交通变得更加方便、可靠、费用合理），（29）**regularly use public transport**（经常性地使用公共交通），（30）**fuel-efficient vehicles**（燃料使用率高的车辆），（31）**hybrid car**（混合动力汽车），（32）**electric car**（电动汽车），（33）**desalination technology**（海水淡化技术），（34）**raise public awareness of conservation issues through education programmes in schools and public libraries and through mass media campaigns**（通过学校和公共图书馆的教育项目和大众传媒的宣传活动来提高公众节约资源的意识），（35）**conserve water, paper and electricity**（节约用水、用纸、用电），（36）**avoid waste**（避免浪费），（37）**reuse or recycle used goods and materials**（重新使用或者循环利用旧物品和旧材料），（38）**recycle paper and cardboard products**（循环利用纸制品），（39）**levy high taxes on disposable goods**（对于抛弃型商品征收高税额）等等。

(d) ***Consumption of the natural resources on Earth is increasing at an alarming rate and has reached a dangerous level. What are the causes of this phenomenon? What should be done to address this problem?*** 地球上自然资源的消耗在以令人警觉的速度上升并已经到达危险的程度。这种现象的产生原因是什么？应该采取哪些措施去应对这一问题？

(e) ***In many countries, fossil fuels such as coal, natural gas and oil are the main sources of energy. However, in some other countries, the use of alternative sources of energy such as wind power and solar energy is increasingly encouraged. To what extent do you think this is a positive development?*** 在许多国家，煤、天然气和石油等化石燃料是主要的能源。但是，在另外一些国家，诸如风能和太阳能等替代能源的使用正日益受到鼓励。你在何种程度上认为这种发展是积极的？

## 关键词透析

◆ **alternative** 在本题里是形容词，指替代性的。不过在地道英文里它也经常被用作名词，指某事物的替代物，这时它后面搭配的介词是 **to something**。

【剑桥例句】*More emphasis should be placed on developing **alternative energy sources** such as wind, solar energy, and tides*（这里指潮汐能）.

【剑桥例句】*Olive oil*（橄榄油）*is **a healthy alternative to** butter.*

◆ 本题的思路不难想，但是在实际写作时你很可能会需要用到下面这些较为专门的词汇和词组：(1) **renewable**（形容词，可再生的），(2) **non-renewable**（形容词，不可再生的），(3) **reduce greenhouse gas emissions**（减少温室效应气体的排放），(4) **solar panels**（太阳能电池板），(5) **solar farm**（太阳能发电厂），(6) **wind turbines**（风力发电机），(7) **wind farm**（风力发电厂），(8) **emit**（动词，排放，它的名词形式是 **emission**），(9) **environmentally-friendly**（形容词，有益于环保的），(10) **cost-effective**（形容词，低成本的），(11) **energy generation**（名词短语，指使用能源生成电力或者动力的过程，注意它不是"能量一代"），(12) **hydroelectric power**（名词短语，水力发电），(13) **nuclear waste**（核废料），(14) **radioactive**（形容词，有放射性的），(15) **nuclear leakage**（核泄漏），(16) **reliable**（形容词，可靠的）等等。

## 思路指导

与化石能源相比，替代能源的优势在于：ⓐ 化石能源是不可再生的，并且正在以缺乏可持续性的速度被严重地消耗（are non-renewable and are depleted at a rapid, unsustainable rate）。而风和阳光等资源几乎是无限的（are infinite resources），因此风能、太阳能等替代能源则有潜力为人类提供取之不尽的能源（have the potential to provide humans with an inexhaustible supply of energy)；ⓑ 燃烧化石能源会将二氧化碳和甲烷等温室效应气体排入大气中（the burning of fossil fuels emits greenhouse gases such as carbon dioxide and methane into the atmosphere），促使全球变暖（contributes to global warming），同时也是导致酸雨和烟尘污染的重要原因（is also a main contributor to acid rain and smog）。相比起来，使用替代能源则不会产生威胁地球气候的温室效应气体或者其它污染物（does not create greenhouse gases or other pollutants），有助于缓解全球变暖和其它很多环境危险（can help to alleviate global warming and many other environmental hazards）；ⓒ 从长期来看，生成替代能源的费用比生成常规能源的费用要低很多（the long-term cost of generating alternative energy is significantly lower than that of conventional energy）。

尽管如此，替代能源目前还存在着一些缺陷（drawbacks）：ⓘ 与化石能源设施相比，安装与运行替代能源设施的初期费用很高（The initial costs of installing and running alternative energy facilities are high compared with those of fossil fuel energy facilities.）；ⓘⓘ 风能和太阳能的产生受天气状况的影响很大（wind and solar energy generation is heavily influenced by weather conditions），不如化石能源可靠（is not as reliable as fossil fuel energy generation）；ⓘⓘⓘ 核能（nuclear energy）导致了很多的健康和安全担忧（has caused many health and safety concerns）。

因此，从整体来看使用替代能源受到鼓励是一种积极的发展。政府和能源公司应该进一步为替代能源科技的研究增加经费投入（the government and energy companies should further increase funding for research on alternative energy technology），以帮助科学家们让替代能源变得更经济、更可靠、更安全（make alternative energy more cost-effective, more reliable and safer）。

**3 *Damage to the environment is an inevitable consequence of the improvement in the standard of living. To what extent do you agree or disagree?***

对环境的破坏是生活水平提高不可避免的后果。多大程度上你同意或者不同意？

在一些国家，生活水平的提高确实带来了环境的恶化（environmental degradation）。比如：ⓐ 汽车拥有量上升导致汽车尾气的排放量快速增加（The rise in car ownership has led to a sharp increase in vehicle exhaust emissions.）；ⓑ 包装食品和消费品的消费上升导致了更多的生活垃圾（The increasing consumption of packaged food and consumer goods has resulted in a significant increase in the amount of household waste.）；ⓒ 工业生产过程中排放出更多的有害物质，破坏土壤、水与空气质量（More toxic chemicals have been released into soil, air and water from industrial processes.）；ⓓ 城市化过程破坏野生生物赖以生存的环境（Urbanisation has been damaging wildlife habitat.）等等问题，从中选择论述即可。

但生活水平的提高所带来的环境问题并非完全无法避免。事实上，很多国家正在致力于避免资源密集型、环境污染严重的发展策略（Many countries are committed to avoiding resource-intensive, environmentally-damaging growth strategies.）：ⓘ 发展并推广比化石燃料更清洁的可再生能源（develop and promote renewable sources of energy that are more environmentally-friendly than fossil fuels）；ⓘⓘ 鼓励人们多使用公交或者更加节能的车辆（encourage people to use public transport regularly or drive more fuel-efficient vehicles）；ⓘⓘⓘ 教育公众在家中、学校里和工作中去减少、再使用和循环利用废料（educate the public to reduce, reuse and recycle waste at home, at school and at work — 3R's，即"Reduce, reuse and recycle."是目前在英美最流行的环保用语之一，另一句则是"Think green and act green."）；ⓘⓥ 对包装袋征税（impose taxes on packaging）；ⓥ 由政府向使用工业废料处理技术的工厂提供补贴（subsidise the use of industrial waste treatment technology）；以及 ⓥⓘ 实施更有益于环保的城市规划政策与建筑标准（implement more eco-friendly urban planning policies and construction standards）等等都是可以促进可持续发展的措施（measures that facilitate sustainable development）。

结论是在发展过程中出现严重环境问题的国家应该转向到可持续发展的道路上去（should move to a sustainable growth path）。环境的可持续性将帮助各国在满足当代人需求的同时也不牺牲未来世代的发展需求与应对挑战的能力（Environmental sustainability will help countries to meet the needs of today without compromising the ability of future generations to meet their needs and challenges tomorrow.）。

## 变形题

***Environmental pollution and damage always result from countries developing and becoming richer. To what extent do you agree or disagree?*** 环境污染与破坏总是作为国家发展和变得更富裕的结果而出现。多大程度上你同意或不同意？

### 思路指导

**always** 这么绝对的词说明题中的观点极有可能存在逻辑漏洞。生产的发展和生活水平的提高确实有可能带来环境问题，但其实：ⓐ 公民的环保意识（the public environmental awareness）是否能够被有效地提高；ⓑ 政府是否重视关于环境科学和环境政策的研究，国家是否可以取得环保科学、技术与政策的进步（achieve advances in environmental science, technology and policy）；ⓒ 新的环保技术是否能得到应用和推广（is applied and promoted），环境政策是否能够在从国家到地方的各个层面上都得到积极实施（is actively implemented at national and local levels）等才是问题的关键，发达程度高的国家在解决环境问题方面也有自身的优势。只把环境污染和破坏归结于国家发展和生活水平的提高明显是不负责任的。

# Environment 类各分数段范文剖析

## 环境类范文一 各国是否应该携手解决环境问题

***Environmental problems cannot be solved by one or a few countries. Instead, they should be solved with international effort. To what extent do you agree or disagree?***

环境问题不能只由一个或几个国家解决，而应通过国际上的共同努力来解决。多大程度上你同意或者不同意这种观点？

**【解题】**

Pat 几年之前回中国看世博会期间，注意到上海媒体在积极地使用“低碳生活”这个词。而在太平洋的对岸，**low-carbon living**（a lifestyle that helps us to reduce our carbon footprint）在北美同样是一个火得不行的热门词（buzzword）。全球一起解决环境问题真的已经不再只是梦想。

### ▶ 7.5 分范文

We are facing a wide range of environmental challenges today. I agree with the idea that many of these challenges should be met with **collaboration across national boundaries** — for two main reasons.

开头段简短地介绍背景并提出自己的观点。注意：如果在雅思议论文里写 I agree with the idea that ...（或者 I disagree with the idea that ...），那么在 idea 后面接的 that 从句经常是关于应该怎样进行某方面事务的看法。

The first one is that now problems such as **oil spills** and **dust storms** are so widespread that they can hardly **be confined to** one single country or region. It is crucial that these problems be solved with international efforts. Each country and person should be made aware of their unique role in environmental protection.

本段指出跨国合作解决环境问题的第一点必要性：很多环境问题已经跨越了国境。

（续表）

| | |
|---|---|
| The second reason why **international joint efforts** are needed to solve environmental problems is that each country has its own weaknesses in environmental protection. For example, although **industrialised countries** possess advanced technology and **more financial resources** for environmental protection, some of them do not want to address the problem of **emission-induced climate change** because they are afraid that reducing **industrial and vehicle carbon emissions** will slow down their industrial production and make their people's lives less comfortable or convenient. Thus, other nations and international organisations have their roles to play in ensuring that industrialised countries **fulfil their environmental responsibilities**. | 本段指出跨国合作解决环境问题的第二点必要性：各国间可以取长补短，并举了目前存在的相关实例。 |
| In reality, international cooperation in improving the environment **involve many practical issues**. Countries may have different views on environmental problems. As a result, to **achieve international consensus on** the measures that should be taken may take a long time. But the willingness to cooperate with each other at least will **put them on the right track to finding solutions**. | 本段是让步段，先承认多国合作解决环境问题可能存在合作中难以达成意见一致等问题，接下来在 But 后面强调了各国间拥有共同目标的重要性。请注意 but 在剑桥官方范文里用在句首很常见，在这点上它与国外大学中一般建议 but 不要放在句首的学术论文写作要求不同。 |
| In conclusion, I believe that joint efforts should be made by countries to tackle environmental problems before the damage to the ecosystem **becomes irreversible**. | 结论指出：在环境恶化变得彻底不可逆转之前，各国应该开始合作解决环境问题。 |

## 词汇和短语
（标★的是本类话题的高频词汇或短语）

**these challenges should be met with …** 这些挑战应该通过……来应对

★ **collaboration across national boundaries** （名词短语）跨越国境的协作，跨国协作

★ **oil spill** （名词短语）漏油事件，例如墨西哥湾漏油事件英文就被称为 the Gulf of Mexico oil spill 或者 the BP oil spill

★ **dust storm** 沙尘暴

**be confined to ...** 被限制在某一范围内

**joint effort** （名词短语）联合的努力

**industrialised countries** 工业化国家

★ **financial resources** 财务资源

**emission-induced climate change** （固定短语）由于碳排放而导致的气候变化

★ **industrial and vehicle carbon emissions** （名词短语）工业与交通工具的碳排放

★ **fulfil their environmental responsibilities** 履行他们在环保方面的责任

**In reality, ...** 从现实角度来讲，……

★ **involve many practical issues** （动宾短语）涉及到很多实际操作的问题

**achieve international consensus on ...** （动宾短语）就……问题达成各国看法的一致

**the willingness to cooperate with each other** 彼此之间合作的意愿

**the damage to the ecosystem** （名词短语）对于生态系统的破坏

**becomes irreversible** （某种变化）变得不可逆转

**Bonus:**

**the Antarctic ozone hole** 南极上空的臭氧层空洞

**本文量化评分**

| | | | |
|---|---|---|---|
| 论证扣题度与充实度 | ★★★★★ | 行文连贯性与衔接效果 | ★★★★☆ |
| 词汇量和用词准确度 | ★★★★☆ | 语法准确度和多样性 | ★★★☆☆ |

## ■ 译文

在当代，我们面对多种多样的环境挑战。我同意这些挑战应该通过跨国协作来应对的看法——主要原因有两个。

第一个原因是如今像石油泄漏和沙尘暴等问题的影响范围如此广泛，很难将其控制在某个国家或区域。通过国际合作来解决这些问题是至关重要的。每个国家和个人都应当意识到他们在环境保护中起到的独特作用。

第二个需要通过各国共同努力来解决环境问题的原因是每个国家在环境保护中都有其各自的弱点。例如，虽然工业化国家在环境保护领域拥有先进的科技和更多的财政资源，**但**对于由碳排放所导致的气候变化，很多工业化国家都不愿解决，因为它们担心减少工业和交通工具的碳排放可能会减慢他们的工业生产，并且降低它们国民生活的舒适度与便利性。因此，其它国家和国际组织就在确保工业化国家履行其环境义务方面具有它们的作用。

在现实中，国际合作在改善环境方面可能会涉及很多实际问题。例如，不同国家在环境问题上可能会有不同意见。因此，就环境问题达成一致的国际意见可能需要花费很长时间。**但是**，彼此合作的意愿至少会使他们在寻找解决办法方面踏上正确的轨道。

总之，我认为各国应在生态系统受到不可逆转的破坏之前就合作解决环境问题。

## 环境类范文二 政府和个人是否都该对保护环境负责

***The central government, the city government and individuals should all be responsible for protecting the environment. Do you agree or disagree?***

中央政府、城市政府以及个人都应该对保护环境负责。你是否同意?

### ▶ 7.5 分范文

I agree with the view that the central government, the local government and citizens all have responsibility for environmental protection. But I also think that they should bear the burden according to their own sphere of operation.

The central government can make and enforce environmental laws. It can also carry out environmental improvement projects of national scale because they are projects that only the central government has the authority and resources to carry out. The central government also has public media resources to **mobilise public opinions** if its environmental projects need public support.

Municipalities also have their roles to play because of their knowledge about their cities and their authority to **grant construction permission** and build **waste disposal and sewage treatment facilities**. Local governments also have control over local school districts, and are therefore able to set up **environmental education programmes** to increase students' **environmental awareness** in primary and secondary schools.

Environmental protection also involves changes in citizens' attitudes and lifestyles. They can choose **public transport**, cycling or walking over driving **private cars** to **reduce carbon emissions**. As consumers, individuals can select **environmentally-friendly products** over less eco-friendly choices. Also, by giving up smoking, smokers can help themselves as well as other citizens to **reduce the risk of respiratory diseases**. Furthermore, it is always individuals who are in the best position to encourage and persuade other individuals to care for the environment.

In conclusion, I believe that the central government, local governments and individuals all have responsibility for protecting the environment. Only through wide-ranging and well-coordinated efforts at national, municipal and individual levels can environmental protection be truly successful.

## 词汇和短语

（标★的是本类话题的高频词汇或短语）

**bear the burden** （动宾短语）承担某种责任

**sphere of operation** （名词短语）运作的范围

★ **make and enforce environmental laws** （动宾短语）指定并且执行环境法

★ **carry out environmental improvement projects of national scale** （动宾短语）开展全国规模的改善环境项目

**public media resources** 公共的媒体资源

**projects of national scale** 具有全国规模的项目

**have the authority to do sth.** 拥有进行某事务的权限

**mobilise public opinions** （动宾短语）动员公众的（支持）意见

★ **public support** 公众的支持

★ **municipality** 城镇，尤其常指城镇政府，它的形容词形式是 municipal

**grant construction permission** （动宾短语）颁发对于建造项目的许可

★ **waste disposal and sewage treatment facilities** 垃圾与污水处理设施

★ **school district** 学区

★ **increase students' environmental awareness** 增进学生们的环境意识

**attitudes and lifestyles** 态度与生活方式

**public transport, cycling or walking** （名词短语）公共交通、骑车或走路

★ **private cars** 私人的汽车

**respiratory diseases** 呼吸系统疾病，例如 asthma（哮喘）和 lung cancer（肺癌）等

★ **select A over B** 挑选 A 而不挑选 B

★ **environmentally-friendly products** 有益于环保的产品

**less eco-friendly choices** （名词短语）不够环保的选择

★ **encourage and persuade other individuals to care for the environment** 鼓励并且劝说其他个人去爱护环境

**wide-ranging and well-coordinated efforts** （名词短语）广泛的并且密切协调的努力

**Bonus:**

**formulate environmental policies** （动宾短语）制定与环境的政策

**establish** *vt.* 建立，设立

**reduce their carbon footprint** 减少他们的“碳足迹”，指个人通过选择公共交通、选择当地的产品与服务（choose locally produced goods and services）、重复使用并且循环利用家庭用品（reuse and recycle household items）、使用充电电池（use rechargeable batteries）等等措施去减少个人所导致的碳排放

## 本文中的特殊句式分析

◆ **It is** always individuals **who** are in the best position to encourage other individuals to care for the environment. 本句里使用了 It is … who…的强调句式来重点突出 who 前面的内容

**本文量化评分**

| 论证扣题度与充实度 | ★★★★☆ | 行文连贯性与衔接效果 | ★★★★☆ |
|---|---|---|---|
| 词汇量和用词准确度 | ★★★★☆ | 语法准确度和多样性 | ★★★★☆ |

## ■ 译文

我同意中央政府、地方政府和每个公民都应该对环境保护负责的观点。但我也认为他们应该根据自身活动的范围来肩负责任。

中央政府应该制定环境保护法规并在国家层面上执行环保项目，因为这些项目只有中央政府才有权力和资源去执行。而且在这些环保项目需要公众支持时，中央政府还拥有大众媒体资源来推动公众意识。

城镇政府在环境保护中也要扮演好他们的角色。他们对自己所在的城市很了解，并且拥有颁布建设许可和建立废弃物处理厂与污水处理系统的权力。**另外**，地方政府负责对本地学区的管理，所以他们能在中小学里设立环境保护教育课程以提高学生们的环境意识。

环境同样受到民众们的态度和生活方式的巨大影响。例如，民众可以选择乘坐公交、骑自行车或者走路而不是开私家车来减少碳排放与有毒物质的排放。**类似地**，作为消费者个人可以选择环保产品，而不是不够环保的选择。**而且**通过戒烟，吸烟者们能在帮助自己的同时也帮助他人降低患呼吸道疾病的可能性。**再者**，个人总是最有资格去鼓励并且劝说其他个人爱护环境。

总而言之，我相信中央政府、当地政府和个人都应该对保护环境负有责任。只有通过国家、地方和个人层面的广泛并且协调良好的合作，环境保护才能真正成功。

## 环境类范文三 谁该为清洁环境买单

***Many people think that private companies, rather than the government, should pay for cleaning up the environment. Do you agree or disagree?***

许多人认为应该由私人公司而不是政府来为清理环境污染付费。你同意还是反对？

### ▶ 7.5 分范文

Environmental pollution is one of the most challenging issues that we are facing today. Some people think that it is private companies rather than the government who should **be financially responsible for** cleaning up the environment. I agree with this view, but I believe that the government can also make a significant contribution to environmental improvement.

Private companies whose products or production process **pollutes the environment** should be financially punished for **the consequences of their actions**. For example, companies that **discharge toxic chemicals into the air** should pay for the treatment of the polluted air. If they refuse to pay for the treatment, then they should **be fined for being irresponsible**. Similarly, private companies that are involved in **oil spills** or other kinds of water pollution should **compensate for the cost of** making the affected water safe for human, animal and plant use again. Even many companies that do not directly damage the environment should contribute to **environmental clean-ups** through paying environmental taxes as the transport of their **raw materials** and products **increases greenhouse gas emissions.**

On the other hand, the government also has key roles to play in improving the environment. It can **make and enforce environmental laws** to ensure that companies **meet environmental standards**. The government can also **impose high tax penalties on** environmentally-damaging products, and then use the tax to fund environmental projects. However, unless the government causes environmental damage with its own actions, I do not think that it should be held financially responsible for environmental pollution.

In conclusion, I believe that private companies should pay the bill for cleaning up pollution, while governments have regulatory roles to play in improving the environment.

## 词汇和短语

（标★的是本类话题的高频词汇或短语）

- ★ **be financially responsible for ...** 从财务方面对某事负责
- **production process** （名词短语）生产过程
- **the consequences of their actions** 它们的行为的后果
- **discharge toxic chemicals into the air** 将有害的化学物质排入空气中
- ★ **the treatment of the polluted air** 对被污染空气进行的处理（以使其重新变得洁净）
- **refuse to do sth.** 拒绝做某事
- ★ **be fined for sth.** 由于某事被罚款
- ★ **irresponsible** *adj.* 不负责任的
- **oil spill** 漏油事故
- ★ **compensate for the cost of ...** （动宾短语）赔偿某方面的费用
- **is safe for human, animal and plant use** 对于人与动植物的使用都是安全的
- **environmental clean-ups** （名词短语）对被破坏的自然环境进行的清洁
- ★ **the transport of their raw materials and products** （名词短语）对于它们的原材料和产品的运输
- ★ **greenhouse gas emissions** （名词短语）温室效应气体的排放

**make and enforce environmental laws** (动宾短语) 制订并且执行环境法律

★ **impose high tax penalties on sth.** (动宾短语) 对某事物征收惩罚性的高税率

**environmentally-damaging products** 对于环境有破坏作用的产品

**meet environmental standards** (动宾短语) 满足环保方面的标准

★ **have regulatory roles to play** 应起到重要的监管作用

**Bonus:**

**industrial agricultural or domestic use** (名词短语) 工业的、农业的或家庭的使用

**environmental hazards** (名词短语) 环境方面的危险因素

**groundwater** *n.* 地下水，注意：它的中间没有空格，而且不要写成 underground water

本文量化评分

| 论证扣题度与充实度 | ★★★★★ | 行文连贯性与衔接效果 | ★★★☆☆ |
|---|---|---|---|
| 词汇量和用词准确度 | ★★★★☆ | 语法准确度和多样性 | ★★★★☆ |

## ■ 译文

环境污染问题是我们所面临的最具挑战性的课题之一。有些人认为应该由私人公司而不是政府来为清理环境污染付费。我同意他们的看法，但我认为政府在改善环境方面同样能够做出显著的贡献。

产品或者生产过程污染环境的公司应该因为它们的行为后果而受到经济上的惩罚。例如，那些向空气中排放有毒化学物质的公司应该为空气治理付费。如果他们拒绝付费，那么就应因为不负责任而被罚款。**类似地**，被卷入石油泄露或其它类型水污染的公司应该为让受到影响的水重新变得安全而进行赔偿。**甚至**很多并不对环境直接造成破坏的公司也应该通过缴纳环境税来为清洁环境做贡献，因为它们的原材料与产品运输会增加温室效应气体的排放。

另一方面，政府在改善环境方面也扮演着关键的角色。它可以制定并执行环境法规以确保公司满足环境方面的高标准。政府**还**可以对不环保的产品课以重税然后用税收去资助环境项目。**但**除非是政府行为本身造成了环境污染，否则我不认为政府应该对环境污染负经济责任。

总之，我认为私人公司应该为治理环境付费，而政府在改善环境方面则应发挥监管的作用。

## 环境类范文四 / 正视水短缺

***What are the causes of water scarcity? What are the solutions to this problem?***

水短缺的产生原因是什么？这个问题的解决办法有哪些？

**【说明】**

目前人类所面临的水短缺主要是指 fresh water 的短缺（请注意 fresh water 并不是指

“新鲜的水” ╳，而是指 water that is not salty，也就是淡水）。根据联合国（the United Nations）的统计，全世界每 5 个人当中就有 1 个人无法获得可靠的饮用水（one person in five has no access to safe drinking water），这对于人类的健康发展甚至社会稳定和国际关系都会产生直接影响。

淡水短缺的主要原因有：ⓐ 地球上的人口急剧上升导致生活用水量快速增加；ⓑ 工业与农业发展也导致用水的需求量增大；而 ⓒ 水污染和对水资源的浪费导致可利用的淡水资源减少。

相应的解决办法有：ⓘ 控制人口规模；ⓘⓘ 减少水污染和浪费水的行为；ⓘⓘⓘ 积极发展海水淡化技术等等。

▶ **8 分范文**

This essay will discuss the main causes of water scarcity and suggest some solutions.

There are various reasons why many countries and regions face water scarcity, but it seems that **the rapidly increasing demand for fresh water** is the most important one. The world population has more than doubled since the end of World War II, and industrial production and farming have been growing strongly. As a result, **industrial, agricultural and domestic use of water** has been rising at a dramatic rate.

Damage to water resources is also a main cause of water scarcity. For example, many factories **dump toxic waste into rivers and lakes** without any treatment, which seriously reduces water resources suitable for human use. Another cause of water scarcity is widespread **improper use of water**. Huge amounts of water are wasted by factories, farms and families every day.

There are several measures that can be taken to solve the problem of water scarcity. Government-funded **family planning programmes** would help to reduce population growth to **a more sustainable level**. **Public education programmes** provided by the media and schools about **water conservation** should also be funded by the government, while pollution of water resources should **be heavily fined**. As individuals, we can make a difference by doing things as simple as turning off the tap while brushing our teeth and taking shorter showers. More scientific research on **alternative sources of fresh water** is also needed. Progress in **desalination technology**, for example, **holds great potential for** solving the problem of water scarcity by **converting seawater into fresh** water.

In conclusion, there are a range of reasons for water scarcity. Various steps, such as promoting family planning, punishing pollution of water resources and continuing research on alternative sources of fresh water, could be taken to tackle this problem.

## 词汇和短语

（标★的是本类话题的高频词汇或短语）

**many countries and regions** 很多国家与区域

**the rapidly increasing demand for fresh water** 对于淡水的快速增加的需求，注意：fresh water 不是指“新鲜的水”，而是指淡水

**has more than doubled** 增加了比一倍还要多

**World War II** 第二次世界大战

**industrial, agricultural and domestic use of water** 工业的、农业的与家庭的用水

**has been rising at a dramatic rate** 在以急剧的速度上升

**dump toxic waste into rivers and lakes without any treatment** 不经过任何处理就把有毒的废料倒入河流与湖泊里

★ **improper use of water** （名词短语）对于水的不恰当的使用

**promote family planning** （动宾短语）推广控制家庭生育规模的措施

★ **reduce population growth to a more sustainable level** 将人口增长降低到更具备可持续性的程度

★ **should be heavily fined** 应该被重罚

**turn off the tap** 关闭水龙头

**public education programmes about water conservation** 关于节约用水的公共教育项目

**take shorter showers** 缩短淋浴的时间

★ **alternative sources of fresh water** （名词短语）替代性的淡水水源

★ **progress in ...** （名词短语）某方面的进步

★ **desalination technology** 水脱盐技术，水淡化技术

**hold great potential for** 在某方面有巨大的潜力

★ **convert seawater into fresh water** 把海水转化成淡水

**tackle** *vt.* 解决

**Bonus:**

**water-intensive** *adj.*（某个产业或者部门）对水的使用量很大的

**degradation of the earth's ecosystem** （名词短语）地球生态系统的恶化

### 本文量化评分

| | | | |
|---|---|---|---|
| 论证扣题度与充实度 | ★★★★★ | 行文连贯性与衔接效果 | ★★★★☆ |
| 词汇量和用词准确度 | ★★★★☆ | 语法准确度和多样性 | ★★★★☆ |

## 译文

本文将探讨导致水短缺的主要原因，并提出一些解决办法。

有多种原因导致很多国家和区域面临水短缺，但看起来对淡水需求的快速上升是最重要的原因。从第二次世界大战以后世界人口增加了一倍还要多，而且工业生产和农牧业也在强势增长。因此，工业、农业和家庭用水都在以急剧的速度上升。

对水资源的破坏也是导致水短缺的主要原因之一。例如，很多工厂未经任何处理就向河流与湖泊里倾倒有毒的废料，严重减少了适宜人类使用的水资源。水短缺的**另一个原因**是广泛存在的用水不当。每天都有大量的水被工厂、农场和家庭所浪费。

为了解决这一问题可以采取一些措施。由政府资助的家庭规模控制计划有助于将人口增长降低到一个具有可持续性的程度。由媒体和学校提供的关于节约用水的公共教育项目**也**应该得到政府的资助，而对水资源的污染则应该被重罚。**作为个人**，我们可以通过像刷牙时关闭水龙头和缩短淋浴时间这样简单的事情发挥出自己的作用。更多关于替代性水源的研究**也是**有必要的。例如水淡化技术的发展可以将海水转变成淡水，在解决水短缺问题方面拥有巨大的潜力。

总之，有一系列的原因导致水短缺。可以通过采取多种措施，例如推广控制家庭生育规模，严惩水污染和继续替代性水源研究等，来解决这一问题。

## 环境类范文五 一位环保主义者兼考官关于环境问题的表态

***Nowadays we are producing more and more rubbish. Why do you think this is happening? What can governments do to help to reduce the amount of rubbish produced?***

如今，我们正在制造出越来越多的垃圾。你认为产生这种现象的原因是什么？政府怎样做才有助于减少垃圾的产生？

### ▶ 9 分范文

I think it is true that in almost every country today each household and family produces a large amount of waste every week. Most of this rubbish comes from the packaging from the things we buy, such as **processed food.** But even if we **buy fresh food without packaging**, we still produce rubbish from the plastic bags used everywhere to carry shopping home.

本段提出垃圾增多的两种原因：产品外包装与塑料购物袋的大量使用。

（续表）

| | |
|---|---|
| The reason why we have so much packaging is that we consume so much more **on a daily basis** than families did in the past. Convenience is also very important in modern life, so we buy **packaged or canned food** that can **be transported from long distances** and stored until we need it, first in the supermarket, and then at home. | 本段深入论证第一个原因：家庭需求增加，而且现代生活注重便利，很多食品是从异地远距离运输来的，从而导致外包装的数量显著增加。 |
| However, the amount of waste produced is also a result of **our tendency to** use something once and throw it away. We forget that even the cheapest plastic bag has used up **valuable resources and energy** to produce. We also forget that it is a source of pollution and **difficult to dispose of**. | 本段深入论证第二个原因：人们较少重复使用物品，而即使是最廉价的塑料袋其实也消耗了宝贵的自然资源，而且很难处理。 |
| I think, therefore, that governments need to **raise this awareness in the general public**. Children can be educated about environmental issues at school, but adults need to take action. Governments can encourage such action by putting taxes on packaging, such as plastic bags, by **providing recycling services** and by **fining households and shops** that do not **attempt to recycle** their waste. | 这一段提出了解决方案：提高人们特别是孩子们的环保意识，对包装、塑料袋等征税，提供帮助人们循环使用物品的服务，并且对不尝试循环使用废料的家庭与商家进行罚款等。 |
| With the **political will**, such measures could really reduce the amount of rubbish we produce. Certainly nobody wants to see our resources used up and our planet poisoned by waste. | 本段的两句话读起来感觉有点空，有喊口号之嫌。但是如果没这段那全文就只有239个词了，将会被判为underlength。 |

## 词汇和短语

（标★的是本类话题的高频词汇或短语）

★ **household** *n.* 这个词比较正式，很接近中文里所说的“住户”

**packaging** *n.* 产品的外包装

**buy fresh food without packaging** 购买不带外包装的新鲜食品

★ **processed food** （名词短语）经过加工的食品

**packaged or canned food** 带包装的食品或罐装食品

**plastic bag** 塑料袋

★ **on a daily basis** 每天，日常

**can be transported from long distances** 可以从远处运输

**be stored until we need it** 被一直储存到我们需要它时为止

★ **our tendency to ...** 我们去做某事的倾向

**valuable resources and energy** 宝贵的资源与能量

★ **fine** *n* & *vt*. （对某人或某机构）罚款

**is / are difficult to dispose of** （指没有用的物品）很难处理

**raise this awareness in the general public** 提高普通公众当中的这种意识

★ **attempt to ...** *n*. & *vt*. 尝试去……

**provide recycling services** 提供循环利用旧物品的服务

★ **political will** 政治意愿

**measure** *n*. 措施

## ■ 译文

我认为，如今几乎在所有国家，各家各户在每周都会产生大量垃圾。大部分垃圾来源于我们的购物包装，譬如加工食品。但是即使我们购买未经包装的新鲜食品，垃圾仍然会由于我们使用塑料袋而产生，人们到处使用这些塑料袋来将所购物品带回家。

我们之所以会产出如此多的包装垃圾，是因为我们每天对商品的消耗量比过去的家庭的消耗量要多得多。**另外**，便利性在现代生活中显得尤为重要。因此，我们会购买那些能够长途运输过来的袋装或者罐头食品，先是在超市里，然后是在家里，一直储存到我们想吃的时候。

然而，垃圾也是由于我们趋于使用一次性物品而产生的。我们忘记了即使是最便宜的塑料袋，它也消耗了宝贵的资源和能源。**同样**，我们忽略了它也是污染来源，并且难以处理。

因此，我认为政府需要提高普通大众的环保意识。孩子们可以在学校受到关于环境问题的教育，而大人们则需要采取实际行动。政府可以通过以下措施来鼓励这种行为，措施包括对塑料袋等包装设置包装税，提供回收服务，并处罚不愿回收垃圾的家庭和商店。

有了政治意愿，这些措施就能够减少我们制造的垃圾量。毕竟，没有人希望看见我们的资源被耗尽，星球被废物毒害。

## 环境类范文六 7，8，9：关于能源话题的等差数列（之一）

***Some people think that the benefits of nuclear technology outweigh the disadvantages. Do you agree or disagree?***

一些人认为核技术的利大于弊。你是否同意？

**【说明】**

这篇剑桥官方给出的 7 分范文在扣题、连贯、用词和语法几方面做得都比较不错，但它的缺点则是论证过程局部显得较为重复，因此在论证的充实度方面成为“短板”（The answer contains some good arguments but it tends to repeat these arguments.）。

### ▶ 7分范文

Nuclear power **is an alternative source of energy** which is **being carefully evaluated** during these times of energy problems. Now we can say that we have energy problems. But in around 50 years, we may be facing an **energy crisis**.

Nuclear power is an alternative source of energy and unlike other sources of energy, such as solar energy, nuclear energy is highly effective for industrial purposes. If **nuclear facilities are operated properly**, there really is no danger for the public. Nuclear energy is cheap and there is no threat of pollution. Best of all, it **is almost limitless**.

However, it is difficult to think of nuclear energy as a good source of energy for people in general. This is due to the way it has been used since its birth during the Second World War. It is expressed as **military power** and in fact at the moment nuclear power is limited to a few countries who consider themselves **world powers**. When and if there is a change of ideology regarding the correct use of nuclear power, then we may all benefit from all the advantages that nuclear power has.

If we consider the advantages and disadvantages of nuclear technology, the following points can be made. The advantages are that there is limitless supply, it is cheap, it is effective for industrial purposes and there are still many benefits which have not yet been discovered. The disadvantages are that at the present time, it is limited to only a few countries who regard it as military power. Also, if **mishandled**, there is risk for the population around the plant to undergo **contamination** as has happened in Chernobyl. If these disadvantages **can be overcome**, then it is clear that nuclear energy can give us more benefits than problems. It will in the future be very important as the energy crisis is not far ahead.

In conclusion, nuclear power is good. It can be safe, and we will all benefit. It is up to our leaders to see that it is handled well so that we can all benefit from it.

## 词汇和短语

（标★的是本类话题的高频词汇或短语）

★ **an alternative source of energy** 一种替代能源

**is being carefully evaluated** 正在被认真地评估

**energy crisis** （名词短语）能源危机

★ **nuclear facilities** （名词短语）核设施

★ **be operated properly** 被恰当地运行

**be almost limitless** 几乎是无尽的

★ **military power** 军事力量，军事实力

**world powers** 世界强国，请注意这个短语里的 power 是指强国

★ **mishandle** *vt.* 不恰当地使用或处理

【英美实例】*The equipment could be dangerous if* ***mishandled****.*

**contamination** *n.* 污染，请注意这是一个较为正式的词，在地道英文里通常用来指水质、土壤、食品等被化学物质或者放射性物质所污染

★ **can be overcome** 能够被克服

## ■ 译文

核能是一种在出现能源问题的当代正在被谨慎评估的替代能源。现在我们可以说我们有能源方面的问题。但大约五十年之后，我们则可能会面对能源危机。

核能是一种替代能源而且与太阳能等其它能源不同，核能对于工业使用目的非常有效。如果核设施被恰当地运作，确实对公众不存在危险。核能便宜而且也没有污染的威胁。最佳的方面是，它几乎是无尽的。

然而，对于普通公众来说很难设想核能是一种好的能源。这是由于从第二次世界大战期间核能诞生以来它被使用的方式。它以军事力量的形式存在，而且事实上当前核能只被自认为世界强国的少数国家拥有。如果当出现对于正确使用核能的意识形态的变化时，那么我们将都可以从核能的优势当中获益。

如果我们考虑核技术的利弊，可以提出下面几点。优点是有无尽的供给，低价，对工业用途很有效，并且还有其它尚未被发现的优点。弊端则是在当前，它仅限于少数视其为军事力量的国家。而且，如果被不当地使用，就会有像在切尔诺贝利发生的那样在电厂周围的人口遭受污染侵害的风险。如果这些弊端能够被克服，那么很显然核能会利大于弊。它将会在未来非常重要，因为能源危机并不遥远。

总之，核能是积极的。它可以是安全的，并且我们都可以受益。要由领导人来确保它被恰当地利用，以便让我们都可以受益。

### 相关真题

***Nuclear energy is the best source of power for meeting the ever-increasing energy needs. To what extent do you agree or disagree?*** 核能是满足不断增长的能源需求的最佳能源。多大程度上你同意或者不同意？

### 关键词透析

除了上面的范文里出现的核能话题常用词之外，在写这道题时您可能还会用到下面这些加分词汇、短语和搭配：（1）**can provide relatively cheap and clean energy**（可以提供相对低价并且清洁的能源）；（2）**is much less polluting than fossil fuels**（所产生的污染远

比化石燃料要少，请注意：polluting 是 pollution 的形容词形式）；（3） **does not pollute the atmosphere**（不污染大气）；（4） **can help to reduce greenhouse gas emissions / can help to reduce carbon emissions**（能够有助于减少温室效应气体的排放 / 能够有助于减少碳排放）；（5） **does not contribute to global warming**（不会加剧全球变暖）；（6） **nuclear power plant / nuclear power station**（名词短语，核电站，相关：build more nuclear power stations 建造更多的核电站）；（7） **generate electricity**（动宾短语，发电）；（8） **is more sustainable than fossil fuels**（比化石燃料具有更高的可持续性）；（9） **does not waste limited natural resources such as oil, gas or coal**（不会浪费石油、天然气或者煤等有限的自然资源）；（10） **are much more efficient than fossil fuel based power plants**（远远比以化石燃料为运行基础的发电站更高效）；（11） **satisfy the ever-growing energy demand**（动宾短语，满足不断增长的能源需求）；（12） **promote the use of nuclear energy**（动宾短语，促进对核能的利用）；（13） **the transport of nuclear materials** 名词短语，对于核物质的运输；（14） **the use and storage of nuclear materials** 名词短语，对于核物质的运输与储存；（15） **nuclear accidents**（名词短语，核事故，相关：**catastrophic accidents**，灾难性的事故）；（16） **nuclear power plant accidents**（核电站事故，核电史上最著名的有 the Chernobyl disaster 切尔诺贝利核电站事故和 Fukushima Daiichi Nuclear Power Plant accident 福岛核电站事故）；（17） **nuclear fission**（名词短语，核裂变，它是目前全世界绝大多数核电站所使用的产生核能的方式）；（18） **nuclear reactor**（名词短语，核反应堆，核电站里用来产生核能的设备）；（19） **the potentially devastating effect of malfunctioning nuclear reactors**（名词短语，运行不正常的核反应堆有可能带来的毁灭性影响）；（20） **leakage of radiation**（名词短语，放射性泄漏，近义：**radiation leaks**）；（21） **radiation-contaminated water and soil**（名词短语，被辐射污染的水和土壤）；（22） **radioactive waste**（名词短语，放射性废料）；（23） **release large amounts of radioactive material**（动宾短语，释放出大量的放射性物质）；（24） **terrorists**（名词，恐怖分子）；（25） **illegal trafficking of nuclear materials**（名词短语，对核物质进行的非法贩卖活动）；（26） **nuclear weapons**（核武器，相关：**make their own nuclear weapons** 制造他们自己的核武器）；（27） **terrible consequences**（名词短语，可怕的后果）；（28） **public fears of nuclear power**（名词短语，公众对于核能的恐惧）；（29） **is not as renewable as wind energy or solar power**（可再生性不像风能或者太阳能那样强。因为事实上产生核能需要的铀 uranium 并不是可以无限再生的 is a non-renewable resource，因此从理论上来说，地球上的核能最终将会被耗尽）；（30） **nuclear waste disposal facilities**（名词短语，对核废料进行处理的设施）；（31） **improvements in nuclear technology**（名词短语，在核技术领域的进展）；（32） **improve nuclear safety and security**（动宾短语，改进与核能相关的安全防范）；（33） **safety precautions**（名词短语，安全防范措施）；（34） **reduce the risk of nuclear accidents**（动宾短语，减少产生核事故的风险）；（35） **minimise the amount of nuclear radioactivity released into the environment**（动宾短语，尽可能地减少被释放到环境当中的核辐射）。

## 环境类范文七 7，8，9：关于能源话题的等差数列（之二）

***In the future, fossil fuels such as coal and oil will be used up. How can we save on resources? What other forms of energy are available?***

今后，诸如煤炭和石油这类化石燃料将被用完。我们应如何节约资源？还有哪些替代能源？

### ▶ 8 分范文

One of today's major problems is that natural energy resources such as coal and oil are apparently running out quickly and **are not renewable**.

It is therefore imperative that, as a start, every effort be made to cut down on the use of these precious resources. Obviously, the most direct way to do this is to be **more fuel-economical**. In particular, people should be made to drive smaller cars and the **fuel consumption of cars** should be made more efficient. Moreover, people should be encouraged to make use of **public transport** whenever they can, which can be achieved by taxing cars and the use of road space.

Cars are **not the only drain on** energy resources. **The generation of electricity** also causes problems. Although it has to be conceded that everybody needs electricity, there is no getting around the fact that electricity **is often used wastefully**. For example, are all **large neon lights** in cities really necessary? These lights could be turned off when not in use.

Energy saving is not enough on its own. In the longer term, we must find **alternative sources of power**. The most commonly-made suggestion is to expand nuclear power, which does not cause pollution. However, the possibility of **nuclear accidents** may mean that it is not worth the risk. On the other hand, clean sources of energy do exist, including **solar**, **wind and hydro-electric power**.

In conclusion, I think that energy should **be conserved** whenever possible, and research into alternative energy sources should be continued.

### 词汇和短语
（标★的是本类话题的高频词汇或短语）

**major** *adj.* 主要的 【近义】main

**apparently** *adv.* 明显地 【近义】obviously

★ **renewable** *adj.* 可再生的

**imperative** *adj.* 刻不容缓的

★ **economical** *adj.* 经济的，节省的

★ **is / are not the only drain on** 并不是唯一消耗……的事物

**generation** *n.* 一代人

**generation of electricity** （名词短语）发电

★ **concede** *vt.* 承认 【近义】admit

**There is no getting around the fact that...** 无法逃避……的现实

★ **is /are used wastefully** 被很浪费地使用

★ **neon light** *n.* 霓虹灯

★ **alternative sources of power** 替代性的能源

★ **nuclear power** 核能（常见的替代性能源还有在本文里也提到的 wind power 风能，solar energy 太阳能与 hydro-electric power 水电等）

**expand** *vt.* 扩大，扩展

**conserve** *vt.* 节约地使用

## ■ 译文

当今我们所面临的主要问题之一是，诸如煤炭和石油之类的天然能源显然正在被快速耗尽，并且它们是不可再生的。

因此，首先我们必须尽一切努力减少使用这些宝贵资源。显而易见的是，做到这一点最直接的方法就是使用更经济的燃料，特别是应该驾驶更小型、更省油的汽车。**此外**，可以通过对车辆和道路使用空间进行征税，来鼓励人们尽量使用公共交通工具。

汽车不是唯一消耗能源的方式。发电同样会引发这类问题。虽然我们必须承认，每个人都需要电，但电时常被浪费，这是一个不能回避的事实。比如，是否真的有必要打开城市里的所有大型霓虹灯？在不需要的时候就应该关掉这些灯。

仅靠节能本身是不够的。从长远的角度来看，我们务必要找到替代性能源。最通常的建议就是扩大核能的使用，它不会造成污染。然而核事故存在的可能性，可能意味着我们实在不值得冒这个险。**另一方面**，确实还存在着诸多清洁能源，包括太阳能、风能和水力发电。

作为结论，我认为应尽可能地节约现有资源，并继续研究替代性能源。

## 环境类范文八 7，8，9：关于能源话题的等差数列（之三）

***Increasing the price of petrol is the best way to solve traffic and pollution problems. To what extent do you agree or disagree? What other measures do you think are effective?***

提高油价是解决交通与污染问题的最好方法。你多大程度上同意或不同意？还有哪些其它方法也会有效？

关于本题要特别提醒您注意的是：题目里涉及到了 traffic 和 pollution 这两类需要解决的问题，因此如果因为读题不认真而漏掉其中的任何一类都会因为部分跑题而被扣分。下面这篇满分范文针对这两方面都进行了论证并且举出了扣题的实例，在论证扣题度与充实度方面做得非常出色。

▶ **9 分范文**

考题类型：Argument + Report 型（即 Mixed 混搭型）

结构选择：先写辩论后写分析的五段式

There is no doubt that traffic and pollution from **vehicles** have become huge problems, both in cities and on **motorways**. Solving these problems is likely to need more than a simple rise in the price of petrol.

在地道英语里vehicles一词范围包含cars, buses 和trucks等，对于本题来说比只写cars更加准确

很多英联邦国家喜欢用motorway 这个词来指高速公路。在美国通常叫freeway，而文化上夹在中间的加拿大则选择了管高速叫highway

考官范文开头引出社会背景的方式也略带“模板”气息

➲ 本段最后一句明确表明自己的看法：不能只简单地靠给汽油提价来解决，显然考官并不认同题目里语气过于绝对的形容词最高级“best”

While it is undeniable that **private car** use is one of the main causes of the increase in traffic and pollution, higher fuel costs **are unlikely to** limit the number of drivers **for long**. As this policy would also affect the cost of public transport, it would be **very unpopular with** everyone who needs to travel on the roads. But there are various other measures that could **be implemented** that would have a huge effect on these problems.

用As引导因果关系的复杂句，解释为什么提高油价不是the best：公交涨价有可能会激起民愤，请注意unpopular与上文里的unlikely都是表示否定意义的形容词

本段指出提高油价很难长期减少开车的人数，而且乘坐公共交通的人对于提高油价也会很不满意。注意：for long 并不是语法错误，而是很地道的英文，而且通常用在表示否定的句子里（本句里有否定词unlikely），类似的英文还有 It will not take long. 的地道用法

**To tackle the problem of** pollution, cleaner fuels need to be developed. The technology is already available to produce **electric cars** that would be both quieter and cleaner to use. Persuading manufacturers and travellers to **adopt this new technology** would be **a more effective strategy** for improving air quality, especially in cities.

本段讨论污染问题，指出研发更清洁的能源并且推广这种科技才是解决污染问题“更有效”（more effective）的方法。

However, **traffic congestion** will not be solved by changing the type of private vehicle that people can use.

对公共交通举出了从天上到地下，从市内到长途

（续表）

| | |
|---|---|
| To do this, we need to improve the choice of public transport services available to travellers. For example, if **sufficient sky trains and underground train systems** were built and effectively maintained in our major cities, then traffic on the roads would be dramatically reduced. **Long-distance train and coach services** should be made **attractive and affordable alternatives to** driving our own car for **long journeys**.<br>对于交通问题而言，则提出公交是“更”有效的解决方法<br>有不少海外城市的轻轨叫sky train，比如Vancouver，而underground则是subway的英式叫法，当然还有伦敦那著名的“the Tube” | 的多种扣题的实例。举例风格依然是剑桥满分范文里惯用的“泛例”，而不是针对某一个具体城市的公交系统去举“实例” |
| In conclusion, I think that **long-term traffic and pollution reductions** would depend on educating the public to use public transport more, and on governments using public money to **construct and run efficient systems**.<br>请注意考官在这里使用了上一段中使用过的动词reduce的名词形式，是剑桥考官一贯爱用的在同一篇文章里变换单词词性的又一个实例 | 结尾段的结论也很鲜明：教育公众多使用公共交通，并且由政府建立更加有效的公交体系才是长期解决交通与污染问题的“更”有效的方法。考官有意避免使用上一段里用过的built的动词原型build，而是改用construct这个近义动词。考官范文的用词多样性往往是体现在像这样看似毫不经意，其实颇值得用心体会的小细节里。 |

## 词汇和短语

（标★的是本类话题的高频词汇或短语）

**vehicle** *n.* 交通工具

★ **be likely to** 很可能会……

【反义】be unlikely to

**undeniable** *adj.* 无可争辩的

**private car** 私家车

【反义】public transport 公共交通

**is / are very unpopular** 非常不受欢迎的

★ **implement** *vt.* 实施

★ **tackle** *vt.* 解决

**persuade** *vt.* 劝说

**electric car** 电动汽车，而在美国卖得很不错的 Prius 则是属于 hybrid vehicle（混合动力车）

**manufacturer** *n.* 制造商

【原形】manufacture *vt.* 制造

★ **adopt this new technology** （动宾短语）采用这种新技术

★ **a more effective strategy** 一种更有效的策略

★ **traffic congestion** 交通堵塞，注意：congestion 是不可数名词

**sufficient** *adj.* 充分的，足够的

【反义】insufficient

**maintain** *vt.* 请注意在本文中它并不是"维持"，而是"维护"、"保养"的意思

**be dramatically reduced** 被急剧地减少

**long-distance train and coach services** 长途火车和长途汽车服务

★ **affordable** *adj.* 价格让人能负担得起的

**journey** *n.* （一般指路途较远的）出行

**attractive and affordable alternatives** （名词短语）有吸引力而且价位合理的替代选择

**long-term traffic and pollution reductions** （名词短语）对于交通量和污染的长期减少

★ **construct and run efficient systems** 建造并且运营高效的系统

## 语法多样性分析

◆ But there are various other measures that **could** be implemented that **would** have a huge effect on these problems. 本句使用了虚拟语气和 that 引导的定语从句

## ■ 译文

在城市与高速公路上，拥堵的交通以及车辆所产生的污染无疑已成为了严峻的问题。要解决这些问题，仅靠简单地提高油价很可能是不够的。

尽管无可否认私家车的使用是造成交通拥堵与污染加剧的主要原因之一，但高油价不太可能一劳永逸地限制司机数量。因为油价的上涨势必也会使公共交通的成本水涨船高，而这必然会遭到那些需要经常出行的人们的反对。然而对于这些问题，我们也有很多其它富有成效的方法可以解决。

我认为为了解决污染问题，需要大力发展更清洁的能源。目前我们在技术上已经可以生产出更加节能且安静的电动汽车。而帮助生产商与出行者们逐步在生活中适应这种新技术将更有效地提高空气质量、特别是城市空气质量。

然而让人们改用电动车对于解决交通拥堵问题却没有什么帮助。要解决交通拥堵，还是要大力发展公共交通以方便更多的人出行。例如如果在大城市中有足够多的轻轨和地铁能够良好地运转，路面上的交通压力也就会得到很大缓解。而长途火车和长途汽车旅行也应该做到物美价廉，让更多的人去选择它们而不再自驾出行。

综上所述，我认为从长远来看，要解决交通拥堵和减少污染，取决于教育人们更多地使用公共交通，同时还需要政府使用公共财政去建造并运营有效的公交系统。

## 学有余力者

**environment. about. com/cs/a. htm**

这个网站是一个很全面的环境类话题指南，而且也是帮助您复习今天学过的环境类核心词汇和高频短语的好机会。

# IELTS写作全真题速查指南

*Question Index (Sorted by Topics)*


教育类 Topics / 438

A 教育当中的机会平等和学生权利

B 教育应该培养的能力

C 教育与就业

D 学习科目的选择

E 教育的道德和社会意义

F 学习外语与出国

G 科技发展对教育的影响

H 家庭、学校、社区和政府在教育过程中的相互关系

科技类 Topics / 440

A 科学与技术对社会的影响

B 飞行与宇航技术

C 科技与食品

D 科技对通讯、信息传播与生活方式的影响

媒体类 Topics / 441

A 广告

B 新闻

C 电视、电脑与互联网

政府类 Topics / 442

A 政府的经费分配

B 政府管理的权限与责任

发展类 Topics / 443

A 建筑与城市规划

B 传统和发展之间的关系

C 现在与未来之间的关系

D 少年、青年与老年

E 交通

F 饮食、健康和体育运动

G 工作与就业

H 财务、地位和幸福感

语言、文化和艺术类 / 446

环境类 Topics / 446

犯罪类 Topics / 447

全球化类 Topics / 447

动植物类话题 Topics / 448

旅游类 Topics / 448

家庭类 Topics / 449

女性类 Topics / 449

地图题 / 449

物品比较题 / 449

# 教育类 Topics

## A 教育当中的机会平等和学生权利

### 学费与资助


1. 政府是否应该只为从事科学研究的研究生提供资助 / 4，6 & 70
2. 上大学是否应该完全自费 / 8
3. 高等教育的费用应该怎样负担 / 9
4. 大学教育是否应该对所有学生都免费 / 9




### 男生、女生


1. 男女分校还是男女合校 / 2 & 112
2. 大学里是否各学科均应招收相同数量的男女生 / 3 & 61
3. 女孩学艺术、男孩学科学的现象是否应得到改变 / 3


### 不同背景或资质的学生受教育机会的平等问题


1. 是否应该为农村地区学生上大学创造更多便利 / 4 & 63
2. 穷孩子是否成年后更善于解决问题 / 87
3. 能力不同的孩子是否该一起学习 / 11 & 49


### 学生权利


1. 学生是否应该评价教师 / 7
2. 学生带着消极的态度离开学校的原因和解决方法 / 9


## B 教育应该培养的能力


1. 学生是不是应该遵守规定 / 10
2. 应该集体学习还是单独学习 / 11
3. 团队活动是否能比个人活动教给儿童更多的生活技能 / 11 & 分册 143
4. 孩子是否应该把由自己支配的时间更多地用于学业 / 40 & 44
5. 通过频繁的重复记忆来学习是否有害 / 119
6. 是否该鼓励学生们参加体育运动 / 12
7. 大学生除了学习是否还应参加其它活动 / 72
8. 休闲活动是否也要有教育作用 / 109
9. 竞争性对于个人的影响 / 12
10. 志向对成功的重要性 / 13
11. 成功所需要的素质能否从大学学到 / 77
12. 教育应该包含的内容 / 13


## C 教育与就业


1. 大学应该为就业做准备还是帮学生获取理论知识 / 15 & 116
2. 大学应该提供理论教学还是实用培训 / 16
3. 上大学的目的是获得进一步教育还是学操作技能 / 16
4. 员工的受教育资职是否比人生经历和个人素质更重要 / 21
5. 应该上大学还是应该尽早工作 / 17
6. 只上小学、不上中学是否可行 / 18
7. 每个人都应该上学到 18 岁么 / 19
8. 年轻人毕业后找不到工作带来的问题和解决方法 / 19
9. 更多年轻人上大学是否导致年轻人失业 / 19

10. 高中毕业后去工作或旅行一年的利弊 / 20
11. 新教师与新医生是否应该到农村工作 / 46
12. 大学毕业生的工资应该更高么 / 20
13. 年轻人应该选择自己热爱的工作还是薪酬高的工作 / 298

## D 学习科目的选择

1. 学术课程是否更加重要 / 16
2. 大学生选择实用科目而不选择理论科目的利弊 / 16
3. 学生是否可以只学科学课程 / 54
4. 最重要和最不重要的课程各是什么 / 16
5. 广泛学习还是术业有专攻 / 21
6. 科目和教学内容是否应该由政府来确定 / 22 & 58
7. 困难的课程是否应该被设成选修课 / 23
8. 做社区义工是否应该作为必修内容 / 101
9. 体育是否应是必修课 / 82
10. 是否应该学习国际新闻 / 23
11. 学生是否应该学习历史 / 372 & 392
12. 中学生是否该学习理财 / 24

## E 教育的道德和社会意义

1. 应该教孩子知识还是教孩子明辨是非 / 52
2. 学校应该为社会培养好的市民和劳动者还是让学生个人受益 / 85
3. 同辈压力带来的利弊 / 25
4. 现在的孩子们是否承受着更大压力 / 26
5. 儿童所承受的教育、社会、经济压力增大的利弊 / 26
6. 学生的压力增加好不好 / 56
7. 教育应该鼓励竞争还是合作 / 80

## F 学习外语与出国

1. 留学的利弊 / 26
2. 儿童是否比成年人更擅长学外语 / 27
3. 从小学开始学外语还是从中学开始 / 27
4. 学外语是否也应该学习外国的文化与生活方式 / 390
5. 缺乏外语天赋是不是还要知难而上 / 65
6. 有了机器翻译是否不需要再学外语 / 126

## G 科技发展对教育的影响

1. 远程教育会不会将导致学校消失 / 28 & 171
2. 计算机和互联网是否能取代学校 / 28
3. 由教师公开授课的教学形式会消失么 / 28
4. 教师授课是否比其它的教学资源更重要 / 29
5. 计算机技能是否应该成为数学、阅读和写作之外的第四类教学重点 / 29
6. 频繁地使用电脑对孩子的影响 / 91
7. 读书是否比看电视、上网更能发展儿童的语言能力与想象力 / 186 & 194
8. 儿童爱看电视而不爱从事创造性活动的原因和解决办法 / 184 & 194

## H 家庭、学校、社区和政府在教育过程中的相互关系


1. 是否所有父母都应该参加育儿培训 / 30
2. 双职工家庭是否更有利于孩子成长 / 分册 148
3. 外界影响是否大于家长影响 / 分册 154
4. 先天基因与后天环境的相互作用 / 分册 2 & 33
5. 让孩子成为社会的有用成员要靠家长还是靠学校 / 32
6. 教育儿童应该主要由家长负责还是由老师负责 / 33
7. 孩子开始上学后受教师的影响是否超过受家长的影响 / 34
8. 孩子越早上学越好么 / 75
9. 寄宿学校到底好不好 / 31
10. 选择住在家里还是住校 / 31
11. 上私立学校的利弊 / 6
12. 家长为孩子读故事好还是孩子自己阅读好 / 31
13. 如何解决青少年面对的问题 / 34
14. 是否该对青少年投入更多的资源 / 35
15. 青少年不如过去快乐的原因和解决办法 / 35
16. 父母是否在育儿方面应扮演同样重要的角色 / 分册 160
17. 学生行为出现更多问题的原因和解决办法 / 分册 156
18. 每周给孩子零用钱好么 / 25
19. 孩子有大量玩具好不好 /分册 163


# 科技类 Topics

## A 科学与技术对社会的影响


1. 科学家是否无法解决自己所带来的问题 / 124
2. 人们忽视基础科学的原因和解决办法 / 149
3. 政治家的影响大还是科学家的影响大 / 126
4. 上个世纪的科技发展利弊 / 125
5. 早期科技与近期科技的影响 / 162
6. 在过去科技更加简单的时候生活是否更美好 / 168
7. 个人能利用的广泛科技是否加大贫富差距 / 160
8. 机械化的利弊 / 125
9. 使用机器人的利弊 / 157
10. 计算机将会比人类更聪明是否利大于弊/ 159
11. 现代科技是否导致单一的世界文化 / 分册 59


## B 飞行与宇航技术


1. 航空旅行是否只让有钱人获益 / 128
2. 廉价航空旅行是否利大于弊 / 127 & 139
3. 是否应该阻止非关键性的飞行 / 128
4. 长距离飞行是否应该被禁止 / 128
5. 机械化飞行是否是上世纪最伟大的发明 / 129
6. 登月对人类的影响 / 130
7. 太空研究是不是纯属烧钱 / 130 & 165

8. 太空旅行是否重要 / 130

9. 是否应该发展太空旅游业 / 131

## C 科技与食品

1. 科技对食品生产与运输的影响 / 141

2. 是否应该空运蔬菜水果等食品 / 129

3. 更有效的肥料与更好的食品生产机械带来的影响 / 132

4. 工业化养殖与创造新品种农作物的利弊 / 132

5. 转基因食品的利弊 / 133

6. 食品被科技改变的利与弊 / 132

## D 科技对通讯、信息传播与生活方式的影响

1. 手机的利弊 / 134

2. 怎样让手机和互联网对老年人更有用 / 135

3. 通讯技术是否让所有人获益 / 135

4. 沟通方式的改变如何影响人际关系 / 154

5. 在互联网时代博物馆与美术馆是否必要 / 380

6. 写信的传统技能是否会完全消失 / 144

7. 可以自由选择工作与居住地点的利弊 / 136

8. 员工在家上班对员工和雇主各自的好处 / 137

9. 科技是否导致人们不再自娱自乐 / 138

10. 人们无需面对面就可以完成日常任务所带来的影响 / 136

11. 现在人们为什么普遍缺乏自己动手制作和修理物品的技能 / 273 & 304

12. 分析自己动手缝制衣服和修理物品等能力逐渐消失的现象 / 304

13. 生活节奏加快的利弊 / 286

# 媒体类 Topics

## A 广告

1. 广告是否只是娱乐形式 / 176

2. 产品卖得好是广告的作用还是因为消费者存在需求 / 176 & 202

3. 消费者在多大程度上受广告的影响 / 177

4. 广告是否削弱人们之间的差异 / 177

5. 是不是应该禁止所有形式的广告 / 177

6. 广告是否只促进产品的销量而不是质量 / 178

7. 电视广告的利与弊 / 206

8. 针对儿童的广告利弊 / 191

9. 时装与其它消费品时尚的流行是否体现出人们之间彼此模仿的倾向 / 397

## B 新闻

1. 新闻媒体为什么重要 / 189

2. 新闻媒体的影响力上升的利弊 / 182

3. 国际媒体的利弊 / 181

4. 国际媒体影响当地文化的利弊 / 181

5. 报纸的影响 / 179

6. 读报纸是否是获得新闻的最好方式 / 179

7. 了解新闻是否浪费时间 / 180

8. 好记者需要的素质 / 178

9. 媒体聚焦于问题和紧急情况对个人与社会的影响 / 180 & 200

10. 是否应该控制媒体里的负面信息 / 180
11. 媒体是否应该停止报道犯罪细节 / 218
12. 灾难与暴力镜头在媒体里增多的原因和解决办法以及是否该被禁止 / 180
13. 是否应该控制电影与电视里的暴力场面 / 180

## C 电视、电脑与互联网

1. 电视对于文化发展的利弊 / 213
2. 互联网是否导致人们无法获取准确信息 / 182
3. 公共图书馆是否会被电脑取代 / 183
4. 公共图书馆应该只提供书籍么 / 198
5. 公共图书馆应不应该把资源用于多媒体 / 182
6. 维护公共图书馆是否浪费资金 / 183
7. 应该建立免费图书馆么 / 183
8. 书籍的时代是否已经结束 / 183
9. 儿童爱看电视而不爱从事创造性活动的原因和解决办法 / 184 & 194
10. 儿童应该多读书还是多看电视 / 194
11. 孩子们是否应该经常看电视 / 185
12. 读书是否比看电视、上网更能发展儿童的语言能力与想象力 / 186
13. 传统游戏是否比现代游戏对发展孩子的技能更有用 / 185 & 215
14. 儿童看电视和打游戏的利弊 / 186
15. 电视对家庭生活与社区感的影响 / 188
16. 24 小时播放电视节目的利弊 / 187
17. 是否应该控制电影与电视里的暴力场面 / 187
18. 含有暴力内容的电影和电脑游戏是否应该被禁止 / 187
19. 计算机将会比人类更聪明是否利大于弊/ 159

# 政府类 Topics

## A 政府的经费分配

1. 政府该不该投资于国防 / 250
2. 政府是否应该负担医疗与教育费用 / 248 & 265
3. 政府是否应该投资于医疗和教育而不应该投资于剧院和体育场 / 225
4. 医疗预算应该主要用于预防还是主要用于治疗 / 345
5. 发展道路系统的资金由谁来承担 / 223
6. 政府应该资助艺术么 / 224，255 & 分册 44
7. 举办奥运会的利弊 / 226
8. 国家体育运动队应该由政府资助还是由私人资助 / 222
9. 帮助运动员参加赛事还是帮助孩子们参加运动 / 223

## B 政府管理的权限与责任

1. 法律与规定是否必不可少 / 263
2. 衡量一个国家成功的标准 / 227
3. 贫富差距加大所导致的问题和解决办法 / 228

4. 发达国家的人民并没有变得更幸福的原因与启示 / 228
5. 科学研究是否应该由政府负责 / 253
6. 大城市的住房短缺是否只能靠政府解决 / 231
7. 是否只应该帮助本地区或本国的人们 / 260
8. 医疗是否应该由私人的营利性公司提供 / 235
9. 政府是不是应该去帮助公民形成健康的生活方式 / 230
10. 政府该花钱去促进健康的生活方式还是去医治已经生病的人 / 231
11. 应该禁烟么 / 232
12. 公民是否应该纳税 / 229 & 244
13. 只要纳税是不是就做出了足够多的贡献 / 246
14. 人口过多的原因和解决办法 / 233

## 发展类 Topics

### A 建筑与城市规划

1. 是否应该为发展而拆除老建筑 / 364
2. 新建筑该不该模仿传统风格 / 360
3. 建筑的外观是否比功能更重要 / 373 & 394
4. 建筑师是否应像创造艺术品那样设计房子 / 373
5. 在互联网时代博物馆与美术馆是否必要 / 380
6. 博物馆的目的是教育还是娱乐 / 377
7. 博物馆获得资金的方式 / 379
8. 人们不参观当地博物馆的原因及博物馆的重要性 / 378
9. 博物馆免费开放的利与弊 / 377
10. 公共图书馆是否会被电脑取代 / 183
11. 公共图书馆应该只提供书籍么 / 198
12. 公共图书馆应不应该将资源用于多媒体 / 182
13. 维护公共图书馆是否浪费资金 / 183
14. 应该建立免费图书馆么 / 183
15. 把不同功能的建筑放在特定区域的利弊 / 271
16. 小型市中心商店让位于大型市区外商场的利弊 / 271
17. 都市生活与农村生活之间的区别 / 270
18. 大公司与工厂是否应该搬至乡村 / 313
19. 大城市人口增加的原因和导致的问题 / 270 & 329
20. 大城市的住房短缺是否只能靠政府解决 / 231

### B 传统和发展之间的关系

1. 过去一百年内人类在哪些方面取得了重要进展 / 280
2. 经济发展是否破坏社会价值观 / 280
3. 消费型社会的利弊 / 274
4. 人人都拥有汽车与家电是否会利大于弊 / 317
5. 青少年应该遵循传统价值观还是应该拥有个人行为的自由 / 275
6. 传统观念是否有助于年轻一代为当代生活做好准备 / 277

7. 历史是否能帮助我们更好地理解现在 / 372
8. 该不该回归尊重家庭与社区的传统价值观 / 278
9. 当代人们变得更独立还是更加相互依赖 / 279
10. 现在人们为什么普遍缺乏自己动手制作和修理物品的技能 / 273 & 304
11. 分析自己动手缝制衣服和修理物品等能力逐渐消失的现象 / 304
12. 邻里关系和社区感被削弱的原因和解决方法 / 311
13. 一些组织创立特殊节日的目的和效果 / 281

索引

## C 现在与未来之间的关系

1. 要不要乐观地看待21世纪 / 281
2. 为什么为将来做计划比聚焦于现在更重要 / 282 & 332
3. 变化的利弊 / 322
4. 消费品价格更低的利弊 / 273
5. 消费型社会的利弊/ 274
6. 人人都拥有汽车与家电是否会利大于弊 / 317
7. 消费品生产增加导致环境破坏的原因与解决办法 / 275
8. 自然资源被快速消耗，是否应劝阻人们不要持续购买新用品 / 358

## D 少年、青年与老年

1. 如何解决青少年面对的问题 / 34
2. 是否该对青少年投入更多的资源 / 35
3. 青少年不如过去快乐的原因和解决办法 / 35
4. 青少年犯罪率上升的原因与解决办法 / 分册 7
5. 15岁或以下的人口比例增加的影响 / 283
6. 孩子有大量玩具好不好 / 分册 163
7. 青少年与老年哪个更重要 / 334
8. 青少年应该遵循传统价值观还是应该拥有个人行为的自由 / 275
9. 青年取代老年人的地位与权力的原因与利弊 / 286
10. 青年获得重要政府职位的利弊 / 285
11. 人均寿命上升的影响 / 283 & 309
12. 老年人口比例上升的利弊 / 283 & 324
13. 公司是否应该鼓励高级职员在55岁退休 / 285
14. 个人是否有责任为退休后养老存钱 / 283
15. 退休老人迁移的利弊 / 284
16. 对老年人缺乏尊重的原因和解决方案 / 306

## E 交通

1. 生活节奏加快的利弊 / 286
2. 汽车所带来的问题 / 287
3. 人人都拥有汽车与家电是否会利大于弊 / 317
4. 交通量增加的原因和解决办法 / 315
5. 发展道路系统的资金由谁来承担 / 223
6. 如何鼓励年轻人去更安全地驾驶 / 分册 31
7. 给肇事司机更严厉的惩罚是否是改善道路安全的唯一方法 / 288
8. 如何解决汽车数量增加对行人与公园带来的负面影响 / 272
9. 修高铁还是改善现有的公共交通 / 320

## F 饮食、健康和体育运动

1. 食物被远距离运输的原因与利弊 / 326
2. 进口食品的利弊 / 分册 40
3. 国际快餐逐渐取代传统食品的利弊 / 291
4. 是否可以教育人们少吃垃圾食品 / 291
5. 人均体重上升、健康程度下降的原因和解决办法 / 292 & 343
6. 儿童平均体重增加的原因 / 343
7. 公众健康是否应该通过增加体育设施来改善 / 289 & 349
8. 医疗预算应该主要用于预防还是主要用于治疗 / 345
9. 医疗是否应该由私人的营利性公司提供 / 235
10. 政府是不是应该去帮助公民形成健康的生活方式 / 230
11. 政府该花钱去促进健康的生活方式还是去医治已经生病的人 / 231
12. 应该禁烟么 / 232
13. 举办奥运会的利弊 / 226
14. 国家体育运动队应该由政府资助还是由私人资助 / 222
15. 帮助运动员参加赛事还是帮助孩子们参加运动 / 223
16. 体育是休闲还是竞赛 / 288
17. 是否该禁止危险运动 / 293
18. 参加体育运动是个人对社会的义务还是为了自己获益 / 289
19. 体育赛事能不能促进世界和平 / 347
20. 体育比赛获胜主要依靠体力还是心态 / 338
21. 更多体育赛事被电视直播的利弊 / 290
22. 明星是否应该拥有高收入 / 209

## G 工作与就业

1. 促进工作满意度的因素和实现的可能性 / 295 & 341
2. 工作满意度与工作稳定性哪个更重要 / 295
3. 人们不再终生只从事一份工作的原因与建议 / 295
4. 做同一份工作还是经常换工作 / 294
5. 自雇还是为公司或者机构工作 / 296
6. 可以自由选择工作与居住地点的利弊 / 298
7. 做临时工的利弊 / 297
8. 禁止雇主由于年龄而拒绝申请人的利弊 / 302
9. 各类工作都雇佣相同数量男女员工的利弊 / 分册 170
10. 立法限制员工工作时间的原因与利弊 / 299
11. 员工在家上班对员工和雇主各自的好处 / 137
12. 无法平衡工作和生活其它方面的原因与解决方法 / 301
13. 人们没有足够时间与家人和朋友在一起的原因和影响 / 302
14. 生活节奏加快的利弊 / 286
15. 员工的社会技能与良好资职是否同等重要 / 299
16. 年轻人应该选择自己热爱的工作还是薪酬高的工作 / 298
17. 年轻人应该自由选择工作还是应该更加现实 / 298

18. 人生中最重要的是否就是工作 / 302

## H 财务、地位和幸福感

1. 实现幸福的因素 / 296 & 356
2. 个人幸福是否只取决于财富 / 296
3. 衡量一个国家成功的标准 / 227
4. 贫富差距加大所导致的问题和解决办法 / 228
5. 发达国家的人民并没有变得更幸福的原因与启示 / 228
6. 慈善组织应该援助本国的穷人还是跨国援助 / 260

# 语言、文化和艺术类 Topics

1. 学外语是否也应该学习外国的文化与生活方式 / 390
2. 国际通用语言与保护文化认同感 / 370 & 400
3. 英语越来越多地被母语非英语人士使用的利弊 / 370 & 385
4. 英语的广泛使用是否威胁小语种的生存 / 385
5. 世界上的语言更少是否会让生活更简单 / 371
6. 多元文化社会的利弊 / 368 & 387
7. 国家之间的相似度越来越高是喜还是忧 / 403
8. 新移民应该接受当地文化还是保持原有文化 / 369 & 390
9. 一些组织创立特殊节日的目的和效果 / 281
10. 在互联网时代博物馆与美术馆是否必要 / 380
11. 博物馆的目的是教育还是娱乐 / 377
12. 博物馆获得资金的方式 / 379
13. 人们不参观当地博物馆的原因及博物馆的重要性 / 378
14. 博物馆免费开放的利与弊 / 377
15. 建筑的外观是否比功能更重要 / 373 & 394
16. 学生是否应该学历史 / 372
17. 历史是否能帮助我们更好地理解现在 / 372
18. 音乐是否仅是个人娱乐形式 / 373
19. 是否只应看讲述事实的书籍 / 375
20. 政府应该资助艺术么 / 224, 255 & 分册 44
21. 该不该防止传统艺术灭绝 / 382
22. 着装应跟随潮流还是穿成自己喜欢的样子 / 397
23. 时装与其它消费品时尚的流行是否体现出人们之间彼此模仿的倾向/ 399
24. 电视对于文化发展的利弊 / 213
25. 创意艺术家是否应该总是被给予表达想法的自由 / 237
26. 关于生活，有哪些方面是艺术可以告诉我们而科学技术却无法告诉我们的 / 225

# 环境类 Topics

1. 环境问题是否应通过国际努力来解决 / 408 & 415
2. 环境破坏是不是生活水平提高难以避免的后果 / 414
3. 产生更多垃圾的原因和解决办法 / 410 & 425

4. 乱扔塑料袋和垃圾现象的产生与解决 / 410
5. 解决环境问题应该依靠科技还是依靠过更简单的生活 / 408
6. 保护环境是否需要各级政府与个人的共同努力 / 418
7. 应该由私人公司还是由政府来为清洁环境付费 / 420
8. 是否只有政府和大公司才能为改善环境做出贡献 / 410
9. 自然资源被快速消耗所带来的问题和解决办法 / 410 & 412
10. 消费型社会的利弊 / 274
11. 消费品生产增加导致环境破坏的原因与解决办法 / 275
12. 自然资源被快速消耗，是否应劝阻人们不要持续购买新用品 / 358
13. 节约能源的方法与替代能源 / 431
14. 替代能源的使用受到鼓励是否属于积极的发展 / 412
15. 核技术是否利大于弊/ 427
16. 核能是不是满足能源需求的最佳选择/ 429
17. 水短缺的原因和解决办法 / 422
18. 提高油价是不是解决交通和污染问题的最佳方案 / 432

## 犯罪类 Topics

1. 青少年犯罪率上升的原因与解决办法 / 分册 7
2. 青少年罪犯应被要求从事劳动还是应被判入狱 / 分册 8
3. 母亲工作是否导致青少年问题 / 分册 178
4. 五岁儿童犯罪，家长是否应该担责 / 分册 3
5. 先天基因与后天环境的相互作用 / 分册 2 & 33
6. 体罚孩子是不是应该受到处罚 / 分册 36
7. 为罪犯提供教育和培训是否比送罪犯入狱好 / 分册 4 & 13
8. 解决犯罪问题应该用监狱还是用更好的教育 / 分册 4
9. 监狱的唯一目的就是惩罚犯罪么 / 分册 7
10. 囚犯被释放后再次犯罪的原因和解决办法 / 分册 6
11. 是否仍可以采取措施去预防犯罪 / 分册 10
12. 更长的刑期是不是减少犯罪的最好方法 / 分册 16
13. 应该固定量刑还是应该根据犯罪的具体情况来决定量刑 / 分册 20
14. 在大城市实施更多的安全措施是否利大于弊 / 分册 25
15. 给警力配枪是不是导致更多的暴力 / 分册 28
16. 安乐死是否应该合法化 / 分册 9
17. 媒体是否应该停止报道犯罪细节 / 218

## 全球化类 Topics

1. 不同国家间的良好关系是否变得比以往更重要 / 分册 45
2. 国家间的商业与文化交流增加的利弊 / 分册 43
3. 国家之间的相似度越来越高是喜还是忧 / 403

4. 各国文化变得日益相似的利弊 / 分册 43
5. 跨国公司与全球化是否让每个人都受益 / 分册 56
6. 国际援助的利与弊 / 分册 47
7. 国际援助应该是实际帮助与建议还是应该以资金的形式 / 分册 50
8. 富国是不是有道义责任去帮助其它国家 / 分册 42
9. 慈善组织应该援助本国的穷人还是跨国援助 / 260
10. 发展中国家是否该邀请外国公司到当地投资办厂 / 分册 41
11. 国际合作对于环保更有益还是对于国际商务更有益 / 分册 53
12. 现代科技是否导致单一的世界文化 / 分册 59
13. 进口食品之利弊 / 分册 40
14. 商品甚至日用品被跨国运送的利弊 / 分册 41

## 动植物类话题 Topics

1. 用于动物保护的时间和资金是否应该被用于改善人类生活 / 分册 94 & 106
2. 防止野生动物灭绝是不是浪费资源 / 分册 94
3. 人们很少采取措施去防止动植物灭绝的原因和解决办法 / 分册 95 & 98
4. 动物园是不是应该被关闭 / 分册 103
5. 动物应该被用于试验新药品和其它产品么 / 分册 95 & 109
6. 为了让人类获益而使用动物是否合理 / 分册 96 & 100
7. 怎样看待人类把动物作为衣食来源 / 分册 100
8. 减少人类活动对于动植物的负面影响是不是已经太晚了 / 分册 92
9. 城市居民是否应该被允许养宠物 / 分册 96

## 旅游类 Topics

1. 对国际游客是否应该比对当地游客收取更高的参观费 / 376
2. 发展中国家扩大旅游业的原因和利弊 / 分册 115
3. 国际旅游是否弊大于利 / 分册 114 & 127
4. 英语传播和国际旅游业发展的利弊 / 分册 115
5. 国际旅行时看不到差异的原因和利弊 / 分册 115
6. 国际旅游是否导致紧张关系而非相互理解 / 分册 131
7. 国际旅行让人们变得更有偏见而不是思想更开放的原因与解决办法 / 分册 116
8. 了解其它文化需要出国还是通过电视或者互联网 / 分册 118
9. 出国旅行变得更方便、更经济的利弊 / 分册 114
10. 社会在多大程度上能够从增长的国际旅游与商务中获益 / 分册 115
11. 旅行人数比以往更多的原因和旅行的益处 / 分册 124
12. 游客们要不要遵循当地风俗和行为方式 / 分册 119
13. 文化传统是否应成为吸引游客的工具 / 分册 121

## 家庭类 Topics

1. 人们没有足够时间与家人和朋友在一起的原因和影响 / 302
2. 该不该回归传统的家庭观念 / 分册 145
3. 人们热衷于探寻家族历史的原因和利弊 / 分册 136
4. 父母是否在育儿方面应扮演同样重要的角色 / 分册 160
5. 人们单独生活或者生活在规模很小的家庭里的原因和影响 / 分册 141
6. 当代人们变得更独立还是更加相互依赖 / 279
7. 团队活动是否能比个人活动教给儿童更多的生活技能 / 11 & 分册 143
8. 家庭成员很少在一起做事情的原因与影响 / 分册 138
9. 外界对孩子的影响是否超过家长的影响 / 分册 154
10. 祖父母在养育儿童的过程中发挥重要作用的利弊 / 分册 139
11. 孩子有大量玩具好不好 / 分册 163
12. 年轻人晚婚晚育的利弊 / 分册 140
13. 双职工家庭是否更有利于孩子成长 / 分册 148
14. 老年人应该与子女住在一起还是应该住在护理院 / 分册 151
15. 学生行为出现更多问题的原因和解决办法 / 分册 156

## 女性类 Topics

1. 政府是否有责任为职业女性的孩子提供免费照顾 / 分册 168
2. 母亲工作是否导致青少年问题 / 分册 178
3. 准备要孩子的父母是不是应该停下工作照顾孩子 / 分册 169
4. 各类工作都雇佣相同数量的男女员工之利弊 / 分册 176
5. 是否有些工作更适合男性而另一些工作更适合女性 / 分册 170
6. 男女分校好还是男女合校好 / 2 & 112
7. 女性该不该在军队和警力当中与男性发挥同等作用 / 分册 172
8. 女性是否应该有权参军 / 分册 172 & 分册 181
9. 女性政治家能够减少暴力么 / 分册 173
10. 年轻女性犯罪率上升的原因和解决办法 / 分册 171
11. 女性在美容产品上增加开支是不是浪费钱 / 分册 169

## 地图题—— 分册 63 –90


(对 IELTS 写作的常规图形题和流程图的深入讲解请看本书姐妹篇《十天突破雅思写作》Day 9 & Day 10)


## 物品比较题 —— 分册 185 –192

本书与它的姐妹篇《十天突破雅思写作》改变了很多中国考生对于 IELTS 写作的认识，也帮助很多读者获得了理想的写作成绩。这是本书读者刘虓同学、李幸娟同学、周子涵同学、包蕾同学、张雨同学、张恩霖同学、章晗同学和季钰程同学的成绩单（刘虓同学和李幸娟同学的写作单项成绩足以傲视绝大多数雅思考生，周子涵同学的写作单科成绩把其它三科的成绩都甩在了后面，包蕾同学的写作成绩超过听力成绩变成了“提分项”让她自己都感到意外，张雨同学的写作成绩与她此前的“传统强项”听力和阅读成绩比肩，张恩霖同学和章晗同学的成绩单帮助她们顺利地实现了留在澳洲发展的理想，季钰程同学的写作单项成绩也许会让大牛“不忍直视”，但是当他告诉我在学习十天系列之前他已经考过 3 次，每次写作单项都是 5 分，雷打不动时，他的喜悦心情就不难理解了）。Pat 由衷感谢这些中国读者们在来信里对我的作品的高度评价，但我也深知：最值得感谢的其实是他们/她们为了实现自己的理想所付出的超出常人的汗水。

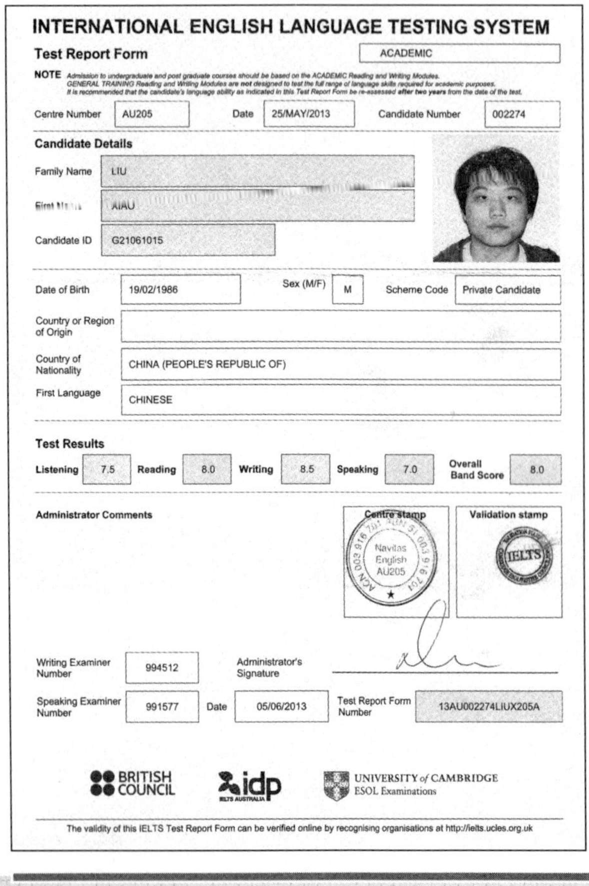

INTERNATIONAL ENGLISH LANGUAGE TESTING SYSTEM

Test Report Form　ACADEMIC

NOTE Admission to undergraduate and post graduate courses should be based on the ACADEMIC Reading and Writing Modules. GENERAL TRAINING Reading and Writing Modules are **not** designed to test the full range of language skills required for academic purposes. It is recommended that the candidate's language ability as indicated in this Test Report Form be re-assessed **after two years** from the date of the test.

Centre Number AU205　Date 25/MAY/2013　Candidate Number 002274

Candidate Details

Family Name LIU

First Name XIAU

Candidate ID G21061015

Date of Birth 19/02/1986　Sex (M/F) M　Scheme Code Private Candidate

Country or Region of Origin

Country of Nationality CHINA (PEOPLE'S REPUBLIC OF)

First Language CHINESE

Test Results

| Listening | Reading | Writing | Speaking | Overall Band Score |
|---|---|---|---|---|
| 7.5 | 8.0 | 8.5 | 7.0 | 8.0 |

Administrator Comments

Centre stamp: Navitas English AU205

Validation stamp: IELTS

Writing Examiner Number 994512　Administrator's Signature

Speaking Examiner Number 991577　Date 05/06/2013　Test Report Form Number 13AU002274LIUX205A

BRITISH COUNCIL　idp IELTS AUSTRALIA　UNIVERSITY of CAMBRIDGE ESOL Examinations

The validity of this IELTS Test Report Form can be verified online by recognising organisations at http://ielts.ucles.org.uk

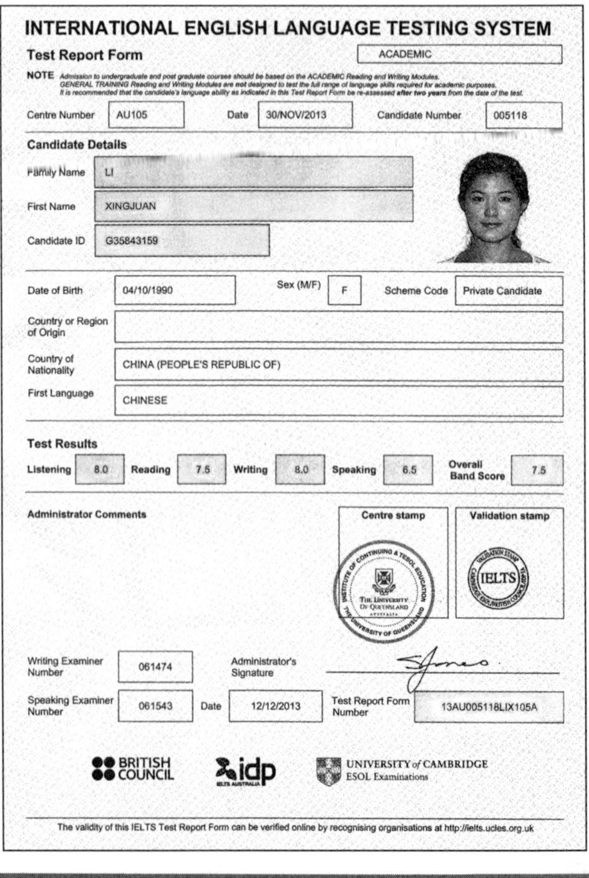

INTERNATIONAL ENGLISH LANGUAGE TESTING SYSTEM

Test Report Form　ACADEMIC

NOTE Admission to undergraduate and post graduate courses should be based on the ACADEMIC Reading and Writing Modules. GENERAL TRAINING Reading and Writing Modules are **not** designed to test the full range of language skills required for academic purposes. It is recommended that the candidate's language ability as indicated in this Test Report Form be re-assessed **after two years** from the date of the test.

Centre Number AU105　Date 30/NOV/2013　Candidate Number 005118

Candidate Details

Family Name LI

First Name XINGJUAN

Candidate ID G35843159

Date of Birth 04/10/1990　Sex (M/F) F　Scheme Code Private Candidate

Country or Region of Origin

Country of Nationality CHINA (PEOPLE'S REPUBLIC OF)

First Language CHINESE

Test Results

| Listening | Reading | Writing | Speaking | Overall Band Score |
|---|---|---|---|---|
| 8.0 | 7.5 | 8.0 | 6.5 | 7.5 |

Administrator Comments

Centre stamp: Institute of Continuing & TESOL Education, The University of Queensland, Australia

Validation stamp: IELTS

Writing Examiner Number 061474　Administrator's Signature

Speaking Examiner Number 061543　Date 12/12/2013　Test Report Form Number 13AU005118LIX105A

BRITISH COUNCIL　idp IELTS AUSTRALIA　UNIVERSITY of CAMBRIDGE ESOL Examinations

The validity of this IELTS Test Report Form can be verified online by recognising organisations at http://ielts.ucles.org.uk

## INTERNATIONAL ENGLISH LANGUAGE TESTING SYSTEM

**Test Report Form** — ACADEMIC

**NOTE** Admission to undergraduate and post graduate courses should be based on the ACADEMIC Reading and Writing Modules. GENERAL TRAINING Reading and Writing Modules are not designed to test the full range of language skills required for academic purposes. It is recommended that the candidate's language ability as indicated in this Test Report Form be re-assessed after two years from the date of the test.

Centre Number: CN001 | Date: 21/DEC/2013 | Candidate Number: 428599

**Candidate Details**

Family Name: ZHOU

First Name: ZIHAN

Candidate ID: 411521199507120026

Date of Birth: 12/07/1995 | Sex (M/F): F | Scheme Code: Private Candidate

Country or Region of Origin: CHINA (PEOPLE'S REPUBLIC OF)

Country of Nationality:

First Language: CHINESE

**Test Results**

| Listening | Reading | Writing | Speaking | Overall Band Score |
|---|---|---|---|---|
| 7.0 | 6.5 | 7.5 | 6.5 | 7.0 |

Administrator Comments

Centre stamp: BRITISH EMBASSY CULTURAL & EDUCATION SECTION BEIJING | Validation stamp: IELTS

Writing Examiner Number: 996716 | Administrator's Signature

Speaking Examiner Number: 992621 | Date: 31/12/2013 | Test Report Form Number: 13CN428599ZHOZ001A

BRITISH COUNCIL | idp IELTS AUSTRALIA | CAMBRIDGE ENGLISH Language Assessment Part of the University of Cambridge

The validity of this IELTS Test Report Form can be verified online by recognising organisations at http://ielts.ucles.org.uk

---

## IELTS™

**Test Report Form** — ACADEMIC

**NOTE** Admission to undergraduate and post graduate courses should be based on the ACADEMIC Reading and Writing Modules. GENERAL TRAINING Reading and Writing Modules are not designed to test the full range of language skills required for academic purposes. It is recommended that the candidate's language ability as indicated in this Test Report Form be re-assessed after two years from the date of the test.

Centre Number: CN004 | Date: 10/OCT/2015 | Candidate Number: 089780

**Candidate Details**

Family Name: BAO

First Name: LEI

Candidate ID: 3245291199311074826

Date of Birth: 07/11/1993 | Sex (M/F): F | Scheme Code: Private Candidate

Country or Region of Origin: CHINA (PEOPLE'S REPUBLIC OF)

Country of Nationality:

First Language: CHINESE

**Test Results**

| Listening | Reading | Writing | Speaking | Overall Band Score | CEFR Level |
|---|---|---|---|---|---|
| 7.0 | 8.0 | 7.5 | 6.5 | 7.5 | C1 |

Administrator Comments

Centre stamp: BRITISH COUNCIL EXAMINATIONS SERVICES CHINA | Validation stamp: IELTS

Administrator's Signature

Date: 20/10/2015 | Test Report Form Number: 15CN089780BAOL004A

BRITISH COUNCIL | idp IELTS AUSTRALIA | CAMBRIDGE ENGLISH Language Assessment Part of the University of Cambridge

The validity of this IELTS Test Report Form can be verified online by recognising organisations at http://ielts.ucles.org.uk

---

## INTERNATIONAL ENGLISH LANGUAGE TESTING SYSTEM

**Test Report Form** — ACADEMIC

**NOTE** Admission to undergraduate and post graduate courses should be based on the ACADEMIC Reading and Writing Modules. GENERAL TRAINING Reading and Writing Modules are not designed to test the full range of language skills required for academic purposes. It is recommended that the candidate's language ability as indicated in this Test Report Form be re-assessed after two years from the date of the test.

Centre Number: MY004 | Date: 02/AUG/2014 | Candidate Number: 003816

**Candidate Details**

Family Name: ZHANG

First Name: YU

Candidate ID: P01617495

Date of Birth: 04/12/1989 | Sex (M/F): F | Scheme Code: Private Candidate

Country or Region of Origin:

Country of Nationality: CHINA (PEOPLE'S REPUBLIC OF)

First Language: CHINESE

**Test Results**

| Listening | Reading | Writing | Speaking | Overall Band Score |
|---|---|---|---|---|
| 7.0 | 7.0 | 7.0 | 6.0 | 7.0 |

Administrator Comments

Centre stamp: IDP Education Kuala Lumpur | Validation stamp: IELTS

Administrator's Signature

Date: 14/08/2014 | Test Report Form Number: 14MY003816ZHAY004A

BRITISH COUNCIL | idp IELTS AUSTRALIA | CAMBRIDGE ENGLISH Language Assessment Part of the University of Cambridge

The validity of this IELTS Test Report Form can be verified online by recognising organisations at http://ielts.ucles.org.uk

---

## INTERNATIONAL ENGLISH LANGUAGE TESTING SYSTEM

**Test Report Form** — ACADEMIC

**NOTE** Admission to undergraduate and post graduate courses should be based on the ACADEMIC Reading and Writing Modules. GENERAL TRAINING Reading and Writing Modules are not designed to test the full range of language skills required for academic purposes. It is recommended that the candidate's language ability as indicated in this Test Report Form be re-assessed after two years from the date of the test.

Centre Number: AU130 | Date: 17/JAN/2015 | Candidate Number: 006037

**Candidate Details**

Family Name: ZHANG

First Name: ENLIN

Candidate ID: G44376978

Date of Birth: 06/06/1987 | Sex (M/F): F | Scheme Code: Private Candidate

Country or Region of Origin:

Country of Nationality: CHINA (PEOPLE'S REPUBLIC OF)

First Language: CHINESE

**Test Results**

| Listening | Reading | Writing | Speaking | Overall Band Score |
|---|---|---|---|---|
| 8.5 | 8.5 | 7.0 | 8.0 | 8.0 |

Administrator Comments

Centre stamp: HAWTHORN MELBOURNE IELTS | Validation stamp: IELTS

Administrator's Signature

Date: 29/01/2015 | Test Report Form Number: 14AU006037ZHAE130A

BRITISH COUNCIL | idp IELTS AUSTRALIA | CAMBRIDGE ENGLISH Language Assessment Part of the University of Cambridge

The validity of this IELTS Test Report Form can be verified online by recognising organisations at http://ielts.ucles.org.uk

**INTERNATIONAL ENGLISH LANGUAGE TESTING SYSTEM**

**Test Report Form** — GENERAL TRAINING

**NOTE** *Admission to undergraduate and post graduate courses should be based on the ACADEMIC Reading and Writing Modules. GENERAL TRAINING Reading and Writing Modules are not designed to test the full range of language skills required for academic purposes. It is recommended that the candidate's language ability as indicated in this Test Report Form be re-assessed **after two years** from the date of the test.*

Centre Number AU307 Date 06/SEP/2014 Candidate Number 002803

**Candidate Details**

Family Name ZHANG

First Name HAN

Candidate ID G30825955

Date of Birth 07/01/1990 Sex (M/F) F Scheme Code Private Candidate

Country or Region of Origin

Country of Nationality CHINA (PEOPLE'S REPUBLIC OF)

First Language CHINESE

**Test Results**

| Listening | Reading | Writing | Speaking | Overall Band Score |
|---|---|---|---|---|
| 8.0 | 7.0 | 7.0 | 7.0 | 7.5 |

**Administrator Comments**

Centre stamp: IELTS AU307

Validation stamp: IELTS

Administrator's Signature

Date 18/09/2014 Test Report Form Number 14AU002803ZHAH307G

BRITISH COUNCIL · idp IELTS AUSTRALIA · CAMBRIDGE ENGLISH Language Assessment Part of the University of Cambridge

The validity of this IELTS Test Report Form can be verified online by recognising organisations at http://ielts.ucles.org.uk

**INTERNATIONAL ENGLISH LANGUAGE TESTING SYSTEM**

**Test Report Form** — ACADEMIC

**NOTE** *Admission to undergraduate and post graduate courses should be based on the ACADEMIC Reading and Writing Modules. GENERAL TRAINING Reading and Writing Modules are not designed to test the full range of language skills required for academic purposes. It is recommended that the candidate's language ability as indicated in this Test Report Form be re-assessed **after two years** from the date of the test.*

Centre Number CN001 Date 22/JUN/2013 Candidate Number 009327

**Candidate Details**

Family Name JI

First Name YUCHENG

Candidate ID 32010619900203081X

Date of Birth 03/02/1990 Sex (M/F) M Scheme Code Private Candidate

Country or Region of Origin CHINA (PEOPLE'S REPUBLIC OF)

Country of Nationality

First Language CHINESE

**Test Results**

| Listening | Reading | Writing | Speaking | Overall Band Score |
|---|---|---|---|---|
| 6.0 | 6.0 | 6.5 | 6.0 | 6.0 |

**Administrator Comments**

idp Education Pty Ltd

Centre stamp: BRITISH EMBASSY CULTURAL & EDUCATION SECTION BEIJING

Validation stamp: IELTS

Writing Examiner Number 990362 Administrator's Signature

Speaking Examiner Number 992645 Date 02/07/2013 Test Report Form Number 13CN009327JIYX01A

BRITISH COUNCIL · idp IELTS AUSTRALIA · UNIVERSITY of CAMBRIDGE ESOL Examinations

The validity of this IELTS Test Report Form can be verified online by recognising organisations at http://ielts.ucles.org.uk

每一道 IELTS 写作真题、每一篇 IELTS 高分范文的本质都是一次锻炼考生的英语思维和近距离接触英语国家文化的难得机会。用心思考真题，虚心学习范文，勤于练笔，务实地把自己的练笔与范文认真对照以找出自己有待提高之处，并据此去不断完善自己的练笔（而少花些时间去“钻研”在 IELTS 考试二十五年的发展史上直到现在也没有人真正有效地证实或者证伪的“变题”等等传闻上面）。能够这样做的同学，即使您只是一只最平凡的“烤鸭”，也一定能在 IELTS Writing 这个精彩的平台上飞得更高。